내가 꿈꾸는 교회

내가 꿈꾸는 교회

개벽교회론 서설

손원영 지음

도서출판 모시는사람들

머리말

　　503년 전 루터는 당시 부패한 중세 가톨릭교회에 저항하며 '95개 조 반박문'을 비텐베르크 성당 문에 붙였다. 그리고 주지하듯이 그것이 도화선이 되어 개신교가 등장하였다. 나는 종교개혁 500주년을 기념하는 해인 2017년 어느 날 밤, 루터처럼 미래 시대의 교회를 꿈꾸며 제2의 종교개혁이 절실한 작금의 한국교회에 필요한 새로운 교회의 이미지로 '100개의 교회상'을 적기 시작하였다. 저녁 무렵부터 마치 무엇에 홀린 듯 정신없이 적기 시작한 그 일은 다음 날 이른 아침에서야 겨우 마칠 수 있었다. 그렇게 적은 100개의 항목을 '내가 꿈꾸는 교회'란 제목으로 하여, 나는 교회문 대신에 세계를 여는 창인 페이스북에 게시하였다. 그리고 매주 하나씩 거의 2년 반 동안 그 의미를 고요히 묵상하며 해설하였다. 그것이 바로 이 책이다.

　　이 책은 제목에서도 시사하듯이 지금 우리가 겪고 있는 한국교회의 위기를 넘어서 그 대안적 이미지를 찾는 작업이다. 사실, 한국교회의 위기에 대한 논의는 오래전부터 있었지만, 지금은 그 부패의 임계점에 이른 듯하다. 특히 코로나19 팬데믹의 상황에서 그 위기를 우리는 몸소 체험하고 있다. 그리고 교회에 안 나가는 소위 '가나안 신자'가 급속도로 증가하고 있고, 대형교회를 중심으로 한 교회에 대한 사회적 신뢰는 바닥을 치고 있으며, 소위 정통교회를 토양으로 한 이단과 사이비 종교들은 그 어느 때보다 득세를 하고 있는 실정이다. 한국교회 130여 년의 역사에서 또 이런 위기가 있었을까 싶다. 그러나 우리는 이러한 위기를 지켜만 보고 있을 수가 없다. 오히려 우리는 이 위기를 기회로 삼아 비판을 넘어서는 하나의 '대안적 교회'를 상상하며 새로운 교회를 창조하기 위해 노력해야 한다. 따라서 필자는 새로운 시대에 부응하는 한국교회를 꿈꾸면서 그 꿈을 보다 구체적으로 설명하려고 하였다.

내가 꿈꾸는 교회는 크게 세 가지의 준거를 중심으로 작성되었다. 첫째는 앞서도 언급하였듯이, 종교개혁 500주년을 기념하면서 제2의 종교개혁을 꿈꾸는 마음으로 작성되었다. 따라서 필자가 제시하는 100개의 교회상은 새로운 교회를 세우기 위한 일종의 방향 같은 것이다. 그런데 새로운 교회를 부를 적당한 이름을 고심하던 중 한국학 특히 동학에서 '새로움'[新]이란 의미로 주로 사용하는 용어인 '개벽'이란 말을 과감히 차용하여 '개벽교회'라고 부르면 어떨까 생각하였다. 사실 개벽이란 말은 최시형의 〈해월신사법설〉에서 많이 언급된 바, 그 뜻은 시대의 전환에 응하여 새로운 세계를 연다는 의미요, 부패한 것을 맑고 새롭게 그리고 복잡한 것을 간단하고 깨끗하게 한다는 뜻이다. 따라서 필자가 말하는 개벽교회란 제2의 종교개혁을 추구하는 '새로운' 교회요, 또 진정한 한국적인 교회를 통해 새 하늘과 새 땅을 꿈꾸는 새 사람의 '창발적인' 교회를 말한다. 그렇다고 개벽교회에 대한 대단한 학문적 주장을 펼치거나 혹은 교회론과 관련하여 어떤 이론적인 신학논쟁을 하려는 것은 결코 아니다. 어디까지나 한국교회를 사랑하는 한 신학도의 상상쯤으로 생각하면 좋을 것 같다.

둘째는 필자가 관심을 둔 미래 한국교회의 방향으로써 '예술 신학'의 중요성을 강조하고자 하였다. 사실 신학계에서 예술 신학에 대한 논의는 최근에 이르러서야 비로소 관심을 끌고 있다. 그래서 얼마 전까지만 해도 '아름다움'[美]의 문제는 신학에서 부차적인 문제로 취급되었던 것이 사실이다. 예컨대, 한국감리교회의 신앙고백인 〈교리적 선언〉(1930)에서는 비록 하나님에 대한 신앙고백으로, "모든 선과 미와 애와 진의 근원이 되시는 오직 하나이신 하나님을 믿으며"라고 고백하고 있지만, 정작 교회는 역사적으로 볼 때 진-선-미 중 오직 진과 선의 하나님만을 강조할 뿐 아름다운 하나님에 대해서는 인색하였던 것이 사실이다. 그래서 저명한 예술 신학자인 발타살(Hans Ur Balthasar)은 이러한 문제를 비판하며 진-선-미의 균형을 회복하기 위해 그 순서를 바꿔 '미-선-진'의 하나님을 강조하였던 것이다. 따라서 필자는 감리교의 교리적 선언과 발타살의 예술 신학을 교회론적 구조로 수용하는 맥락에서, 이 책의 교회론적 구조를 미-선-진-애의 공동체라는 맥락으로 구성하였다. 그래서 제1부는 아름다움[美]의 공동체로, 제2부는 공의[善]의 공동체, 제3부는 진리의 공동체, 그리고 제4부는 사랑[愛]의 공동체로 구성하였다.

셋째는 이 책의 교회론적 구조로서 미-선-진-애의 구조를 기본구조로 하면서도, 그 구체적인 공동체의 내용은 현대신학에서 논의되는 신학적 논의들을 교회론의 내용으로 적극 수용하고자 하였다. 좀 더 구체적으로 설명하면, 제1부 "내가 꿈꿔도 되는 교회: 아름다움[美]의 공동체"는 예술 신학적 논의와 더불어 아름다움을 추구하는 교회로서 '영성'(spirituality)의 측면을 강조하고자 하였다. 예술체험과 영성체험은 손바닥의 양면과 같다고 판단해서이다. 제2부 "내가 꿈꿔야만 하는 교회: 공의[善]의 공동체"는 한국교회가 종교개혁의 정신을 더욱 계승해야 한다는 전제 위에, 예언자 정신을 기반으로 한 사회 변혁과 회복적 정의 그리고 평화구축을 위한 역할 등을 상상하였다. 제3부 "꿈에 그리는 교회: 진리[眞]의 공동체"는 진리를 추구하는 공동체로서 교회가 보다 전향적으로 하나님의 영원한 진리를 추구하기 위해 다양한 분야와 대화하는 공동체의 모습을 상상하였다. 그래서 인문학과 현대 과학을 비롯하여, 특히 이웃 종교들과 적극적으로 대화하는 공동체로 새롭게 자리매김 될 필요성을 강조하였다. 마지막으로 제4부는 "꿈꿀 수 밖에 없는 교회: 사랑[愛]의 공동체"로서 교회가 진정한 '한국적 교회'로 자리매김 되기를 바라는 맥락에서 사랑의 공동체를 상상해 보았다. 사실 지금까지 한국교회는 한국의 문화와 전통을 존중하는 '한국적 교회'라기 보다는 오히려 서구의 가치와 문화를 거의 일방적으로 추종하는 교회였음을 부정하기 어렵다. 그래서 앞으로 우리 한국교회의 미래는 성서와 한국의 문화와 전통이 창조적으로 만나 새롭게 형성되느냐의 여부에 달려있다고 해도 과언이 아니다. 따라서 필자는 사랑의 공동체를 한국적 교회의 형성이란 맥락에서 상상해 보았다.

덧붙여 내가 꿈꾸는 교회상으로 제시된 100개의 항목들은 이 책이 지향하는 교회론적 구조인 미-선-진-애의 공동체에 따라 임의로 25개씩 재분류되었다. 하지만 25개씩 묶여진 항목들은 절대적으로 독립된 항목으로써 분류된 것은 아니다. 단지 각 범주에 포함될 수 있는 상대적인 유사성이 크다고 보았기 때문에 필자가 임의적으로 묶었을 뿐이다. 따라서 100개의 항목들은 독립된 항목으로 이해하기보다 상호유기적인 항목으로써 이해하면 좋을 것 같다. 뿐만 아니라 25개씩으로 묶여진 항목들은 어떤 절대적인 순서가 있는 것이 아니다. 그래서 그런 오해를 불식하기 위해 25개 항목의 순서는 '가나다' 순으로 배열했음을 밝혀둔다.

끝으로 이 책이 나오기까지 고마운 분들이 많이 있다. 우선 〈내가 꿈꾸는 교회〉라는 제목으로 100개의 꿈을 필자가 페이스북에 쓰기 시작하자, 그것을 〈주간기독교〉에 연재할 수 있도록 초대해 주신 이성숙 부장님에게 감사드린다. 이성숙 부장님의 격려가 아니었더라면 이 책은 나오기 힘들었을 것이다. 또한 〈내가 꿈꾸는 교회〉에 대하여 마음껏 상상할 수 있도록 교회론적 상상력을 부어주신 분들이 여럿 계신다. 그중 꼭 기억해야 할 분은 연세대학교 대학원 시절 지도교수이자 실천신학대학원대학교 설립자이신 은준관 교수님과 목회의 길을 열어주신 이계준 목사님(연세대학교 명예교수)이시다. 위 두 분은 나의 신학과 목회 생활에 큰 별과 같은 분들이시다. 진심으로 감사드리며, 더욱 건강하시길 빈다. 그리고 필자가 가나안 신자들을 위한 교회인 재가 수도 가나안공동체를 섬기면서 내가 꿈꾸는 교회를 마음껏 실험할 수 있도록 아낌없이 응원해 주시는 가나안공동체의 모든 언님들에게 감사드린다. 출판시장의 어려움에도 불구하고 이 책이 출판될 수 있도록 배려해 주신 〈모시는사람들〉의 박길수 대표님과 편집부원들에게 감사드린다. 그리고 멋진 발문을 써 주신 심광섭 교수님(예술목회연구원장)과 조성환 교수님(원광대학교), 과분한 추천사를 써 주신 정희수 감독님(미국 UMC), 이신건 교수님(서울신대 은퇴교수), 홍인식 목사님(한국기독교연구소장), 그리고 편집 아이디어와 함께 아름다운 사진으로 딱딱할 수 있는 책을 하나의 예술작품으로 승화시켜준 사진작가 김소정 언님과 연구비를 아낌없이 지원해 주신 임봉수 원장님(전주요양병원)께 감사드린다. 끝으로 이 책을 한국교회를 사랑하는 모든 언님들에게 바친다.

2021년 2월 사순절에
남산 기슭에서
손원영 두손모음

추천사

교회의 생태계가 변하고 있다. 성령은 그 상황에서 자기 개혁을 이루도록 하나님의 백성들 속에서 일하신다. 바로 저자의 실천적인 상상력으로 차오르는 교회의 모습을 함께 꿈꾸게 한다. 한국교회를 사랑하는 저자의 마음 속에 예언자적인 증언이 있다. 몸으로 복음과 화해의 제단을 아름답게 꾸려가는 헌신이 우리 모두에게 새로운 희망이 되고 함께 꿈을 꾸어 볼 만한 기도가 되어 손원영 박사에게 감사하다. 보편적인 진리를 십자가와 부활로 깨어진 세상을 구체적으로 회복하여 가는 대안의 운동이 모든 구도자의 꿈이 되기를 바란다. 치열한 사유와 용기 속에서 풀어낸 저자의 예술 신학이 오늘 새로운 교회 개혁을 요구하는 한국적인 생태계에서 마음껏 구축해 가는 개벽의 묵시록으로 보인다.

정희수 감독 _ 미국 UMC 위스콘신연회

추천사

사람을 본질적으로 형성하는 것은 무엇일까? 육체적으로는 음식에 따라서 사람의 체질이 달라지고, 정신적으로는 꿈에 따라서 사람의 인격이 달라진다고 생각한다. 하나님은 무엇으로 사람과 세상을 바꾸실까? 내가 생각하기로는 바로 꿈을 통해서다. 요셉을 보라! 수많은 예언자을 보라! 무엇보다 예수와 바울을 보라! 그들이 꿈꾼 것이 바로 현실이 되었고, 그래서 우리의 미래가 되었다. 손원영 박사님은 꿈이 참으로 많은 신학자다. 요셉처럼 고난이 더할수록 아름답고 위대한 꿈도 날로 더 많아졌다. 이 많고 크고 놀라운 꿈을 그가 어떻게 다 이룰지는 그만이 아니라 우리 모두의 관심사가 되었다. 단 하나의 꿈이라도 꼭 이루어지기를, 아니 수많은 독자들이 함께 이런 꿈을 꾼다면, 그 꿈은 반드시 이루어질 날이 올 것이다. 나도 오늘부터 묵은 꿈과 새로운 꿈을 다시 꿔야겠다. 그러기 위해 이 책만은 반드시 거듭 읽어야겠다. 나에게 잃어버릴 뻔한 아름다운 꿈을 돌려준 저자에게 진심으로 감사하다.

이신건 박사 _ 전 서울신학대학교 조직신학 교수

추천사

오늘 한국교회는 구태와 기득권에 안주해 버린 낡은 모습을 보이고 있다. 바꾸지 않으면 살 길이 없다. 개혁만이, 아니 개벽만이 살길이다. 그것은 '가죽을 바꾸는 행위'이다. 그래서 아프다. 아프니까 하지 않으려고 한다. 손원영 목사의 '내가 꿈꾸는 교회'는 개혁의 아픔을 예술로 승화시켜 개벽의 가능성을 활짝 열어 놓았다. 그가 꿈꾸는 교회는 우리 모두가 꿈꾸는 교회이다. 그런 의미에서 본 저서는 우리에게 꿈을 꾸게 만들고 진정 예수님의 교회를 만들어 갈 수 있도록 도와 줄 것이다. 이 책은 교회를 세워나가는 여정에서 우리의 발걸음을 지켜주며 인도해 줄 뿐만 아니라 교우들과 함께 읽으면서 예수님의 교회에 대한 꿈을 함께 꿀 수 있도록 해준다. 진정한 교회의 꿈을 꾸는 모든 분들에게 일독을 권한다.

홍인식 _ 한국기독교교회협의회 인권센터 이사장

차례

내가 꿈꾸는 교회

머리말 ———————————— 5
추천사: 정희수 / 이신건 / 홍인식 ———— 10

제1부 꿈꿔도 좋은 교회: 아름다움[美]의 공동체 ———— 17

  1. 가고 싶은 공동체 ———————————— 19
  2. 경건의 공동체 ———————————— 24
  3. 과학기술 시대의 시뮬라크르 공동체 ———— 27
  4. 교회 밖 예수꽃 공동체 ———————— 31
  5. 기도 수행의 공동체 ———————— 35
  6. 길 위의 공동체 ———————————— 39
  7. 낯선 타자를 환대하는 공동체 ———— 43
  8. 노래하고 춤추고 자전거 타는 놀이 공동체 ———— 47
  9. 다양성이 존중되는 공동체 ———— 51
  10. 리마예전의 성례전 공동체 ———— 55
  11. 빛깔 십자가의 공동체 ———————— 59
  12. 상상력이 풍부한 공동체 ———————— 63
  13. 상징목과 함께 하는 수도공동체 ———— 67
  14. 상징의 공동체 ———————————— 71
  15. 생활 영성의 공동체 ———————— 75
  16. 성속불이의 공동체 ———————— 79
  17. 숭고미를 추구하는 영적 체험의 공동체 ———— 83
  18. 시인의 마을 공동체 ———————— 87
  19. 실천형 영성의 공동체 ———————— 91
  20. 예수살기 공동체 ———————————— 95
  21. 예술가-되기의 공동체 ———————— 99
  22. 웃음 가득한 명랑 공동체 ———————— 103
  23. 유머니즘의 공동체 ———————— 107
  24. 죽음 교육의 공동체 ———————— 111
  25. 춘안거 재가 수도 공동체 ———————— 115

제2부 꿈꿔야 하는 교회: 공의[善]의 공동체 ——— 119

1. 너머의 공동체 ——— 121
2. 바이오필리아의 생태 공동체 ——— 125
3. 부끄러움의 공동체 ——— 129
4. 살림의 공동체 ——— 133
5. 안전한 공동체 ——— 137
6. 양심의 공동체 ——— 141
7. 왕따 없는 소수자의 공동체 ——— 145
8. 용서의 공동체 ——— 150
9. 자기신용 지출제의 봉헌공동체 ——— 154
10. 적폐 청산에 앞장서는 공공의 공동체 ——— 157
11. 정의 기억의 공동체 ——— 161
12. 종교개혁 정신을 계승하는 개신교적 저항의 공동체 ——— 165
13. 종말론적 실험의 공동체 ——— 169
14. 주문생산형 공동체 ——— 173
15. 착한 사람들의 공동체 ——— 177
16. 탈식민주의적 공동체 ——— 181
17. 평등한 언님들의 공동체 ——— 185
18. 평화 만들기 공동체 ——— 189
19. 평화 살기 공동체 ——— 193
20. 하늘 사람의 홍익 은혜 공동체 ——— 197
21. 항상 개혁하는 공동체 ——— 201
22. 호연지기의 삶을 사는 공의 공동체 ——— 205
23. 화해의 공동체 ——— 209
24. 환원의 공동체 ——— 213
25. 회복적 정의의 공동체 ——— 217

제3부 꿈에 그리는 교회: 진리[眞]의 공동체 ——— 221

1. 공동체적 설교의 공동체 ——— 223
2. 교회 진화의 공동체 ——— 227
3. 기적의 공동체 ——— 231
4. 깨달음 추구의 공동체 ——— 235
5. 나그함마디 문서와 새로운 에큐메니칼 공동체 ——— 239
6. 나눔 설교의 공동체 ——— 243
7. 무소유의 공동체 ——— 247
8. 복음서 중심의 기독교 토라 공동체 ——— 251
9. 부(否)엔트로피의 공동체 ——— 255
10. 삼위일체적 사귐의 공동체 ——— 259
11. 생명의 공동체 ——— 263
12. 유기적 공동체 ——— 267
13. 이단-free & 이단-for의 공동체 ——— 271
14. 종교 대화의 공동체 ——— 275
15. 종교 소통의 공동체 ——— 279
16. 진리 추구의 공동체 ——— 283
17. 진선미의 공동체 ——— 287
18. 참 안식일의 공동체 ——— 291
19. 탈은폐의 계시 공동체 ——— 295
20. 통전성의 공동체 ——— 299
21. 포함삼교적 하나님 신앙의 공동체 ——— 303
22. 하나님의 백성 공동체 ——— 307
23. 하늘 예배의 공동체 ——— 311
24. 현대 과학에 개방적인 공동체 ——— 315
25. 희년의 공동체 ——— 319

제4부 꿈을 이루는 교회: 사랑[愛]의 공동체 ─── 323

1. 3·1운동을 한국교회의 정체성으로 삼는 민족사랑의 공동체 ─── 325
2. 가나안 신자를 돌보는 공동체 ─── 329
3. 개천절을 지키는 공동체 ─── 333
4. 고난과 함께 하는 공동체 ─── 337
5. 교회 지킴이 공동체 ─── 341
6. 달력 공동체 ─── 345
7. 대승 기독교의 공동체 ─── 349
8. 동학과 신서학 새로운 연대의 공동체 ─── 353
9. 무궁화 기독교의 공동체 ─── 357
10. 부모를 이기는 공동체 ─── 361
11. 부자유친의 공동체 ─── 365
12. 사랑 수행의 공동체 ─── 369
13. 사즉생(死即生)의 공동체 ─── 374
14. 어퓨굿맨의 섬김 공동체 ─── 378
15. 예수 밥상의 식탁공동체 ─── 382
16. 온 인류 한 가족 공동체 ─── 386
17. 우정의 공동체 ─── 390
18. 유무상자의 공동체 ─── 394
19. 인재양성의 공동체 ─── 398
20. 친구 같은 공동체 ─── 402
21. 테오시스의 맞절하는 공동체 ─── 406
22. 풍류도의 공동체 ─── 410
23. 한국문화의 공동체 ─── 414
24. 한국적 교회의 공동체 ─── 418
25. 한글 복음의 공동체 ─── 422

참고문헌 ─── 426

부록 발문(跋文)

『내가 꿈꾸는 교회』에 대한 예술 신학적 성찰 _ 심광섭 ─── 433
개벽하러 가는 마음 _ 조성환 ─── 441

제1부

꿈꿔도 좋은 교회

: 아름다움[美]의 공동체

1. 가고 싶은 공동체

그리운 교회에서 '안나가' 교회로

아마도 4, 50대 대한민국 국민이라면 대개 교회에 한두 번쯤은 다녀봤을 것이다. 특히 어릴 적 크리스마스 때 교회에 가서 성탄절 축하 연극도 구경하고 또 푸짐한 성탄절 선물을 받아봤던 기억은 아름다운 추억으로 남아 있을 것이다. 더욱이 청소년 시절 교회에 가면 예쁜 여학생이 있어서 설레는 호기심을 갖고 친구 따라 교회에 다녀보지 않은 남학생들은 아마 거의 없을 듯싶다. 그래서 예배당을 일컬어 '연애당'이라고 하지 않았던가? 아련한 추억이지만 혼자 미소 짓기에 충분한 추억이다. 뿐만 아니라 멀리서 들리는 은은한 교회당의 종소리는 그렇게 마음을 평화롭게 만들어 줄 수 없었다. 필자도 어느 날 무엇에 홀린 듯 교회당으로 발길을 옮기면서 그것이 무슨 큰 특권이라도 되는 양 즐거웠던 기억은 수십 년이 지난 지금도 마음을 상쾌하게 한다.

하지만 언제부터인가 모르게 교회당은 우리에게 왠지 좀 부담스러운 곳이 되어 가고 있다. 외로움을 달래기 위해 혹은 친구가 그리워 교회당에 찾아가면, 외로움을 달랠 다정한 친구가 그곳에 있는 것이 아니라, 오히려 그곳에서 더 큰 외로움과 소외감을 맛봐야 하니 말이다. 특히 여러 모양의 '소수자'로 낙인 찍힌 경우라면, 그 정도는 더욱 심해서 내 작은 몸을 숨길 수 있는 작은 공간조차 찾기도 여간 쉽지 않다. 그리고 비록 소수자가 아니더라도 교회 안에서 정치적으로 다른 생각을 갖고 있거나 혹은 경제적으로 좀 모자란 느낌

이 들 때면, 교회는 그 어느 곳보다 두꺼운 장벽으로 느껴진다. 이처럼 교회는 언제부터인가 모르게 따뜻하게 추억을 불러일으키는 푸근한 곳이 아니라 '우리들만의 리그'에 취해 낯선 타자를 환대 대신 거부하는, 큰 문을 가진 성채가 되었다. 그래서 아마도 최근 들어 교회에 안 나가기로 결심한 소위 '가나안 신자'가 폭발적으로 늘어나는 모양이다. 그렇다면 우리는 어떻게 사람들이 다시금 교회에 가고 싶은 공동체로 변화시킬 수 있을까?

무신론자도 환대하는 교회

얼마 전 나는 교회 개혁에 관심이 큰 중년의 한 목회자를 만나 대화하면서 흥미로운 이야기 하나를 들었다. 스스로를 일컬어 '무신론자'라고 소개하는 20대 중반의 한 청년에 관한 이야기이다. 그 청년은 어느 교계 잡지와 신앙 문제와 관련하여 인터뷰를 했다고 하는데, 주제는 "왜 무신론자이면서 교회를 다니는가?"라는 것이었다. 그런데 청년은 그 인터뷰에서 이렇게 말했다고 한다. "내가 무신론자임에도 불구하고 교회에 다니는 이유는 내가 출석하는 교회가 내 생각을 있는 그대로 존중해 주고 있기 때문입니다. 내가 신에 대하여 질문하고 또 합리적으로 사유한 결과 얻어진 결론은 신이 없다는 것이었는데, 그것을 그대로 교회 친구들에게 이야기하면 저의 친구들은 그것을 그대로 기꺼이 존중해 줍니다. 그래서 나는 그 교회를 떠날 이유를 찾지 못하고 있습니다." 참 역설적인 이야기이다. 신을 믿지 않는 무신론자라면 당연히 교회를 떠날 것 같은데, 오히려 그 청년은 교회를 떠날 이유를 찾지 못했다고 하니 말이다.

바로 이 지점에서 우리는 근본적인 질문을 하게 된다. 그것은 "교회란 예수를 믿는 자들만 모이는 곳인가? 아니면 예수를 믿지 않더라도 누구든지 갈 수 있는 곳인가?" 하는 것이다. 물론 우리는 교회란 예수를 그리스도로 믿는 사람들의 공동체라고 고백한다. 옳은 말이다. 하지만 세상의 일이 그렇게 칼로 무 자르듯이 명확하게 자르고 구분할 수 있는 것만 있는 것은 아닌 것 같다. 특히 신앙의 문제에서는 더더욱 그렇다. 말하자면, 교회에 누구든지 올 수 있는 분위기, 곧 그가 신자이든 혹은 비신자이든 개의치 않고 교회 마당의 흙을 편안히 밟을 수 있도록 하는 것이야말로 교회를 새롭게 하는 첫걸음이 아닐까? 심지어 앞의 경우에서처럼, 질문이 많은 무신론자라도 기꺼이 환영하는 분위기가 있는 곳, 그곳이 진정한 교회가 아닐까 싶다.

이방인의 뜰을 통해 세계로 열린 교회

예수께서는 십자가를 지기 위해 예루살렘에 입성한 뒤 성전을 찾게 되었다. 그런데 '기도하는 집'이어야 할 예루살렘 성전이 장사하는 곳으로 변해 있었다. 그래서 예수께서는 노여워하며 채찍을 만들어 장사하는 사람들을 성전에서 내쫓았다. 소위 성전 정화 사건이다.(마21:12-17) 그런데 여기서 우리가 주목할 것은 장사꾼들이 장사하던 곳은 다름 아닌 성전의 여러 구역(지성소, 성소, 유대인의 뜰, 이방인의 뜰) 중에서 '이방인의 뜰'로 알려진 곳이었다는 점이다. 비록 제사장이나 유대인은 아니지만, 이방인들도 기꺼이 성전에 와서, 즉 '이방인의 뜰'에서 하나님께 질문하고 기도하며 또 예배를 드릴 수 있었는데, 성전의 제사장들이 그곳을 수익 사업 차원에서 환전상들에게 내준 것이다. 말하자면 성전 당국자들이 이방인의 뜰을 장사꾼들에게 임대한 것이다. 그 결과 이방인들이 자유롭게 기도하고 대화할 수 있는 성전 내의 공간도 당연히 사라지게 되었다. 그래서 예수께서는 '기도하는 집'을 '강도의 소굴'로 만들었다고 꾸짖으면서 채찍으로 성전을 정화하였던 것이다.

　여기서 우리는 이방인의 뜰에 해당하는 자유로운 열린 공간이 과연 지금의 교회 안에는 존재할까 질문하게 된다. 만약 예수 당시 성전처럼 지금의 교회가 이방인, 곧 비기독교인-시민들을 위한 공간을 없애버림으로써 시민 누구든지 교회에 와서 대화하고 친교할 수 있는 안전한 열린 공간을 상실했다면, 교회는 그것만으로도 더 이상 기도하는 집이 아니라 강도의 소굴이 된 것이나 마찬가지이다. 과연 어떤 사람이 그곳을 누가 그리워하고 또 마음 편히 찾아가겠는가?

　따라서 내가 꿈꾸는 교회는 이방인의 뜰로 알려진 '관용의 공간'을 회복하여 시민과 세계에 열린 교회이다. 그래서 교회는 누구든지, 비록 그가 무신론자이든 혹은 이웃 종교인이든 혹은 사회적 소수자이든 상관없이 그곳에 찾아와 가슴을 열고 대화하고, 질문하고, 또 인생의 고민을 나눌 수 있는 곳이 되어야 한다. 즉 내가 꿈꾸는 교회는 누구든지 언제든 편한 마음으로 발길을 향할 수 있는 그런 '가고 싶은 공동체'이다. 이런 마음으로 나는 얼마 전 아래의 글처럼 페이스북에 '내가 가고 싶은 교회'란 제목으로 상상해 봤는데, 오늘따라 그런 교회가 그립다.

내가 가고 싶은 교회

"언제든 기도하고 싶을 때 들어가는 문이 열려 있는 교회 / 조용한 예배당에 혼자 있더라도 결코 무섭지 않고 마음 편히 앉아 잠시 쉬었다가 미소를 머금은 채 나올 수 있는 교회 / 화려한 조명보다도 자연 채광에 의해 은은한 빛이 예배당 전체에 슬며시 들어오는 소박한 교회 / 수도원처럼 조용하면서도 가끔은 아이들 뛰어노는 소리에 적당히 시끄러운 교회 / 예배당 안에는 그리 크지 않은 십자가와 함께 공동체의 신앙을 잘 표현한 약간의 예술 작품이 몇 점 놓여 있는 교회 / 입구엔 나의 세례를 기억할 수 있도록 성수대가 놓여 있고, 설교대와 성찬상은 말씀 선포와 아울러 성찬이 조화롭게 집례 될 수 있도록 잘 배열된 교회 / 큰 오르간은 아니어도 작은 풍금이 있어 아름다운 성가가 잘 어울리는 교회 / 제단은 권위적으로 너무 높지 않으면서 작은 소리에도 약간의 울림이 있는 교회 / 가끔은 땡그랑 땡그랑 종소리를 내며 우리의 영혼을 깨울 수 있도록 큰 종이 있는 교회 / 그리고 무어라 딱히 말로 표현할 수 없는 묘한 향기로 그 옛날 어릴 적 향수를 불러일으키는 교회 냄새 나는 교회 … / 그러나 그런 것이 하나 없어도, 마음이 따뜻하고 미소가 가득한 신자들로 충만한 교회 / 누구든지 찾아가서 울고 웃고 노래하고 수다 떨고 그러다가 기도할 수 있는 교회 / 불현듯, 오늘 그런 교회에 가고 싶다."

2. 경건의 공동체

진보적인 것과 보수적인 것의 공존 가능

한국교회 목회자들이 동료 목회자를 칭찬할 때 종종 하는 말이 있다. "어느 목사는 신학은 진보적인데, 생활은 보수적이야!"라는 말이다. 여기서 '신학은 진보적'이라는 말은 소위 비판적 사고를 중심으로 한 현대 신학의 다양한 신학적 논의에 공감하면서 개방적인 태도를 취한다는 뜻이다. '생활은 보수적'이라는 말은 신학적 입장은 개방적일지라도 신앙생활에서는 현재 한국교회가 강조하는 전통적인 경건의 방식을 소홀히 여기지 않고, 엄격히 준수한다는 의미이다. 그런데 사실 이 명제는 상호모순적인 말처럼 들린다. 왜냐면 이론과 실천은 마치 손바닥의 양면처럼 자연스러운 상호관계성을 갖는 것이므로, 응당 진보적인 사유는 자연스럽게 진보적인 실천으로 이어져야 하기 때문이다. 그래서 필자는 오래전 목회자들 사이에 오가는 이 말을 처음 들었을 때 왠지 불편한 마음이 없지 않았다.

그런데 어느 순간 그 명제가 반드시 틀린 것은 아니라는 사실을 깨닫게 되었다. 왜냐면 정반합으로 표현되는 변증법적 사고를 떠올려 보면, 진보적 사유와 보수적 삶이라는 상호모순적 관계는 사회의 진보와 신앙의 성숙을 위해 꼭 거쳐야 하는 하나의 필수 과정으로 이해될 수 있기 때문이다. 즉 진보적 사유와 보수적 삶은 '성숙'을 향한 신앙인의 내적 투쟁의 과정처럼 보인다. 이런 점에서 '생활은 보수적'이라는 말은 단순히 전통적인 방식으로서의 경건의 형식과 내용을 그대로 고수한다는 의미보다는 오히려 경건을 새롭게 해석하여 그것을 성실히 실천한다는 의미로 이해될 수 있다.

이런 맥락에서 볼 때, 마태복음의 산상수훈, 특히 마태복음 6장에 반영된 예수의 경건에 대한 가르침은 시사적이다. 전통적으로 유대교는 신자들의 경건 생활로 세 가지를 무엇보다 강조하였다. '자선', '기도', 그리고 '금식'이 그것이다. 물론 이 외에도 예루살렘 성전을 방문하는 '순례'나 '안식일' 준수, 그리고 '헌금' 생활 등도 신자의 경건 생활로서 강조되었지만, 앞의 세 가지가 더 근본적인 것으로 이해되었다. 그런데 흥미로운 것은 예수는 신학적 사유에서 당시 그 누구보다도 진보적인 입장에 서 있었음에도 불구하고 전통적인 유대교의 3대 경건 생활인 자선과 기도 그리고 금식을 여전히 강조하였다는 점이다. '신학은 진보적으로, 생활은 보수적으로!'라는 구호에 부합하듯 말이다. 뿐만 아니라 예수께서 강조하신 세 가지 경건 생활에서 의미 있는 중요한 사실 하나는 경건의 형식보다 그 내용을 더 강조한 점이다. 이것이 경건 생활에 대한 예수의 독특한 태도이다.

예수께서 보이신 경건 생활의 태도

우선 자선에 대한 가르침에서 예수께서는 '위선자'처럼 되지 말라고 하신다. 즉 그는 자선의 본래 정신(내용)을 잃지 않도록 경계한다. "너는 자선을 베풀 때에는 오른손이 하는 일을 왼손이 모르게 하여 네 자선 행위를 숨겨 두어라."(마6:3-4) 하지만 당시 유대인들은 자선의 본래 정신보다는 그 외형에 집착한 모양이다. 그래서 그들은 자선을 행할 때 남들에게 잘 보이려고 노력하였고, 또 사람들에게 칭찬을 받으려고 마치 나팔을 불듯이 회당과 거리에서 자선을 행하였다.(마6:1-2) 예수께서는 기도할 때에도 마찬가지로 위선을 경계하신다. "너는 기도할 때에 골방에 들어가 문을 닫고서 숨어서 계시는 네 아버지께 기도하여라."(6절) 하지만 당시 유대인들은 기도의 내용보다는 기도의 형식에 많이 치우쳤다. 그래서 그들은 사람들에게 잘 보이려고 회당과 큰 길 모퉁이에 서서 기도하기를 좋아하였다. 그리고 빈말 곧 무의미한 말을 장황하게 반복하는 경우가 많았다.(마6:5)

하지만 예수께서는 그러한 기도의 위선적 형식을 비판하면서 대신 간단한 기도 형식으로서 '주기도문'을 가르쳤다.(마6:9-13) 금식의 경우도 마찬가지이다. 당시 사람들은 금식할 때, 자신이 금식하는 것을 사람들에게 보이려고 얼굴을 흉하게 하였던 모양이다.(마6:16) 하지만 예수께서는 금식의 형식을 최대한으로 절제하면서 자신이 금식하는 것을 타인이 눈치 채지 못하도록 은밀히 금식할 것을 권하고 있다. 그러면서 굳이 금식의 형식이 있다면, 오직 타인이 모르도록 할 것을 강조하면서 다음과 같이 말씀하셨다. "너는 금식할 때에 머리에 기름을 바르고 낯을 씻어라."(마6:17)

이처럼 예수께서는 경건의 내용에서는 매우 보수적 입장을 취하고 있다. 그래서 전통적인 유대교에서 강조하는 자선과 기도와 금식을 그리스도인인 우리도 계속 이어갈 것을 강조하신다. 하지만 예수께서는 경건의 형식에 있어서는 매우 유연한 입장을 보여주고 있다. 왜냐면 경건의 형식을 지나치게 강조하면 자칫 그 형식이 인간을 비인간화시켜고 더 나아가 하나님까지 속이게 되는 '위선자'가 될 가능성이 있기 때문이다. 예수께서는 경건에 대한 가르침을 베푸실 때, 위선자가 되지 않도록 크게 경계하였던 것이다.

따라서 내가 꿈꾸는 교회는 예수의 가르침에 따라 위선자가 되지 않도록 삼가 조심하면서 경건의 내용인 자선과 기도와 금식을 성실히 실천하는 경건의 공동체이다.

3. 과학기술 시대의 시뮬라크르 공동체

복제되는 예술작품과 아우라

20세기 초 발터 벤야민(Walter Benjamin, 1892-1940)은 『기술 복제 시대의 예술작품』(1935)이란 책에서 사진과 영화로 표상되는 과학기술의 발전이 우리가 예술작품을 이해하는 데 어떤 영향을 끼쳤는지를 잘 설명해 주었다. 그에 따르면 전통적으로 예술작품은 예술가의 독창적인 창작물로서 작가의 창조성과 천재성 그리고 영원한 가치 등이 작품 속에 내재해 있다고 생각하였다. 벤야민은 그것을 일컬어 '아우라'(aura)라고 말하였다. 말하자면 아우라는 예술작품의 고유한 개성 같은 것으로, 일종의 '후광' 같은 것을 의미한다.

그런데 사진과 영화가 등장하여 예술작품이 대량으로 복제되고 재생산되면서, 그 작품 속에 고유하게 간직되어 있다고 믿어 온 아우라는 점차 사라지게 되었다. 그 결과로 예술작품의 '제의적(祭儀的) 가치'는 점차 사라지고, 그 대신에 사람들이 구경할 수 있도록 돕는 '전시적(展示的) 가치'만이 남게 되었다. 벤야민은 이것이 현대 예술의 중요한 특징이라고 말한다.

주지하듯이 과거의 예술은 플라톤이나 아리스토텔레스가 강조했던 일종의 '미메시스'(mimesis)이다. 그것은 외부세계에 대한 '재현(再現) 내지 '모방'(模倣)을 의미한다. 그래서 미메시스로서의 예술은 보이지 않는 이데아의 세계에 대한 모방이거나 혹은 우리 눈앞에 펼쳐진 외부세계에 대한 모방이든지 간에 본래 '원본'이 있다고 전제하고, 그 원본을 재현하는 것을 목적으로

하였다. 물론 여기서 '원본'은 앞서 언급한 것처럼 당연히 작품의 고유한 개성으로 후광과 같은 '아우라'를 갖고 있기 마련이다. 그리고 아우라를 갖고 있는 원본은 언제나 가장 근원적인 미적 권위를 가지면서 복사물에게 존재의 가치를 부여한다. 따라서 원본과 복사본 사이에는 엄격한 수직적 위계의 질서가 존재한다. 마치 판화에서 아우라를 갖고 있는 원본이 존재하고, 또 그 원본에 가깝게 거슬러 올라갈수록 가격이 비싸지듯이 말이다.

그런데 현대의 과학기술문명이 발전하면서 복제기술 또한 비약적으로 발전하였고, 이러한 시대에 들어 예술작품의 아우라는 사라지게 되었다. 이것은 큰 패러다임의 변화로, 엄청난 사회적 변화를 파생시킨다. 미셸 푸코는 이것을 '유사성'(resemblance)과 '상사성'(similitude)의 원리로 설명한 바 있다. 여기서 유사성이란 원본을 전제하는 한에서 그 원본에 가까움을 말하고, 상사성은 원본이 존재하지 않고 각 존재들 사이의 같음과 다름의 정도를 지칭

한다. 말하자면 현대 예술에서 같음과 다름만이 존재하는 상사성의 관계는 곧 사회적 관계를 표상하는 것이다. 이것은 앤디 워홀의 작품에서 잘 드러난다. 앤디 워홀의 유명한 작품인 〈메릴린 먼로 시리즈〉는 실제 모델을 모사한 사본이 아니라 애초부터 복제품을 조금씩 다르게 반복한 복사물이다. 여기서 그는 원본(메릴린 먼로)과의 수직적 유사성이 아니라 각 사물들 사이의 수평적인 상사성 내지 곧 동일성과 차이를 잘 보여주고자 했던 것이다.

이상에서 우리는 기술 복제 시대의 현대 예술의 특징으로 원본과 아우라의 사라짐, 미메시스의 비절대성, 그리고 그에 따른 복사물 사이의 상사성을 발견하게 된다. 이것은 미학사전의 용어를 빌리면 '시뮬라크르'(simulacre)이다. 시뮬라크르는 실제로는 존재하지 않는 대상을 존재하는 것처럼 만들어놓은 인공물을 지칭하며, 프랑스 철학자 장 보드리야르(Jean Baudrillard, 1929~2007)의 핵심적인 철학사상이기도 하다.

기술 복제 시대와 시뮬라크르 교회

어쨌든 시뮬라크르는 흉내낼 대상이 없는 이미지요, 이 원본 없는 이미지가 그 자체로서 현실을 대체하고, 현실은 이 이미지에 의해서 지배받게 되므로 오히려 현실보다 더 현실적인 것이 된다는 이론을 말해준다. 그런데 문제는 앞서 암시한 것처럼 시뮬라크르로 대변되는 현대 예술의 이러한 이해가 단지 예술 분야에만 적용되는 것이 아니라 하나의 패러다임(paradigm)으로써 세계를 바라보는 특정한 관점을 제공한다는 점이다. 따라서 시뮬라크르는 과학기술이나 예술의 세계만이 아니라 문학과 철학 그리고 더 나아가 신학에도 적용될 수밖에 없다.

그렇다면, 시뮬라크르가 우리가 지금 생각하는 교회에 적용될 때, 어떤 문제를 불러올까? 그것은 아마도 전통적인 교회론에 대한 전면적인 뒤집기를 가져올 것이다. 즉 전통 교회는 '유사성'의 원리에 따라 예수께서 선포한 하나님의 나라를 사도들만이 계승하였고, 또 그것을 가톨릭교회와 교황만이 전달받았고, 또 그 비슷한 것을 교단으로 불리는 제도적인 교회들이 전승했다고 강조한다. 이것은 일종의 미메시스적 교회론이다. 그러나 현대 예술의 시뮬라크르적 사유에 세례를 받은 자들은 이러한 위계적 유사성에 동의하지 않는다. 오히려 예수 그리스도가 선포한 하나님의 나라는 결코 누구의 독점물이 아니며, 그 대신에 각자의 결단에 의해 끝없이 복사되는 상사적 복제물일 뿐이라고 말한다. 이런 점에서 가나안교회와 같은 비교파적-비제도적 교회들은 하나의 시뮬라크르적 교회이다. 왜냐면 그들은 원본으로 삼을 원초적 교회가 세계에 존재하지 않는다고 확신할 뿐만 아니라, 전통적인 교회에서 강조한 교회의 위계성을 거부하면서 만인사제설이 실현되지 못한 루터의 종교개혁은 철저한 미완의 종교개혁이라고 믿기 때문이다.

따라서 기술 복제 시대에 더욱 필요한 교회는 오직 믿음으로만 모여 정성껏 하늘에 예배드리고 또 기꺼이 헤어지는, 영원한 만남과 헤어짐의 창조적 연속인 시뮬라크르적 교회가 아닌가 싶다.

4. 교회 밖 예수꽃 공동체

교회 밖에 예수꽃이 피면

김춘수(金春洙, 1922~2004) 시인의 작품 중에 〈꽃〉이라는 시가 유명하다.

"내가 그의 이름을 불러주기 전에는 그는 다만 / 하나의 몸짓에 지나지 않았다 // 내가 그의 이름을 불러주었을 때 / 그는 나에게로 와서 / 꽃이 되었다 // 내가 그의 이름을 불러준 것처럼 / 나의 이 빛깔과 향기에 알맞은 / 누가 나의 이름을 불러다오 // 그에게로 가서 나도 / 그의 꽃이 되고 싶다 // 우리들은 모두 / 무엇이 되고 싶다 / 너는 나에게 나는 너에게 / 잊혀지지 않는 하나의 눈짓이 되고 싶다."

정말 아름다운 시이다. 그런데 여기서 꽃이란 무엇일까? 여기서 꽃이란 예수와 교회를 상징한다고 읽는다면 큰 오해일까? 기독교 신앙을 추구하는 사람이라면, 김춘수의 〈꽃〉이란 시를 처음 접한 뒤 아마도 한두 번쯤은 그런 생각을 했을 법하다. 필자도 예외는 아니다. 그런데 어느 날 홀연히 그런 생각을 이미 오래전부터 깊이 숙고한 한 시인을 알게 되었다. 그는 성서학자로 널리 알려진 민영진 시인이다. 그는 김춘수의 시 세계에 매료되어 김춘수 시 1000여 편을 깊이 탐색한 뒤, 그중에서 기독교 관련 시와 수필을 모아 소개하면서 신학적으로 새롭게 해석을 해 주었다. 그러면서 민영진 시인은 그렇게 해석한 김춘수 시인의 작품론을 『교회 밖에 핀 예수꽃』(2011)이란 멋진 제목을 붙여 책으로 출간했다.

김춘수는 우리가 일상적으로 정의하는, 교회에 출석하는 기독교인은 아니었다. 하지만 민영진 시인은 김춘수 시인의 시를 분석한 뒤, 그야말로 교회 밖에 산 진정한 기독교인이었다고 말한다. 한 언론인은 이러한 민 시인의 김춘수 시인 이해를 언급하면서 이렇게 말한다; "교회 밖에서도 예수꽃은 핀다. 때로는 예수꽃이 교회 밖에서 더 아름답게 피기도 한다. 이제 그의 유명한 작품 〈꽃〉이 다시 읽혀진다. 이 제목을 필자는 혼자서 '예수 꽃'이라고 고쳐 읽기도 한다. '예수', 그 이름을 불러주기 전에는 하나의 몸짓에 지나지 않았는데, 그가 그 이름을 불렀을 때 예수는 그에게 와서 한 송이 '꽃'이 되었기 때문이다."(조현)

한편, 민영진 시인은 그의 새로운 시집, 『공중도시』(2018)에 수록된 〈그 교회 희망 있네!〉란 시에서 진정한 교회에 대하여 이렇게 귀뜸한다; "교인이 자꾸 준단다 / 교회가 병원 선교한다고 / 환자만 돌본다고 / 다른 교회 찾아 떠난단다 // 교회가 점점 빈단다 / 교회가 노숙자 선교한다고 / 그들 불러다 식사 대접할 때마다 / 교회 식당은 악취가 배고 / 교인들은 그 식기와 수저 더럽다고 하더니 / 슬그머니 교회를 떠난단다 // 교인 줄고, / 교회 비어도 / 버림받은 갈릴리 찾아가는 / 이 교회 희망 있네."

시인은 노래한다. 비기독교인 김춘수 시인이 교회 밖 예수꽃이었다면, 이제 교회도 교회 밖의 새로운 '교회꽃'으로 더욱 아름답게 필 때라고 말이다. 그 교회는 아픈 몸과 마음을 가진 사람들에게 다시 건강을 되찾아 주는 곳이요, 고단한 사람들이 잠시라도 지친 다리를 쭉 뻗고 몸을 편히 눌 수 있는 곳이라고 말이다.

진정한 성전, 하나님의 거처는 내 몸

민영진 시인은 또 표제작인 〈공중도시〉에서 참 교회에 대해 좀 더 구체적으로 다음과 같이 노래한다; "하늘에서 / 새 예루살렘이 내려온다 / 공중에 떠 있는 거대 도시 / 거기 성전이 없다 / 그 도시에서는 / 하나님이 성전이다 // 지상의 도시에는 성전이 있다 / 사람들이 만든 신들로 가득 찬 / 만신전(萬神殿) // 하나님이 거처를 옮기시네 / 공중도시가 아닌 / 지상 도시도 아닌 / 사람 몸 안으로 / 이 약한 육신이 / 성령을 모시는 집이라니 / 이 썩을 몸이 / 하나님 머무시는 성전이라니."

공중도시에는 하나님이 곧 성전이시다. 하지만 인간이 사는 이 지상의 도시에는 사람들이 만든 수많은 신들로 가득 차 있다. 그래서 만신전이다. 그러나 시인은 노래한다. 하나님이 거처를 공중도시에서 사람의 몸 안으로 옮기셨다고! 바로 나의 몸 속으로 옮기셨다고 말이다. 그래서 시인은 우리의 썩을 몸이 이제 하나님이 머무시는 '성전'이 되었다고 노래한다.(고전 3:16-17)

민영진 시인처럼 신학자들은 진정한 성전이란 '인격 성전'이어야 함을 역설한다. 사람들은 언제부터인가 모르게 건물 교회인 예배당을 참 교회로 인식하게 되었다. 그러면서 '교회 건축'이란 표현을 당연시하며 우리 각자 예수꽃이 되기보다는 세상의 큰 기업들처럼 대형 교회만을 추구한다. 하지만 우리는 김춘수처럼 교회 밖 예수꽃이 되어야 하고, 민영진처럼 교회 밖 교회꽃을 추구해야 하지 않을까? 우리가 교회라고 부르는 건물이나 교단이 사실은 참 교회가 아니라 단지 예배당이요 하나의 조직일 뿐이고, 우리가 추구하는 진정한 교회란 인격 성전임을 고백해야 하지 않을까.

얼마 전 필자는 벗들과 함께 책을 하나 출간하였다. 『교회 밖 교회: 다섯 빛깔 가나안교회』(2019)이다. 이 책은 '가나안 신자' 곧 제도권 교회는 더 이상 안 나가지만 교회 밖 예수꽃이 되기로 마음먹은 신자들을 위한 교회 이야기이다. 그런 사람들이 모인 교회를 굳이 '가나안교회'란 이름을 붙인 이유는 그 교회야말로 건물 교회가 아닌 인격 성전을 추구하는 참 교회를 상징하기 때문이다. 실제로 그 교회는 건물이 없고, 직분이 없고, 쌓아둘 헌금이 없다. 대신에 그 교회에는 믿음 소망 사랑이 있고, 하나님을 사랑하는 예수꽃 같은 사람들이 모여 즐기는 친교가 있을 뿐이다. 따라서 내가 꿈꾸는 교회는 비록 교단과 같은 어떤 제도권 교회는 아니지만, 우리의 몸을 하나님께 산 제사로 드리면서 아름다운 예수꽃을 피게 하는 참 교회이다.

5. 기도 수행의 공동체

성령 강림절, 세계 모든 교회의 창립기념일

한국교회는 교단을 불문하고 대부분 개(個)교회적이어서 교회 창립기념일이란 곧 개별 교회들이 설립된 날을 의미한다. 그런데 개별 교회나 혹은 교단을 떠나 세계의 모든 교회들이 함께 기념할 수 있는 공통의 교회 창립기념일은 언제일까? 만약 그날을 모든 그리스도인들이 함께 기억하여 기념한다면 교회 일치 차원에서도 유익할 뿐만 아니라 교회 본래의 모습을 회복하는 데도 매우 의미 있는 일이 될 것이다.

대부분의 신학자들에 따르면, 가톨릭이든 개신교든 혹은 정교회든 모든 교회가 함께 기념할 수 있는 교회 창립기념일은 바로 '성령 강림절'이다. 이런 점에서 성령 강림절은 단순히 여러 교회 절기 중의 하나가 아니다. 그날은 부활하신 예수께서 승천하시기 전 약속하신 성령 강림에 대한 약속이 성취된 날임과 동시에 성령을 체험한 성도들이 모여 빵 떼는 일과 사귀는 일 그리고 기도하는 일을 새롭게 시작한 날이다.

사도행전에 의하면, 부활하신 예수께서는 승천하시기 전 제자들에게 성령을 약속하셨다. "너희는 예루살렘을 떠나지 말고, 내게서 들은 아버지의 약속을 기다려라. 요한은 물로 세례를 주었으나, 너희는 여러 날이 되지 않아서 성령으로 세례를 받을 것이다."(행1:4~5) 예수의 제자들은 예수의 명령대로 하나님이 약속하신 성령의 강림을 기다리며 마가의 다락방에서 50일

간 함께 기도하였던 것이다. 그리고 오십 일째 되는 날인 오순절에 약속대로 모두 성령을 체험하였다. "오순절이 되어서 그들은 모두 한곳에 모여 있었다. 그때에 갑자기 하늘에서 세찬 바람이 부는 듯한 소리가 나더니, 그들이 앉아 있는 온 집안을 가득 채웠다. 그리고 불길이 솟아오를 때 혓바닥처럼 갈라지는 것 같은 혀들이 그들에게 나타나더니 각 사람 위에 내려앉았다. 그들은 모두 성령으로 충만하게 되어서, 성령이 시키는 대로 각각 방언으로 말하기 시작하였다."(행2:1~4) 이렇게 교회는 성령의 은총으로 탄생된 것이다!

교회의 존재론적 근거는 기도이다

여기서 우리는 성령 강림 사건과 그에 따른 교회 탄생이라는 일련의 사건 속에서 중요한 사실을 발견하게 된다. 그것은 바로 교회가 탄생되기 전 신자들이 50일 동안 함께 모여 간절히 기도하였다는 사실이다. 말하자면 교회의 존재론적 근거는 '기도'라는 말이다. 예수께서 약속한 성령을 받기 위해 그를 따르던 온 제자들은 함께 모여 간절히 기도했다. 그리고 그 결과로 성령의 세례를 받고 교회가 탄생된 것이다.

그런데 여기서 필자가 더욱 자세히 알고 싶은 것은 그 기도의 내용과 형식은 무엇이었을까 하는 점이다. 많은 설교자들은 앞서 인용한 사도행전 2장의 전체적인 분위기에 따라 그들이 '방언'으로 기도했다고 말하면서 방언기도를 강조하곤 한다. 그런데 엄밀히 말해 방언은 성령 체험 이후에 일어난 모습이지 결코 성령 강림 사건 이전에 있었던 기도의 모습은 아니다. 오히려 성경의 본문은 제자들이 예수께서 약속한 성령을 받기 위해 전적으로 피동의 상태에 있었음을 말해준다. '예루살렘을 떠나지 말고, 내게서 들은 아버지의 약속을 기다리라'는 말씀에서 많은 주석가들은 '기다리라'는 주님의 명령에 주목하지 않는다. 그러나 필자가 보기에 그 어떤 것보다 제자들이 중요하게 기억하고 따라야 할 예수의 명령은 다름 아닌 '기다리는 것'이다.

관상기도와 주기도문으로 탄생한 수도 공동체

성령을 받기 위해 기다리는 제자들의 모습은 어땠을까? 과연 제자들은 하나님께서 약속한 성령을 받기 위해 어떻게 기다렸을까? 여기서 필자는 두 가지의 모습을 상상하게 된다.

첫째는 예수께서 제자들에게 어떻게 하면서 기다리라는 구체적인 지시가 없었으므로 예수의 제자들은 아마도 철저하게 '피동의 자세'로 기다렸을 것 같다. 여기서 피동의 자세란 다름 아닌 '말 없음의 기도' 곧 관상기도를 의미한다. 통상 말 없음의 기도는 두 가지로 구분된다. 하나는 머릿속에 어떤 이미지를 상상하면서 기도하는 '유념적 기도'(kataphatic prayer)이고, 또 하나는 그 반대로 머릿속에 떠오르는 어떤 작은 이미지조차 모두 남김없이 부정하고 지우면서 오직 호흡에만 집중하는 '무념적 기도'(apophatic prayer)이다. 따라서 예수의 제자들은 바로 이 두 관상기도를 오가면서 전적인 수동의 상태에서 오직 하나님 곧 성령만을 기다리지 않았을까?

둘째는 생전에 예수께서 제자들에게 기도의 모범으로 가르쳐주신 '주기도'(마6:9~13)를 기억하고, 제자들은 마치 그것을 하나의 주문처럼 반복하지 않았을까 상상해 본다. 사실 동양의 종교들을 보면, 거의 예외 없이 대부분 기도할 때 일종의 '주문' 같은 기도문을 강조한다. 예컨대, 동학의 최제우는 기도할 때, "지기금지원위대강시천주조화정영세불망만사지"(至氣今至 願爲 大降 侍天主 造化定 永世不忘 萬事知)라는 주문을 되풀이해서 암송할 것을 강조하였다. 그리고 불교에서도 오직 "나무아미타불 관세음보살"을 열심히 외우라는 염불기도를 강조하고 있다. 이런 점에서 보면, 예수의 제자들이 철저한 피동의 상태에서 성령을 받기 위해 주기도문을 반복하여 외우던 중에 성령을 체험하였으리라고 상상하는 것은 큰 무리가 아니다.

만약, 필자의 이러한 상상이 맞다면, 초대 교회는 말 없음의 기도와 주기도 주문을 기반으로 하여 탄생한 수도 공동체라고 말할 수 있다. 즉 관상기도와 주기도문을 철저히 수행하는 것이야말로 성령을 받는 길이요 또 교회가 새롭게 다시 탄생되는 비결이다. 따라서 내가 꿈꾸는 교회는 성령을 받기 위해 관상기도와 주기도문을 열심히 실천하는 기도 수행의 공동체이다.

6. 길 위의 공동체

우리는 매일 어떤 길을 따라 어딘가로 간다

이미 오래된 노래이지만 여전히 인기 있는 남성 아이돌 그룹 '지오디(god)'의 〈길〉(2001)이란 노래가 있다. 특히 그들의 뮤직비디오는 정말로 지금 봐도 참 압권이다. 길게 뻗은 길 위에서 청년들이 열심히 춤을 추며 마치 기도하듯이 간절히 노래를 부른다. "내가 가는 이 길이 어디로 가는지 어디로 날 데려가는지 / 그곳은 어딘지 알 수 없지만 알 수 없지만 알 수 없지만 / 오늘도 난 걸어가고 있네 / 나는 왜 이 길에 서 있나 / 이게 정말 나의 길인가 / 이 길의 끝에서 내 꿈은 이뤄질까 / 나는 무엇을 꿈꾸는가 그건 누굴 위한 꿈일까…." 이 노래는 우리가 걷는 현실 세계의 '길'에서 출발하여 자신의 '꿈'을 묻고, 그리고 또다시 인생의 '길'로 마무리 짓는다.

이처럼 우리는 누구나 매일 어떤 길을 따라 어딘가로 걸어간다. 마치 조각가 자코메티(Alberto Giacometti)의 조각상 〈걷는 사람〉(Walking Man, 1960)이 보여주듯이, 아주 긴 발로 고독하게 그러나 어떤 희망을 갖고 어떤 목적지를 향해 묵묵히 걸어간다. 이것은 우리 삶의 모습을 상징한다. 사람들은 자신의 인생길을 걸어가면서 길을 제대로 걸어가고 있는지, 혹은 이 길이 혹 잘못된 길은 아닌지 질문하면서 모범적인 삶의 발자취를 더듬으며 자신의 길을 점검한다.

그러한 길 중에 가장 대표적인 것이 순례길이다. 특히 전통적으로 유명한 기독교의 3대 순례길, 곧 예수 그리스도의 발자취가 묻어 있는 '예루살렘', 2천 년 교회의 역사가 살아 숨 쉬는 '로마', 혹은 야고보 사도가 묻혀 있다는 '산티아고'는 지금도 많은 순례자들로 가득하다. 그들은 비록 인생에서 승리한 사람들의 발자취를 따라 걷고 있지만, 좀 더 깊이 들여다보면 그들은 어떤 위대한 성현의 삶의 발자취를 무작정 걷고 있는 것이 아니라, 실제로는 성현의 삶의 길을 지팡이 삼아 자신의 참 인생길을 질문하면서 각자가 자신의 길을 걷고 있는 것이다. 특히 현대의 삶은 전통적인 농경사회와 비교해 얼마나 복잡한가? 그리고 그 직업은 또 얼마나 다양한가? 따라서 영화『나의 산티아고』(2015)에서 잘 보여주듯이, 자신의 인생길에서 길을 잃은 수많은 사람들은 어떤 종교를 신앙하는지와 관계없이 혹은 종교인이든 아니든 상관 없이 지금도 자신이 걸어가야 할 길을 찾아 순례의 길을 걷고 있다.

예수의 복음, 길 위의 복음, 길의 복음

이런 점에서 보면, 기독교 신앙은 '길'과 매우 밀접히 연결되어 있다. 예수께서도 "나는 길이요 진리요 생명이다"(요14:6)라고 말씀하지 않으셨는가? 당신이 우리가 찾고 있는 '길'이라고 말이다. 실제로 예수의 삶을 돌이켜 보면, 그는 한 자리에서 눌러앉아 만족하며 산 것이 아니라, 길 위에서 쉬지 않고 끊임없이 걸어간 인생이었다. 우선 예수는 부모가 사는 나사렛이 아니라 예루살렘으로 올라가는 여행길에서 태어났고, 또 태어나자마자 곧장 박해를 피해 여러 해 동안 이집트로 이주해서 망명객의 삶을 살았다. 뿐만 아니라 공생애의 삶도 철저히 길 위의 삶이었다. 예수께서는 나사렛에서 출발하여 예루살렘까지 쉬지 않고 걸으면서 하나님의 나라를 전하는 삶을 살았다. 그는 그 길 위에서 하나님의 나라를 선포하고, 그 길 위에서 병든 자를 고쳐주고

또 그 길 위에서 하나님 나라의 비밀을 가르치셨다. 심지어 예수께서는 그런 자신의 삶을 일컬어 "여우도 굴이 있고 공중의 새도 보금자리가 있으나 인자는 머리 둘 곳이 없다."(마8:20)고 말씀하면서, 길 위를 걸어가는 삶을 당연시했다. 따라서 예수의 복음은 길 위에서의 복음이라고 해도 과언이 아니다.

특히 마가복음은 길 위의 복음을 가장 잘 표현해 준 복음서라 할 수 있다. 마가복음 전체는 '길'이라는 메타포로 가득하다. 말하자면 마가복음의 시작과 중간 그리고 그 끝은 모두 '길'로 연결되어 있다. 우선 시작은 세례 요한이 '주님의 길을 예비하고 그의 길을 곧게 하는 자'(막1:1~3)로 등장하여 예수께 세례를 줌으로써 그의 길을 열어준다. 그리고 바턴을 이어받은 예수께서는 그 길 위에서 "하나님의 나라가 가까이 왔다. 회개하여라. 복음을 믿어라"(막 1:15)라고 외치면서, 본격적으로 갈릴리에서 출발하여 예루살렘까지 가는 복음 순례의 길을 떠난다.(막1:38~39) 그리고 그 길 위에서 그는 앞서 언급한 것처럼 병자를 고치고, 또 하나님 나라의 비밀을 가르친다. 그리고 결국에는 예루살렘에서 마지막 십자가의 길을 걷는다.(마11~15장) 그뿐만 아니라 예수께서는 부활 후 다시 갈릴리로 '걸어가서'(막16:12~13), 그곳에서 제자들에게 자신의 배턴을 이어주며 "온 세상에 나가서 만민에게 복음을 전파하라"(막16:15)고 선교의 사명을 맡긴다. 이처럼 길 위에서 예수의 삶은 시작되었고 또 마감되었다.

"여행은 왜 기독교 신앙에서 중요한가?", "기독교는 길 위에서 움직이는 신앙이다. 그러므로 여행은 기독교 신앙에 대한 은유 이상이다." 이 두 마디 문장은 필자가 몇 년 전 크게 공감하면서 읽은 리거(Joerg Rieger)의 『여행, 관광인가 순례인가』(Traveling, 2015)의 표지 글이다. 그렇다. 기독교 신앙은 철저하게 길 위의 신앙이다. 예수의 삶이 길 위의 삶이었고, 하나님의 나라 선포도 그 길 위에서 이루어지는 것이었다. 말하자면 하나님의 나라를 목적지로 한 '순례'(pilgrimage)는 교회의 핵심가치이다. 교회가 이 순례 대신 '거주'(dwelling)를 목적으로 할 때 교회는 그 본질로부터 멀어지면서 타락의 길을 걷게 된다. 이것이 교회사의 가르침이다. 따라서 내가 꿈꾸는 교회는 순례를 본질로 하여 끊임없이 걸어가는 길 위의 공동체이다.

7. 낯선 타자를 환대하는 공동체

왜 부활하신 예수를 알아보지 못했을까

성서를 읽다 보면, 상식적으로 이해할 수 없는 내용들이 많이 등장한다. 그중 하나가 제자들이 부활하신 예수의 모습을 알아보지 못하는 장면이다. 그 대표적인 경우는 '엠마오로 가는 두 제자 이야기'이다.(눅24:13~35) 본문에 따르면, 부활하신 그리스도는 '낯선 나그네'의 모습으로 제자들에게 나타났다. 그런데 제자들은 스승이신 예수를 알아보지 못했다. 어떻게 3년씩이나 예수를 따라다녔던 제자들이 자기 스승을 알아보지 못했을까? 참 이상하다. 우리는 여기서 두 가지를 추론할 수 있다. 하나는 제자들에게서 그 원인을 찾는 경우이고, 또 다른 하나는 예수에게 그 원인을 돌리는 경우이다.

먼저 첫째의 경우를 생각해 보자. 엠마오로 가는 글로바와 또 한 제자의 눈에 안질과 같은 문제가 생겨서, 혹은 영적으로 무지한 자가 되어 영안(靈眼)이 어두워져서 부활하신 그리스도를 못 알아본 것일 수 있다. 누가복음 24장에서는 이 가능성을 은연중 암시하기도 한다. 왜냐하면 제자들이 부활하신 예수와 떡을 떼는 순간 예수를 알아보았기 때문이다. 그런데 본문에는 안질과 같은 신체적 질환이 제자들에게 있었다는 언급이 없는 것으로 보아서, 제자들이 부활하신 예수를 알아보지 못한 이유는 신체의 문제가 아니라 영적인 무지 때문일 개연성이 크다. 하지만 예수의 제자들이 부활하신 예수를 알아보지 못한 원인이 영적인 무지의 문제라면, 예수의 십자가 사건 이전

에도 제자들이 예수를 종종 알아보지 못했어야 옳다. 그런데 성경 어디에도 제자들이 십자가 사건 이전에 예수를 알아보지 못했다는 언급은 없다. 따라서 제자들이 부활하신 예수를 알아보지 못한 원인을 제자들에게서 찾는 데는 무리가 따른다.

그렇다면, 답은 두 번째의 경우로써 부활하신 예수에게서 그 원인을 찾을 수밖에 없다. 말하자면, 제자들이 부활하신 예수의 얼굴을 한눈에 알아보지 못한 까닭은 부활하신 예수의 얼굴이 십자가에 달리신 예수의 얼굴, 곧 '역사적 예수'의 얼굴과 달랐기 때문이라고 봐야 한다. 이것은 상식적으로나 신학적으로도 타당하다. 좀 더 구체적으로 설명하면, 엠마오로 내려가는 두 제자와 부활하신 예수는 약 30리(약 12km) 길을 함께 걸었다. 시간상으로 보면 최소한 3~4시간, 좀 여유 있게 휴식을 취하면서 걸었다면 거의 하루 종일 같이 걸어갔다는 의미이다. 하지만 그들은 거의 하루 동안 스승과 함께 걸으면서도 그를 알아보지 못했다. 부활하신 예수의 모습이 역사적 예수의 모습과 전혀 달랐기 때문이다.

한 가지 더 흥미로운 것은 제자들이 자신들의 집으로 들어가서 나그네인 예수와 함께 식사하는 도중에 부활하신 예수의 모습이 갑자기 옛날 자신들과 함께 갈릴리를 거닐며 동고동락했던 역사적 예수의 모습으로 변화된 점이다. 두 제자는 얼마나 놀랐을까? 여기서 우리는 잠정적으로 결론을 하나 얻게 된다. 즉, 부활하신 예수는 역사적 예수의 얼굴을 포기하지 않으면서도, 그것을 넘어서 다양한 모습으로 나타난다는 점이다.

부활하신 예수는 역사적 예수와 달리 시간과 공간을 자유롭게 넘나드는 분이다. 이것은 엠마오 사건과 비슷한 사건인 디베랴 바닷가에서 고기를 잡고 있는 제자들에게도 부활하신 예수가 나타난 데서 알 수 있다.(요21:1~14) 여기서도 마찬가지로 제자들은 부활하신 예수를 알아보지 못했다. 그들은 아마도 부활하신 예수를 '낯선 어부' 쯤으로 생각했던 것 같다. 예수께서 베드로를 비롯한 제자들에게 "그물을 배 오른쪽으로 던져라."(6절)라는 말을 하였음에도 불구하고, 제자들은 전혀 그분이 부활하신 예수라는 것을 눈치채지 못했다. 심지어 도마는 얼마 전 부활하신 예수의 상처를 직접 자기 두 눈으로 확인까지 했음에도 불구하고(요20:27), 그는 또 다시 예수를 알아보지 못하고 있다.(요21:2, 4)

부활하신 예수는 참 자유의 하나님이다

우리는 이 문제를 신학적으로 어떻게 해석해야 할까? 필자는 부활하신 예수는 '참 자유의 하나님'이라고 이해하고 싶다. 그래서 믿음이 도마와 같은 자에게는 손에 못 자국을 지닌 역사적인 예수의 얼굴로 나타나고, 동시에 역사적 예수의 얼굴에 큰 관심이 없는 자들에게는 시공간을 초월한 다양한 존재의 모습으로 자유롭게 나타나시는 분이다. 즉, 부활하신 예수는 손의 못 자국과 옆구리의 창 자국을 감춘 채 어떤 때는 나그네로 또 어떤 때는 어부로 우리에게 다가오신다.

    부활하신 예수는 공간이나 형상은 물론 시간으로부터도 자유로우시므로, 오늘의 시점에서 유대인이 아니라 한국인의 모습으로, 혹은 남성이 아니라 여성의 모습으로, 혹은 성인이 아니라 어린이의 모습으로, 심지어 기독교인이 아니라 이웃 종교인의 모습으로도 자유롭게 인류에게 계시하실 수 있는 분이 아닐까? 만약 그렇다면, 부활하신 예수를 우리가 영접하는 길은 우리가 모든 낯선 타자가 부활하신 예수일 가능성이 있는 거룩한 존재라고 여기고 그들을 정성껏 환대하는 길밖에 없다. 신앙공동체가 나그네를 환대해야 하는 까닭은 단순히 형편이 어려운 사람을 돕는 윤리적인 차원을 넘어서, 그것이 부활하신 예수 곧 하나님을 만나는 길이기 때문이다. 따라서 내가 꿈꾸는 교회는 부활하신 그리스도를 만나기 위해 낯선 나그네를 기꺼이 영접하는 환대의 공동체이다.

8. 노래하고 춤추고 자전거 타는 놀이 공동체

금욕주의 신앙의 성속 이분법을 넘어서

몇 년 전, 필자는 그 해 삶의 모토를 '놀이'에 두고 그것을 강조하기 위해 필자의 페이스북 대문에 "노래하고 춤추고 자전거 타는 해"라고 이름을 붙였던 적이 있다. 그러면서 교회에서 교우들이랑 함께 노래하고 춤추고 자전거를 탄다면 얼마나 좋을까 상상해보곤 하였다. 그 해에 필자는 그 모토를 실천하기 위해 대학동문합창단에 가입하여 매주 한 차례 합창 연습을 하였고, 필자가 설립한 비영리사단법인 (사)한국영성예술협회에 댄스동아리를 만들어 한 달에 한두 차례 회원들과 함께 '커뮤니티댄스'를 추었다. 그리고 시간 되는 대로 지금도 종종 사이클과 MTB를 타면서 건강을 챙기고 있다. 말하자면 필자는 언제부터인가 인생의 목적을 '노동'에서 '놀이'로 바꾸면서 삶의 적지 않은 변화를 경험하고 있다. 물론 과거나 지금이나 일하는 분량은 큰 차이가 없다. 그러나 삶의 주안점을 '노동'(일)에서 '놀이'로 바꾸는 순간 삶의 기쁨은 그 전보다 훨씬 더 커진 것을 느낀다.

필자가 놀이를 강조하게 된 이면에는 오랫동안 교회에서 당연시해 온 소위 '청교도 신앙'에 대한 비판적 성찰이 작용했는지 모른다. 주지하듯이 청교도 신앙은 엄격한 금욕주의적 신앙이요, 동시에 성과 속의 분리를 강조하는 신앙이다. 그런데 필자는 신학 공부를 하면 할수록 이러한 이분법적 신앙이 적지 않은 문제점이 있음을 깨닫게 되었다. 그러면서 자연스럽게 성과 속의 이분법을 넘어 일상의 거룩화와 놀이의 신학화에 눈을 돌리게 되었던 것이다. 말하자면 '놀이신학'에 대한 관심이 커지면서, 삶의 기쁨과 유희, 그리고 참 행복에 좀 더 숙고할 기회를 얻었다고나 할까? 이 과정에서 '호모 루덴스'(homo ludens, 놀이하는 인간)로 유명한 호이징아(Hohan Huizinga)의 놀이에 대한 재평가로부터 시작하여, 몰트만(Jürgen Moltmann)의 『놀이의 신학』(Theology of Play)과 휴고 라너(Hugo Rahner)의 '놀이하는 하나님'(Deus ludens), 그리고 최근 에반스(James H. Evans Jr.)의 『놀이』(Playing) 등의 책들은 놀이를 신학적으로 승화시키는 데 큰 통찰을 제공하였다. 특히 필자의 스승이신 유동식 교수의 '풍류신학'은 놀이를 한국신학적 맥락에서 새롭게 이해하는 데 큰 도움을 주었다.

한편, 최근 작고한 종교사회학자 피터 버거(Peter Berger)는 『이단의 시대』(The Heretical Imperative)라는 책에서, 이단(heresy)이란 단어가 '선택의 행위'를 뜻하는 그리스어 '하이레시스'(hairesis)에서 유래했음을 지적하였다. 그는 이단이 된다는 의미는 상반되는 두 주장이 서로 공존하지 못하도록, 즉 놀지 못하게 하면서 오직 하나만 선택하도록 하는 것이라고 말하였다. 말하자면 이단은 놀이를 불가능하게 만든다. 하지만 교회의 역사에서 정통이란 오히려 상반된 개념의 허용이요 공존의 놀이를 인정하는 것이다. 예컨대, 예수에 대한 고대 에큐메니칼 공의회의 결론은 무엇인가? 그것은 예수와 관련된 서로 상반된 주장들(참 하나님과 동시에 참 인간)의 놀이를 예수 그리스도 인격의 중심 요소로 삼는다. 이처럼 기독교의 복음은 놀이를 떠나서는 바르게 이해될 수 없다. 결국 예수의 이미지를 어느 하나에 고착시킨 뒤 그 하나만을 강요하는 것이야말로, 그래서 놀이를 거부하는 것이야말로 기독교의 역사에서 매우 경계했던 일이다.

노래하며 춤추며, 재미있게 자전거 타는 교회

그렇다면, 교회란 어떤 곳인가? 필자는 성령의 인도하심에 따라 '놀이하는 곳' 곧 '놀이터'(playground)라고 말하고 싶다. 사도행전에 따르면, 교회는 케리그마(kerygma, 말씀선포)와 디다케(didache, 가르침), 코이노니아(koinonia, 친교)와 디아코니아(diakonia, 봉사) 활동으로 이루어진다. 그리고 니케아 신조에서는 교회의 표지를 '하나의'(one), '거룩한'(holy), '보편적인'(universal), '사도적인'(apostolic) 교회라고 언급한 바 있다. 그런데 중요한 것은 그 모든 이면에 성령의 감동에 의한 '놀이'가 있다는 점이다. 좀 더 쉽게 말하면, '케리그마, 디다케, 코이노니아, 디아코니아'로 불리는 교회의 기능이나, 혹은 '하나의, 거룩한, 보편적인, 사도적인'이라는 교회의 표지는 음악으로 말하면 각각 '음표'(opus)에 해당된다. 그것들은 다양하게 조합되어 독특한 화음을 만들어내면서 연주되어야 한다. 그 연주가 바로 놀이이다.

　진정한 교회는 바로 그와 같다. 즉 네 가지 교회의 지표나 혹은 신약 교회의 네 가지 기능을 각각의 음표로 하여 멋지고 재미있게 연주되어야 한다. 말하자면 교회는 노래하고 춤추며 자전거를 타면서 재미있게 예배하고 기도하며 선교하는 곳이어야 한다. 결국 아름다운 교회란 모두 똑같은 교회가 아니라 놀이의 영이신 성령의 인도함 따라 교회의 표지들을 음표로 하여 다양하고 아름답게 연주되는 곳이다. 우리가 추구하는 교회란 바로 이런 놀이의 공동체이다. 가슴이 설레지 않은가? 따라서 내가 꿈꾸는 교회는 노래하고 춤추며 자전거 타는 놀이의 공동체이다.

9. 다양성이 존중되는 공동체

피카소 회화의 특징, 다중 시선

'피카소'(Pablo Ruiz Picasso, 1881-1973)를 빼고 현대 미술의 역사를 말하는 것은 거의 불가능하다. 그만큼 피카소의 영향력은 지대하다. 그렇다면 왜 그는 현대 미술사의 획을 긋는 위대한 인물로 평가받고 있는가? 무엇보다 그가 이전의 미술사조와 매우 다른 창의적인 그림을 그렸기 때문이다. 그것은 한마디로 '다양성'에 대한 시각이다. 그가 출생한 1880년대의 유럽은 격변의 시대이기도 하였지만, 또 폭발적인 산업혁명의 진전과 과학기술의 발전으로 '다양성'이 분출되는 시대이기도 하였다. 그는 그 시대와 현실의 다양성을 그의 회화로 표현하고자 하였다. 그것이 소위 '입체파'로 알려진 '큐비즘'(cubism)이다. 여기서 큐비즘의 가장 두드러진 특징은 하나의 시각이 아닌, 다양한 시선 곧 '다중시선'으로 대상을 바라보는 것이다. 말하자면 큐비즘은 물체를 입방체처럼 분석 및 분해해서 그 각각의 단면을 재구성하려는 작업이다.

피카소의 큐비즘 회화는 대체로 세 단계로 발전하였다고 알려져 있다. 초기 큐비즘(1907-1909)에서 피카소는 사물의 본질적인 모습을 '원, 원통, 원추'라고 정의했던 세잔의 이론을 심화하는 작업을 하였다. 그래서 대상의 자연적 형태를 요약 및 단순화시켰으며, 1점 원근 시점이 아닌 복수 시점을 이용해 사물의 본질적인 형태를 화면에 구축하려고 했다. 따라서 그의 회화에서는 고전적 사실주의에서 강조하는 광선, 명암, 원근, 질감, 채색법을 무시하고 3차원의 깊이, 공간, 입체감들의 전통적인 표현법이 소멸하게 된다. 이는 화면이 평면으로 환원되는 결과를 낳는다. 말하자면 회화의 주제를 택한 뒤 그것을 모든 측면에서 본다는 착상을 했으며, 그런 다음 그 모든 단면을 동시에 한 시점으로 보는 방법인 '다중 시선'을 제안했던 것이다.

이러한 초기 큐비즘은 점차 '분석적 큐비즘'(1909-1912)으로 발전하였다. 분석적 큐비즘은 초기 큐비즘의 조형 논리를 극대화시켜 대상뿐만 아니라 배경도 해체시키는 것으로 드러났다. 그래서 대상과 배경이 완전히 기하학적 단위로 해체되어 다시 화면 위에서 재구성되었다. 이것은 형태의 분석적인 묘사를 통해 '다중 시선'을 극대화하려는 것이라 말할 수 있다. 그리고 세 번째 단계는 '종합적 큐비즘'(1911-1916)이다. 종합적 큐비즘은 '콜라쥬 큐비즘'(collage cubism)이라고도 하는데, 이것은 전혀 다른 대상들과 서로 결합시키는 것이다. 분석적 큐비즘처럼 대상을 완전히 분석 및 해체하지 않고 다른 대상을 콜라쥬 형식으로 결합하는 것으로, 자기생성과 더불어 타자로서의 생성과 새로움도 드러내려고 의도한 것이다. 큐비즘의 세 단계는 피카소의 유명한 세 작품에서 잘 드러난다. 우선 〈아비뇽의 처녀들〉(1907)은 초기 큐비즘을 보여주는 그림으로써 다중 시선의 의미를 담고 있고, 〈만돌린을 켜는 소녀〉(1910)는 분석적 큐비즘을, 그리고 〈바이올린〉(1912)은 종합적 큐비즘의 특성을 각각 담고 있는 것으로 알려져 있다.

다중 시선의 연원은 성서이다

그런데 이러한 피카소의 다중 시선은 '하나의' 시선만을 강요한 근대성의 시각에서 볼 때는 매우 도발적인 것임에 틀림이 없지만, 사실은 이미 오래된

시각이기도 하다. 왜냐하면 성경 안에 이미 다양성에 대한 존중이 매우 뿌리 깊게 자리 잡고 있기 때문이다. 우선, 구약성경에서는 '신명기 사관'과 더불어 또 그 시각과 약간 결을 달리하는 소위 '역대기 사관'이 공존한다. 그리고 신명기 사관(죄-심판, 순종-축복)과 신앙의 구조가 다른 욥기(의로운 자의 고난 문제를 다룸)도 성경에 존재한다.

그뿐만 아니라 신약성경에서 복음서의 경우는 '다양성'의 측면에서 시사하는 바가 더욱더 분명하다. 주지하듯이, 네 복음서는 같은 예수를 종종 서로 상충됨에도 불구하고 각각 다른 시각을 존중하는 맥락에서 그대로 소개하고 있다. 특히 공관복음서와 요한복음서가 제시하는 예수의 이미지는 매우 다르다. 전자는 예수에 대한 관점에서 유대적인 시각이 주로 반영되어 있다면, 후자는 희랍적인 시각이 반영되어 있는 것이다. 그뿐만 아니라 예수에 대한 복음서의 시각과 바울서신의 시각 역시 같지 않다. 이처럼 다중 시선은 성경의 핵심적 시각으로서, 하나님의 깊은 세계를 더 잘 조망하도록 안내해 준다.

사실 이러한 다양성의 논의는 교회에 대한 니케아-콘스탄티노플 공의회의 고백에 그대로 반영되어 있다. 즉 그 공의회에서는 교회를 "하나의, 거룩하고, 보편적인, 사도적 교회"로 고백하였다. 그중에 다양성이 존중되는 교회의 의미는 '보편적인'(kataholikos/catholic: 전체의 온전한, 완전한)이란 말로 표현된다. 여기서 가톨릭교회는 전통적으로 '보편적인'의 의미를 ① 참되고 이교적이지 않으며 분리되지 않는 정통(orthodoxy, 교리적 보편성), ② 온 세상으로의 확장(지리적 보편성), ③ 다른 어떤 교회보다도 많은 구성원들이 있음(숫자적 보편성), ④ 다른 모든 교회들보다 오래됨(시간적 보편성)의 의미로 이해하였다.

최근 신학자들은 보편성의 의미를 전통적인 가톨릭적인 의미를 넘어서 어거스틴이 강조했던 것처럼 모든 것을 품어주는 '어머니'("하나님을 아버지로, 그의 교회를 어머니로 모시고 있는 이는 안전합니다.")로서의 교회, 그리고 더 나아가 '에큐메니칼'(ecumenical: 지구적인)로서의 교회로 이해하고 있다. 이것은 앞서 설명한 '다양성'이 존중되는 교회상을 강조한 개념들이다. 따라서 내가 꿈꾸는 교회는 다양성이 존중되는 교회로, 그것이 가장 이상적인 성서적 교회가 아닌가 싶다.

10. 리마예전의 성례전 공동체

모든 기독교인은 왜 함께하지 못하는가?

필자의 고향인 충남 당진에는 솔뫼성지가 있다. 그곳은 한국 최초의 신부인 김대건 신부가 태어난 곳으로 지난 2014년 여름 프란치스코 교황이 방문해 더욱 유명해졌다. 그 일로 솔뫼성지는 한국 가톨릭교회의 역사에서뿐만 아니라, 이제 전체 그리스도교회 역사에서도 나름 의미 있는 곳이 되었다. 필자는 고향을 방문할 때면 가급적 그곳을 둘러보고, 나의 신앙을 되돌아보곤 한다.

그런데 얼마 전 필자가 그곳을 방문하였을 때 마침 미사가 열리고 있어서 필자도 성당 안에 들어가 조용히 자리를 잡았다. 그리고 신부의 강론이 끝난 뒤, 성찬의 순서가 되어 나도 참여하려고 마음을 살피고 있었다. 그런데 미사의 진행을 맡은 한 수녀가 이렇게 말하는 것이었다. "가톨릭 신자가 아닌 분들은 성체를 모실 수가 없습니다. 가톨릭 신자만 성찬에 참여해 주시길 바랍니다." 갑자기 밀려오는 배제와 차별에 따른 소외감에 필자의 마음은 말로 다 형용할 수 없는 슬픔으로 가득 찼다. '아, 나는 비록 감리교 목사이지만, 가톨릭 신자의 눈에는 여전히 함께할 수 없는 이교도일 뿐이구나!' 이런 생각에 이르자, 이것이 하나님께서 바라시는 것인지 되묻지 않을 수가 없었다. 왜 같은 하나님을 믿고 또 예수를 같이 그리스도로 고백하면서도 함께 성찬에 참여할 수 없단 말인가?

그런데 필자가 느낀 슬픔은 세계 모든 그리스도교인들이 오랫동안 겪고 있는 고통이기도 하다. 좀 과장해서 표현하자면, 지난 2천 년 동안 세계의 그리스도인들은 교단이 다르다는 이유로, 혹은 성찬에 관한 교리가 다르다는 이유로 다 함께 모여서 성찬 예배를 드릴 수 없었다. 세상에 어떻게 이런 일이 가능할까 싶은데, 실제로 그런 일이 국내는 물론 세계 대부분 교회에서 여전히 벌어지고 있다. 참으로 부끄럽고 위선적인 그리스도교의 모습이 아닐 수 없다. 따라서 솔뫼성지의 미사에서 성찬이 거부되는 경험을 통해 필자에게는 하나의 소원이 생겼다. 그것은 모든 그리스도인들이 그 누구든 차별받거나 배제되지 않고 감사하는 마음으로 성찬 예배에 참여하는 꿈 말이다. 그런 날이 꼭 오리라 확신한다!

그리스도교 역사의 기적, 리마예전

세계 모든 그리스도인들이 언제 어디서든 예배가 행해지는 곳에 아무 제재나 차별 없이 참석하여 다 함께 한자리에 모여 예배할 수 있기를 바라는 것은 비단 필자만의 꿈은 아니었다. 실제로 세계교회협의회(WCC)와 신앙과 직제위원회는 필자와 같은 이들의 꿈을 실현하기 위해 오랜 숙고 끝에 1982년 페루 리마(Lima)에서 '리마예전'으로 불리는 'B.E.M.(Baptism, Eucharist, and Ministry) 문서'를 만들었다. 그들은 세계의 교회들이 다 같이 모여 예배하는 것이 현실적으로 매우 어렵다는 점을 인식하면서, 우선 예배 형식만이라도 먼저 통일을 이루기 위해 '리마예전'(리마예식서)을 내놓은 것이다. 이것은 그리스도교 2천 년 만의 획기적인 사건으로 그리스도교의 역사에서 기적이라 아니할 수 없다.

BEM문서('리마예전')에서는 '성찬'의 의미를 다음과 같이 다섯 가지로 설

명한다. 첫째, 성찬은 '아버지께 드리는 감사'를 뜻한다. 그래서 성찬은 하나님의 창조와 구원, 그리고 장차 이룩하실 하나님의 위대하신 일을 찬양하며 감사드린다는 의미이다. 둘째, 성찬은 '그리스도를 기억함'(Anamnesis)을 뜻한다. 그래서 성찬은 예수 그리스도께서 십자가의 대속적인 단번의 희생으로 우리를 구원하신 사건을 기억하는 행위이다. 셋째, 성찬은 '성령의 임재를 기도함'을 뜻한다. 그래서 성찬은 예수 그리스도의 십자가를 기억하고 선포하는 일을 통해 성령의 임재와 은사를 아버지께 간구하는 기도가 된다. 넷째, 성찬은 '성도의 교제'(Communion)를 의미한다. 그래서 성찬은 모든 신자들을, 특히 가난한 자, 감옥에 갇힌 자, 자유를 빼앗긴 자까지도 하나님의 한 가족으로서 화해하는 사건이 된다. 다섯째, 성찬은 '하나님의 나라 식사'(Meal of the Kingdom)를 의미한다. 교회는 이 성찬을 통하여 영원한 하나님의 나라를 대망하게 되고, 신자들은 성찬에 참여함으로써 그 영원한 하나님의 나라를 미리 맛보게 된다. 따라서 신자들은 성찬을 통해 세계를 새롭게 하시는 하나님의 선교(Missio Dei)에 동참한다. 결국 리마예전 제정을 통해, 성찬이 그동안 교회 분열의 원인으로 작용했던 과거를 깊이 반성하면서, 오히려 새로운 시대에 부응하여 교회의 일치와 화합의 현장으로 이해될 수 있게 되었다.

리마예전에 따라 예배하는 가나안교회

필자는 2017년 가나안교회를 시작하면서 신자들에게 가나안교회는 위에서 설명한 리마예전을 중심으로 하는 성례전 공동체임을 천명하였다. 그래서 예배는 항상 리마예전에 따라 '말씀'과 '성찬'의 조화를 띤 순서로 진행된다고 강조하였다. 이것은 세계 모든 교회(가톨릭, 정교회, 개신교 등)가 아직도 다 같이 모여 함께 예배드리지 못하는 상황에서, 가나안교회가 리마예전에 따라 성찬 예배를 성실히 드림으로써 선구적인 교회일치운동에 동참하는 것을 의미한다. 그리고 덧붙여 신학적 논의는 차차 설명하겠지만, 가나안교회의 예배는 누구든 주의 성찬에서 배제되지 않는 개방형 성찬 예식인 '오픈 코뮤니온'(open communion)을 따른다고 밝혔다. 이러한 성례전 지향의 신앙 공동체가 앞으로 모든 교회의 새로운 방향이 되기를 기대해 본다. 이처럼 내가 꿈꾸는 교회는 리마예전의 성례전 공동체이다.

11. 빛깔 십자가의 공동체

십자가, 저주의 도구에서 복음의 상징으로

기독교의 진리를 표현하는 대표적인 상징은 주지하듯이 '십자가'이다. 십자가는 두 개의 직선을 겹쳐 놓은 단순한 모양으로, 기독교의 상징이 되기 전에는 로마제국의 형틀이었다. 특히 그것은 국가반란죄와 같은 가장 중대한 범죄인들을 고문하고 사형시키는 도구였다. 예수도 바로 그 형틀에 달려 로마 당국에 의해 처형되었다. 그런데 바로 그 형틀이 기독교의 진리를 상징하는 성물(聖物)이 되었다는 것은 참으로 아이러니한 일이다. 저주스러운 도구가 복음의 대표 상징물이 되었으니 말이다. 그렇게 되기까지 교회 안에서 얼마나 많은 논쟁이 있었고, 또 수많은 신자들의 종교체험이 그것을 증언하였을까 생각하면 가슴이 시려 온다.

십자가가 언제부터 모든 교회의 예배당에 장식되는 대표 상징물로 공식화되었는지는 명확하지 않다. 초대 교회 시기에는 십자가뿐만 아니라 '물고기' 모양이라든가 '어린 양' 혹은 '목자' 등 다양한 것들이 기독교를 표시하는 상징물로 사용되었다. 그런데 기독교가 박해 시대를 끝낸 주후 4세기 초 로마 당국에 의해 공인되고 예배당을 당당히 건축할 수 있게 되면서부터 아마도 십자가가 교회의 대표 상징물로 정착된 것이 아닌가 추측된다. 분명한 것은 십자가가 초대 교회 때부터 신자들 사이에 복음의 의미를 가장 잘 함축한 상징으로 고백되었다는 점이다. 그것을 앞장서서 설파한 사람은 다름 아닌 사도 바울이다. 그는 십자가를 부끄러워하는 문화 속에서 살던 당시 사람들에게 위험을 무릅쓰고 이렇게 고백하였다. "그런데 내게는 우리 주 예수 그리스도의 십자가밖에는, 자랑할 것이 아무것도 없습니다."(갈6:14a) 이런 점에서 보면 사도 바울은 십자가 상징을 최초로 사용한 사람이 아닐까 추측해 본다.

십자가의 본래 의미 - 예수의 흔적을 새기는 일

한국교회에서는 오래전부터 십자가 상징물에 대한 논쟁이 있었다. 십자가가 너무나 '낭비'되는 현상 때문이다. 예컨대, 교회당이 많이 늘어나면서 한 상가에 여러 교회가 입주하고, 또 그들 모두가 각자 자신들의 십자가를 세우면서 십자가 공해를 일으켰다. 그리고 신자들은 십자가 문양을 지나치게 우상화하거나 심지어 '부적'처럼 사용하는 경우도 없지 않다. 그래서 어떤 사람은 재수 좋은 일이 생기기를 비는 마음으로 십자가 목걸이나 십자가 반지를 몸에 지니고, 또 어떤 사람은 교통사고를 방지해 달라는 의미로 십자가를 차에 달고 다닌다. 말하자면 '십자가 부적'인 셈이다. 십자가의 색깔도 예수의 '보혈'의 의미를 강조하기 위해서인지 '붉은색' 십자가만을 거의 획일적으로 사용하고 있다. 하지만 최근 한국교회의 부패나 환경운동 등의 영향으로 붉은색 십자가에 대한 사회적 비판이 늘어나면서 십자가 사용을 절제하거나 십자가의 색깔도 녹색이나 흰색으로 바뀌고, 심지어 조명을 사용하지 않는 경우도 늘어나는 것은 흥미로운 일이 아닐 수 없다.

그렇다면 십자가 부적을 넘어선 십자가 상징은 무엇일까? 그것은 아마도 우리 마음에 '예수의 흔적' 곧 십자가를 새기는 일이 아닐까? 마치 선지자 예레미야가 이스라엘 백성들에게 "너희는 마음 판에 율법을 새기라"(렘 31:33)

라고 말한 것이나, 또 사도 바울이 "내 몸에 예수의 상처 자국을 지고 다닙니다."(갈6:17)라고 선언한 것처럼 말이다. 당연히 그 말의 의미는 예레미야와 바울이 각각 실제로 자신의 몸에 율법 문신이나 십자가 문신을 했다는 의미가 아니라, 자신의 존재 속에 율법과 십자가의 의미를 새겼다는 뜻일 것이다. 그리고 그것은 동시에 "나를 따라오려고 하는 사람은 자기를 부인하고, 자기 십자가를 지고 나를 따라오너라."(막8:34)라는 예수의 말씀을 삶 속에서 정성껏 실천한다는 의미일 것이다.

덧붙여 앞서 언급한 십자가의 '상징'(symbol)과 관련하여 한 가지 논의를 좀 더 부언하자면, 기독교 복음의 의미를 살릴 수 있는 십자가의 상징은 어느 하나로 축소될 수 없다는 점이다. 상징이 어느 하나의 의미만을 가진 '기호'(sign)로 축소될 때, 상징은 그 풍부한 상징의 지위를 잃고 부적으로 추락한다. 마치 교통신호등의 빨간불이 우리 안전을 위해 '멈추라'(stop)라는 하나의 뜻만을 품는 지시어가 되듯이 말이다. 하지만 십자가는 결코 '기복'(祈福)이라는 하나의 기호로 축소될 수 없다. 십자가 상징은 그 이상이다. 그래서 십자가에는 하나님의 사랑과 구원, 인간의 죄와 심판, 그리고 온 인류의 하나 됨 등의 의미가 풍성하게 내재되어 있다.

자신의 신앙고백을 담아낼 자신만의 십자가를

얼마 전 필자는 송병구 목사가 세계 각지를 여행하면서 구한 십자가를 전시하는 십자가 전시회에 간 적이 있다. 제목이 흥미롭게도 "십자가-168개의 상징 찾아가기"였다. 십자가에는 적어도 168개의 의미가 있다는 말이다. 실제로 필자가 거기에서 본 인상적인 십자가는 물두멍 십자가, 녹색 십자가, 춤추는 십자가, 무지개 십자가, 여성교회 십자가, 바하 십자가, 연꽃 십자가 등 셀 수 없이 많았다. 말하자면 세계 교회는 십자가에 대한 다양한 신앙고백과 신학적 해석으로 그렇게 많은 십자가의 모양을 만들어낸 것이다. 그런 점에서 보면, 한국교회의 십자가는 교파를 불문하고 얼마나 획일적이고 단순하고 밋밋한가? 심지어 어떤 감흥도 없는 메탈의 재질로 특정 모양만 고집하고 있다. 그것은 한국교회신학의 빈곤을 여실히 보여주는 것이 아닌가 싶다. 이제 한국교회는 더 이상 획일화된 십자가가 아니라 각 교회마다 자신의 신학적 해석과 신앙고백을 담아낼 자신만의 십자가를 만들었으면 좋겠다. 그리고 더 나아가 우리의 삶 속에 그 십자가의 의미를 묵묵히 실천하는 진정한 십자가의 공동체가 되어야 할 것이다.

따라서 내가 꿈꾸는 교회는 '부적 십자가'가 아니라 자기에게 주어진 삶의 무게를 기꺼이 살아내면서 자신만의 고유한 색깔로 그걸 당당하게 표현하는 '색깔 십자가'의 공동체이다.

12. 상상력이 풍부한 공동체

이신의 예술 신학 - 슐리어리즘 신학

누구에게나 자신의 가치관을 형성하는 데 영향을 준 책이 몇 권쯤 있게 마련이다. '예술 목회'에 관심이 있는 필자에게는 이신 박사의 『슐리어리즘과 영의 신학』(2011)이 그런 책 중의 하나이다. 저자인 이신(1927-1981)은 필자가 봉직하는 대학의 조직신학 교수이셨는데, 예나 지금이나 한국교회와 신학이 대부분 서양의 신학을 모방하기 급급한 현실에서 그는 한국적 신학을 외치면서 그만의 독창적인 '예술 신학'을 개척하여 큰 발자취를 남겼다. 특히 그는 미술사조 중 초현실주의에 관심을 둔 화가로서, 이미 1970년대에 그 초현실주의를 신학과 연결시켜 "슐리어리즘 신학"이란 이름의 매우 독창적인 예술 신학을 제시하였다. 한국의 신학계에서는 2000년대에 들어서서야 비로소 예술 신학에 관심을 갖고 그에 대한 논의가 활발해졌으니, 그의 예술 신학은 적어도 30년 정도 시대를 앞선 매우 고독한 선구자적 활동이었음이 분명하다. 새삼 매우 척박한 한국의 신학적 현실에서 꿋꿋하게 예술 신학이란 한 우물을 맑은 물이 샘솟을 때까지 깊게 판 그가 그렇게 존경스러울 수가 없다.

이신은 위의 저서에서 신학적 사유를 위해서뿐만 아니라 신앙생활을 위해서도 '상상력'(imagination)이 중요함을 역설하였다. 그는 역사적으로 상상력을 크게 강조한 두 그룹인 미술사의 '초현실주의'(surrealism)와 성서의 '묵시문학'을 상호 대화시켜 앞서 말한 '슐리어리즘 신학'을 제시하였다. 그는 슐리어리즘 신학에서 '상상력'이야말로 '하나님의 형상'이라고 말하면서 이렇게 언급하였다; "사람이 본래 지음을 받을 때 '하나님의 형상'대로 지음을 받았다고 말하지만, 사람은 하나도 하나님 닮은 곳이라고는 없다. 그 겉모양이 하나님의 형상일 리도 없고 도학자적인 신학자들이 말하듯이 윤리적인 면에서 하나님을 닮은 흔적도 없다. 다만 사람이 하나님을 닮을 곳이 있다면 그것은 인간이 갖고 있는 이매지네이션의 기능이라는 면에서일 것이다. 이매지네이션의 영역 안에서는 불가능이 없는 것처럼 불가능이 있을 수 없다. 일순간에 수천 리를 이매지네이션의 세계에서 뛸 수도 있고 눈 깜짝하는 사이에 마천루의 건축물도 지을 수 있다. 그렇기 때문에 인간은 그 세계에서는 무한히 성스러워질 수도 있고 또 한없이 추악해질 수도 있다."(204-205)

상상력이란 인간을 그 형상대로 창조하신 하나님의 형상

위 인용문에도 암시되어 있듯이, 하나님께서는 태초에 바로 그 '상상력'으로 천지를 아름답게 창조하셨다. 그리고 인간을 창조할 때에도 그 상상력으로 창조하시며 인간에게 그것을 큰 선물로 주셨다. 그것이 바로 '하나님의 형상'(창1:26-27)이다. 따라서 상상력이란 하나님의 형상의 다른 말로서, 하나님처럼 무엇인가 창조할 수 있는 능력이요 또 인간을 참 인간되게 하는 특성이다. 따라서 예술 신학에서는 상상력의 원천이신 창조자 하나님을 일컬어 '최고의 예술가'라 부르고, 또 그 하나님의 형상에 따라 지은 바 된 인간의 사명은 바로 멋진 '예술가가 되는 일'이다. 물론 여기서 예술가-되기란 단지 전문직업인으로서의 예술가를 의미하는 것이 아니라 하나님의 창조처럼 우리의 삶을 멋지게 구현하는 '미적 존재-되기'를 의미한다.

에덴동산에서의 인간의 타락은 상상력에 문제가 발생하면서부터 시작되

었다. 즉 금지된 선악과를 따먹고자 한 최초 인간들이 보여준 상상력의 부패는 "의식의 둔화"를 가져왔고, 결국 죽을 수밖에 없는 존재가 된 채 에덴동산에서 추방된 것이다. 그래서 이신은 인간의 죄란 다름 아닌 "의식의 둔화"요 "상상력의 부패"라고 새롭게 정의하였다. 이런 점에서 볼 때, 예수께서 바리새인들과 사두개인들을 일컬어 '누룩'(마16:6)이라 경계하면서, 그들이 보여준 의식의 둔화와 상상력의 부패 현상을 안타까워한 점은 매우 의미심장하다. "내가 그들에게 비유로 말하는 이유는 그들이 보아도 보지 못하고 들어도 듣지 못하고 깨닫지도 못하기 때문이다."(마13:13)

그렇다. 우리의 가장 심각한 죄는 마르크스주의자들이 말하는 것처럼 자본가의 착취도 아니고, 또 자본주의에서 극복의 대상으로 삼는 가난도 아니다. 죄는 그보다 훨씬 더 심원한 의식의 둔화에 따른 상상력의 부패이다. 그 상상력의 부패로 말미암아 사람들은 아름다움[美]을 봐도 그 아름다움에 가슴 뛰거나 설레지 못하고, 착한 일[善]을 행하는 자들을 오히려 비난하며, 심지어 진리[眞]를 설파하는 사람을 박해한다. 이 모두가 하나님의 형상인 상상력이 부패한 결과이다. 따라서 그리스도인 됨이란 바로 이런 부패한 상상력을 다시 건강하고 창조적인 상상력으로 전환시키는 일이다.

　교회가 해야 할 일은 분명하다. 그것은 우리의 둔화된 의식을 다시 각성시켜서 예민하게 살아 있는 의식으로 깨어나도록 하는 것이다. 그리고 부패한 우리의 상상력을 회복시켜 "보시기에 좋다."(창1:4)라고 말씀하신 하나님의 창조사역에 동참하도록 하는 일이다. 따라서 내가 꿈꾸는 교회는 창조적 상상력이 충만한 공동체로서, 그 상상력을 따라 예수께서 꿈꾸었던 하나님의 나라를 용기 있게 펼치는 것이다. 이런 점에서 박성훈 시인의 〈우리가 꿈꾸는 세상〉은 우리가 꿈꾸는 교회의 한 모습을 잘 보여준다.(『꿈에서』, 박성훈 노래앨범 1집, 2019)

> 남보다 더 가진 것을 미안해할 줄 아는 세상
> 책과 음악이 가장 큰 즐거움인 세상
> 일하고 싶을 때 일할 수 있는 세상
> 이것이 우리가 꿈꾸는 세상
> 아이들이 농사를 꿈꿀 수 있는 세상
> 똑똑한 사람보다 착한 사람이 많은 세상
> 차이는 있어도 차별은 없는 세상
> 이것이 우리가 꿈꾸는 세상
> 언론이 돈과 권력의 편이 아닌 세상
> 생각과 취향이 달라도 존중받는 세상
> 공권력 따위는 없어도 서로 돌보며
> 평화롭게 살 수 있는 세상… (후략)"

나는 오늘도 이런 교회를 꿈꾼다.

13. 상징목과 함께 하는 수도공동체

도산서원과 병산서원, 같으면서도 다른 기풍

경상북도 안동에 가면 도산서원과 병산서원이 있다. 천 원짜리 지폐에도 나와 있듯이 도산서원은 퇴계 이황(1501~1570)이 세운 서원이다. 처음에 도산서당이라는 이름으로 퇴계가 몸소 거처하면서 제자들을 가르쳤고, 퇴계 사후에는 그의 위폐를 모시고, 서당 수준을 넘어서 서원으로 그 규모가 확대되었다. '도산서원'(陶山書院)이라는 현판은 선조의 명에 의해 한석봉이 쓴 것으로 유명하다. 그리고 병산서원은 그 유명한 하회마을에 자리 잡고 있는 서원이다. 임진왜란 때 영의정을 지낸 서애 류성룡(1542~1607)과 그의 셋째 아들 류진의 위패를 모시고 있고, 대원군의 사원 철폐령에도 사라지지 않고 남은 47개 서원 중 하나로 조선시대의 대표적인 유교 건축물로 꼽힌다. 서원 앞쪽의 산이 마치 병풍을 두른 듯 멋지게 펼쳐졌다 해서 병산이라는 이름을 붙였다고 한다.

그런데 필자는 얼마 전 도산서원과 병산서원을 한 날에 둘러보면서 흥미로운 것 하나를 발견하였다. 그것은 두 서원이 같은 지역에 있으면서 모두 유교의 걸출한 학자들을 길러낸 서원이지만, 그 분위기가 사뭇 다르다는 점이다. 그것은 서원에 심겨진 나무의 종류에서 잘 드러났다. 사실 유학자들의 문화에서는 '매란국죽'(梅蘭菊竹)을 비롯하여, 군자의 나무라고 일컫는 상징목들이 여럿 있다. 예컨대, 백일홍나무나 은행나무, 소나무 등이 그것이다. 그런데 두 서원에 심겨진 나무의 주종이 서로 달랐다. 우선 병산서원은 온통 백일홍나무(배롱나무)로 둘러 싸여 있다. 주지하듯이, 유학자들은 백일홍의 줄기가 마치 옷을 벗고 속살을 드러내고 있는 것처럼 매끈하다 하여 군자의 나무라고 부른다. 왜냐면 군자는 인간의 안과 밖이 같아야 하고 또 말과 행동이 일치해야 하는데, 그 나무가 그런 군자의 모습을 상징적으로 잘 보여주기 때문이라고 한다. 말하자면 병산서원은 언행일치의 선비상을 추구한 것이다.

한편, 도산서원은 병산서원과 달리 온통 매화나무로 가득하다. 매화는 추운 한겨울에 시작하여 이른 봄 엄동설한에도 꽃을 피우는 것으로 유명하다. 그래서 매화는 추운 날씨 속에서도 매화가 은은한 향기를 뿜어내며 꽃을 피우듯이 선비가 의연하게 자신의 존재의 꽃을 피우는 것을 상징한다. 아마도 퇴계는 그런 매화형 선비를 이상적 군자상으로 여겼던 것 같다. 실제로 퇴계는 매화를 매우 좋아한 것으로 알려져 있다. 그래서 그는 매화나무를 일컬어 그냥 매화라 부르지 않고, 인격적으로 높여서 꽃 '화'(花) 자 대신 형님 '형'(兄) 자를 붙여서 '매형'이라고 하거나 또는 신선 '선'(仙) 자를 붙여서 '매선'이라고 불렀다. 심지어 그는 마지막 유언으로 "저 매형에게 물을 주어라."라는 말을 남겼다고 하는데, 그것은 그가 얼마나 인생의 최후까지 매화와 같은 존재가 되기를 추구했는지 잘 보여준다.

기독교는 유교로부터 무엇을 배울 수 있는가

여기서 우리는 자연스럽게 이웃 종교인 유교를 통해 기독교 신앙을 두 가지 측면에서 자성하게 된다. 첫째는 과연 우리 교회가 추구하는 이상적인 인간형은 무엇이고, 그런 인간을 지향하기 위하여 상징목을 얼마나 잘 활용하

고 있는지 자문하게 된다. 기독교는 오랫동안 복음을 상징하는 꽃으로 '샤론의 꽃'으로 불리는 '장미'나 '백합'을 제시하였다. 그러나 과연 그 나무(꽃)들이 여전히 기독교 정신인 정의와 평화, 그리고 자유와 사랑 등을 함축적으로 잘 표현한 상징목이라고 말할 수 있을까? 만약 그 나무들이 기독교의 상징목으로 불충분하다면, 우리는 그 대신 어떤 나무들을 기독교의 상징목으로 새롭게 제시할 수 있을지 깊이 숙고해 볼 일이다.

둘째는 조선시대 서원들이 대부분 당시 정치권의 부패를 극복하기 위한 하나의 대안적 수도공동체로 등장하였다는 점이다. 예컨대, 퇴계는 그가 태어나기 전후부터 시작하여 활동하던 시대는 소위 '사대사화'(무오사화, 갑자

사화, 기묘사화, 을사사화)로 인해 조선 역사에서 가장 내정이 혼란스럽고 비참한 시대를 살았다. 바로 이때 퇴계를 비롯한 뜻있는 유학자들은 자기 고향으로 낙향하여 서원을 세우고 후학을 양성함으로써 타락한 정치와 종교를 새롭게 하고자 했던 것이다. 이런 점에서 볼 때 교회는 서원처럼 기독교적 인간을 잘 키워내는 도량(道場)이 되어야 하지 않을까? 더욱이 한국교회의 타락상이 임계점에 이른 이 시점에서, 한국교회를 살릴 묘안은 유교의 서원과 같은 수도공동체에서 찾아야 하지 않을까 싶다.

기독교 역사에서도 서원 같은 곳이 많이 있었다. 그것은 다름 아닌 '수도원'이다. 수도원의 시작은 유교에서의 서원처럼 교회의 타락과 무관하지 않다. 즉 교회가 본래의 정신을 잃고 부패할 때마다 교회를 정화하기 위해 수도원이 세워졌다. 이런 점에서 필자는 타락한 한국교회를 살릴 하나의 대안으로서, 이제 서원과 같은 수도공동체, 아니 중세시대의 수도원과 같은 새로운 영성공동체를 회복하는 것이 필요하지 않을까 상상해 본다. 그리고 그 수도공동체마다 성경 말씀과 삶의 언행일치를 강조하는 의미에서 유학자들의 나무인 백일홍과 매화에 세례를 줘서 그것들을 수도공동체의 앞마당과 뒤뜰에 심고, 우리의 신심을 새롭게 다지면 어떨까 싶다.

따라서 내가 꿈꾸는 교회는 상징목과 함께 하는 수도공동체이다.

14. 상징의 공동체

상징은 하나님의 세계와 인간세계를 서로 연결하는 것

어느 종교이든지 모든 종교는 자신의 진리를 표현할 수 있는 고유한 '상징'(symbol)이 있다. 여기서 상징이란 진리의 심층적 의미를 사람들이 잘 이해할 수 있게 하는 함축적이며 정제된 미적 장치를 말한다. 신학적으로 설명하면, 상징은 영원한 하나님의 세계와 유한한 인간세계를 서로 연결하는 것으로서 성과 속, 영원과 유한을 매개하는 신비한 힘을 지닌 일종의 '성례전적 존재'(sacramental being)라고 말할 수 있다.

그런데 상징은 심오한 종교적 진리를 가시적으로 드러내는 성례전적 매개로 이해해야 함에도 불구하고, 종교인들은 종종 그것을 절대화하려는 유혹을 받는다. 그러나 상징은 어디까지나 진리 자체가 아니라 그 진리를 드러내는 하나의 장치일 뿐이다. 따라서 종교인들은 상징과 '우상'을 잘 분별해야 하며, 동시에 그 양자의 긴장 관계를 잘 이해하는 것이 신앙생활에서 매우 중요하다. 예컨대, 기독교의 십자가상이나 불교의 불상은 어디까지나 그 종교의 진리를 표상하는 상징으로 이해해야지, 그것을 절대화할 경우 그것은 우상을 숭배하는 왜곡된 종교로 전락할 위험이 발생한다.

상징을 이해하고자 할 때 또 하나 중요한 것은 상징과 '기호'를 혼동하지 않는 일이다. 주지하듯이 기호는 빨간색 교통신호등이 '멈춤'이라는 의미로 우리에게 인식되듯이, 일대일 방식으로 의미를 전달하는 것이다. 하지만 상징은 일대일 방식이 아니라 '일 대 다(多)'의 방식으로 다양한 의미를 함축적으로 전달한다. 예컨대, 기독교의 대표적인 상징인 십자가는 로마 시대의 사형수가 처형될 때 사용되는 형틀이지만, 동시에 인류를 향한 하나님의 큰 사랑을 의미하는 상징물이기도 하다.

이런 점에서 종교의 세계는 기호의 세계가 아니라 상징의 세계라고 말할 수 있다. 상징은 그 안에 내포된 수많은 종교적 진리를 다양한 상황에서 다의적 의미로 전달하기 때문이다. 만약 어느 종교가 진리를 어느 하나의 기호로 축소시킨다면, 그 종교는 심각한 위기에 봉착했다고 말할 수 있다. 그 대표적인 예는 중세시대의 종교재판에서 잘 드러난다.

종교의 상징은, 시대와 장소에 따라 달라진다

한편, 어느 종교든 종교는 고정된 실체가 아니라 역사적으로 늘 새롭게 발전해 왔기 때문에, 그 종교의 진리를 표상하는 상징 역시 다양하게 발전하여 왔다. 달리 말해 어느 종교이든 하나의 상징만 있는 것이 아니라 다양한 상징이 있고, 또 시대마다 강조하는 상징이 달라졌다. 예를 들면, 불교의 경우, 석가모니 사후 수백 년 동안의 초기 불교 시대에는 불상과 같은 상징물이 없었다. 하지만 수백 년이 지나고 희랍문화를 접한 뒤, 대승불교로 발전하면서 다양한 형태의 보살상이 조각되었다. 특히 한국불교의 경우, 전통적으로 대승사상인 화엄사상이 오랫동안 민중들에게 사랑을 받으면서 '화엄경'에서 강조하는 보살들이 조각되어 사찰의 본당에 모셔졌다.

그런데 화엄경에서 가장 강조하는 사상은 만법이 모두 공하다는 '법공'(法空) 사상이다. 화엄사상에서는 '색즉시공 공즉시색'이라는 말에서처럼, 법공이야말로 진리 그 자체요 깨달음의 요체이다. 따라서 모든 진리의 근원이자

광명한 빛의 상징이 바로 '법신불'(法身佛)인 '비로자나불'이다. 그래서 우리나라 절에서는 비로자나불을 모신 대웅전을 '대적광전'(大寂光殿)이라 부르고, 그 중앙에 본존불로서 비로자나불상을 모시고 있다. 그리고 그 좌우에는 비로자나불을 '지혜'로 보필하는 두 협시보살인 문수보살과 보현보살을 모시고 있다. 여기서 문수보살은 지혜를 상징하는 보살이고, 보현보살은 지혜의 실천을 의미하는 보살이다. 결국 대웅전의 불상들은 들꽃처럼 아름답고 장엄한 화엄의 진리 세계를 상징한 것이다.

기독교 역사 속에서 다양한 상징이 사용되었다

그렇다면 기독교의 진리를 대표하는 상징은 무엇이 있을까? 아마도 대부분의 기독교인들은 주저하지 않고 '십자가'라고 답할 것이다. 옳은 대답이다. 하지만 유럽을 여행할 때 발견되는 것처럼, 많은 유럽의 교회들은 십자가만을 강조하지 않는다. 심지어 십자가가 없는 경우도 많이 있고, 혹 있다 하더라도 아주 작은 상징물로 조각되어 있을 뿐이다. 그리고 십자가와 함께 다양한 이콘(icon)들이 강조된다. 말하자면 십자가 상징만이 강조된 것은 기독교 2천 년의 역사에서 종교개혁 이후 최근의 일이다. 특히 그것은 루터의 십자가 신학이 잘 반영된 상징이다. 그 이전에는 추상화된 단순한 기호 형태의 십자가 상징보다는 오히려 수난당하는 그리스도의 '몸 자체'를 상징으로 강조하여 이콘화로 그리거나 조각되었다.

그리고 초대 교회에서는 주지하듯이, 십자가 상징보다는 오히려 어린양을 어깨에 둘러메고 계신 '목자' 상징이나, '예수 그리스도는 하나님의 아들이요 구세주이다.'(마16:16)라는 희랍어 문장의 첫 글자를 각각 모아서 만든 '익투스'(물고기, $IX\Theta Y\Sigma: I\eta\sigma o\upsilon\varsigma\ X\rho\iota\sigma\tau o\varsigma\ \Theta\varepsilon o\upsilon\ Y\iota o\varsigma\ \Sigma\omega\tau\eta\rho$) 상징이 유행하였다. 모두가 그 당시 교회의 신학적 특성을 반영한 상징이라고 말할 수 있다.

그렇다면, 한국교회는 어떤 상징을 강조할까? 아니 더 정확히 말하면, 어떠한 신학을 반영한 상징을 창조할까? 이것이 한국교회의 과제이다. 여기서 필자는 한국문화를 배경으로 한 성서적 신앙을 표현한 상징으로 세 가지를 강조하고 싶다. 그것은 창조 신앙에서 '빛' 상징을, 십자가 신앙에서 '십자가' 상징을, 그리고 부활 생명의 신앙에서는 거듭남을 강조하는 '물'의 상징을 강조하면 어떨까?

따라서 내가 꿈꾸는 교회는 상징을 창조적으로 잘 형상화하는 상징의 공동체이다.

15. 생활 영성의 공동체

아이히만과 악의 평범성

한나 아렌트(Hannah Arendt, 1906~1975)는 20세기를 대표하는 여류철학자로 불린다. 그는 2차 세계대전 후 예루살렘에서 있었던 나치 전범 재판을 사실적으로 보도하여 더욱 유명해졌다. 그는 수많은 유대인들을 죽이는 데 앞장섰던 히틀러의 심복 아이히만의 재판을 지켜본 뒤, 그에 대한 자신의 생각을 『예루살렘의 아이히만: 악의 평범성에 대한 보고서』(한길사, 2006)에 소상히 보고하였다. 아렌트는 재판 전에 수백만 명의 유대인을 학살하는 데 앞장선 아이히만이라면 그는 분명 매우 흉악하게 생긴 범죄자의 모습일 거라고 생각하였다. 그런데 정작 재판정에서 드러난 그의 모습은 전혀 그것이 아니었다. 오히려 그의 모습은 우리의 일상적인 모습과 크게 다르지 않은 매우 평범한 한 관료의 모습이었다. 그것을 발견한 아렌트는 큰 충격을 받았다. 그래서 그는 아이히만의 재판을 통해 '악(惡)의 평범성'(banality of evil)을 주장하였던 것이다.

아렌트의 각성을 불러온 이러한 사례는 우리 주변에서도 종종 발견된다. 예컨대, 얼마 전까지 우리가 북한 사람들을 만날 때 묘한 편견을 갖고 만난 것이 사실이다. 반공교육을 받으며 자란 기성세대들은 북한 사람들을 마치 머리에 뿔이 달린 괴물 인간쯤으로 생각했다. 이성적으로는 그렇지 않을 것이라고 생각하였지만, 감성의 한구석에 어렸을 적의 교육의 찌꺼기가 남아 있었던 것이 사실이다. 하지만 정작 그들의 모습은 우리와 너무나 똑같은 아주 평범한 인간의 모습이었다. 그것을 발견하고 얼마나 놀랐던지 말로 다 표현할 수 없다. 이러한 감정적인 경이는 일본 사람들을 만날 때도 비슷하게 일어난다. 필자는 어릴 적 일본에 대해서 배울 때 일본 사람들은 모두 공산주의자들처럼 머리에 뿔이 달리고 흉악무도한 사람들인 줄 알았다. 우리가 일본 제국주의에 36년 동안 고난을 당한 것에 대한 적개심 때문에 교육을 하는 사람도, 교육을 받는 사람도 그러한 선입견에 길들여진 것이다. 하지만 일본 사람들을 만날 때마다 발견하는 것은 그들에게는 뿔이 없을 뿐만 아니라 어떤 면에서는 우리보다 더 친절하고 온화한 인간이란 사실이다. 그 또한 큰 충격으로 다가오곤 하였다. 이처럼 일본인이든 북한 사람이든, 유대인을 아우슈비츠의 가스실로 안내하던 아이히만이든, 그들 역시 우리와 특별히 다른 별종의 사악한 존재가 아니란 사실이다. 그들 역시 우리와 똑같은 일상을 살아가는 아주 평범한 사람들일 뿐이다. 아렌트가 갈파한 것처럼, 우리는 그 사실로부터 '악의 평범성'을 깨닫게 된다. 우리 또한 언제든지 그들처럼 '악함'의 주체가 될 수 있다는 것이다.

거룩[聖]과 예수의 평범성, 참 하나님이자 참 인간

한편, 악의 평범성과 대칭되는 개념으로 '성(聖)의 평범성'도 생각해 볼 수 있다. 기독교 영성신학자 중에 유진 피터슨(Eugene H. Peterson) 목사는 자신의 책 『현실, 하나님의 세계』(Christ Plays in Ten Thousand Places, 2005)에서 예수가 누구인지를 설명하며, '예수의 평범성'을 강조하고 있다. 즉, 교리적으로 예수는 "참 하나님임과 동시에 참 인간이다." 그런데 교회가 예수가 인류의 죄를 위해 죽고 부활한 신적 존재라는 점을 지나치게 강조하다 보니 예수

의 인간적 측면을 소홀히 여기게 되었다. 그래서 예수는 신통력을 지닌 존재 나 혹은 슈퍼맨과 같은 신화적 존재로 이해하게 된 것이다. 피터슨은 이러한 오류를 지적하면서, 예수는 정말로 우리와 너무나 똑같은 지극히 평범한 인간이었음을 강조한다. 니체의 표현을 빌리자면, 예수는 "인간적인, 너무나 인간적인 존재"였다. 그는 특별할 것이 없는 사람으로서, "너무나 평범하고, 너무나 비권위적이고, 너무나 예사롭고, 너무나 범상한 인간"이었다. 그런데 당시 사람들은 예수에게 어떤 신적인 것과 또 기적 같은 것을 기대했다. 그러나 정작 예수는 그들에게 평범성만을 보여주었다. 그래서 사람들은 예수의 그 평범함에 크게 실망하여 그를 떠났고(요6:66~67), 결국에는 그를 십자가에 처형시키기까지 하였던 것이다. 하지만 우리는 역사적 예수의 이야기 속에서 '거룩[聖]의 평범성'을 새삼 발견하게 된다. 예수는 비록 평범한 한 인간이었지만, 그는 불의에 대하여 예리한 비판정신으로 저항했던 분이었을 뿐만 아니라 고통받는 사회적 약자들의 슬픔에 그 누구보다도 깊이 공감하며 따뜻한 가슴으로 그들에게 다가간 거룩한 사람이었던 것이다.

여기서 우리는 놀라운 것을 하나 발견하게 된다. 그것은 아이히만은 평범한 일상 속에서 악을 살았고, 예수는 그 일상 속에서 거룩을 살았다는 점이다! 말하자면, 악과 성의 평범성 사이가 생각보다 그렇게 멀지 않다는 점이다. 그야말로 '한끝 차이'라고나 할까? 하지만 아이히만은 악의 평범함을 수용한 때문에 악의 화신이 되었고, 예수는 거룩의 평범함을 수용한 덕분에 구세주가 되었다. 그렇다면 아이히만과 예수의 삶을 구분한 결정적인 그 차이는 무엇이었을까? 그 해답은 아렌트가 '무사유성'(thoughtlessness)이라고 말한 것에서 찾을 수 있지 않을까? 이 말의 의미가 잘 잡히지 않는다면, 예수께서 십자가 위에서 마지막으로 힘차게 부르짖은 기도, 곧 "아버지, 저 사람들을 용서하여 주십시오. 저 사람들은 자기네가 무슨 일을 하는지를 알지 못합니다."(눅23:34)라는 말씀을 떠올려 보라. 그렇다. 아이히만과 예수 사이의 결정적인 차이는 "자신이 하는 일에 대하여, 자신이 지금 깨어서 그것을 의식하고 있느냐, 그렇지 않느냐"의 여부이다. 말하자면, 평범한 일상 속에서 '깨어 있음'(mindfulness)의 존재가 되어 스스로를 늘 반성하며 올곧게 살아가는 것, 그리고 깨어 있는 영혼이 되기 위해 일상 속에서 늘 기도하며 성령 충만하게 살아가는 것, 그것이 중요한 일이다.

따라서, 이러한 '생활 영성의 공동체'가 바로 내가 꿈꾸는 참 교회의 한 모습이다.

16. 성속불이의 공동체

다리의 도시, 샌프란시스코와 서울

미국 샌프란시스코(San Francisco)가 있는 지역을 일컬어 '베이 지역'(Bay Area)이라고 부른다. 베이란 우리말의 '만'(灣)을 뜻하는 것으로, 지형상 바다가 육지 안쪽으로 깊숙이 들어와 육지로 둘러쳐진 지역을 말한다. 샌프란시스코는 태평양이 대륙 안쪽으로 깊숙이 들어와서 아름다운 풍광을 이루고 있다. 특히 만을 둘러싼 도시들인 샌프란시스코 시내-산호세 지역과 오클랜드, 버클리, 그리고 북쪽의 마린 카운티는 여러 개의 다리로 마치 하나의 도시처럼 서로 연결되어 있다. 그 유명한 금문교(Golden Gate Bridge)를 비롯하여, 베이 브릿지(Bay Bridge), 리치몬드 브릿지(Richmond Bridge), 그리고 성마태 브릿지(St. Matthew Bridge)가 그것들이다. 모두 하나같이 웅장하고 아름다운 다리들이다. 그래서 혹자는 이런 샌프란시스코를 일컬어 '다리의 도시'라고 부른다.

그만큼 샌프란시스코에 다리가 없었다면, 과연 주변의 지역들은 그 나름의 독특한 색깔을 갖고 조화를 이루며 잘 발전을 했을까 의문이 들 때가 있다. 샌프란시스코 시내와 그 남쪽 아래의 산호세 지역은 애플사를 비롯하여 미국 첨단기업의 본부들이 위치해 있고, 반면에 샌프란시스코 북쪽에 위치한 마린 카운티와 나파밸리에는 국립공원인 타말파이스산과 포도원이 있는 전형적인 농촌지역이다. 그리고 샌프란시스코의 동북쪽에는 UC 버클리 등

세계적으로 유명한 대학들이 자리를 잡고 있어서 대학촌을 형성하고 있고, 샌프란시스코의 동남쪽인 오클랜드에는 다양한 공장지역을 이루고 있다. 이처럼 베이의 각 지역은 어디가 더 좋다고 말할 수 없는 모두 자기 나름의 특색을 가지면서 다리로 서로 연결되어 있는 아름다운 곳이다.

말하자면, 샌프란시스코는 다리로 서로 연결되어 있는 일종의 '성속불이'(聖俗不二)의 도시인 셈이다. 이런 점에서 보면, 서울도 결코 샌프란시스코에 뒤지지 않는 '다리의 도시'이다. 왜냐하면 서울은 샌프란시스코보다 훨씬 더 많은 32개의 다리로 남북이 연결된 도시이기 때문이다. 이 다리들이 서울의 강북과 강남을 멋지게 이어주고 있다. 만약 이 다리들이 없었다면, 서울은 강남과 강북으로 갈라진 채 지금보다 더 서로를 차별하고 배제하면서 질시하는 삭막한 도시가 되었으리라. 상상만 해도 끔찍한 일이다.

이상적인 그리스도인은 다리와 같은 인간

성서가 말하는 이상적인 그리스도인상[像] 또한 다름 아닌 '다리'의 이미지가 아닌가 싶다. 사도 바울은 그리스도께서 이 세상에 오셔서 성과 속의 담을 헐어버렸다고 말하였다. "그리스도는 우리의 평화이십니다. 그리스도께서는 유대 사람과 이방 사람이 양쪽으로 갈라져 있는 것을 하나로 만드신 분입니다. 그분은 유대 사람과 이방 사람 사이를 가르는 담을 자기 몸으로 허무셔서, 원수 된 것을 없애시고 여러 가지 조문으로 된 계명의 율법을 폐하셨습니다."(엡2:14~15a) 여기서 바울이 말한 것처럼, 그리스도께서 오신 목적은 성과 속의 높은 담을 헐어버리기 위한 것이었다.

그렇다면, 그리스도를 따르는 사람들의 역할은 무엇일까? 그것은 너무나 자명한 일이다. 그것은 다름 아니라 그리스도의 뒤를 이어 성과 속을 가르는

차별의 장벽을 허물어서 서로 소통시키고 더 나아가 하나가 되게 하는 성속불이의 공동체를 일구는 것이다. 그리고 서로 원수처럼 여기던 사람들을 화해시키고 이제 원수가 아니라 가까운 벗으로 만나서 평화롭게 살도록 격려하는 일이다. 바로 이것이 그리스도의 사역이었고, 또 그를 따르는 그리스도인 곧 교회의 사역이어야 한다. 예수께서도 다리와 같은 역할을 하며 사는 사람을 축복하시며 이렇게 말씀하셨다. "평화를 이루는 사람은 복이 있다. 하나님이 그들을 자기의 자녀라고 부르실 것이다."(마5:9)

성속불이의 예배, 찬송가와 가요의 만남

필자가 운영하는 가나안 신자들을 위한 신앙공동체인 가나안교회에서는 늘 예배 끝부분에 '결단의 노래'를 부른다. 그런데 그 결단의 노래는 찬송가가 아니라, 그날의 성경 본문과 연관된 노래로서 찬송가급 가요로 널리 불리는 소위 '세상 노래'를 선곡하여 부른다. 그 의도는 말씀의 예전과 성찬의 예전을 통해 깨닫고 은혜받은 것을 자연스럽게 세상과 연결시키기 위해서다. 즉 신자들에게 세상 노래를 매개로 하여 세상 속으로 들어가서 성속의 다리 역할을 하며 살아가도록 결단을 촉구하려는 것이다.

참고로, 최근 가나안교회에서 부른 결단의 노래들은 다음과 같다. 퀸(Queen)의 'I want to break free', '춤의 왕', 홍순관의 '나처럼 사는 것 나밖에 없지'와 '생명의 강', 보니엠(Boney M)의 'Rivers of Babylon' 비틀즈(Beatles)의 'Let it be', 슈타인버그와 켈리(Billy Steinberg & Tom Kelly)가 작곡한 합창곡 'True Colors', 시인과 촌장의 '가시나무새'와 임형주의 '천 개의 바람이 되어', 그리고 통일을 염원하며 부른 현송월의 '백두와 한라는 내 조국' 그리고 한대수의 '행복의 나라로' 등등. 물론 이밖에도 민주화운동 당시 많이 불렀던 '상록수'나 '아침이슬' 혹은 '광야에서'도 종종 불렀다. 모두 하나같이 아름다운 곡이 아닐 수 없다.

물론 이러한 곡을 택한 것은 필자가 운영하는 가나안교회에 찾아오는 신자들이 대부분 중장년층이 많은 관계로 그들에게 익숙한 곡들을 고른 것이다. 여기서 중요한 것은 예배와 세상의 삶이 결코 둘이 아니라 하나로 자연스럽게 연결될 수 있도록 격려하고 돕는 일이다.

따라서 필자는 오늘도 우리의 교회가 성속불이의 공동체가 되기를 바라면서 다음 주 예배 때 결단의 노래로 부를 찬송가급 가요를 찾고 있다.

17. 숭고미를 추구하는 영적 체험의 공동체

네가 서 있는 곳은 거룩한 땅이니 너의 신을 벗어라!

얼마 전 스승의 날에 잘 모르는 제자 한 분에게서 연락이 왔다. 자신을 성공회 신부라고 밝힌 그 제자는 20년 전 필자에게 〈교육신학〉이란 과목을 들었다고 하였다. 그는 비록 오랫동안 나와 연락을 못하며 지냈지만 늘 고마운 마음을 갖고 있었노라며 감사의 마음을 전해주었다. 그리고 덧붙이기를, 필자의 수업시간에 가장 인상 깊었던 것은 첫 수업시간에 신발을 벗고 수업을 한 것이었는데, 아직도 그것이 생생하다고 말하였다. 맞다. 곰곰이 생각해 보니, 그런 일이 있었다! 필자는 당시 그 수업시간에 '영성적 실천'(spiritual praxis)의 맥락에서 매시간 수업을 시작할 때 다양한 영성 수련 방법을 실습했다. 그 학생이 언급한 수업시간에는 모세가 호렙산 떨기나무 불꽃 한가운데에서 하나님을 만나는 성경의 이야기(출3장)를 학생들과 함께 읽었다. 그리고 필자는 "네가 서 있는 곳은 거룩한 땅이니 너의 신을 벗어라!"(출 3:5b)는 말씀에 따라 우리도 한번 그대로 실천하면 어떻겠느냐고 학생들에게 제안하였다. 그리고 내가 먼저 신발을 벗어 교탁에 올려놓았고 그리고 학생들도 나를 따라서 신발을 벗은 채 수업을 진행했다.

그렇다. 주님의 거룩한 영이 함께하는 그곳은 어디나 다 거룩한 곳이요, 신성한 땅이다. 그래서 척박한 땅 호렙산이 거룩한 하나님의 산이 되었던 것처럼, 필자가 학생들과 함께 주님을 모시고 공부하는 그 수업시간도 거룩한 시간이요 신성한 공간이 되었다. 그래서 우리는 신발을 벗고 공부할 수밖에 없었다. 그때 필자는 학생들에게 다음과 같은 당부도 했다. "오늘만이 아니라, 주님을 모시고 공부할 때엔 언제든지 그리고 어디서든지 그곳은 거룩한 땅이니, 그런 감동이 올 때엔 주저하지 말고 우리의 신발을 벗읍시다!" 20년 만에 연락 온 한 제자를 통해 새삼 가슴 뜨거워지는 경험을 하면서 필자는 옛날처럼 다시 신발을 벗고 하나님께 감사의 기도를 드렸다.

이처럼 성경은 다양한 종교체험 스토리를 담고 있는 영성의 '보물창고'(寶物倉庫)이다. 그래서 누구든지 성경을 읽으면 성경의 주인공들이 체험한 그 체험을 따라 할 수 있다. 이것을 일컬어 철학에서는 '해석학적 경험'이라고 말한다. 다만 성경이라는 특수한 종교 문헌을 읽을 때 체험되는 해석학적 경험은 소설과 같은 일반 책을 읽을 때 느끼게 되는 경험과 다르기 때문에, 곧 하나님과 연관된 매우 낯설고 떨리는 영적 경험이기 때문에 일반적 체험과 구분된다는 의미에서 '숭고체험'(sublime experience)이라고 말한다. 즉 성경 속 어느 주인공의 종교체험은 옛날 어느 한 신앙인의 종교체험에서 그치는 것이 아니라 긴 시간과 공간의 거리를 뛰어넘어 바로 지금 성경을 읽고 있는 우리의 삶 속으로 뚫고 들어와서 독서하는 우리도 그 비슷한 하나님 체험을 하도록 이끈다. 그래서 성경에 나오는 하나님 체험은 성경 주인공들만의 일회적인 하나님 체험이 아니라 독자들의 신적 체험으로 이어지는 해석학적 순환의 체험이 된다. 필자는 이러한 해석학적 순환의 체험을 일종의 '숭고미'(sublime beauty)라고 말하고 싶다.

종교체험과 숭고체험, 두려움과 희열 사이-너머

본래 "숭고미"란 거룩한 떨림이 있는 충격적 미의식으로, 우리가 보통 '아

름다움'(beauty)이라고 부르는 것과 구분된다. 일반적인 아름다움은 우리에게 쾌감과 같은 즐거움을 주고 또 마음의 평안과 친숙한 감정을 자아내게 한다. 하지만 숭고미는 극단적인 낯섦, 타자와의 조우에서 오는 정신적인 충격을 동반한다. 마치 예상치 못한 큰 폭풍 속에서 오히려 고요함을 맛보는 경험이랄까? 이러한 정신적 충격은 우리의 상상력, 오성, 판단, 언어, 구태의연한 사상, 고정관념, 관습, 세속적인 규범 등등을 완전히 파괴하고 해체한다. 그런 의미에서 예술 신학자들은 숭고미를 일컬어 종종 무(無)의 체험, 혹은 카오스적인 체험이라고 말한다. 그래서 숭고미를 경험할 때면, 자아가 완전히 해체되는 경험을 한다. 그런 과정에서 한편으로는 해체에 따른 두려움과 떨림을 경험하고, 또 다른 한편으로는 새로운 세계를 경험하는 것과 연관되어 엄청난 환희와 희열을 맛보는 것이다. 말하자면, 숭고미는 두려움과 희열의 양가감정을 동시에 경험하는 것이다.

그런데 필자가 강조하고 싶은 것은 성경 말씀을 읽고 그것을 나의 삶으로 살아낼 때 비슷한 경험, 숭고체험을 한다는 사실이다. 그래서 성경 속 신앙인의 체험이 나의 체험이 될 때, 우리는 자유를 느끼고 또 우리의 영혼은 한없이 하늘로 상승하는 듯한 엄청난 카오스적 숭고미를 경험하게 된다.

우리의 신앙공동체는 이런 종교체험, 곧 말씀을 통한 숭고미의 체험을 늘 지향해야 한다. 왜냐하면 그런 공동체야말로 생동감이 있고, 살아 숨 쉬는 생명의 교회가 될 수 있기 때문이다. 이런 점에서 무미건조한 신앙을 비판하면서 생동감 있는 종교의 필요성을 역설한 헤셀(Abraham Heschel)의 말은 더욱 의미 있게 우리에게 다가온다.

"종교가 쇠락한 것은, 밖으로부터 공격을 받아서가 아니라 종교 자체가 터무니없고 흐리멍덩하고 억지스럽고 무미건조한 것이 되었기 때문이다. 신앙이 신조로 대체되고 … 사랑이 습관으로 대체될 때, 과거의 영광 때문에 오늘의 위기가 무시될 때, 신앙이 살아 솟구치는 '샘'[泉]이 아니라 물려받은 유물이 될 때, 종교가 '동정'(同情)의 목소리 대신 권위의 이름으로만 말을 할 때, 그 메시지는 무의미한 헛소리가 되고 만다."(Abrahan J. Heschel, 『사람을 찾는 하느님』, 1987, 9)

따라서 내가 꿈꾸는 교회는 성경의 저자들이 경험했던 종교체험을 나도 할 수 있음을 고백하면서 생동감 있게 숭고미를 추구하는 영적 체험의 공동체이다.

18. 시인의 마을 공동체

시는 하나님을 모신 거룩한 성전

시(詩)라는 한자를 풀이하면 '말씀'[言]을 모신 '절'[寺]이란 뜻이다. 이 말을 기독교적으로 이해한다면, 말씀은 곧 하나님이시고(요1:1) 절은 곧 교회이다. 따라서 시란 하나님을 모신 거룩한 성전이란 의미이다. 그리고 말씀이 육신이 되는 분이 그리스도이시니(요1:14) 시는 또한 예수 그리스도이시다. 따라서 시가 있는 곳에 하나님이 계시고, 하나님은 언제나 시의 모습으로 우리에게 육화되어 찾아오신다. 참으로 멋진 말이다. 따라서 누구든지 하나님을 만나려고 한다면, 시의 깊은 세계로 들어가면 된다. 그런데 21세기 오늘 우리들은 어떤가? 엄청난 물질문명의 발전 속에서 과연 우리는 얼마나 시를 가까이하고 있는가? 깊이 반성할 일이다. 몇 년 전 세계의 저명한 교육학자들이 학회 차 한국을 방문한 적이 있다. 그들은 학회를 마친 뒤 학교현장을 둘러볼 기회를 얻었다. 한국방문을 마치고 떠나기 전 한 기자가 서양의 교육학자들에게 질문하였다. "교수님, 한국의 학교를 둘러본 소감은 무엇입니까?" 그러자 그중 한 교수가 이렇게 답을 했다. "한국의 학교시설은 세계에서 최고입니다. 모든 교실에 인터넷과 최첨단 컴퓨터가 잘 구비되어 있고, 냉난방 시설도 잘 설치되어 있습니다. 학구열도 뜨겁습니다. 그런데 부족한 것이 하나 있습니다. 그것은 교실에 '시'(詩)가 없다는 것입니다." 정확한 지적이다. 한국의 교실에는 시가 사라진 지 오래되었다. 하나님의 말씀을 모신 시가 사라진 그 자리에 오직 경쟁과 탐욕만이 큰 똬리를 튼 채 자리를 차지하고 있다. 심지어 우리의 교회도 마찬가지이다.

시심으로 추구하는 자비·연민·평화·사랑이 곧 하나님

18세기 말 산업혁명이 한창이던 영국도 비슷하였다. 당시 영국은 새로운 물질문명을 창출하려는 열망 속에서 하나님의 말씀을 사모하는 시심(詩心)은 점차 그 힘을 잃어 가고 있었다. 그때 시인 윌리엄 블레이크(William Blake, 1757-1827)는 시를 잃어버린 사람들에게 '상상력'(imagination)을 통해 다시 시심을 회복할 것을 호소하였다. 마치 신라시대 의상이 "하나 속에 일체가 있고 많음 속에 그 하나 있으니 / 하나가 곧 일체요 많은 그것들이 곧 하나니라 / 한 티끌 그 가운데 시방세계 머금었고 / 일체의 티끌 속도 또한 다시 그러하구나"(화엄일승법계도)라는 시로 화엄세계의 아름다움을 노래한 것처럼, 블레이크도 그 비슷한 마음으로 노래한다.(강선구,『브레이크 예술론』, 대전: 한남대학교출판부, 2003, 21-22) "한 알의 모래에서 한 세계를 보고 / 한 송이 들꽃에서 천국을 보고 / 그대의 손바닥에서 무한을 잡고 / 한순간에서 영원을 잡는다."(Auguries of Innocence, 1-4) 그리고 그는 계속하여 시심의 추구를 다짐한다. "나는 정신적인 투쟁으로부터 결코 멈추지 않으리라 / 나의 칼은 나의 손에서 잠들게 하지 않으리라 / 푸르고 즐거운 영국의 대지 위에 / 우리가 예루살렘을 건설할 때까지."(Milton, 1:13-16) "나는 나의 위대한 사업으로부터 쉬지 않는다! / 영원한 세계를 개척하기 위하여."(Jerusalem, 5:17-18)

그러면서 블레이크는 시심으로 추구하는 자비·연민·평화·사랑이야말로 하나님이요, 그것을 추구하는 인간은 모두 하나님의 자녀라고 선언한다. "자비, 연민, 평화, 그리고 사랑에게 / 모든 사람들은 그들의 고통 가운데서

기도한다 / 그리고 이러한 기쁨의 미덕에게 모두 감사한다 // 자비, 연민, 평화, 그리고 사랑은 / 우리들의 사랑하는 하나님 / 자비, 연민, 평화 그리고 사랑은 / 하나님이 보호하는 아이인 사람 // 그래서 자비는 사람의 마음 / 연민은 사람의 얼굴 / 그리고 사랑은 거룩한 사람의 모습 / 그리고 평화는 사람의 옷 // (…) 그래서 우리는 모두 사람의 모습을 사랑해야 한다 / 이교도인, 터키인, 유대인 속에 있는 그 모습을 / 자비, 사랑, 그리고 연민이 사는 곳에 / 그곳에 하나님도 사신다."(The Divine Image/강선구, 『브레이크 예술론』, 65-66)

시인 정호승은 『서울의 예수』(1982)에 수록된 〈시인예수〉에서 예수를 시인이라고 노래하였다. "그는 모든 사람을 / 시인이게 하는 시인 / 사랑하는 자의 노래를 부르는 / 새벽의 사람 / 해 뜨는 곳에서 가장 어두운 / 고요한 기다림의 아들 // 절벽 위에 길을 내어 / 길을 걸으면 / 그는 언제나 길 위의 길 / 절벽의 길 끝까지 불어오는 / 사람의 바람 // …(중략)… // 날마다 사랑의 바닷가를 거닐며 / 절망의 물고기를 잡아먹는 그는 / 이 세상 햇빛이 굳어지기 전에 / 홀로 켠 인간의 등불." 그렇다. 예수는 시인이었다. 특히 모든 사람을 시인으로 만드는 시인! 그는 시인의 시인으로서 매일 시편과 함께 묵상하는 삶을 살았고, 심지어 십자가의 고통 속에서도 "엘리 엘리 라마 사박다니"(시22:1)라는 신뢰의 시편을 외우면서 인생을 마감하였다.

삼위일체론은 기독교적 화엄시

이해하기 어렵다는 삼위일체론 같은 기독교 교리도 무한과 유한을 하나로 연결시키려 한 일종의 기독교적 화엄시로 이해하면 어떨까? 이것은 이미 신학자 틸리히(Paul Tillich)의 주장이기도 하다. 그는 말한다. "삼위일체적 일신론은 3이라는 숫자의 문제가 아니다. 삼위일체적 일신론은 신의 양적 특징이 아니라 질적 특징이다. … 삼위일체의 문제는 어떻게 하나가 셋이 되고 셋이 하나가 되는지를 묻는 곤란한 물음과 전혀 관계가 없다. 이 물음에 대한 대답은 모든 생명 과정에서 제공받을 수 있다. 삼위일체의 문제는 살아 있는 신에게 있는 궁극성과 구체성의 일치에 관한 문제이다. 삼위일체적 일신론은 구체적 일신론, 살아 있는 신에 대한 긍정이다."(틸리히,『조직신학』1권, 227-28)

따라서 내가 꿈꾸는 교회는 예수처럼 또 블레이크와 정호승처럼 시를 사는 사람이요, 또 틸리히처럼 그 어려운 교리를 하나의 아름다운 시로 승화시킬 수 있는 시인의 마을 공동체이다.

19. 실천형 영성의 공동체

거주형 영성, 추구형 영성, 실천형 영성

지금 이 시대를 일컬어 사람들은 종종 '이성'의 시대를 넘어선 '영성'(spirituality)의 시대라고 말한다. 그런데 지난 백 년 동안 영성은 어떤 모습을 하며 전개되어 왔을까? 이에 대하여 우쓰나우(Robert Wuthnow)라는 신학자는 그의 책, After Heaven: Spirituality in America since the 1950s (1998)에서 영성의 변화를 세 가지로 설명하였다. 첫 번째는 거주형 영성(spirituality of dwelling)의 형태이다. 미국의 경우, 대략 1960년대까지는 이런 영성의 형태가 지배적이었다. 여기서 거주형 영성이란 말 그대로 자신의 교파나 종파의 영성 전통을 중시하면서, 교회의 예배 출석이 영성의 형성에 중요하며, 따라서 조직화된 종교(교회)에 참여하는 것을 강조하는 것이다. 그래서 우리가 종종 말하듯이, 이 영성의 형태는 성과 속의 엄격한 분리를 통해 교회를 '구원의 방주'로 이해하면서, 구원의 확실성이 보장되는 안전한 교회로 들어올 것을 강조하는 영성의 형태라 할 수 있다.

두 번째는 추구형 영성(spirituality of seeking)이다. 이러한 영성의 형태는 1960년대 이후에 등장한 것으로, 다양한 영성의 전통을 찾아 고독하게 순례하는 이미지이다. 자신의 영성에 도움을 주는 곳이라면 그 어디든 찾아가서 배우는 것을 강조하고, 심지어 지금까지 이단이나 이웃 종교라고 하여 배타적으로 여기던 것까지 나의 영혼에 도움이 된다면 기꺼이 그들에게 다가가서 필요한 것을 수용하고자 하는 태도를 보여주는 영성 형태이다. 이런 점에서 앞의 거주형 영성은 폐쇄적인 이미지가 강해 개방성의 문제를 안고 있다면, 추구형 영성 형태는 성과 속의 구분이 불필요하며, 일상적인 삶이 영성생활에 더 중요하다는 강점을 갖고 있지만, 지나친 개방성으로 오히려 문제를 안고 있는 경우이다. 종종 추구형 영성의 형태를 일컬어 종교 쇼핑형 영성이라고 부르기도 하고, 이 형태에 참여하는 이를 '종교 소비자'라는 별명으로 일컫기도 한다.

세 번째는 최근 등장한 영성의 형태로 '실천형 영성'(spirituality of practice)이다. 이것은 거주형 영성이 지나치게 전통과 제도화된 영성을 강조하는 것이 문제이고, 추구형 영성이 지나친 개인주의에 따른 고독(loneliness)이 문제라고 보아, 그 대안으로 등장한 영성이라고 할 수 있다. 그래서 실천의 영성은 엄격한 제도로서의 교회가 아닌, 함께 살아가는 신앙공동체 안에서 더불어 기도하고, 성서를 연구하며, 영성수련을 같이 하면서 다양한 의미 있는 실천을 지향하는 영성이라고 말할 수 있다.

대화의 공동체, 위로의 공동체, 실천의 영성 공동체

도로시 바스(Dorthy Bass)는 자신이 편집한 『신앙의 실천』(Practicing Our Faith, 2010)이란 책을 통해, 우리 시대에 새롭게 실천해야 할 영성으로 다음과 같이 아홉 가지의 실천 덕목을 제안하였다. ① 우리의 몸을 경외하기(Honoring the Body), ② 환대(hospitality) 실천하기, ③ 가정의 경제를 단순화하기(simplicity), ④ 예와 아니오를 분명하게 선택하기, ⑤ 안식일을 거룩하게 지키기, ⑥ 의사결정 잘하기(discernment), ⑦ 공동체 세우기(leadership), ⑧ 용서하기, 그리고 끝으로 ⑨ 잘 죽기(dying well).

　필자는 우쓰나우가 제시한 위의 세 가지 영성의 형태 중에서 우리 가나안 교회는 어느 형태를 추구하는지 곰곰이 숙고해 보았다. 사실 적지 않은 가나안 신자들은 전통적인 교회의 영성에 만족을 못하고 종종 순례하는 경향을 보이고 있다. 특히 개신교의 영성에 만족하지 못하여, 어떤 때는 가톨릭교회의 영성 센터를 가보기도 하고, 불교의 선이나 동양철학의 심신수행법에도 관심을 갖는 것도 사실이다. 말하자면, 필자가 만나는 많은 신자들은 추구형 영성의 형태에 속해 있는 것 같다. 이런 점에서 보면, 필자가 운영하는 가나안 신자들을 위한 가나안교회는 추구형 영성을 배경으로 하는 일종의 대안교회(alternatives in church)라고 말할 수 있다. 그런데 문제는 추구형 영성이 지나친 개인주의로 흐르면서 그 길에 선 신자들이 종종 고독감으로 인해 절망하는 경우가 많다는 점이다.

　따라서 필자는 추구형 공동체를 현실적으로 존중하면서도 좀 더 진실한 대화의 공동체, 위로의 공동체, 더 나아가 무엇보다 고난당하는 자와 연대하는 '실천의 영성 공동체'가 되기를 희망한다. 이는 앞서 언급한 우쓰나우의 주장이기도 하거니와, 우리 시대에 새롭게 요청되는 참 영성의 방향이기도

하다. 따라서 우리 공동체가 추구해야 할 실천이란 무엇이고, 그것이 어떤 의미가 있는지 공동체의 구성원들이 깊이 숙고하면서, 그것을 과감하게 행동으로 옮기는 교회가 되었으면 좋겠다. 특히 도로시 바스가 제시했던 실천의 영성을 우리의 일상 속에서 조용히 그러나 꿋꿋하게 실천하는 실천형 영성의 공동체가 되기를 꿈꾸어본다. 끝으로 피카소와 함께 20세기 최고의 예술가로 꼽히는 알베르토 자코메티(1901~1966)가 아래의 지문에서처럼 실천의 영성을 위해 씩씩하게 걸어가는 한 인간의 실존을 멋진 조각작품으로 형상화했듯이, 나는 오늘도 영성 실천의 발걸음을 묵묵히 내딛는 멋진 교회를 꿈꾼다.

"마침내 나는 일어섰다.
그리고 한 발을 내디디며 걷는다.
어디로 가야 하는지 그리고
그 끝은 어딘지 알 수는 없지만,
그러나 나는 걷는다.
그렇다. 나는 걸어야만 한다." (자코메티)

20. 예수살기 공동체

기독교인은 아니지만 한국 근대사에서 가장 예수처럼 살았던 한 사람을 꼽으라면, 필자는 주저하지 않고 동학의 창시자 '수운 최제우'(1824~1864)를 꼽고 싶다. 그는 비록 명시적인 기독교인은 아니었지만 조선말 예수의 정신을 가장 잘 실천한 사람이라고 말할 수 있다. 신학자 라너(Karl Rahner)의 용어를 빌리면, 최제우야말로 19세기를 산 조선인 중 가장 훌륭한 '익명의 그리스도인'이 아닐까? 실제로 그의 삶을 살펴보면, 2천 년 전 유대 땅에서 살았던 예수 그리스도의 삶과 너무나 흡사하다. 좀 더 구체적으로 살펴보면 이렇다.

조선의 수운 최제우, 유대의 예수 그리스도

최제우는 예수 그리스도처럼 3년 동안 동학의 가르침을 펴다가 체포되었다. 예수가 '유대인의 왕'이라는 죄목으로 억울하게 십자가에 처형되었듯이 최제우 역시 '서학'(西學) 곧 기독교를 하는 것으로 몰려 억울하게 끔찍한 참형으로 처형되었다. 예수께서 자신의 제자들에게 기도의 모델로서 '주기도문'을 주었듯이 최제우도 21자로 구성된 정말로 위대한 기도문[呪文]을 남겼다. 예수가 세례 요한으로부터 세례를 받고 물에서 올라올 때 하늘이 열리고 하나님의 음성을 듣는 거룩한 체험을 하였듯이, 최제우도 신비한 하나님(한울님) 체험을 하였다. 그리고 무엇보다 중요한 것은 예수께서 하나님 체험을 통해 자신이 하나님의 아들임을 자각하고 그 사명으로 하나님의 나라를 선포하였듯이, 최제우 역시 하나님의 체험을 통해 자신(혹은 누구든지)이 천주(天主)를 모신 존재임을 자각하는 그 순간부터 신선(神仙)임을 자각하고 모든 사람들이 신선으로 살 것을, 그래서 보국안민의 '인내천'(人乃天)의 복음을 조선 땅에 선포하였다. 이처럼 예수와 최제우의 삶에는 유형론적으로 볼 때 너무나 비슷한 점이 많다. 아마 하나님께서 조선이란 나라가 혼란에 빠져 민중들에게 희망이 없을 때, 우리 조선 사람들을 너무나 사랑하시어 위로하고 희망을 주시고자 이 땅에 조선인의 모습을 한 그리스도를 보내신 것이 아닌가 싶다.

사실, 기독교 신앙에서는 예수를 하나님의 아들 그리스도로 믿는 것도 중요하지만, 그 못지않게 중요한 일은 예수처럼 사는 일이다. 그런데 역사를 돌이켜보면, 그리스도인들은 예수처럼 살지는 못하고 대신 예수를 교리적으로 믿는 일에만 열심이지 않았나 반성하게 된다. 말하자면, 예수를 믿는 것과 예수를 사는 것은 결코 둘이 아님에도 불구하고, 마치 그 둘이 분리될 수 있는 것처럼 오해한 채, 오직 후자만 강조한 것이다. 하지만 필자가 보기에 예수께서는 자신을 단지 그리스도로 믿는 사람보다 오히려 자신의 가르침을 묵묵히 실천하는 사람을 더 칭찬하실 것 같다. 이것은 복음서의 가르침이기도 하다.

예수께서 하나님의 나라에 대하여 가르치는 중에 제자들에게 '두 아들의 비유'를 말씀하신 적이 있다. 어떤 사람에게 아들이 둘 있었는데, 아버지가 먼저 맏아들에게 포도원에 가서 일하라고 말하였다. 그런데 맏아들은 처음에는 "싫습니다."라고 대답하였지만, 후에 뉘우치고 일하러 갔다. 다음에는 둘째 아들에게 가서 같은 말을 하였다. 그런데 둘째는 대답하기를 "예, 가겠습니다."라고 대답하고 나서, 실제로는 가지 않았다. 예수께서는 "이 둘

중에 누가 더 아버지의 뜻을 행했는가?"를 물으셨다. 이때 제자들은 "맏아들!"이라고 말하였고, 예수께서도 그것이 옳다고 인정하셨다.(마21:28~32) 이런 점에서 볼 때, 필자는 최제우야말로 아버지의 가르침을 훌륭히 실천한 맏아들과 같은 존재가 아닐까 상상해 본다.

21세기 그리스도인의 공동체, 예수 살기 공동체

그렇다면 21세기를 살아가는 그리스도인들은 어떤 공동체를 꿈꿔야 할까? 둘째 아들과 같이 단지 말(교리)로만 믿음을 고백하는 공동체가 아니라, 맏아들처럼 아버지의 뜻을 실천하는 공동체, 곧 1세기 팔레스틴에서 살았던 예수 그리스도와 같은 삶을 사는 '예수 살기' 공동체가 되어야 하지 않을까? 특히 19세기 말 조선 땅에서 도탄에 빠진 민중들에게 희망을 주고자 헌신했던 최제우와 같은 삶을 사는 공동체가 되어야 하지 않을까?

그렇다면, 예수 살기 공동체를 이루기 위해, 아니 최제우와 같은 삶을 살기 위해 앞서 언급한 최제우의 기도문을 성찰하는 일은 매우 의미 있는 일이다. 최제우는 제자들에게 다음과 같은 기도문을 통해 하나님을 모신 참 삶을 살라고 가르쳤다. "지기금지원위대강/시천주조화정/영세불망만사지"(至氣今至願爲大降/侍天主造化定/永世不忘萬事知) 우선 '지기금지원위대강'은 하나님의 영이 강림하시기를 비는 기도문이다. 여기서 '지기'란 우주에 가득 차 있는 생명력이요, 하나님의 영이다. 이렇게 하나님의 영이 강림함으로써 인간은 비로소 하나님과 교제할 수 있고, 그분과 하나가 될 수 있다. 다음으로 '시천주조화정'은 이 기도문의 중심이요 동학의 핵심사상이다. 하나님을 내 마음속에 모심으로써 그분의 뜻을 내 뜻으로 고정하는 삶을 살게 된다. 이것은 마치 바울이 "나는 그리스도와 함께 십자가에 달려 죽었다. 이제 내가 사는 것은 내가 아니라 그리스도가 내 안에서 사시는 것이다."(갈2:20)라고 고백한 것과 상응한다. 마지막 '영세불망만사지'는 신앙의 정진과 그 결과를 풀이한 말이다. '시천주조화정'을 평생토록 잊지 않고 항상 마음에 간직하고 살면, 세상을 섭리하는 하늘의 도를 알게 된다는 의미이다. 그리고 그때엔 하늘의 덕이 내 덕이 되고, 하늘의 마음이 내 마음이 되어 신인합일의 경지에 이르게 된다.

따라서 내가 꿈꾸는 교회는 예수를 단지 교리적으로 믿는 공동체가 아니라 예수처럼 생명을 사는 예수 살기 공동체이다.

21. 예술가-되기의 공동체

영적 성장과 복음 선교를 위한 참 예술가-되기

　필자는 가나안 신자들을 위한 대안적 교회인 가나안교회를 운영하면서 처음에는 〈갤러리가나안교회〉를, 그리고 그 얼마 후엔 〈아트가나안교회〉를 설립하였다. 이들 교회는 필자가 수년 동안 예술목회운동을 전개하면서 한국교회 '갤러리 갖기 운동'을 펼쳐온 연장선상에서 그 한 시범사업으로 출발한 것이다. 사실 기독교는 루터의 종교개혁 이후 현재까지 약 500년 동안 각 분야의 예술과 그렇게 원만한 관계가 아니었다. 그래서 혹자는 그 관계를 일컬어 교회와 예술의 이혼 내지 별거 상태라고 말한다. 하지만 시대는 변해서 이제 교회는 더 이상 예술과 그런 심각한 갈등 관계에 있을 필요가 없음을 깨닫고 있다. 아니 오히려 그 갈등 관계를 청산하고 신자들의 영적 성장과 복음 선교를 위해 예술과 건강한 관계를 맺을 것을 강조하고 있다.

　말하자면, 오랫동안 서로 소원했던 복음과 예술은 다시 만나 재결합 이야기를 나눠야 하고, 또 우리 신앙도 예술을 통해 새롭게 재창조되어야 하는 것이다. 이런 점에서 필자는 새로운 교회를 꿈꾸면서 예술을 사랑하는 신앙공동체를 상상하게 되었다. 그리고 그것은 각 교회마다 우선 '갤러리'를 갖는 것부터 시작하면 어떨지 제안하였다. 왜냐면 신앙의 미적 이념을 구체화한 예술작품은 바로 신앙공동체인 교회에서부터 창작되고 전시되며 또 신자들 간에 향유되어야 하기 때문이다. 그렇다면, 예술을 사랑하는 신앙공동체란 구체적으로 어떤 공동체를 뜻할까? 그것은 한마디로 참 '예술가-되기'와 유비적 관계에 있는 신앙공동체를 의미한다.

훌륭한 예술가가 되기 위해서는 일반적으로 다음과 같은 세 가지 단계를 거쳐야 한다. 그것은 모방의 단계, 벗어남의 단계, 자유와 초월의 단계이다.(최종태, 『미술, 아름다움을 향한 사색』 참조) 그런데 필자가 보기에 이러한 참 예술가-되기 단계는 아름다운 신앙공동체의 형성 과정과 크게 다르지 않은 것 같다. 좀 더 구체적으로 설명하면, 우선 예술가-되기의 첫 번째 단계는 '모방' 단계이다. 좋은 화가가 되기 위해서는 우선 선배들의 그림을 모방해야 한다. 예를 들면, 한국을 대표하는 예술가로 칭송받는 박수근은 밀레를 모방했다. 그리고 이탈리아 화가 모란디(Giorgio Morandi)는 세잔느(Paul Cézanne), 르동(Odilon Redon)과 루소(Rousseau)를 모방한 것으로 알려져 있다. 가톨릭 조각가 최종태는 이동훈과 김종영과 장욱진을 모방하였다. 그렇다면 멋진 신앙공동체는 우선 어떻게 형성될 수 있을까? 그것은 바로 우리가 이상적으로 간주하는 신앙인들을 모방하는 것에서부터 시작해야 한다. 아마도 여기서 우리는 각 교단의 창시자를 하나의 모범으로 상정할 수 있을 것이다. 예컨대, 루터교회는 루터를, 개혁교회는 칼빈을, 그리고 감리교회는 웨슬리를 모방하는 것이다.

모방-벗어남-자유와 초월

그런데 첫 단계에만 머물러 있다면 그는 결코 훌륭한 예술가가 될 수 없다. 반드시 둘째 단계로 나가야 한다. 이것은 자신이 영향 받은 선배로부터 '벗어남'을 뜻한다. 만약 박수근이 밀레의 작품을 모방하는 것으로만 만족했다면 그는 위대한 화가가 될 수 없었을 것이다. 그는 결코 밀레가 아니라 박

수근으로 존재하기를 원했다. 그래서 그는 밀레와 달리 한국의 여인과 나무를 그렸던 것이다. "부처를 만나면 부처를 죽여야 한다."는 불가의 말처럼, 새로운 단계로 도약하기 위해서는 끊임없이 기존에 모범으로 굳어진 것으로부터 벗어나는 노력을 해야 한다. 이것은 신앙공동체의 형성에도 그대로 적용된다. 따라서 우리는 그동안 모방했던 우리 부모와 스승 그리고 교조들로부터 벗어나기 위해 노력해야 한다. 이것은 "교회는 개혁되어야 하되 항상 개혁되어야 한다."는 말의 참 의미이다.

그런데 이 벗어남의 과정은 얼마나 힘들고 어려운 과정인가. 갈등도 있고, 오해도 있고, 또 싸움이 있을 수도 있다. 그러나 참 신앙공동체의 형성을 위해서는 그것을 두려워해서는 안 된다. 왜냐면 진정한 화가는 스승을 넘어서야 하기 때문이다. 바울도 그래서 다음과 같은 말씀을 하지 않았나 싶다. "내가 이미 얻었다 함도 아니요 온전히 이루었다 함도 아니라. 나는 오직 앞

에서 부르시는 푯대를 향하여 달려가노라."(빌3:12)

99%를 능가하는 1%의 힘, 참 자유인의 영적 체험

한편, 예술가는 이러한 벗어남의 과정을 꾸준히 거치게 되면 어느 순간 마지막 세 번째 단계에 홀연히 이르게 된다. 그것은 '자유'의 단계요, '초월'의 단계이다. 이 단계는 알 수 없는 힘으로부터 우리의 역량이 이끌려 나오는 단계라고 말할 수 있다. 그래서 이 단계의 일의 성패는 인간의 힘이라기보다는 하나님의 은총에 의해서 주어진다고 말할 수 있다. 추사 김정희는 일찍이 이런 수준을 일컬어 유명한 말을 남겼다. "구천구백구십구는 인력으로 할 수 있어도 거기에 하나가 보태져야 하는데, 그 하나는 인력의 한계를 넘어서는 것이다." 여기서 보태져야 할 그 하나란 다름 아닌 하늘이 주시는 '은총'이다. 그런데 그 1%는 결코 각 개인이 이룬 99%에 비교할 수 없는 엄청난 무게를 지닌 영적 체험이다. 그런 체험을 한 신앙공동체는 이제 참 자유와 깨달음의 공동체가 된다. 이때 우리는 바울처럼 고백할 수 있을 것이다. "그리스도께서 우리로 자유케 하려고 자유를 주셨으니 그러므로 굳세게 서서 다시는 종의 멍에를 메지 말라."(갈5:1)

그렇다. 내가 꿈꾸는 교회는 참 예술가-되기의 과정처럼 모방의 단계를 넘어 벗어남의 단계로, 그리고 궁극적으로 그리스도 안에서 참 자유인이 되는 한 멋진 예술가-되기의 공동체이다.

22. 웃음 가득한 명랑 공동체

명랑과 웃음보다 엄숙함이 지배하는 교회 이미지

'교회'라는 말을 들으면 어떤 이미지들이 떠오르는가? 필자에게는 사랑과 평화 같은 밝은 이미지뿐만 아니라 그 못지않게 엄숙이나 죄의식, 그리고 내세와 심판 등과 같은 어두운 이미지도 떠오른다. 특히 자라면서 교회에서 죄와 심판 등에 대한 이야기를 많이 들어서 그런지 교회의 이미지는 그렇게 밝고 환한 이미지보다는 오히려 더 엄숙한 것이 사실이다. 그러다 보니 엄숙의 반대말 격인 '명랑'이나 '웃음' 같은 말은 교회에서 그렇게 크게 환영받지 못한다. 이것을 가장 잘 보여준 소설이 하나 있다. 바로 움베르트 에코가 쓴 『장미의 이름』이다. 이 작품은 후에 숀 코네리가 주연으로 등장하는 영화로도 만들어져서 많은 인기를 끈 바 있다. 이 작품은 소설의 제목과는 크게 상관없이 중세 수도원에서 일어난 연쇄 살인 사건을 마치 탐정이 수사하듯이 풀어가는 이야기가 줄거리이다. 특히 해결사로 등장한 윌리엄 수도사와 그에 맞선 수도원의 원로인 호르헤 수도사 사이의 '웃음' 논쟁은 가히 압권이다.

그런데 흥미로운 것은 이 소설에서 살인 사건이 아리스토텔레스『시학』을 배경으로 한다는 점이다. 지금까지 전해져 오는 아리스토텔레스의 『시학』은 1권인 '비극론' 뿐인데, 저자는 비극론과 쌍을 이루는 제2권인 '희극론'이 있다는 것을 전제하고 그 신념 위에서, 왜 '희극론'이 역사에서 사라지게 되었는지를 작품을 통해서 보여주고자 했던 것이다. 즉 수도원으로 대표되는 중세사회는 비극만을 허용하는 엄숙한 사회였기 때문에, 사람들에게 웃음을 선사하는 '희극'은 허용될 수 없었다는 비판이다. 이것이 윌리엄 수도사와 호르헤 수도사 사이의 웃음 논쟁 속에 잘 드러난다.

호르헤 수도사는 성경에 예수가 웃었다는 이야기가 한 번도 나오지 않으므로 그리스도인은 웃어서는 안 된다고 주장한다. 그래서 호르헤 수도사는 웃음을 죄악시하면서 웃음이란 악마의 바람을 깃들게 할 뿐이라고 말한다. 반면에 윌리엄 수도사는 평소에 신봉한 아리스토텔레스의 『시학』 제2권 희곡론에 근거하여 웃음은 진리의 도구가 될 수 있다고 맞선다. 이 웃음 논쟁은 자연스럽게 살인 사건을 해결하는 실마리로 이어져서 소설의 결론에 이르게 된다. 즉 수도사들이 필사를 하던 중 아리스토텔레스의 〈희극론〉을 발견하고 크게 기뻐하며 웃음을 되찾게 되자, 그것을 못마땅하게 여긴 호르헤 수도사가 희극론을 감추고자 그들을 살해하였던 것이다.

그런데 웃음을 경계하는 일은 비단 중세만의 일일까? 혹 지금의 한국교회의 모습은 아닐까? 그래서 중세의 수도원처럼 한국교회 역시 죄의식이나 엄숙함을 지나치게 강요하면서 혹 그것을 어길 시 이단으로 몰아가는 것은 아닌지 반성해 본다.

사실 호르헤 수도사의 말대로 성경에는 직접적으로 예수가 웃었다는 표현은 없다. 오히려 울었다는 표현은 몇 번 있지만 말이다. 그럼에도 불구하고 예수의 웃음을 추측할 수 있는 본문은 수없이 많다. 예컨대, 요한복음에 의하면 예수께서는 하나님 나라의 사역을 '결혼 잔치'에 참여하는 것으로부터 시작하였다. 바로 가나의 혼인 잔치이다. 그리고 그곳에서 예수께서는 물로 포도주를 만드는 기적을 행하셨다. 물론 이 본문에서 예수가 웃었다는 표현은 나오지 않는다. 하지만 목석이 아닌 이상 어떻게 결혼식 축하 잔치에서 즐겁게 웃지 않을 수 있겠는가? 더욱이 포도주가 떨어져 낭패인 상황에

서 갑자기 아주 맛있는 환상적인 포도주가 나오자 환호하는 하객들의 감동과 환호성을 상상해 보라. 예수께서는 과연 어떤 반응을 보였을까? 본인이 물로 포도주를 만든 장본인이라고 밝힐 수는 없고, 단지 하객들과 함께 한바탕 웃지 않았을까? 만약 그렇다면 하나님의 나라는 결혼 잔치와 같은 웃음이 가득한 '명랑 공동체'에 가깝다.

하나님 나라는 웃음과 명랑 가득한 결혼 잔치

실제로 예수께서는 천국을 비유할 때 종종 '결혼 잔치'와 관련하여 비유하였다. 마태복음 22장에 보면, 하늘나라는 마치 임금이 자기 아들의 혼인 잔치를 열고 종들을 시켜서 사람들을 초대하는 것과 같다고 말한다.(마22:1-14)

그런데 많은 사람들이 바쁘다는 핑계로 잔치에 응하지 않자 임금은 종을 시켜서 거리의 누구라도 데려오라고 명한다. 그 비슷한 이야기는 누가복음 14장에도 나온다. 이처럼 예수의 하나님 나라 사상에는 잔치가 중요하다. 그 잔치의 핵심은 즐거움에의 초대이고, 그 즐거움의 형식은 웃음과 명랑이다.

그런데 예수께서는 십자가의 죽음을 앞둔 비극의 정점에서도 먹고 마시는 만찬의 축제 곧 웃음과 명랑의 즐거움을 포기하지 않으신 점은 매우 흥미롭다. 이것이 얼마나 중요했는지 공관복음서(마태-마가-누가복음) 모두에 기록되어 있다. 비록 마지막 만찬이 그의 죽음과 부활을 암시하는 의미심장한 내용을 품고 있지만, 그 형식만큼은 분명 유월절의 잔칫상이다. 여기서 우리는 가장 비극적인 십자가 사건의 긴박함 속에서도 웃음과 유머를 잃지 않는 예수의 속뜻을 잘 헤아릴 필요가 있다. "웃음은 진리의 도구"라고 말한 윌리엄 수도사의 말을 좀 원용한다면, 참 웃음이 있는 곳에 하나님이 계시고, 그곳은 어디나 다 교회라고 말할 수 있다.

예수께서는 당시의 시대를 비유하면서 아이들의 장터 놀이 곧 피리를 불어도 춤추지 않고, 곡을 해도 울지 않는 사람들의 놀이에 빗댄 적이 있다.(마 11:16~17) 실제로 그런 일이 벌어진다면 얼마나 어처구니없는 일인가? 이 비유에는 웃음과 명랑함을 잃어버린 사회에 대한 예수의 안타까움이 묻어 있다.

따라서 내가 꿈꾸는 교회는 피리를 불면 기꺼이 함께 춤을 추는 공감의 공동체로, 참 즐거움과 웃음이 가득한 명랑(明朗) 공동체이다.

23. 유머니즘의 공동체

한국인의 행복 증진에서 교회의 역할

"어제 느긋하게 쉬었습니까? 당신은 어제 주변 사람들에게 존중받았습니까? 어제 뭔가 재미있는 것을 (배웠거나) 경험했습니까? 어제 미소를 지었거나 크게 웃었습니까?" 이 질문지를 갖고 2014년 미국의 갤럽사는 세계 143개국을 대상으로 '세계의 감정에 대한 연구'(Global Emotions)를 실시한 바 있다. 그때 '긍정적인 감정'을 표시한 순위는 주로 남미국가들이 상위를 차지하였다. 파라과이가 1위, 콜롬비아가 2위, 에콰도르는 3위, 과테말라가 4위, 그리고 온두라스가 5위였다. 이른바 선진국인 미국은 25위, 프랑스는 37위, 중국은 45위, 영국은 49위, 일본은 83위 등으로 중위권에 분포하였다. 그런데 놀랍게도 한국은 최하위 그룹인 121위를 기록하였다.

왜 한국 사람들은 5천 년의 유구한 역사를 지녔음에도 불구하고, 또 최근 눈부신 경제성장과 민주화를 성취하였음에도 불구하고, 이처럼 웃음을 잃고 갈수록 불행해질까? 쉽게 이해될 수 없는 부분이다. 아마도 지나친 경쟁과 그에 따른 갑질 문화 등이 그 원인일 듯싶다. 따라서 교회는 한국인들에게 웃음을 주는 공동체가 되어야 하지 않을까?

사회학자 김찬호는 최근 『유머니즘』(2018)이란 책에서 유머니즘을 "유머와 휴머니즘의 조합"으로 설명한다. 유머니즘이란 일종의 신조어로 대중매체를 통해 유통된 말이다. 유머니즘이 말하는 진정한 유머란 유머를 위한 유머가 아니라 인간애로 연결되는 유머이다. 그래서 김찬호는 유머니즘을 강조하며 다음과 같을 말을 덧붙인다. "사람을 따스하게 품는 마음과 삶에 대한 연민이 묻어나는 웃음을 지향하며, 더 나아가 비인간적인 현실에 저항하고 새로운 존재를 생성한다. 그러한 힘을 잉태한 유머는 휴머니즘의 긴요한 지렛대가 될 수 있다."(8) 김찬호가 밝힌 것처럼 진정한 유머는 인간성을 존중하고 또 잃어버린 인간성을 회복하게 하는 것이다. 그런 의미에서 교회는 웃음의 공동체 곧 유머니즘 공동체가 되어야 하지 않을까?

현실적으로 웃음 공동체의 형성은 매우 힘든 일이지만, 그러나 얼마나 중요한 일인지는 실화를 바탕으로 만든 영화 『패치아담스』에 잘 나타나 있다. 영화 속 주인공 패치는 늦깎이 의대생으로서 '크라운 세라피'(clown therapy)로 알려진 웃음치료를 통해 환자를 멋지게 치료하였다. 특히 그는 딸기코를 한 우스꽝스런 광대 복장으로 병실을 돌아다니면서 웃음과 미소로 환자들을 치료하여 '병원광대'란 한 치료법을 만들어냈던 것이다.

하나님은 웃음의 존재, 예수는 웃음의 계시자

웃음이란 측면에서 보면, 성서에 계시된 하나님은 철저하게 참 웃음의 존재로 이해된다. 말하자면 웃음의 삼위일체론적 해석이랄까? 먼저 창세기 1장에 따르면 성부 하나님은 천지를 창조하신 후 자신의 창조 행위에 대해 크게 만족을 표현하면서 미소를 머금고 "보기에 좋다"라고 말씀하신다. 그런데 창세기에 의하면, 하나님께서는 '보시기에 좋았다'라는 말씀을 한 번만 하신 것이 아니라 천지를 창조하신 뒤 매번 그 말씀을 반복하고 있다는 점이 흥미롭다.(창1:3,10,12,18,21,25) 그리고 결정적으로는 여섯째 날 맨 마지막에 인간을 당신의 형상대로 창조하신 뒤 하나님께서는 '보시기에 매우(참) 좋았

다'(창1:31)라고 말씀하시면서 최고의 만족을 표현하신다. 바로 여기의 '좋다'(tov)라는 자기 만족감의 표현은 웃음에 대한 미학적 표현으로, 웃음을 통한 성부 하나님의 자기 계시라고 말할 수 있다. 말하자면 하나님은 웃음의 존재 자체이시다.

뿐만 아니라 성자 예수 그리스도는 웃음의 사람이요 웃음의 참 계시자였다. 물론 복음서에는 예수께서 웃었다는 명시적인 표현은 거의 없다. 그래서 논란이 없지는 않다. 하지만 그것은 실제로 예수가 웃지 않았다는 의미가 아니라 예수 사건을 기록한 성서 저자들의 상황이 웃을 수 없는 상황이었다는 것을 반영한다. 오히려 예수는 철저하게 웃음의 사람이었다. 그는 평소 하나님의 나라를 소개하면서 그 나라의 일상을 웃음 가득한 '천국 잔치'로 종종 비유했다.(마22:2; 눅14:15ff.) 그리고 그는 먹고 마시는 즐거움으로 사는 사람으로 보이는 '먹보'와 '술꾼'(눅7:34)이란 별명을 마다하지 않고, 마치 풍류객처럼 웃음의 삶을 살았다. 심지어 그는 고통스런 십자가 위에서조차 결코 웃음을 잃지 않았다. 그는 최후의 말씀으로 "다 이루었다!"(요19:30)라는 말씀을 남기셨다. 이것은 자신의 삶의 목적을 다 이루었다는 자기 만족의 표현이다. 이런 자기 만족감의 표현은 언제든 웃음과 미소를 동반할 수밖에 없다. 성자 예수는 웃음의 참 계시자이시다. 따라서 고난당하는 자는 십자가에 달리신 예수 그리스도를 바라보게 되면 고난 속에서도 참 웃음을 웃을 수 있게 된다.

성령은 곧 웃음의 능력이시니

끝으로 성령은 웃음의 능력이다. 사도 바울은 우리가 성령을 체험하게 되면, 성령께서 주시는 참 웃음을 웃을 수 있다고 밝혔다. 그것이 바로 성령의 열매이다. "성령의 열매는 사랑과 기쁨과 화평과 인내와 친절과 선함과 신실과 온유와 절제입니다. 이런 것들을 막을 법이 없습니다."(갈5:22~23)

그리고 바울은 실제로 성령이 충만한 사람으로서 비록 복음을 전하다가 여러 번 감옥에 갇혔지만, 성령의 능력으로 늘 감사하며 기뻐할 수 있었다. "주님 안에서 항상 기뻐하십시오. 다시 말합니다. 기뻐하십시오, … 그리하면 사람의 헤아림을 뛰어넘는 하나님의 평화가 여러분의 마음과 생각을 그리스도 예수 안에서 지켜줄 것입니다."(빌6:4~7)

따라서 내가 꿈꾸는 교회는 웃음의 존재론적 근거이신 삼위일체 하나님을 본받아 참 웃음이 가득한 유머니즘의 공동체이다.

24. 죽음 교육의 공동체

죽음을 우리 삶의 중심주제로 되찾아 오는 교회

　현대인들에게 있어 죽음은 낯선 일이다. 죽음은 더 이상 나의 일이 아니라 나와 직접 관계가 없는 '그'의 일이 되었다. 비록 죽음의 소식은 매일 TV 스크린에서 보도되고 있지만, 죽음은 끊임없이 나로부터 멀어져 소외되고 있다. 과거에 죽음은 안방에서 가족들이 모두 지켜보는 가운데 거룩한 이별 의식으로 치러지는 가운데 찾아왔다. 하지만 현재 그러한 죽음은 거의 상상할 수 없는 낭만적인(?) 옛 풍경으로만 남아 있다. 게다가 죽음을 가르치고 죽음의 의식을 주 업무로 하는 교회에서조차 죽음은 점차 낯선 일이 되고 있다. 과거에 목회자는 죽음을 앞둔 성도가 있다면, 그를 찾아가서 그를 위한 임종 예배를 드리고 또 그의 죽음 이후에는 망자의 시신을 목회자가 직접 염(殮)을 한 뒤, 교회가 주관하여 장례를 치르는 것이 중요한 전통이었다. 목회자의 임무로 이것보다 더 중요한 일은 없는 것처럼 여겨졌다.
　하지만 어느 순간 그러한 일련의 일들은 목회자와 교회에게 있어 점차 부차적인 일로 간주되고 있다. 임종과 관련된 일들은 호스피스 전문가에 넘겨지고 있고, 망자의 시신을 염하고 장례를 치르는 일체의 일들은 이미 오래전부터 병원과 장례업자에게 넘겨졌다. 더욱이 죽음은 모든 인간이 궁극적으로 대면해야 할 거룩한 일임에도 불구하고, 교회에서조차 진지하게 교육되지 못한 채 안타깝게도 '영 교육과정'(null curriculum: 일부러 특정 교육 과정을 배제, 약화시켜 배움의 기회를 놓치게 함)화 되고 있다.

따라서 내가 꿈꾸는 교회는 죽음을 다시 우리 삶의 중심 주제로 되살려서 그것을 정면으로 응시할 것을 강조하는 죽음 교육의 공동체이다.

기독교적 죽음 교육의 세 가지 측면

그렇다면, 교회가 죽음 교육의 공동체로 새롭게 거듭나기 위해 무엇을 고려해야 할까? 필자는 오래 전 『기독교 문화교육과 주일교회학교』(대한기독교서회, 2004, 제4장)란 책에서 죽음 교육에 대한 아이디어를 소상히 밝힌 바 있다. 그것에 근거하여 기독교적 죽음 교육을 다시 제안한다면, 그것은 하나님의 나라를 지향하는 실천 곧 '프락시스'(praxis)의 맥락에서 죽음을 다시 대면하도록 돕는 일이다. 이것은 세 가지로 설명될 수 있다.

첫째는 '해석학적 프락시스' 차원에서 죽음에 대한 우리의 이해를 더욱 심화시킬 필요가 있다. 사실 죽음을 완전히 이해한다는 것은 불가능하다. 왜냐면 죽음은 엄밀한 의미에서 우리가 직접 경험하는 순간, 우리는 더 이상 이 세상 사람이 아니기 때문이다. 그래서 죽음은 언제나 낯설고 신비한 것으로서 우리에게 다양한 해석의 가능성을 제공한다. 이런 점에서 죽음 교육은 우리로 하여금 성서를 바탕으로 하여 죽음에 대한 다양한 해석의 가능성 앞에 서도록 이끈다. 이것은 죽음에 대한 성서와 기독교 전통, 그리고 다양한 한국의 전통들 간의 해석학적 대화를 통해 죽음을 더 깊게 이해할 수 있다는 것을 의미한다. 이때 하나님의 나라 개념은 죽음 교육에서 매우 중요하다. 왜냐면 그것은 예수가 선포한 가르침의 핵심으로서 현세와 내세 모두를 균형 있게 강조하는 개념이고, 영혼불멸의 희랍적 죽음의 개념을 비판적으로 수용할 수 있는 개념이며, 현대 죽음학의 여러 논의까지를 통섭할 수 있

는 개념이기 때문이다.

둘째는 죽음을 강요하는 인간의 왜곡된 삶과 연관된 '해방적 프락시스'의 차원에서 죽음에 대한 논의가 진행될 필요가 있다. 우리 주위에 얼마나 많은 사람들이 죽음 앞에서 신음하고 있는가? 각종 질병으로 인한 죽음의 위기, 테러와의 전쟁으로 인한 죽음의 위기, 정치-경제적인 억압과 착취로 인한 죽음의 위기, 그리고 생태학적 위기로 인한 생명 종말의 위기 등 수많은 죽음의 위기 앞에서 사람들은 고통당하고 있다. 이런 점에서 죽음 교육은 우리 사회에 만연한 '죽임'의 문화로부터 해방되도록 위로하고 격려하는 것이다. 특히 기독교적 의미의 죽음이란 '하나님과의 관계의 단절'이요 '죄의 결과'라고 할 때, 이 사회에서 하나님과의 관계를 단절시키도록 이끄는 악의 세력과 맞서 싸우도록 교육하는 것은 매우 중요하다. 따라서 죽음의 문화를 잘 분석한 뒤 극복의 가능성을 제시하는 해방교육론이나 평화교육론 등은 죽음 교육의 중요한 파트너로 적극적으로 활용될 수 있다.

셋째는 사람들의 영적 성숙을 지향하는 '영성적 프락시스' 차원에서 죽음 교육이 진행될 필요가 있다. 고대 희랍철학자 해도(Piere Hadot)가 강조하였듯이, 본래 희랍철학에서 '철학한다'는 의미는 '바르게 죽고 바르게 사는 법'을 가르치는 일종의 '영성훈련'(spiritual exercise)이었다. 말하자면 죽음 교육은 곧 영성교육이라는 의미이다. 따라서 죽음 교육은 바로 그 같은 인격의 완성 곧 영적 성숙을 이루도록 돕는 영성훈련이어야 한다.

죽음 교육은 영적 성장의 결정적 기회

그런 점에서 죽음 교육은 영적 성장(spiritual growth)을 위해 이중적 목표를 지닐 필요가 있다. 하나는 나 자신에게 해당하는 것으로서 내게 죽음이 찾아올 때 내가 죽음을 두려워하지 않고 그것을 기꺼이 맞이할 수 있도록 준비시키는 '죽음맞이 교육'이요, 또 하나는 타인 역시 죽음을 잘 맞이할 수 있도록 돕는 '죽음 도우미 교육'이다.

헨리 나웬(Henri Nouwen)은 『죽음, 위대한 선물』(1994)이란 책에서 그것을 위해 세 가지의 교육목표를 세분화하여 강조한 바 있는데, 마음속 깊이 새겨둘 만하다. 그것은 "우리가 하나님의 자녀라는 것", "우리가 서로 형제자매라는 것", 그리고 "우리는 앞으로 올 세대의 부모라는 것"을 깨닫는 것이다. 이처럼 소외된 죽음 교육을 우리의 신앙공동체에서 회복시킴으로써 우리의 공동체는 더욱 새로워질 수 있을 것이다.

25. 춘안거 재가 수도 공동체

수행 종교로서의 기독교의 정체성 발견

보통 신학대학의 비교종교학 시간에 기독교와 불교를 비교하면서, 기독교는 타력적인 종교요 불교는 자력적인 종교라고 분류하여 교육하곤 한다. 그래서 기독교는 예수를 구세주로 믿는 믿음의 종교요, 불교는 깨달음을 추구하는 수행의 종교라고 설명한다. 그런데 최근 '영성'에 대한 관심이 높아지면서 신학자들 사이에 이러한 분류가 적절하지 않다고 보는 시각이 늘어나고 있다. 특히 기독교 역시도 그 어느 종교 못지않게 수행 종교임을 강조하면서, 하나님의 뜻을 발견하기 위한 '영적 식별'(spiritual discernment)과 하나님의 형상을 온전히 이루기 위한 '영성 수련'을 강조하고 있다. 필자도 이런 입장에 공감하면서 한국교회의 갱신을 위해서는 하루 속히 한국교회가 기독교의 수행 종교성을 회복할 것을 강조하고 싶다.

그렇다면, 기독교의 수행 종교성을 회복하기 위해서는 어떻게 해야 할까? 여기서 필자는 한국교회가 한국의 문화를 존중하는 한국적 교회를 지향하는 맥락에서 이웃 종교인 불교의 수행 전통을 반면교사로 삼을 것을 제안한다. 주지하듯이, 한국 불교에는 크게 두 가지의 신앙전통이 있다. 하나는 교종(敎宗)의 전통이고 또 하나는 선종(禪宗)의 전통이다. 교종이란 부처의 말씀인 불교 경전을 주석하고 연구하여 불교적 진리를 찾는 신앙 전통이라면, 선종이란 침묵과 기도, 그리고 참선을 통해 불성의 깨달음을 추구하는 신앙

전통이다. 그런데 한국불교는 이 양자 사이의 조화를 추구하되, 특히 선종의 전통이 강한 것으로 알려져 있다. 그런데 선종의 전통 중에 '안거(安居)'라는 제도가 있다. 이것은 일 년에 두 차례 스님들이 일체의 외부 활동을 자제하고 오직 참선에만 몰입하는 수행제도이다. 즉 일 년 열두 달을 둘로 나누어, 6개월 동안은 안거 기간이라 하여 스님들이 철저하게 절 안에만 머물면서 참선 정진하고, 나머지 6개월은 스님들이 전국을 떠돌며 정법의 안목을 갖춘 선지식(善知識)을 찾아 가르침을 얻거나 깨달음을 실천하는 보살행의 만행(卍行) 기간이다.

안거제도는 석가모니 부처 당시부터 유래된 것으로 알려져 있다. 비가 많이 오는 우기에 절 밖으로 나오는 미물들을 밟지 않으려고, 돌아다니는 것을 중단하고 대신 3개월간 동굴이나 절간에 모여 수행에 전념한 것이 안거의 기원이다. 그런데 이런 안거제도는 북방의 대승불교로 발전하면서 계절의 변화와 맞물려 다시 크게 두 시기로 나뉘어 진행되었다. 하나는 동안거이고 또 다른 하나는 하안거이다. 동안거(冬安居)는 음력 10월 15일부터 시작해서 1월 15일까지 3개월 동안 진행되고, 하안거(夏安居)는 음력 4월 15일부터 시작해서 7월 15일까지 이어진다. 그리고 안거에 들어가는 것을 결제(結制)라 하고 안거가 끝나는 것을 해제(解制)라 하는데, 그 결제날과 해제날에는 불교의 큰스님들이 법어를 내려서 용맹정진을 당부하고 또 격려한다. 안거기간에 스님들은 절대로 외출을 할 수 없고, 오로지 수행에만 정진해야 한다. 말을 해서도 안 되고, 계율을 어겨서도 안 된다. 심지어 밥 짓는 것에서부터 화장실 청소까지 일체를 수행스님들의 힘으로 해결해야 한다. 잠은 네 시간 이상 잘 수가 없으며, 인간의 온갖 번뇌와 망상을 다 내려놓고 오직 자신이 고민하는 '화두'에만 집중해야 한다. 말하자면 철저한 절제와 고독의 시간을 보내는 것이다.

기독교 수행 전통의 안거제도, 사순절

그렇다면, 기독교의 수행 전통에는 불교의 안거제도에 상응하는 것은 없는가? 물론 기독교는 불교에 비하여 수행 종교의 성격이 좀 덜한 것은 사실이지만, 그럼에도 불구하고 그 어느 종교 못지않은 수행의 전통이 있음을 결코 간과할 수 없다. 그것은 바로 봄철 사순절 기간에 이루어지는 영성수련 전통이다. 필자는 이것을 불교 식으로 표현하여 '춘안거'(春安居)라고 부르고 싶다. 기독교 전통에서는 모세와 엘리야 그리고 예수께서 각각 40일 동안 하나님께 기도하며 은밀히 그분과 교제했던 전통을 되살려 사순절을 지키고 있다. 특히 예수 그리스도의 십자가의 고난을 되새기면서 2월 중순경 '재의 수요일'부터 시작하여 춘분 후에 맞이하는 부활절 전야까지 이어지는 사순절 40일 동안 그리스도인들은 가급적 오락이나 쾌락을 삼가고 금식과 기도로 자신의 욕망을 절제하면서 주님의 고난에 동참하는 연습을 해왔던 것이다.

그런데 이 기간에 이루어지는 영성수행은 불교의 스님들처럼 수도원과 같은 곳에서 오직 수도자들만으로 진행되는 영성수행이 아니라 모든 그리스도인들이 함께 동참한다는 점에서 불교와 다르다. 즉 사순절 춘안거는 모든 신자들이 각 가정과 교회를 '재가 수도 공동체' 삼아 그리스도의 십자가를 따르는 영성수행을 실천하고 있는 것이다.

김소엽 시인의 〈북〉이란 시가 있다. "버리게 하소서 / 내 안에 가득한/부패한 것들을 / (중략) / 당신의 북채로 / 울리게 하소서 / (중략) / 정수리에서 발끝까지 / 죄를 토해 내고 / 둥둥둥 / 해가 질 때까지 / 울리는 / 북 / 북이 되게 하소서. 아멘."(『별을 찾아서: 김소엽시선집』, 인간과 문학사, 2013) 춘안거 사순절의 의미를 나는 이 시처럼 받아들이고 싶다.

따라서 내가 꿈꾸는 교회는 한국교회가 기존에 지켜 온 사순절 전통을 더욱 발전시켜, 온 그리스도인들이 가정과 교회에서 영성수행을 철저히 실천하는 '춘안거 재가 수도 공동체'이다.

제2부
꿈꿔야 하는 교회
: 공의[善]의 공동체

1. 너머의 공동체

하나님의 나라는 '이미'(already)와 '아직'(yet) 사이에

예수께서 선포한 하나님의 나라(basileia)는 한마디로 '하나님의 뜻'이 실현된 곳이다. 그런데 그 하나님의 뜻은 무엇인가? 그것은 미가 선지자가 외쳤고 또 예수께서 계승한 '의'(義)와 '인'(仁)과 '신'(信)을 구현하는 것이다.(미 6:8; 마 23:23) 이것은 교회당 건축물을 크게 키우는 일과 거의 관계가 없다. 오히려 그것은 인간 내면뿐만 아니라 사회의 구조를 의와 인과 신으로 충만하도록 변형(transformation)시키는 것을 말한다. 말하자면 하나님의 나라는 인권존중 및 인간해방의 일과 매우 깊이 연관되어 있다. 하지만 지금 우리 인류는 어떤가? 수많은 인간들은 여전히 소외되어 있고, 비인간화된 채 부자유하며, 불평등하게 비인간적인 대접을 받으며 살고 있다. 그리고 각종 '차별'(discrimination)이 보여주듯이, 물질적으로 정신적으로 혹은 영적으로 차별 속에 학대를 당하며 고통 가운데 살고 있다. 따라서 사람들을 이 차별과 학대의 고통에서 벗어나도록 돕는 참 인간화의 일이야말로 하나님 나라 운동의 핵심이다.

그런데 하나님의 나라는 '이미'(already)와 '아직'(yet) 사이에 존재한다. 온전한 인간화는 예수의 복음과 함께 '이미' 2천 년 전에 시작되었지만(마4:17), 그 나라는 '아직' 완성되지 못한 나라이다. 그 나라는 예수의 재림과 함께 먼 훗날 종말론적 미래에 완성될 것이다. 따라서 우리는 이미 도래한 하나님의 나라와 아직 완성되지 못한 하나님의 나라 사이에 존재한다. 말하자면 우리는 길 위에 서 있는 존재이다. 따라서 교회는 그 자체로 하나님의 나라가 아니다. 오히려 교회는 온전한 하나님의 나라라고 하는 달을 가리키는 손가락에 불과하다. 그러므로 교회는 온전한 하나님의 나라를 증거하고 성취하기 위해 끊임없이 비판적 성찰의 과정을 거쳐야 한다. 이것이 다름 아닌 그 유명한 종교개혁의 모토인 "교회는 개혁되어야 하되 항상 개혁되어야 한다." (ecclesia reformanda et semper reformanda)라는 말의 참 의미이다. 그래서 교회는 아직 완성되지 못한 하나님의 나라를 향해 열린 마음으로 '항상'(semper/always) 새로워져야 할 과제를 갖는다. 이것은 현재의 상태(status quo)에 만족하지 않는 일이요, 또 현실 그 '너머'(beyond)를 늘 추구하는 일이다. 이것이 우리가 희망하는 '너머의 공동체'이다.

회개와 정진으로 다다르는 너머의 공동체

그렇다면 교회는 너머의 공동체가 되기 위해 무엇을 가장 기본적으로 추구해야 할까? 그것은 두 가지로 설명될 수 있는데, 첫째는 '메타노이아'(metanoia)이다. 이것은 공동체가 의와 인과 신을 실천하는 과정에서 내딛는 첫 발자국(first step)의 활동이다. 여기서 메타노이아란 '생각의 전환', 곧 '회개'를 의미하는 것으로, 앞서 언급한 의와 인과 신을 교회가 제대로 수행했는지를 비판적으로 성찰하는 작업이다. 그래서 회개는 현실 안주의 유혹에 대한 강력한 부정이며, 불확실한 미래에로의 과감한 결단이다. 그러므로 회개는 너머의 공동체를 추구할 때 내딛는 첫 발자국으로, 그 대표적인 사례는 예수의 복음 선포에서 찾아볼 수 있다. 예수께서는 하나님의 나라를 선포할 때 가장 먼저 회개를 촉구하였던 것이다. "회개하여라. 하늘나라가 가까이

왔다."(마4:17)

그런데 여기서 간과할 수 없는 것은 예수가 세례 요한의 예언자적 전통을 철저히 계승하였다는 점이다. 즉 예수는 세례 요한을 따라 회개를 강력하게 강조한다. "독사의 자식들아, 누가 너희에게 닥쳐올 징벌을 피하라고 일러주더냐? 회개에 알맞은 열매를 맺어라 … 도끼가 이미 나무 아래에 놓였으니, 좋은 열매를 맺지 않는 나무는 다 찍어서 불 속에 던져진다."(마3:7~10) 이와 같은 세례 요한의 주장을 예수 역시 이어서 강조한다. "내가 너희에게 말한다. 너희도 회개하지 않으면 모두 그렇게 망할 것이다."(눅13:5) 결국 교회는 사람들이 회개에 합당한 열매를 맺도록 비판적 성찰의 활동을 격려해야 한다. 이런 회개의 노력을 통해 교회는 아직 완성되지 못한 하나님의 나라를 향한 너머의 공동체가 될 수 있을 것이다.

둘째로 너머의 공동체는 의인신(義仁信)을 실천할 때 결코 쉬지 않는 '정진'(精進)이 필요하다. 이런 점에서 예수의 '십자가'는 정진의 큰 상징이다. 즉 십자가란 죽기까지 일한다는 정진의 표상이다. 예수께서는 십자가에 달려 죽임을 당하기까지 쉬지 않고 하나님의 나라 운동에 정진하셨다. 특히 그는 쉼이 허락된 '안식일'에조차도 하나님의 나라를 위한 일을 멈출 수가 없었다. 당시 유대 사회에서 안식일의 준수는 유대교의 핵심 교리이자 그 사회 체제의 유지를 위해 매우 중요한 규범이었다. 하지만 그 안식일마저도 하나님의 나라에 걸림돌이 된다면 기꺼이 포기해야 할 일이었다. 예수께서는 안식일에 중풍병자를 고친 적이 있다.(요5:1~9) 그때 유대 지도자들은 예수께서 안식일에 일하지 말라는 율법의 규정을 어겼다며 비난하였다.

하지만 예수께서는 이렇게 말씀하셨다. "내 아버지께서 이제까지 일하시니 나도 일한다."(요5:17) 이 말씀의 의미는 안식일에도 생명을 살리는 일, 곧 고통 받고 있는 사람들이 그 고통에서 벗어나도록 자비를 베풀고 공의를 세우며, 하나님과의 인격적인 신뢰 관계를 형성하도록 돕는 일은 결코 멈출 수 없다는 것이다. 사도 바울도 정진을 비슷한 표현으로 강조한 바 있다. "항상 기뻐하십시오. 끊임없이 기도하십시오. 모든 일에 감사하십시오. 이것이 그리스도 예수 안에서 여러분에게 바라시는 하나님의 뜻입니다."(살전 5:16~18)

따라서 내가 꿈꾸는 교회는 늘 회개하면서 하나님의 나라를 세우는 일에 쉬지 않고 정진하는 너머의 공동체이다.

2. 바이오필리아의 생태 공동체

모든 생명과 서로 연결되려는 본능

'바이오필리아'(biophilia)라는 영어단어가 있다. 이 말은 인간을 포함한 지구상의 모든 생명에 대한 친밀감을 가리킨다. 그리고 생명에의 친밀감은 생명 일반만이 아니라 개별 생명 모두에도 해당된다. 그래서 이 말 속에는 지구에 있는 모든 생명의 아름다움과 그 다양성을 보존해야 하며, 그러는 과정에서 우리 자신의 생명도 지켜지게 된다는 함의가 내포되어 있다. 이 말은 생물학자인 윌슨(Edward O. Wilson)의 책 『바이오필리아』(1984)에서 처음으로 사용되었다. 윌슨은 그 책에서 인간이란 자연을 비롯하여 다른 모든 생명과 서로 연결되려는 '본능'을 가졌다고 말하였다.

그런데 생물학적 의미의 본능이란 신학적으로 말하면 일종의 축복받은 일로 '소명'(calling)과도 같은 의미이다. 그래서 소명이 하나님의 부르심이요 피할 수 없는 당연히 해야 할 당위의 일인 것처럼, 본능은 피할 수 없는 일이고 당연히 해야 할 의무이다. 이런 의미에서 보면, 하나님께서 천지를 창조하실 때 맨 마지막으로 인간을 창조하신 뒤 그에게 축복하신 말씀은 인간에게 있어서 본능이자 소명이라고 말할 수 있다. 하나님께서 인간을 창조하신 뒤 이렇게 축복하며 말씀하셨다.

"생육하고 번성하여 땅에 충만하여라."(창1:28a)

인간에게 있어서 생육하고 번성하는 일은 해도 되고 하지 않아도 되는 선택의 문제가 아니라 생명으로서의 인간이 반드시 추구해야 하는 본능이요 소명과 같은 것이다. 따라서 성서에 나오는 '생육하고 번성하라'는 말씀은 윌슨 식으로 표현하면, 인간은 이 지구상의 생명들과 친밀감을 가지면서 생명을 존중하고 또 생명을 풍성하게 하는 바이오필리아의 소명을 갖고 태어난 존재라고 말할 수 있다. 즉 바이오필리아는 인간의 본능이자 신의 축복인 셈이다. 이런 의미에서 예수께서 "나는 양들이 생명을 얻고 또 더 넘치게 얻게 하려고 왔다"(요10:9b)고 말씀하신 것은 다름 아닌 우리 인간을 '풍성한 삶'으로 초대한 것으로써 바이오필리아의 축복이자 창조 질서의 회복을 다시 선포한 말씀으로 이해될 수 있다.

안티-바이오필리아의 삶의 각축장, 지구의 위기

하지만 언제부터인가 이 지구에는 위기가 닥쳤다. 인간이 더 이상 생육하고 번성하는 일에 나태해진 것이다. 윌슨의 용어로 말하면, 생명친화적인 바이오필리아의 삶 대신에 오직 인간의 이기적인 욕심만이 작용하여 환경이 파괴되고, 이웃 생명들과의 연대를 통한 풍성한 삶이 아니라 이웃 생명을 착취하는 안티-바이오필리아(anti-biophilia)의 삶으로 변해 가고 있다. 가장 대표적인 것은 생태계의 파괴이다. 여기에는 지금 전 인류적으로 문제가 되고 있는 기후변화의 위기, '팝콘 치킨'(popcorn chicken)으로 대표되는 동물학대, 유전자 변형생물(GMO), 태평양 한가운데에 만들어진 한반도의 일곱 배 크기의 엄청난 플라스틱 쓰레기섬, 그리고 경쟁적인 핵무기 개발 등 이루 헤아릴 수 없는 많은 생태적 문제를 포함한다.

이 위기를 어떻게 극복할 수 있을까? 하나님께서는 태초에 인간을 창조하신 뒤 '생육하고 번성하라'는 바이오필리아의 축복을 내리셨고 또 예수 그리

스도께서도 '풍성한 삶'에로 인간을 초대하셨지만, 우리 인간들은 여전히 신의 초대를 거부하거나 주저하고 있다. 바로 여기에 교회가 서야 할 자리가 있다고 본다. 교회는 신의 초대에 아멘으로 응답하는 공동체이어야 한다. 그래서 교회는 생태계의 파괴에 대하여 고통스럽지만 '아니오'라고 말하면서, 동시에 생태계의 복원과 창조질서의 보전 그리고 생명의 지속가능성에 대하여 '예'로 응답하는 바이오필리아의 공동체가 되어야 한다.

최근 과정신학자로 널리 알려진 존 캅(John B. Cobb, Jr.)은 과정신학의 정점에 지구를 살리는 생태운동이 있음을 역설하면서 새로운 책 하나를 출판하였다. 그것은 『지구를 구하는 열 가지 생각』(2018)이란 제목의 저서이다. 그는 이 책에서 현재의 성장 일변도의 경제 시스템이야말로 미국 문화를 비롯한 현대문명과 종교의 중요한 타락의 증거라고 주장하면서, 현대 경제학이 생긴 이후 기독교인들은 탐욕에 대한 비판을 포기하도록 강요받아왔다고 지적한다. 말하자면 경제학자들은 "탐욕은 선이며, 진짜 사람들을 돕고 싶으면 가능한 한 탐욕적이 되라."고 말하는데, 기독교들이 그것을 진리라고 착각하며 무비판적으로 수용하고 있다는 것이다. 따라서 이제 우리 인간이 위기에 처한 지구를 살리기 위해서는 '경제주의에서 지구주의에로의 전향'이 시급히 요청된다.

경제주의에서 지구주의로, 아름답고 풍성한 삶

이 일을 위해 캅은 다음과 같은 열 가지의 구체적인 생각들을 그의 책에서 제시하고 있다. "1. 실재는 상호 연관된 사건들로 구성된다. 2. 내재적 가치의 위계가 있다. 3. 하나님은 가치의 극대화를 목표로 한다. 4. 인간은 고유한 가치와 책임이 있다. 5. 교육은 지혜를 위한 것이다. 6. 경제는 생물권역의 번성을 향해야 한다. 7. 농업은 토양을 되살려야 한다. 8. 편안한 주거는 자원을 최소한 사용해야 한다. 9. 대부분 제조업은 지역적이어야 한다. 10. 모든 공동체는 공동체들의 부분이어야 한다." 이러한 열 가지 생각들은 바이오필리아의 공동체를 추구하는 교회라면 정말로 진지하게 고려해야 할 생각거리들이다.

이처럼 내가 꿈꾸는 교회는 더 이상 이 세상과 무관한 내세만을 위한 교회가 아니라, 지구를 아름답게 보전하고 그곳에서 풍성한 삶을 만드는 바이오필리아의 생태 공동체를 세우는 일이다.

3. 부끄러움의 공동체

윤동주, 끊임없이 부끄러워한 기독교인

　대한민국을 대표하는 시인을 한 사람만 꼽으라면 많은 사람들은 주저 없이 〈서시〉로 유명한 '윤동주'(1917~1945)를 꼽는다. 그는 일제강점기 말 활동한 시인으로서 독립운동을 했다는 이유로 일경에 체포되어 일본의 후코오카 형무소에서 복역 중 이름 모를 주사를 맞고 옥사한 민족시인이자 저항시인으로 널리 알려져 있다. 특히 몇 년 전 윤동주 탄생 100주년에 즈음하여 그에 대한 다양한 해석들도 새롭게 시도된 바 있다. 예컨대 김응교 교수는 『처럼: 시로 만나는 윤동주』(2016)라는 저서를 통해 윤동주를 디아스포라 시인이자 '동시 시인'으로 새롭게 조명하였고, 이준익 감독은 『동주』(2016)라는 영화를 통해 그를 저항시인이라는 기존의 이미지와는 다르게 개인적인 갈등과 고민을 품고 산 이 땅의 한 젊은이로 잘 그려주었다. 특히 영화는 '부끄러움'에 대한 인간의 감정이 얼마나 중요한지 새삼 깊이 깨닫게 해 주었다.

　윤동주의 시는 끊임없이 '부끄러움'에 대하여 말하고 있다. 〈서시〉에서도 "하늘을 우러러 한 점 부끄러움이 없기를" 노래하고, 일본에서 유학 중 지은 시로 알려진 〈쉽게 쓰여진 시〉에서도 그의 부끄러움은 이어진다; "(전략) 생각해 보면 어린 때 동무를 / 하나, 둘, 죄다 잃어버리고 / 나는 무얼 바라 / 나는 다만, 홀로 침전하는 것일까? / 인생은 살기 어렵다는데 / 시가 이렇게 쉽게 쓰여지는 것은 / 부끄러운 일이다.(후략)"

뿐만 아니라 〈자화상〉에서도 자신의 부끄러움을 '미움'이라는 다른 언어로 바꿔 계속 언급하고 있다. "산모퉁이를 돌아 논가 외딴 우물을 홀로 찾아가선 가만히 들여다봅니다. / 우물 속에는 달이 밝고 구름이 흐르고 하늘이 펼치고 / 파아란 바람이 불고 가을이 옵니다. / 그리고 한 사나이가 있습니다. / 어쩐지 그 사나이가 미워져 돌아갑니다. / 돌아가다 생각하니 그 사나이가 가엾어집니다. / 도로 가 들여다보니 사나이는 그대로 있습니다. / 다시 그 사나이가 미워져 돌아갑니다.(후략)"

이러한 부끄러움은 일본으로 유학을 떠나기 전 창씨개명을 한 뒤 쓴 것으로 알려진 〈참회록〉에서도 여실히 드러난다. "(전략) 나는 나의 참회의 글을 한 줄에 줄이자. / 만 이십사 년 일 개월을 / 무슨 기쁨을 바라 살아왔던가 / 내일이나 모레나 그 어느 즐거운 날에 / 나는 또 한 줄의 참회록을 써야 한다. / 그때 그 젊은 나이에 / 왜 그런 부끄런 고백을 했던가.(후략)"

이처럼 윤동주가 부끄러움을 자신의 시 속에 그렇게 많이 담게 된 배경에 자리 잡고 있는 것은 무엇이었을까? 아마도 그것은 한 기독교인이자 식민지 백성으로서 갖게 된 존재론적 부끄러움뿐만 아니라, 당시 한 지식인으로서 불의한 일제에 제대로 저항하지 못하는 나약한 자신의 모습을 성찰하였기 때문일 듯싶다. 곰곰이 생각해 보면, 일제강점기에 취할 수 있는 기독교 지식인의 태도란 적어도 넷 중의 하나였을 것이다. 하나는 김구나 윤봉길처럼 독립을 위해 강력히 무장투쟁으로 저항하는 것이고, 둘째는 윤치호를 비롯한 친일파들에게서 볼 수 있는 것처럼 일본의 식민지 정책에 완전히 순응하며 일제에 동조하는 것이다. 셋째는 무뇌아처럼 아무런 역사의식도 없이 그냥 먹고 사는 일에만 전념하는 경우이고, 마지막 넷째는 어쩔 수 없이 식민지 당국의 폭압에 순응은 하지만 그 내면에서는 끊임없이 부끄러움에 갈등하며 고뇌하는 경우이다.

세계 교회, 한국교회의 부끄러운 모습을 참회하기

아마도 윤동주는 네 번째의 경우에 해당하리라. 실제로 그는 영화 〈동주〉에 나오는 사촌형 송몽규처럼 강력한 투쟁심을 갖고 독립운동에 뛰어든 소위 행동적인 저항시인은 아니었다. 그래서 그는 적극적으로 일제에 저항하지 못한 자신을 자책하며 부끄럽게 여겼던 것 같다. 하지만 그는 자신이 처한 삶의 현장에서 결코 부끄럽지 않게 살기 위해 부단히 노력하는 모습을 잘 보여주었다. 그 단적인 예로 한글 사용이 위험시되던 일제 말 오직 한글로만 시를 쓴 것은 정말로 위대한 용기였다. 더욱이 영화는 윤동주가 일경에 체포되어 가혹한 심문을 받은 뒤 날조된 조서에 서명을 강요받았을 때, 그는 단호히 그 서명을 거부함으로써 부끄럽지 않게 살려는 그의 신념을 잘 보여주었다. 참 멋진 그리스도인의 모습이다.

지난 2천 년간의 교회 역사를 돌이켜 보면, 교회는 위대한 신앙의 발자취 못지않게 부끄러운 모습도 꽤 많이 보였다. 교회는 늘 초대 교회 때 로마의 박해에 저항하면서 뜨거운 순교의 피를 흘린 것을 자랑스러워하지만, 실제로는 믿음을 저버린 경우도 많았다. 또 교회는 사랑의 공동체라 하지만 실제로 교회의 역사는 증오와 미움의 공동체였음을 우리는 알고 있다. 특히 중세의 교회는 얼마나 많은 무고한 사람들을 이단으로 몰아 마녀사냥을 하였으며, 근대의 유럽 교회는 '30년 전쟁'을 통해 얼마나 많은 증오심을 키웠던가? 그리고 20세기 두 차례에 걸친 세계대전에서 하나님의 이름으로 얼마나 많은 생명들을 죽음으로 몰아넣었는가? 부끄러운 일이다.

한국교회도 예외는 아니어서 일제 말 대부분의 교회는 신사참배에 적극 동참하였고, 해방 이후에는 제주 4·3사건으로부터 시작하여 이승만의 독재, 그리고 박정희와 전두환으로 이어진 군부독재의 배경에 한국교회가 얼마나 깊이 연루되어 있는가? 특히 최근에는 불법 세습과 대형 교회의 끝없는 타락 등으로 세상을 시끄럽게 하고 있다. 부끄러운 일이다.

따라서 내가 꿈꾸는 교회는 자신의 연약함을 인식하면서 이러한 부끄러운 자신의 모습에 대하여 윤동주처럼 진심으로 부끄러움을 부끄러움으로 느끼는 공동체이다.

4. 살림의 공동체

욕망의 경제학에서 필요의 경제학으로

2018년 우리나라 1인당 국민소득이 31,349달러에 이르렀다. 보통 한 국가의 국민소득이 3만 달러를 넘어서면 경제력으로 선진국이라고 부르는데, 그렇게 보면 이제 대한민국은 명실상부한 선진국이 된 셈이다. 그러나 주변을 둘러보면, 여전히 먹고 살기 힘들다는 말을 많이 듣게 된다. 그리고 정치인들은 여야를 떠나 모두 한결같이 '경제'가 중요하다고 말한다. 여기서 우리는 한 가지 질문을 하지 않을 수 없다. 국가는 분명 부유해졌는데, 왜 개인들은 갈수록 경제가 어렵다고 아우성을 칠까?

이 질문 앞에서 필자는 우리가 '경제'의 근본적인 의미를 다시 물어야 한다고 생각한다. "도대체 경제란 무엇인가?" 그런데 흥미롭게도 최근 적지 않은 경제학자들은 경제위기의 극복을 위해 경제관념(생각)을 바꿔야 한다고 역설하고 있다. 그들에 따르면, 지난 수 세기 동안 현대인들이 심혈을 기울인 경제학은 '부족하고 한정된 자원을 갖고 어떻게 무한한 인간의 욕망을 만족시킬 것인가?'에 경제학의 초점을 모아 왔는데, 이제 그 패러다임을 바꿀 때가 되었다는 주장이다. 즉 '욕망(desire)의 경제학'에서 '필요(need)의 경제학'으로의 전환이다. 욕망의 경제학은 소비의 경제학이다. 이 입장을 따르는 사람들은 소비를 통해 자신의 존재를 확인받고자 한다. 따라서 남보다 더 큰 집과 더 좋은 차를 사야만 한다. 하지만 필요의 경제학을 따르는 사람들은 돈을 행복한 삶을 살아가기 위한 수단으로 바라본다. 그래서 자신을 남들과 비교하지 않으므로, 돈의 많고 적음에 따른 '상대적 박탈감'을 느낄 이유가 없다. 이런 점에서 필요의 경제학은 관리의 경제학이다. 따라서 인류에게는 이제 인간의 필요를 관리해 주는 새로운 경제학으로의 전환이 시급히 요망된다.

그렇다면, 욕망의 경제학에서 필요의 경제학으로의 전환은 어떻게 가능할까? 우선 '경제'(economy) 혹은 '경제학'(economics)의 본래 의미를 회복시키는 일부터 시작해야 한다. 경제(학)의 희랍어 어원은 '오이코노미아'(oikonomia)이다. 오이코노미아란 '오이코스'(oikos)와 '네메인'(nemein)을 합한 말이다. 또 오이코스는 '가정'(household)을, 그리고 네메인은 '관리'(management)를 뜻한다. 따라서 경제란 '한 가정의 살림살이를 잘 관리하는 것'이다.

이것을 강조한 최초의 철학자는 고대 희랍의 아리스토텔레스였다. 그는 '오이코노미아'로서의 경제를 설명하면서, 현대인들이 통상 사용하는 경제의 의미인 '크레마티스케'(chrematistike)와 구별하였다. 즉 크레마티스케는 재화를 획득하는 기술(재취술)로서 말하자면 '재물취득학'이다. 요즈음 말로 바꾸면 수익에 목적을 둔 '돈벌이 경제학'을 의미한다. 그런데 아리스토텔레스는 크레마티스케란 오이코노미아의 한 영역일 뿐이고, 진정한 경제학의 본질은 가정을 행복하게(well-being) 잘 관리하는 것임을 분명히 하였다. 따라서 최근 경제학자들은 이러한 경제학의 본래 의미를 국가 및 인류 차원에서 회복하는 일이야말로 현대 세계 경제의 위기를 극복하는 지름길이라고 역설한다.

살림살이로서의 경제의 의미 회복하기

돌이켜보면, 최근 몇 세기 동안 인류는 온통 이코노미아가 아니라 크레마티스케에 전념해 왔다. 즉 실제로는 크레마티스케에 거의 전념하면서 말로는 이코노미아를 외친 것이다! 아리스토텔레스의 관점에서 보면, 이것은 허위의식이요 큰 위선이다. 그 결과 어떻게 되었는가? 과학기술을 선점한 국가들은 엄청난 부의 축적과 그에 따른 큰 경제발전을 이뤘고, 반대로 그렇지 못한 나라들은 여전히 기아에 허덕이고 있다. 특히 21세기에 접어들면서 크레마티스케를 극대화시킨 신자유주의의 물결에 편승한 돈벌이 경제학은 수익을 목적으로 한 조직(기업)에만이 아니라 사회의 모든 영역에 기업의 논리를 강요하는 형국에 이르게 되었다. 심지어 신자유주의적인 돈벌이 경제학의 논리는 학교나 교회를 비롯한 비영리 조직에까지 그 영향력을 확대하고 있다. 그래서 교회의 경제학도 하나님 나라의 선교를 교회의 양적 성장과 동일시하면서, 교인수와 헌금의 수익구조를 극대화시키는 대형 교회의 추구야말로 복음화의 지름길이라고 오인하였다. 교회론의 엄청난 왜곡 현상이 발생한 것이다.

본래 신학에서 논의되는 경제학은 인간 구원을 위한 '하나님의 신적 경륜'(divine eco nomy)과 그에 응답하는 '교회의 목회적 활동'(ecclesiastical/pastoral economy)으로 이해되었다. 한마디로 말해, 신학적 경제학은 '살림의 경제학'이다. 특히 예수께서 강조한 경제 원칙은 주기도문에 나오듯이, 오늘 우리에게 필요한 '일용할 양식'(마6:11)을 잘 관리하는 것이었다. 말하자면 일용할 양식인 '만나'(manna)를 잘 관리하는 '만나의 경제학'이었다. 따라서 최근 경제학자들이 강조하는 욕망의 경제학에서 필요의 경제학으로의 대전환은 비단 일반 경제영역에서만의 주장이 아니라, 신학적 경제학의 주장과도 맥을 같이 한다. 필요의 경제학은 일용할 양식의 경제학이요 또 모두를 살리는 '살림'의 경제학이기 때문이다.

일용할 양식을 위한 살림의 경제학으로 돌아가자

이런 점에서 먹거리 운동으로 널리 알려진 '한살림 운동'은 우리에게 시사하는 바가 크다. 한살림 운동은 장일순과 박재일, 최혜성, 김지하, 김민기 등이 중심이 되어 예수 그리스도의 복음 정신과 동학 지도자인 최시형의 '이천식천'(以天食天) 사상을 융합하여 1989년에 시작된 운동이다. 한살림 운동은 시작하면서 '한살림선언'을 발표하였는데, 이 속에 한살림 운동의 정신이 잘 드러난다. 한살림선언은 산업문명의 위기와 기계론적 모형의 이데올로기를 각각 비판하면서, 그 대안으로 '전인적 생명의 창조적 진화'를 강조한다. 선언문에서는 인간 안에 모셔진 우주생명을 지향하는 것을 한살림 운동이라고 선언하면서, 그것을 다시 다음과 같이 일곱 가지로 제시하고 있다; "첫째, 사람은 물건과 더불어 다 같이 공경해야 할 한울이다. 둘째, 사람은 자기 안에 한울을 모시고 있다. 셋째, 사람은 마땅히 한울을 길러야 한다. 넷째, '한 그릇의 밥'은 우주의 열매요 자연의 젖이다. 다섯째, 사람은 한울을 체현해야 한다. 여섯째, 개벽(開闢)은 창조적 진화이다. 일곱째, 불연기연(不然其然)은 창조적 진화의 논리이다."

따라서 내가 꿈꾸는 교회는 욕망을 부추기는 교회가 아니라 일용할 양식이란 필요의 경제학을 기반으로 하여 한살림선언이 강조한 것처럼 온 인류의 생명을 살리며 그 풍성함을 추구하는 살림의 공동체이다.

5. 안전한 공동체

교회는 상처 난 마음을 쉬고 치유하는 공동체

우리는 세상에서 살면서 불가피하게 상처를 주고받으며, 또 죄를 짓고 후회하며 살아간다. 그래서 현대인들은 그런 상처를 감추고 또 치유하기 위해 구약시대의 '도피성'과 같은 안전한 공간을 찾아 헤매곤 한다. 그런 점에서 교회는 도피성처럼 상처 입은 자들에게 위로와 쉼을 줄 수 있는, 물리적으로나 정신적으로 '안전한 공간'이 되어야 한다. 실제로 사람들은 교회란 안전한 곳이라 믿기에 상처 난 마음을 그대로 간직한 채 주저 없이 교회를 찾고, 또 교회란 안전한 곳이라 기대하기에 교회 일에 기꺼이 뜻을 같이하여 협조하곤 한다. 하지만 그 안전이 확보되지 못할 때, 교회에는 어떤 일이 벌어질까? 한마디로 위기의 때이다. 따라서 그런 일이 벌어지지 않도록 모든 교회들은 자신의 공동체를 잘 살필 일이다.

저명한 구약학자 브루그만(Walter Brueggemann)은 이런 말을 하였다. "교회는 가장 행복한 장소가 아니라 가장 솔직한 장소여야 한다." 이 말은 교회가 누구든 허심탄회하게 자신의 속마음을 털어놓을 수 있는, 특히 자신의 부끄러운 죄까지 모두 솔직히 내놓고 죄의 용서를 빌 수 있는 '안전한' 공간이 되어야 한다는 것을 의미한다. 브루그만이 이 말을 한 배경에는 교회에 대한 비판이 숨어 있다. 즉 지금의 교회는 비록 익명의 나그네로부터 당할지도 모르는 위해(危害)의 두려움 때문에 교회당의 문을 굳게 잠가두고 있지만, 정작 우리 영혼의 안전을 위한 공간은 확보하지 못했다는 비판이다. 말하자면 지금의 교회는 영혼의 안전을 위한 솔직한 장소가 아니라, 가면을 쓰고 있는 위선의 장소가 되었다는 것이다. 최근 37세의 젊은 나이로 안타깝게 세상을 뜬 미국작가 에반스(Rachel Held Evans)의 표현을 빌리면, 교회는 "실로 유서 깊은 그리스도교 전통이라 할 만한 '위선 혹은 포장'"이 되어버렸다. 위선의 교회! 그래서 사람들은 교회에 오면 자신의 좋은 점만 보여 줘야 한다고 생각한다. 그래서 교회는 마치 '영적 인스타그램'으로 변해 버린 셈이다. 자신의 내면의 고통은 모두 감춘 채, 억지로라도 웃음을 짓고 또 서로에게 아무 일도 없다는 듯이 평화의 인사를 태연히 나누는 모습으로 말이다. 그러나 실제로 우리 인간은 얼마나 상처투성이인가?

안전한 장소에서 솔직한 장소로

물론 부르그만이 말한 '솔직한 장소'가 되기 위해서는 무엇보다 먼저 물리적으로 '안전한 장소'가 선행되어야 한다. 그래서 교회는 테러나 신체적인 위험 가능성으로부터 교인들을 안전하게 지키기 위해 세심한 배려가 필요하다. 이것은 박해가 심했던 초대 교회에서 세례 후보자를 선발할 때 보통 3년이란 긴 시간을 두고 교육 과정을 통해 신중하게 받아들였던 것에서 잘 드러난다. 하지만 그럼에도 불구하고 우리는 낯선 나그네를 의심하기보다는 먼저 따뜻한 마음으로 그들을 환영할 '안전한 장소'를 준비하고 창조해야만 한다. 나는 그것이 복음이라고 믿는다. 그런 의미에서 안전한 장소란 환대의 공동체의 다름 아니다. 왜냐하면 '환대'(hospitality)란 자신이 상처받을 지도 모른다는 위험성에도 불구하고 기꺼이 낯선 타자에게 자신의 공간을 내어주는 행위이기 때문이다. 이런 점에서 성경에 나오는 "나그네를 환대하

라"는 말씀과 "네 원수를 사랑하라"라는 말씀은 동의어이다.

낯선 타자, 아니 원수를 맞이하는 일은 얼마나 위험한 일인가? 그러나 그 위험성에도 불구하고 자신의 공간을 안전하게 내어줄 때, 치유가 일어나고 또 공동체 밖에서 전해지는 새로운 기쁜 소식으로 인해 나의 존재 지평도 확장된다. 따라서 환대의 공동체와 안전의 공동체는 상호모순처럼 보이지만, 그 양자 사이의 상호 긴장감 속에서 유지되어야 마땅하다. 새삼 우리가 꿈꾸는 환대의 공동체와 더불어 안전한 공동체를 이루는 일이 얼마나 힘든 일인지 깊이 묵상하게 된다. 이런 공동체를 이루기 위해 위험을 무릅쓰고 따뜻한 가슴으로 기꺼이 낯선 나그네에게 문을 열어 주는 모든 성도들에게 아낌없는 박수를 보내고 싶다.

끝으로 세상에서 가장 안전한 교회를 꿈꾸는 한 작은 '피난민교회'의 자기 소개문을 나눈다. 약간 긴 인용문이지만 좀 긴 호흡을 갖고 천천히 음미하며 읽어보길 바란다.

"피난처는 상처 입고 굶주린 이들이 그와 같은 사람들 곁에서 함께 신앙, 희망,

존엄을 발견할 수 있도록 돕는 선교 센터이자 그리스도교 공동체입니다. 우리는 파티를 열고, 이야기를 나누며, 희망을 찾고, 예수님께서 가셨던 길을 최선을 다해 살아내는 것을 정말로 좋아합니다. 우리 모두는 상처가 있습니다. 우리는 각기 다른 방식으로 굶주려 있습니다. 우리는 각자 삶이라는 여정의 다른 지점에 서 있지만 '성경'이라는 지침표가 될 만한 이야기 혹은 드라마를 나눕니다. 우리는 예수님을 따르면서 신앙을 발견합니다. 그리고 우리는 질문, 의문을 품고 하느님과 함께 정직하게 씨름하고 이를 함께 나누며 신앙을 발견합니다. 우리는 하느님의 형상을 입은 존재로서 우리 자신의 존엄성을 발견하고 서로에게 그 존엄을 일깨워주기 위해 노력합니다. 우리 모두는 받고, 우리 모두는 줍니다. 우리는 노인이며 청년이고, 금수저이자 흙수저이며, 보수이자 진보이고, 미혼이자 기혼입니다. 우리는 이성애자이자 동성애자이며, 복음주의자이자 자유주의자이고, 고학력주의자이자 저학력자입니다. 우리는 확신하고 망설이며 때로는 고통에 신음하고, 때로는 성공에 환호성을 지릅니다. 그러나 그리스도의 사랑은 이러한 다름을 하나 되게 하셨습니다. 피난처에서는 모두가 안전합니다. 그러나 누구도 마냥 편안하지는 않습니다."(레이첼 에반스, 『교회를 찾아서: 사랑했던 교회를 떠나 다시 교회로』, 비아, 2019, 125-126쪽)

6. 양심의 공동체

사람의 은혜와 하나님의 은혜

　오래전 필자가 섬겼던 교회에서는 특강 강사로 한 저명한 종교학 교수를 초청하여 신앙 강좌를 가진 적이 있다. 강사는 특강 말미에 자신의 경험담을 소개하면서 한국교회가 '양심의 공동체'가 되어야 함을 역설한 바 있다. 그가 소개한 경험담은 이렇다; '그 교수에게는 수십 년 동안 가깝게 지내온 고등학교 동창 모임이 하나 있었단다. 10여 명이 일 년에 서너 번 모이는데, 여느 동창 모임이 그렇듯이 그 모임도 친구들이 서로 허물없이 형제처럼 지내고 의리도 매우 돈독하였다. 1998년 IMF 때 일이다. 사업을 하던 독실한 기독교 신자인 한 친구는 부도를 내고 그만 망하게 되었다. 빚을 갚지 못하게 되자, 그 친구는 그만 소위 경제사범으로 구속되어 몇 년간 형무소 생활을 하게 되었다. 친구의 가족들은 큰 충격을 받고 살길이 막막해졌다. 그 어려운 상황을 지켜보던 동창들은 안타까운 마음에 십시일반 돈을 모아서 친구가 출소할 때까지 틈틈이 친구 가족들을 챙겨주었다.
　감옥에 갔던 친구는 다행히 형기를 잘 마치고 출소하게 되었다. 그리고 얼마 후 동창 모임에도 다시 나왔다. 그런데 그 친구는 모임에 나와서 자기 가족들을 챙겨준 동창들에게 고마움을 전혀 표하지 않은 채 이렇게 말하였다는 것이다. "'하나님의 은혜로' 감옥 생활 잘 마치게 되었다. 기업도 '하나님의 은혜로' 다시 회생하게 되었다. 모두 다 '하나님의 은혜'이다. '하나님께 영광'을 돌린다!" 친구의 말을 들은 동창들은 크게 분노하였다고 한다. 왜냐면 자신이 힘들 때 동창들의 도움으로 가족들이 생계를 유지할 수 있었는데, 그 친구는 전혀 그 고마움을 언급하지도 않은 채, 오직 '하나님의 은혜'만을 운운했기 때문이다.

한국교회가 일반적으로 가장 강조하는 '전통'은 무엇일까? 그것은 혹시 앞의 예처럼 '하나님의 은혜'와 같은 신앙적 언어만을 지나치게 강조하는 전통은 아닐까? 즉 그리스도인들은 '하나님의 은혜'나 '하나님께 영광'이란 말은 참 많이 사용하는데, 정작 일상의 삶 속에서 그 의미를 제대로 살아내고 있는지 반성하게 된다. 이런 점에서 볼 때 위 교수의 친구는 동창 모임에 나와서 '하나님의 은혜'와 같은 말을 하기 전에 먼저 직접 도움(은혜)을 베푼 벗들에게 진실로 고맙다는 말을 했어야 옳다. 그것이 인간의 도리요 양심이다. 그런데 그는 그렇게 하지 않음으로써 친구들에게 비양심적인 존재로 비춰지면서 공분(公憤)을 사게 되었던 것이다.

지켜야 할 것은 법 조항이 아니라 법 정신

성경에 보면 예수 당시 바리새파 사람들과 율법 학자들은 '장로의 전통'으로 불리는 모세의 율법을 '문자적으로' 엄격히 준수하는 소위 '경건한' 사람들이었다. 그들은 정결 예법에 따라 손을 씻지 않은 채로는 음식을 먹지 않았고, 외출하였다가 귀가하였을 때에는 반드시 몸을 정결하게 한 뒤 음식을 먹었다. 심지어 그들은 귀가 후 잔이나 단지나 놋그릇이나 침대를 씻은 뒤 음식을 먹었다.(막 7:1-5) 그런데 어느 날 예수의 제자들이 손을 씻지 않은 채 음식을 먹는 일이 벌어졌다. 그 광경을 지켜보던 바리새파 사람들과 율법학자들은 예수에게 항의하였다. "왜 당신의 제자들은 장로들이 전해 준 전통

을 따르지 않고, 부정한 손으로 음식을 먹습니까?"(막 7:6) 바리새인들의 이 항의는 어쩌면 정당한 것처럼 보인다. 왜냐면 정결 예법을 지키는 일은 그 사회에서 매우 중요한 일이요, 또 현실적으로 정결 예법의 규정을 떠나서 귀가 후 손을 씻고 음식을 먹는 것은 위생상 유익한 일이기 때문이다.

그런데 예수께서는 정결 예법을 어긴 제자들을 옹호하며, 오히려 바리새파 사람들과 율법학자들을 꾸짖는다. 그렇다면 바리새인들과 율법학자들의 문제는 무엇인가? 여기서 주목할 것은 예수께서는 정결 예법 그 자체가 잘못되었다고 언급하지는 않았다는 점이다. 예수가 문제 삼은 것은 정결 예법 자체가 아니라 '법 정신'이다. 즉 바리새파 사람들과 율법학자들은 특정 법 조항을 구실 삼아 사람들을 비인간화시키고 있었다. 그래서 예수께서는 바리새인들과 율법학자들의 무뎌진 양심을 깨우며 이렇게 말씀하신다.

"너희는 사람의 전통을 지키려고 하나님의 계명을 잘도 저버린다.···무엇이든지 사람 밖에서 사람 안으로 들어가는 것으로서 그 사람을 더럽히는 것은 아무것도 없다. (중략) 사람에게서 나오는 것, 그것이 사람을 더럽힌다. 나쁜 생각은 사람의 마음에서 나오는데, 곧 음행과 도둑질과 살인과 간음과 탐욕과 악의와 사기와 방탕과 악한 시선과 모독과 교만과 어리석음이다. 이런 악한 것들이 모두 (사람) 속에서 나와서 사람을 더럽힌다."(마7:9-23)

법 정신 곧 사람의 양심을 바르게 하라는 가르침이다. 교회의 전통은 그 나름대로 공동체의 유지를 위해 중요하다. 그래서 사막기후인 팔레스타인에서는 밥 먹기 전에 손을 씻는 것이 좋고, 또 그리스도인들은 하나님의 은혜를 잊지 않기 위해 교회의 언어를 적절히 사용할 필요가 있다. 그러나 그것에 앞서는 일이 하나 있다. 그것은 하늘이 주신 '양심'을 먼저 지키는 일이다. 예수께서는 그것을 일컬어 '하나님의 계명'(막 7:8)이라고 말씀하였다. 하지만 유대 지도자들은 사람의 전통은 지키면서도 정작 하나님의 계명인 양심은 저버렸다. 그리고 앞서 언급한 교수의 친구 역시 하나님의 은혜란 말을 입에 달고 살면서도 정작 자기를 도와준 친구들의 은혜를 잊은 비양심적 신자였다. 하나님의 계명 곧 양심은 특정한 법 규정이나 전통에 갇혀 있을 수 없다. 우리는 교회의 전통을 존중하면서도 그에 앞서서 늘 법 정신을 물으며 양심에 따라 살아가는 공동체를 세워야 할 것이다.

따라서 내가 꿈꾸는 교회는 전통에 앞서는 양심의 공동체이다.

7. 왕따 없는 소수자의 공동체

상상력을 타고 떠나는 이미지 여행

　이상한 일이다. 내가 꿈꾸는 교회로서 '왕따 없는 소수자의 공동체'를 상상하자, '하이쿠'(俳句)란 단어가 내 뇌리에 떠오른 뒤 떠나지 않고 계속 그 주변을 맴돈다. 주지하듯이, 하이쿠는 오늘날 창작되는 운문 문학 중 그 길이가 제일 짧은 일본의 한 줄짜리 정형시로 알려져 있다. 대개 5-7-5자 세 줄로 구성되는데, 처음에는 주로 계절어(季節語)가 있고, 다음에는 반드시 한 호흡을 끊어 여운을 주는 '키레지'(切字)가 있다.
　본래 하이쿠(俳句)는 첫 발구(發句)였다. 즉 두 사람이 서로 주거니 받거니 부르는 '렌카'(連歌)의 첫 구를 따로 떼어낸 것이다. 그래서 먼저 5-7-5의 열일곱 자로 노래하면, 상대는 7-7의 열네 자로 된 시로 받았다. 그렇게 서로 주거니 받거니 하며 이어가던 시 중에서 첫구 5-7-5자만을 떼어내 하나의 시로 정착시킨 것이다. 5-7-5자 곧 17자로 읊어지는 짧은 정형시 하이쿠는 압축과 절제를 통해 삶에 긴 여운을 준다. 일본에서 하이쿠는 귀족들이 주로 짓던 '와카와'와는 달리 주로 평민들이 지었다. 특히 고독한 탁발 승려나 땡추 혹은 그 비슷하게 만행하던 순례자들이 그 시를 많이 지었다고 한다. 그들은 주로 유랑걸식하며 고독하게 살았지만, 생로병사의 전 과정을 극한의 상황으로 겪으면서도 그것을 시로 승화시켰던 것이다. 그러다 보니 하이쿠는 일촉즉발, 촌철살인이 특징이다. 아래는 필자가 좋아하는 몇몇 하이쿠이다.

구름이 잠시
달구경 하는 사람
쉴 틈을 주네 (바쇼)

얼마나 놀라운 일인가
번개를 보면서도
삶이 한순간인 것을 모르다니 (바쇼)

이 숲도 한때는
흰 눈이 없던
나뭇가지였겠지 (다다토모)

꽃 잎 하나 떨어지네
어, 다시 올라가네
나비였네 (모리다케)

그런데 한국 시인 중에도 하이쿠 스타일의 17자 짧은 시를 짓는 분들도 꽤 있다. 예컨대 고은은 "내려갈 때 보았네 / 올라갈 때 보지 못한 / 그 꽃"(〈순간의 꽃〉)을 지었고, 정현종은 "사람들 사이에 섬이 있다 / 그 섬에 가고 싶다"(〈섬〉)라는 시를 지었다. 특히 필자는 정현종 시인의 〈섬〉이란 시를 처음 접했을 때, 시가 이렇게 짧아도 되는구나 하며 감탄한 적이 있다. 그런데 그 시는 짧은 형식뿐만 아니라 그 내용에서도 우리에게 큰 울림을 준다. 우선은 '섬'에서 느껴지는 외로움과 고독의 이미지가 다가오지만, 그러나 그 외로움에 대한 깊은 연민은 우리의 마음을 따뜻하게 만들어주기 때문이다. 그렇

다. '내가 꿈꾸는 교회'를 생각하면서 그 '섬'이란 단어에 집착하자, 계속 하이쿠의 시구들이 머릿속을 맴돌았던 것이다. 그리고 결국에는 '왕따 없는 소수자의 공동체'란 생각에 이르게 되었다. 엄청난 사고의 비약이지만, '상상력'을 통해 보이지 않는 영원한 하나님의 나라와 구체적인 교회의 현실이 결코 둘이 아니라 서로 깊이 하나로 잇닿아 있음을 새삼 느끼는 순간이다.

소외된 사람을 감싸 안는 소수자의 공동체, 교회

사실 우리 사회는 '소외'가 가득한 사회이다. 그래서 정현종 시인의 시에 나오는 '섬'과 같은 사람들이 정말로 많다. 게다가 한국인들은 독립적 사고에 능한 사람들이 아니라 소위 '관계지향적 사고'에 중독된 민족이라 하지 않는가? 관계지향적 사고를 하는 사람이 조직에서 배제되고 왕따를 겪으면서 섬과 같은 고독한 존재가 되었을 때, 그들은 누구보다 외롭고 비참하게 느껴질 수밖에 없다. 아마도 그런 연유로 한국 사회의 자살률이 높은 것이 아닌가 한다. 따라서 교회는 그러한 소외된 사람들, 말하자면 '섬'과 같은 사람들을 따뜻하게 감싸 안는 소수자의 공동체여야 하지 않을까? 왕따로 고독한 '섬'과 같은 소수자들에게 따뜻한 연민의 마음을 갖고 다가갔던 예수처럼 (마9:36; 눅7:13) 말이다.

이런 점에서 보면, 일본의 하이쿠는 '섬'과 같은 외롭고 고독한 사람들에게 좋은 문학 치료의 사례가 될 것 같다. 앞서도 언급하였거니와 일본에서 하이쿠는 본래 고독한 순례자의 문학이라 하지 않는가? 자발적 고독자의 문학 말이다. 따라서 왕따를 당하고 있다고 생각하는 이들은 스스로 치유의 한 방식으로서 '하이쿠'를 지어보는 게 어떨까? 동시에 교회는 그런 왕따를 당하는 소수자들에게 "그 섬에 가고 싶다"고 노래한 정현종의 시구처럼 더욱 연민을 갖고 다가가는 치유의 공동체가 되면 어떨까?

한국 사회의 네 부류의 소수자에게 다가가는 교회

한국문화신학회는 『소수자의 신학』(2017)이란 책을 출간한 바 있다. 이 책은 우리 사회의 섬과 같은 소수자들에게 교회가 연민의 마음을 갖고 다가가도록 기획되었다. 비록 책의 형식은 하이쿠가 아니라 긴 산문이지만, 우리에게 하이쿠의 마음으로 소수자를 바라볼 것을 촉구하고 있다. 책은 한국 사회의 대표적인 소수자를 네 가지로 분류해 주고 있다. 그것은 낙인찍힌 소수자(노숙자, 장애인, 동성애자, 성매매 여성들), 세대와 문화의 소수자(왕따 당하는 노인, 인디 청년, 학대당하는 어린이들), 경계에 선 소수자(교회 밖의 소수자, 난민, 이주민), 그리고 비인간 소수자(고난당하는 지구와 학대당하는 동물)이다. 물론 여기에 필자가 관심을 두고 있는 소수자인 가나안 신자들이나 종교평화주의자들에 대한 언급이 부족하여 좀 아쉬움이 없지 않지만, 다양한 형태의 소수자를 이해하는 데 큰 도움을 주었다.

따라서 내가 꿈꾸는 교회는 바로 이런 섬과 같은 소수자들에게 그리스도의 연민으로 다가가는 왕따 없는 소수자의 공동체이다. 그런 마음으로 하이쿠를 하나 지어본다.

새벽 장대비
깊은 잠을 깨우네
소수자 생각

8. 용서의 공동체

용서할 줄 모르는 종과 은혜의 철회

　성서에 나오는 이야기 중에 가장 비추(悲醜)한 장면을 하나 꼽으라면, '용서'를 거부한 어느 무자비한 종의 이야기를 들고 싶다.(마18:21~35) 왜냐하면 그 결과는 '은혜의 철회'이기 때문이다. 예수께서는 용서에 대한 가르침을 언급하면서, 누군가가 나에게 죄를 지우면 '일흔에 일곱 번씩'이라도 용서를 실천해야 한다고 말씀하셨다. 이것은 거의 완전에 가까운 용서의 요구로, 용서야말로 예수 가르침의 핵심임을 선언한 것이다. 그리고 이와 동시에 은혜에 상응하는 '최소한의 용서'가 실천되지 않을 경우, 베풀어진 은혜가 철회될 수 있음을 예수께서는 무자비한 종의 비유를 통해 경고하신다. 그런데 흥미로운 것은 용서의 사건을 실감나게 이해시키기 위해 예수께서 경제적인 의미의 '빚'(debt)과 연결하여 말씀하고 있다는 점이다. 용서할 줄 모르는 종의 비유에서도 그렇고, 뒤에서 언급할 주기도문에서도 그렇다. 지금처럼 예수 당시에도 돈이 매우 중요했던 모양이다.

　우선 용서할 줄 모르는 종의 비유는 한 종이 왕에게 일만 달란트를 빚진 이야기로부터 시작한다. 한 달란트는 당시 노동자의 15년 치의 연봉에 해당하는 큰돈이다. 그러므로 일만 달란트란 산술계산으로 하면 거의 15만 년치 노동자의 연봉에 해당된다. 이해의 편의를 위해 현재 돈으로 환산하면, 1년 치 연봉이 3천만 원이라면, 한 달란트는 약 4억 5천만 원이다. 서울 강북의 집 한 채 값이다. 그런데 그것의 만 배이니, 계산하면 약 45조 원 정도가 된다. 그 부채 규모는 우리나라 대기업의 자산에 맞먹는 엄청난 돈이다. 그 큰 부채를 모두 갚으라는 왕의 요구에 갚을 능력이 없는 종은 왕 앞에 무릎을 꿇고 '참아 달라고' 간청했다. 그러자 왕은 자기에게 애원하는 종을 불쌍히 여겨 그 빚을 모두 탕감시켜줬다. 일상에서는 거의 불가능한 기적과 같은 일이 벌어진 것이다.

그런데 드라마틱한 반전이 벌어졌다. 엄청난 돈을 탕감받은 그 종은 돌아오는 길에 자신에게 백 데나리온의 빚을 진 사람을 만났다. 한 데나리온은 노동자의 하루 품삯이니, 하루 품삯을 10만 원으로 할 경우, 약 1천만 원 정도의 빚을 진 사람을 만난 것이다. 종은 자신에게 빚진 자를 만나자 그의 멱살을 잡고 빚을 독촉하였고, 그가 갚지 못하자 그를 투옥시켰다. 이 소식을 전해 들은 왕은 노하여, 종을 잡아 교도소에 넘기고 빚진 일만 달란트를 모두 다 갚을 때까지 가두어 두게 하였다는 예화이다. 이것은 말로 형언할 수 없는 큰 하나님의 은혜를 경험한 사람이 그것을 잊고 망각할 때, 하나님의 은혜는 철회될 수도 있다는 경고의 말씀이다.

서(恕), 자기가 하고자 하지 않는 바를 남에게 행하지 마라

"너희가 각각 진심으로 자기 형제자매를 용서해 주지 않으면, 나의 하늘 아버지께서도 너희에게 그와 같이 하실 것이다."(마18:35) 이처럼 용서의 존재론적 근거는 인간을 향하신 측량할 수 없는 하나님의 큰 '선행 은총' (prevenient grace)을 의미한다. 이런 점에서 용서는 하나님과 연관된 매우 신학적인 용어이다. 따라서 우리가 신적 본성으로 불리는 하나님의 은혜의 성품에 참여하는 지름길은 우리에게 잘못한 이에게 용서를 베푸는 것이다. 하

지만 우리가 용서받은 자라는 사실을 망각할 때, 그것은 하나님의 은혜를 철회할 수 있는 무서운 심판도 된다.

그런데 흥미로운 것은 공자(孔子)도 '용서'가 모든 인류의 근간임을 강조하였다는 점이다. 이것은 용서라는 행위의 선행 은총적인 보편성을 보여준다. 『논어』에 따르면, 제자 자공은 공자에게 인간이 죽을 때까지 행해야 할 덕목을 하나 꼽는다면 그것은 무엇인지 물었다. 그러자 공자는 이렇게 대답하였다. "그것은 '서'(恕)이다. 자기가 하고자 하지 않는 바를 남에게 행하지 마라."[其恕乎 己所不欲勿施於人] 즉 여기서 '서'란 용서의 마음으로, 너와 나의 마음을 같게 하는 것이다(如+心). 달리 말해 그것은 내가 하기 싫은 것을 남에게 요구하지 않는 것이요, 내가 용서받았으면 나도 남을 용서하는 것이다. 이것이 유학의 황금률이다.

한편, 공자의 서(恕)의 황금률은 예수의 황금률과 크게 다르지 않다. "그러므로 너희는 무엇이든지 남에게 대접을 받고자 하는 대로, 너희도 남을 대접하여라. 이것이 율법과 예언서의 본뜻이다."(마7:12) 그런데 많은 기독교인들은 예수의 황금률이 왜 그렇게 중요한 말씀인지 생각보다 잘 이해하지 못하는 것 같다. 필자가 보기에 그 이유는 황금률에 표현된 '대접'이란 말이 한국인들에게 '음식'과 연관된 단어로 축소 이해됨으로써, 황금률을 "내가 음식 대접을 받고자 하는 대로 남에게 먼저 음식을 대접하자"라는 정도로 생각하게 된 것은 아닐까 싶다. 이것이 맞다면, 그것은 자칫 인간의 이기심을 부추기는 듯한 오해를 불러일으킬 수 있다. 하지만 예수의 황금률은 '기도'와 관련된 말씀에서 나온 가르침(마7:7ff.)이다. 따라서 예수의 황금률은 '용서'와 관련된 말씀으로 읽어야 되지 않을까 싶다. 이것은 예수께서 가르치신 기도인 주기도문 속에서 더욱 분명해진다.

"우리가 우리에게 죄지은 사람을 용서하여 준 것 같이 우리의 죄를 용서하여 주옵시고…."(마6:12) 여기서 죄란 무자비한 종의 비유에서처럼 다름 아닌 '빚'(debt)을 의미한다. 주기도문에서의 특이점은 우리가 하나님보다 오히려 더 앞서서 누군가 우리에게 진 빚을 먼저 적극적으로 탕감시켜 줌으로써 우리가 하늘에 지은 죄를 보다 확실하게 용서받으라고 언급한 점이다. 이처럼 용서는 예수의 사상에서 그 핵심적 위치를 차지하는 매우 중요한 가르침이다.

따라서 내가 꿈꾸는 교회는 예수의 황금률을 실천하는 '용서의 공동체'이다.

9. 자기신용 지출제의 봉헌공동체

십일조는 없으나 감사하는 봉헌의 공동체

가나안교회를 시작하면서 필자는 주위로부터 많은 질문들을 받았는데, 그중 가장 대표적인 질문은 "헌금을 어떻게 하느냐?"하는 것이었다. 사실, 한국교회에는 '십일조'를 비롯하여 감사헌금과 주일헌금 등 수많은 종류의 헌금이 있다. 그런데 바로 그 십일조와 여러 종류의 헌금이 가나안 신자들의 교회 생활에 큰 걸림돌이 되었던 것 같다. 그들은 헌금 강요와 십일조 등의 부담을 핑계로 교회를 떠난 경우가 적지 않았다. 그렇다면, 한국교회는 이 헌금을 어떻게 새롭게 이해하고 수정할 것인가? 십일조를 폐지해야 하나? 헌금은 어떻게 관리하는 것이 바람직할까? 필자는 이와 관련하여 고민 끝에 내가 꿈꾸는 교회상으로 "십일조는 없으나 모든 것이 하나님의 축복이라고 믿고 감사하는 봉헌의 공동체"를 상상했다. 그 의미는 무엇인가? 필자는 그것을 두 가지로 설명하고 싶다.

첫째는 십일조 등 헌금에 대한 성경의 가르침에 충실하자는 취지이다. 이것은 십일조를 강요는 하지 않되 십일조를 비롯한 봉헌 생활을 오히려 더 자발적으로 할 것을 강조하는 의미이다. 이런 점에서 십일조 헌금에 대한 성경의 가르침에 주목할 필요가 있다. 먼저 구약 신명기의 말씀이다. "너희 중에 분깃(재산의 한 몫)이나 기업이 없는 레위인과 네 성중에 거류하는 객과 및 고아와 과부들이 와서 먹고 배부르게 하라. 그리하면 네 하나님 여호와께서 네 손으로 하는 범사에 네게 복을 주시리라."(신14: 28~29) 여기서 십일조는 구약성서 시대에 성전을 전업으로 관리하는 가난한 성직자들을 위해 또 고아와 과부와 나그네들을 돌보기 위해 사용하라는 취지로 제정된 것이다. 말하자면 십일조는 '사회적 약자'를 구원할 재원을 마련하기 위해 만들어진 제도이다. 이러한 신명기의 십일조 정신은 신약 시대에 예수에게로 계속 전승되었다. 즉 예수께서는 당시 위선적인 서기관들과 바리새인들의 잘못된 십일조 생활을 꾸짖으면서도 완곡하게 바른 십일조 생활을 간접적으로 지지하고 있는 것이다. "너희가 박하와 회향과 근채의 십일조를 드리되 율법의 더 중한 바 의와 인과 신은 버렸도다. 그러나 이것도 행하고 저것도 버리지 말아야 할지니라."(마23:23) 따라서 한국교회는 십일조 헌금이든 아니면 그 어떤 헌금이든 하나님의 은혜에 대한 자발적인 감사와 사회적 약자에 대한 사랑의 실천으로 봉헌 생활을 해야 할 것이다.

신자들이 스스로 자신의 십일조와 감사헌금을 관리

둘째는 한국교회의 헌금 관리에 문제가 있으므로 그것을 근본에서부터 수술하자는 의미이다. 사실 한국교회의 봉헌제도에서 문제가 되는 것은 봉헌을 열심히 하는 신자들의 문제가 아니라, 헌금을 강요하고 또 그 헌금을 잘못 사용하는 교회제도이다. 특히 십일조를 빌미로 위선적인 신앙인을 양성하는 것, 그리고 그 십일조를 비롯한 헌금 강요를 통해 치부하려는 목회자와 교회의 권력이 문제이다. 따라서 필자는 성경의 정신을 계승하고 또 한국교회의 오랜 십일조 전통을 존중하는 맥락에서, 헌금 관리를 루터의 만인사제론에 따라 개별 신자들에게 과감하게 맡길 것을 제안한다. 그것은 신자들 스스로 양심껏 자신의 십일조와 감사헌금 등을 관리케 하는 소위 '자기신용

지출제'이다. 그것은 신자들 스스로 헌금의 종류와 액수를 정하여 정성껏 하나님께 봉헌(헌금)하면, 예배 후에 각 신자들에게 자신이 낸 헌금을 다시 선교비로 돌려줘서, 그 헌금을 복음을 전하는 일(선교, 구제, 봉사 등)에 신자들이 주체적으로 직접 지출하도록 하는 제도이다. 그것을 보완하는 맥락에서 현재처럼 부분적으로 교회에 위임할 수도 있고, 또 신자들이 각자 평소 선교비를 자율적으로 먼저 지출한 뒤 주일예배 때 교회에 나와 이미 지출된 액수만큼 적어서 봉헌하는 '영수증 봉헌제'를 병행할 수도 있다. 여기서 중요한 것은 어떤 경우든 주일예배 때 봉헌의 절차를 반드시 거치게 함으로써 그 돈이 하나님께 봉헌되었고 또 축복된 것임을 신자들이 깨닫도록 하는 것이다.

만약 한국교회가 더욱 자발적으로 십일조 등의 봉헌생활과 더불어 자기신용지출제를 진지하게 실천한다면, 과연 어떤 일이 벌어질까? 필자가 상상하기에 아마도 한국교회 내외적으로 엄청난 변화가 일어날 것으로 확신한다. 왜냐면 신자들은 스스로 정직하고 성실하게 십일조 생활과 감사 생활을 하면서 적극적으로 선교활동에 동참할 것이니 신앙은 더욱 성장할 것이고, 대신에 교회는 더욱 가난해져서 겸손해질 뿐만 아니라 또 공적인 교회로서 하나님 나라 운동에 충실할 것이기 때문이다. 이처럼 교회가 '진정한 봉헌의 공동체'가 되는 길이야말로 문제가 많은 한국교회를 바꿀 비책이 아닐까 싶다.

따라서 내가 꿈꾸는 교회는 자기신용지출제를 중심으로 하나님께 감사하는 마음으로 정성껏 헌신을 실천하는 참 봉헌의 공동체이다.

10. 적폐 청산에 앞장서는 공공의 공동체

한국교회가 당면한 대표적인 적폐들

필자는 몇 년 전 한국 개신교의 개혁과 한국적 교회의 형성을 염원하면서 『테오프락시스교회론』(동연, 2011)이란 저서를 출간한 바 있다. 그 책에서 필자는 건강한 한국적 교회의 형성을 위한 전제조건으로 한국교회가 당면한 몇몇 대표적인 적폐들을 슬기롭게 극복하는 것이 중요함을 강조하였다. 그렇다면, 한국교회가 당면한 대표적인 적폐들은 무엇이 있을까? 여기서는 다음 세 가지를 다시 한 번 숙고하고자 한다.

첫째는 교회가 성장이라는 명목으로 오랫동안 무비판적으로 추구해 온 '교회사유화-재벌기업화'의 적폐이다. 교회의 사유화-재벌기업화란 철저하게 교회가 '공교회성'(public church)을 잃어버린 채 특정 개인이나 집단에 사유화되거나 이익집단화된 것을 의미한다. 특히 교회가 자본주의의 약육강식의 논리와 신자유주의의 무한한 이기심에 편승하여 신자들을 그리스도와 이웃과의 연대성으로부터 분리시킨 것을 뜻한다.

교회의 사유화-재벌기업화로 표현되는 가장 대표적인 사례는 '교회세습'과 '재벌형' 대형 교회를 들 수 있다. 말하자면 작금의 한국교회 최대 적폐는 교회의 자본 축적과 세습이다. 최근 급속히 늘어나는 신자들의 탈교회 현상, 곧 가나안 신자의 증가 현상은 대형 교회의 문어발식 확대와 자본의 축적 그리고 세습이 낳은 결과라고 해도 과언이 아니다. 이와 관련된 상징적 사건으로 '명성교회의 불법세습'과 '사랑의교회 논쟁'을 들 수 있다. 특히 사랑의교회는 수천억 원을 들여 매우 화려한 교회당을 지으면서, 수많은 스캔들로 아직도 논쟁의 한복판에 서 있다. 담임목사의 학위 부정 논쟁과 교회당 신축 중에 발생한 불법적 건축 설계 변경, 그리고 그와 관련된 송사 등은 한국교회의 재벌형 기업화가 낳은 슬픈 자화상이다. 한국교회는 교회의 '사유화'와 '재벌기업화'의 적폐로부터 벗어나 건강하고 작은 공적인 교회를 향해서 자신의 위치를 새롭게 잡아야 한다.

둘째는 제국주의적·문화폭력적 선교 방식의 적폐이다. 이것은 교회의 존재이유인 '선교'(mission)를 진지하게 다시 성찰하게 하는 문제이다. 선교는 하나님의 나라 확장이요 또 예수의 마지막 명령이라는 맥락에서 교회는 늘 선교하는 교회였고, 또 앞으로 선교하는 교회의 모습은 끊임없이 지속되어야 한다. 그런데 문제는 교회가 그 선교 방식으로 여전히 19세기 제국주의 시대의 폭력적이고 자문화 중심적인 형태를 고집한다는 것이다. 그 대표적인 예는 10여 년 전(2007) 이슬람 국가인 아프가니스탄에 단기 선교팀을 보낸 샘물교회 사건에서 찾아볼 수 있다. 당시 샘물교회는 무자격 선교사를 불법적으로 파견하여 이슬람국가의 문화를 전혀 고려하지 않는 선교 방법으로 선교 활동을 하다가 이슬람 단체에게 테러를 당하는 일이 벌어져 여러 명의 희생자를 만들어냈다.

그런데 문제는 그 사건이 발생한 지 10년이 훨씬 지났지만, 여전히 한국교회에서 그 유사한 일들이 계속 발생하고 있다는 점이다. 그 단적인 예는 필자와도 관계가 있는 사건으로, 2016년 초에 있었던, 개신교 신자에 의해 이루어진 김천 개운사 불당훼불사건이다. 그리고 그것을 공개적으로 문제제기한 필자는 기독교 대학에서 불법적으로 파면 처리되었다. 이제 한국교회는 선교의 방식에 큰 전환을 이루어야 한다. 그것은 다름 아닌 타자와 이웃

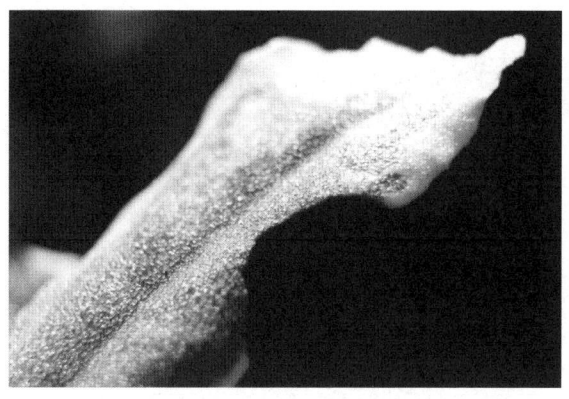

종교를 배제의 원리로 접근하는 대신 상호 존중하고 평화를 추구하는 가운데 복음을 전하는 소위 '종교대화적 선교방식'에로 전환하는 것이다. 이런 점에서 오래전부터 WCC에서 강조해 온 '하나님의 선교'(Missio Dei)나 최근 선교학자들 사이에 관심을 끌고 있는 '선교적 교회'(missional church)는 의미 있는 방향이라고 볼 수 있다.

남성 중심적인 권력기관화된 교회와 연합기구의 해체

셋째는 교회 연합기관의 아노미와 남성-권위주의적 교회의 적폐이다. 이것은 1989년 설립된 한국기독교총연합회(이하 한기총)의 역사와 깊은 연관이 있다. 그동안 한기총이 보수신학을 기반으로 하여 보수적 정권과 깊은 유착 관계를 맺으면서 불법선거와 금품살포 등 수많은 권력형 문제를 일으켰던 것은 주지의 사실이다. 그래서 교계에서는 '한기총 해체 운동' 등도 심심치 않게 일어났다. 특히 최근에는 한기총 해체의 수순 속에서 한기총은 '한국교회연합'(한교연)으로 분열되었고, 또 개신교의 주요 교단장들의 모임인 '한국교회교단장회의'를 발전시켜 또 다른 연합기관인 '한국교회총연합회'(한교총)를 탄생시켰다. 그래서 정확하게 어떤 조직이 현재 한국교회를 대표하는지 아는 이는 거의 없다.

여기서 우리는 다음과 같은 근본적인 질문을 제기하지 않을 수 없다. "과연 교회 연합기관의 수명이 기껏해야 수십 년도 채 못 가는 이데올로기화된 연합기구가 한국교회에 필요한가?" 이런 맥락에서 무의미한 교회 연합기관을 해체하는 일, 특히 남성 중심적인 권력기관화된 교회를 갱신하는 일은 매우 시급한 일이다. 따라서 남성 중심적 이데올로기 기구화된 연합기관과 교회의 적폐를 청산하고, 그리스도의 몸으로서 성평등적이고 유기적인 교회의 자기 정체성을 바로 세우는 일이 중요하다. 결국 한국교회가 직면한 위와 같은 적폐들을 청산하는 것에서부터 우리가 꿈꾸는 공동체는 비로소 세워지는 것이 아닐까? 따라서 내가 꿈꾸는 교회는 사적 이익을 추구하는 적폐의 공동체가 아니라 오히려 공적 신앙(public faith)을 바탕으로 적폐 청산에 앞장서는 공공(公共)의 공동체이다.

11. 정의 기억의 공동체

존재 유비, 신앙 유비를 넘어 역사 유비로

제2차 세계대전 당시 일본군 위안부 피해자 여성을 다룬 〈김복동〉이라는 영화가 있다. 영화는 위안부 여성들을 대표하는 '김복동 할머니'를 상징으로 하여 일본군 성노예 여성들이 겪었던 고통스러운 기억들을 하나하나 소환하여 관람자에게 '정의 기억'을 촉구하고 있다. 더욱이 영화는 아직도 사죄하지 않고 있는 일본 당국의 만행을 고발하면서 문제의 해결을 위해 온 세계의 시민들도 정의 기억에 동참해 줄 것을 간곡히 호소하고 있다. 그러면서 영화는 '꽃'(윤미래 노래/로코베리 작사 작곡)이란 노래로 막을 내린다; "빈들에 마른 풀 같다 해도 / 꽃으로 다시 피어날 거예요 / 누군가 꽃이 진다고 말해도 / 난 다시 씨앗이 될 테니까요 / 그땐 행복 할래요 / 고단했던 날들 / 이젠 잠시 쉬어요 / 또다시 내게 봄은 올 테니까(후략)"

노랫말은 '성령'을 내려주십사 간절히 노래하는 찬송가 183장의 〈빈들에 마른 풀같이〉와 묘하게 겹쳐지면서, 빈들에서 마른 풀처럼 고통스럽게 살다 간 위안부 할머니들의 괴로움과 정의의 외침 그리고 꽃으로 피어날 부활의 희망을 우리에게 강렬히 전해준다. 참 한(恨) 많은 질곡의 역사이다.

이정배 교수는 『종교개혁 500년, '以後' 신학』(모시는사람들, 2017)이란 책에서 '역사 유비'의 신학을 주장한 바 있다. 그에 따르면 중세 가톨릭 신학은 '존재 유비'(analogia entis)의 신학으로, 그리고 루터 이후 개신교 신학은 '신앙 유비'(analogia fide)의 신학으로 명명될 수 있다. 여기서 존재 유비의 신학이란 하나님과 인간이 존재론적으로 얼마나 서로 비슷한 것인가를 논하는 신학이라고 한다면, 신앙 유비의 신학이란 하나님과 인간 사이에는 그 어떤 비슷함도 없고 오직 인간의 믿음에 의해서만 하나님에게 이를 수 있다는 신학을 의미한다. 그런데 이정배 교수는 종교개혁 500주년을 보내면서 진정한 종교개혁을 위해 종교개혁 그 이후의 신학은 과거의 존재 유비와 신앙 유비의 신학을 모두 넘어서야 한다고 말한다. 그러면서 이제 새로운 신학은 '역사 유비'(analogia historia)의 신학으로 나가야 함을 역설한다. 여기서 역사 유비란 각기 다른 시제들인 과거, 현재, 그리고 미래가 서로 긴밀히 연결되어 있다는 것을 의미한다. 그래서 역사 유비의 신학은 고통스런 과거의 역사를 '애도적 기억'을 통해 현재에 소환하여 그것의 아픔을 치유하고 더 나아가 그것을 하나님의 나라와 조율시키는 작업을 말한다.

새 하늘과 새 땅을 여는 하나님의 나라 운동

역사 유비의 신학에서 중요한 것은 역사의 희생자와 패배자들의 고통을 현재로 불러내는 애도적 기억으로, 그것을 통해 불의에 의해 희생된 과거의 역사를 다시 정의롭게 제 자리를 잡도록 하는 일이다. 그리고 그런 일련의 활동을 통해 우리는 메시아적 구원의 주체로서 현재라는 시간을 과거에서 미래로 뻗어 나가게 한다. 이것을 그는 '회억'(回憶)이라고 부른다. 이것은 앞에서 언급한 일본군 위안부 피해자들이 강조하는 '정의 기억'과 다르지 않다. 결국 아픈 과거를 바르게 기억해주는 정의 기억으로서 회억이 없다면, 우리의 미래, 곧 하나님의 나라는 없다.

그런데 그에 따르면 회억의 과정에서 꼭 필요한 것은 '각비'(覺非)이다. 각

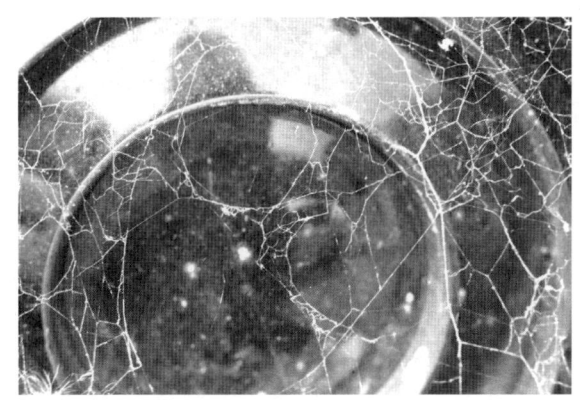

비란 아님을 깨닫는 것이다. 즉 과거의 역사가 잘못되었다는 깨달음을 통해 역사는 단순히 기억으로 끝나는 것이 아니라 '아니다'라는 깨우침에서 새롭게 솟아나 새 하늘과 새 땅의 하나님 나라를 여는 것이다. 이것을 동학의 용어를 빌려 표현한다면, '후천개벽'의 역사를 여는 것이다. 따라서 회억이든 각비든 혹은 정의 기억이든 그것들은 모두 지난 고통스러운 불의의 역사에 대한 비판적 성찰을 통해 공의의 역사를 세우는 '프락시스'(praxis) 곧 실천의 과정이다. 그리고 그것은 다름 아닌 새 하늘과 새 땅을 여는 하나님의 나라 운동의 각 모습들이다.

그런데 한국교회는 지금까지 그런 정의 기억의 작업을 게을리 해 온 것이 사실이다. 희생자의 고통을 기억하려는 정의 기억 대신에 한국교회는 언제부터인가 모르게 가해자의 입장에서 역사를 바라보고 있다. 그 한 예는 최근 한국 사회에 문제가 되고 있는 '식민지 근대화론'에 대한 교회들의 태도에서 잘 드러난다. 교회는 신사 참배의 거부를 자랑스러운 한국교회의 유산으로 선전하면서도 일제강점기 시절 한국 사회가 큰 경제발전을 이뤘다면서 일본에 감사해야 한다, 라는 이중적인 태도 말이다.

이것은 지독한 자기모순이다. 수탈과 착취를 근대화로 포장한 식민경제를 어떻게 정의 기억으로 회억하자는 말인가? 진정한 정의 기억은 식민지 시절 수탈된 한국 경제를 직시하는 일이요, 징용공이나 위안부로 전장에 끌려가 고귀한 생명을 잃은 피해자들의 억울함을 바르게 기억하여 그들의 원을 풀어주는 것이다. 그것이야말로 하나님 나라의 시작이다. 예수께서는 종종 '깨어 있음'을 강조하셨다. 예컨대 누가복음 12장에서 예수께서 하나님의 나라를 설명하면서 주인이 혼인 잔치에서 돌아와서 문을 두드릴 때 곧 열어주려고 대기하고 있는 사람들처럼 깨어 있으라고 말씀하신다.(눅12:36) '깨어 있음'이야말로 하나님의 나라를 맞이하는 조건인 셈이다.

그렇다면 깨어 있음이란 무슨 뜻일까? 그것은 바른 역사의식을 갖고 무엇이 옳고 무엇이 그른 일인지를 바르게 분별하며, 혹시 잘못된 기억이 있다면 그것을 바르게 기억하도록 수정해 가는 과정이 아닐까? 그렇다면 그것은 회억이요 정의 기억의 다름 아니다.

따라서 내가 꿈꾸는 교회는 깨어 있는 공동체, 곧 정의 기억의 공동체이다.

12. 종교개혁 정신을 계승하는 개신교적 저항의 공동체

루터의 교회 개혁과 한국교회의 적폐 청산

2017년은 루터의 종교개혁 500주년이 되는 해였다. 그래서 그 해에 한국교회는 그 어느 때보다 교회의 개혁을 외치는 목소리가 컸었다. 특히 2016년 말 한국 사회에 강하게 불었던 촛불혁명과 그에 따른 대통령의 탄핵 그리고 새로운 정부가 등장하는 과정에서 제기된 '적폐 청산'(積弊淸算)의 주장들은 그대로 한국교회에 전이되어 한국교회에 대한 적폐 청산 요구는 지금까지도 그 어느 때보다 활발하다. 그렇다면, 오랫동안 쌓여 온 폐단으로서 한국교회가 직면한 적폐란 무엇일까? 여기에 답하기 전에 먼저 검토해야 할 것이 있다. 개신교회가 중세 가톨릭교회의 적폐를 청산하자며 등장하였기 때문에, 그 적폐 청산을 제대로 완수하였는지 여부를 짚어 보아야 한다. 한국교회가 중세 가톨릭교회의 적폐를 얼마나 잘 청산했는지 그 성적표를 검토한 후, 현재 한국교회가 당면한 적폐 청산의 문제를 살펴보기로 한다.

주지하듯이, 루터는 1517년 10월 31일 중세 가톨릭교회의 적폐로 표상되는 '면죄부'(혹은 면벌부)를 거부하면서 당시 가톨릭교회의 적폐를 청산하기 위해 비텐베르크 성당 벽에 95개조의 반박문을 게시하였다. 그리고 개신교의 3대 '오직'(sola) 교리로 불리는 "오직 믿음, 오직 은총, 그리고 오직 성경"을 주장하면서 개신교의 문을 열었다. 특히 1520년 종교개혁 관련 3부작으로 불리는 세 편의 논문을 통해 루터는 당시 가톨릭교회의 구체적인 적폐가 무엇이고 그 대안적 방향이 무엇인지를 구체적으로 제시하였다. 우선, 루터는 「독일귀족에게 고함」이라는 논문을 통해 교황권의 절대 권력을 적폐로 간주하여 비판하였다. 특히 그는 성경을 해석할 수 있는 권한이 교황이나 사제에게만 독점적으로 있다는 당시 가톨릭교회의 주장에 저항하였다. 그는 모든 신자도 성경을 해석할 수 있는 자유와 권한을 갖고 있다고 말하면서 이른바 '만인사제설'을 주장하였다.

둘째로 루터는 「교회의 바벨론 포로」라는 논문을 통해서 가톨릭교회가 어떻게 성례전을 신비주의적으로 오용하였는지를 지적하면서 적폐로 비판하고, 성례전의 바른 이해와 활용을 제시하였다. 말하자면 "성례전을 성례전답게 만드는 것은 교회와 사제의 권위가 아니라 오직 하나님의 말씀과 신자 개개인의 믿음뿐"이란 점을 강조하면서 성례전의 본래 의미를 제시하고자 하였다. 세 번째로 「그리스도인의 자유」라는 논문을 통해서 루터는 그리스도인의 믿음과 행위 곧 신앙과 삶의 관계를 고찰하면서 이웃과 더불어 살아가는 그리스도인의 삶의 자세를 잘 강조하였다. 즉 그리스도인은 하나님에 대해서는 '신앙으로' 다가가야 하지만, 이웃에 대해서는 '사랑과 책임으로' 다가가야 함을 역설하였던 것이다.

이상과 같이 루터는 당시 가톨릭교회의 적폐에 저항하면서 개신교를 탄생시켰다. 그렇다면 루터의 후예인 한국 개신교회는 루터의 적폐 청산의 노력에 얼마나 부응하여 그 개혁을 잘 완수했을까? 특히 만인사제설과 성례전의 참 의미의 회복, 그리고 그리스도인의 자유와 책임이란 기준에서 볼 때 한국교회는 적폐 청산에 얼마나 성공했을까? 필자의 주관적인 입장이기는 하지만, 한국교회의 성적을 매긴다면 그 성적은 낙제를 간신히 면한 수준인 약 70점 남짓, 곧 C학점에 턱걸이하는 정도이다. 너무 인색한 점수라고 생각할지 모르겠으나, 한국교회에 있어서 중세 가톨릭교회의 적폐 청산은 '미완

의 개혁'으로 아직 가야 할 길이 멀다는 게 내 생각이다.

루터의 논문을 통해서 보는 한국교회 개혁의 방향

그렇다면, 중세 가톨릭교회의 적폐 청산을 부르짖은 지 500년이 지났는데, 왜 아직 미완의 개혁일까? 루터의 세 논문을 중심으로 반성해 보면, 우선 한국교회는 여전히 루터가 비판했던 '성직자 중심주의' 안에 갇혀 있다고 말할 수 있기 때문이다. 즉 남성 중심적인 목회자의 절대 권력이 여전히 한국교회에서 문제가 되고 있다. 이것은 목회자 세습 논란이나 여성 안수의 문제 등에서 잘 찾아볼 수 있다. 따라서 한국교회는 이제 명실공히 만인사제설이 실제적으로 한국교회안에 구현될 수 있도록 평신도의 차별을 철폐하고 교회를 더욱 개방적이면서도 평등한 공동체로 만들어야 한다.

둘째로 한국교회는 성례전을 바르게 회복해야 할 시점에 이르렀다. 중세 가톨릭교회가 성찬을 너무나 극단적인 화체설을 통해 신비화한 것이 문제였다면, 한국교회는 그 반대로 지나치게 상징적 의미만을 강조한 나머지 성찬을 너무나 소홀히 여기는 것도 사실이다. 한국교회가 성례전을 소홀히 여기는 것은 성찬예배가 일 년에 겨우 서너 번만 시행되는 현실에서 잘 알 수 있다. 그리고 성찬의 의미도 오직 죄의 용서란 측면에서만 강조될 뿐, 리마 예식에서 강조하는 '성부께 감사', '그리스도에 대한 기념', '성령의 초대', '성도의 교제', '하나님 나라의 식사' 등의 통합적 의미는 거의 간과되고 있다. 따라서 한국교회는 이제 매주 성찬예배로 예배의 구조를 바꿔야 하며, 성찬의 다양한 의미를 균형 있게 강조할 필요가 있다.

끝으로 한국교회는 루터가 〈그리스도인의 자유〉에서 역설한 영혼의 자유와 이웃사랑의 실천이 결코 둘이 아니라 동전의 양면과 같이 하나라는 점을 많이 소홀히 여기는 것 같다. 특히 한국교회는 개인의 부귀영화만을 지향하는 기복적 신앙에 집착한 나머지, '세월호 사건'이나 '생명-평화-민족분단 극복'과 같은 사회적 이슈에 소극적으로 대응함으로써 공적 책임을 다하지 못하고 있다. 따라서 한국교회는 '공적 신앙'(public faith)이란 사회적 영성의 측면에서 보다 깊이 성찰하면서 교회의 정신과 틀을 개선할 필요가 있다. 결국 우리의 새로운 공동체 운동은 중세 가톨릭교회의 적폐 청산을 완수하는 일에서부터 다시 시작해야 하지 않을까 싶다.

따라서 내가 꿈꾸는 교회는 루터 종교개혁의 정신을 창조적으로 계승하는 개신교적 저항(protestant)의 공동체이다.

13. 종말론적 실험의 공동체

교회에 안 나가는 신자, 가나안 신자를 위한 교회

필자가 운영하는, 교회에 '안 나가는 신자'인 '가나안 신자'를 위한 가나안 교회는 일종의 '실험 교회'이다. 실험 교회란 앞으로 교회가 어떻게 발전될지 전혀 알 수 없다는 미래의 불확실성과, 매우 창의적인 교회가 탄생될지도 모른다는 어떤 개연성을 함축하는 말이다. 필자는 가나안교회를 시작하면서 가나안교회의 미래에 대하여 네 가지 가능성을 열어놓고 있다.

첫째는 교회를 떠난 가나안 신자가 가나안교회를 통해 약간의 신앙적 완충기를 거친 뒤, 다시 자신의 신앙 지향에 맞는 지역 교회로 되돌아가도록 하는 것이다. 따라서 필자는 틈만 나면 건강한 교회들을 찾아보고, 그것을 가나안 신자들에게 소개하고 있다. 둘째는 가나안교회가 그 자체로 성장하여 기존 교회처럼 발전하는 것이다. 지금은 건물도 없고, 교적부도 없고, 소속된 교단도 없는 말 그래도 완벽한 비형식의 교회이다. 그러나 희망사항은 지금의 가나안교회가 발전하여 하나의 건강한 교회로 발전하는 것이다. 지금 네 개의 가나안교회가 운영되고 있는데, 그것들이 각각 발전하여 개별적인 독립성을 갖고 건강한 교회로 살아남는다면 참 좋을 것 같다. 셋째는 현재의 가나안교회가 그대로 유지되는 것이다. 현재 가나안교회는 한 달에 한 번 정도 모여서 성찬예배를 드리고, 각 가나안교회의 특성에 따라 예술목회, 영성수련, 종교 간의 대화, 그리고 신학 아카데미 등을 특성화하여 운영되고 있다. 현재 이러한 형태의 가나안교회가 당분간 지속되는 것도 그 의미가 크다고 본다. 마지막으로는 가나안교회가 '해체'되는 것이다. 해체란 말 그대로 '종말'로서 가나안교회의 문을 닫는다는 말이다. 솔직히 말하면, 필자는 가나안교회를 섬기면서 늘 오늘 예배가 어쩌면 마지막 예배일지 모른다는 생각으로 매 주일 예배에 임하고 있다. 이 말이 틀리지 않는 것은 우선 가나안교회에 출석해야 할 의무가 있는 신자는 엄밀히 말해 필자를 포함하여 단 한 사람도 없기 때문이다. 하지만 신자가 없는 교회, 어떻게 존재할 수 있겠는가? 따라서 가나안교회는 언제든지 신자들의 발걸음이 멈추면 그날로 해산될 수밖에 없는 도상의 공동체이다. 말하자면 가나안교회는 종말론적 공동체인 셈이다. 가나안교회는 일 년에 두 차례, 즉 6개월에 한 번씩 자체 평가 과정을 거쳐 교회의 존폐 여부를 결정하고 있다.

필자는 가나안교회를 시작하면서 가나안교회의 정의 중 하나로, "교인이 원하면 교회를 언제든 해산할 수 있는 종말론적 공동체"를 언급한 바 있다. 여기서 종말론적 공동체(eschatological community)라 함은 뭐 대단한 것처럼 보이지만, 사실은 가나안교회를 운영함에 있어서 기독교의 본질에 충실하겠다는 각오에 불과하다. 이것은 무슨 말인가? 그렇다. 초대 교회는 종말론적 공동체였다는 의미이다. 즉 초대 교회는 예수의 부활과 승천을 경험한 뒤 예수의 재림을 고대하며 기다리는 종말론적 공동체였다. 이것을 신학에서는 '파루시아'(parousia)라고 하는데, 곧 '재림'을 기다리는 공동체를 말한다. 이것에 대한 자세한 보도는 사도행전에 잘 나와 있다. 사도행전에 나타난 초대 교회는 예수의 재림을 간절히 기다리는 공동체였기 때문에 오늘이 인생의 마지막일지 모른다는 믿음으로 성도 간에 상호 신뢰와 사랑 그리고 모든 것을 함께 나누는 유무상통의 공동체일 수 있었다.

예수의 재림을 믿고 기다리는 종말론적 공동체

하지만 예수께서 약속한 재림은 알 수 없는 이유로 지연되었다. 그 후로 교회는 종말론에 대한 다양한 해석을 기반으로 하여 현재에 이르기까지 가톨릭교회로 대표되는 매우 체계적인 교회의 제도화를 가능케 하였다. 예컨대, 종말론은 실현된 종말론, 미래적 종말론, 도상(already but not yet)의 종말론 등 다양한 해석을 낳았다. 그러나 이처럼 종말론을 다양하게 해석함에도 불구하고, 그리고 각 교단이 지향하는 교회의 제도화가 아무리 견고하게 진행된다 하더라도 교회는 결코 종말론적 공동체라는 그 원초적 의미를 상실할 수 없다. 왜냐면 종말론은 바로 교회를 교회되게 하는 근원적 토대이기 때문이다. 따라서 제도화된 교회라 하더라도 교회의 순수성은 바로 종말론적 공동체 속에서 찾지 않을 수 없다. 이런 점에서 보면, 성결교단이 핵심 교리로 '중생', '성결', 그리고 '치유'와 함께 '재림'을 강조한 것은 매우 의미 있는 일이다.

'내가 꿈꾸는 교회'는 바로 이런 '종말론적 실험의 공동체'이다. 이것은 초대 교회의 신앙을 늘 염원하는 공동체로, 예수의 재림 곧 예수 그리스도와의 영원한 함께함을 간절히 사모하는 임마누엘 공동체라는 의미가 담겨 있다. 동시에 그것은 바로 지금 우리의 공동체가 완전한 공동체가 아니라 늘 새로워져야 한다는 종교개혁의 모토, 곧 "교회는 개혁되어야 하되 항상 개혁되어야 한다."(ecclesia reformanda et semper reformanda)는 의미를 함축한다. 그리고 그것은 현재 살아 있는 그 어느 형태의 교회도 절대화되는 것을 거부하고 또 끊임없이 실험하면서 언제든 '해체'(종말)를 준비하는 의미가 함축되어 있다. 만약 가시적 교회가 절대화되어 우상숭배에 빠질 위험이 있을 경우, 교회는 끊임없이 그것에 저항해야 하는 저항의 공동체가 된다. 현존하는 모든 교회는 영원하지 않고 오직 잠정적인 공동체일 뿐이다. 따라서 종말론적 공동체는 늘 우리로 하여금 겸손하게 만들고, 오직 주님의 은혜만을 사모하도록 하며, 참 자유를 추구하도록 인도한다. 결국 종말론적 공동체는 개혁의 공동체요, 저항의 공동체요, 자유의 공동체에 다름 아니다.

 따라서 내가 꿈꾸는 교회는 언제든 해체를 두려워하지 않는 종말론적 실험의 공동체이다.

14. 주문생산형 공동체

인류 문명의 근본적인 변화가 진행되고 있다

몇 년 전부터 우리 사회는 소위 '4차 산업혁명'이란 말이 넘쳐난다. 정치인들은 말할 것도 없고, 경제계나 노동계 그리고 심지어 종교계에 이르기까지 그 말은 이제 우리가 풀어야 할 매우 중요한 화두가 되고 있다. 그런데 실제로 그 말은 정치인들의 구호보다 더 무겁고 중요한 의미를 지니고 있는 것이 사실이다. 왜냐면 정치인들이야 시류에 따라 특정한 이슈를 만들어낸 뒤 얼마 후 또 새로운 문제로 변화되기 마련이지만, 4차 산업혁명이란 말은 인류 문명의 근원적인 변화를 말하는 것으로 일종의 '패러다임의 전환'(paradigm shift)을 뜻하기 때문이다. 마치 천동설의 시대에서 지동설의 시대로 전환되듯이 말이다.

인류 문명을 돌이켜보면, 지금까지 패러다임의 큰 변화가 몇 차례 있었다. 첫 번째 가장 큰 변화는 '농업혁명'에 따른 변화였다. 수렵과 채집으로 생명을 유지하던 인류는 언제부터인가 한곳에 정착하여 수렵과 채집 대신 경작과 목축을 위주로 한 삶을 살게 된 것이다. 그리고 그렇게 수만 년의 오랜 세월을 향유한 뒤, 인류는 다시 새로운 문명의 시대를 맞이하였다. 그것이 바로 최근 18세기에 일어난 '산업혁명'이다. 인간 신체의 힘으로 삽과 쟁기 같은 농기계를 이용하여 먹거리를 생산하던 인류는 이제 '증기'라는 새로운 에너지를 이용하여 '기계'의 힘으로 다량의 물건을 훨씬 **빠르게** 만들 수 있게 되었다. 사람들은 이것을 일컬어 제1차 산업혁명이라고 부른다. 증기의 힘은 사람의 신체의 힘보다 수십 배 큰 생산수단으로서, 이러한 에너지 체계의 변화는 엄청난 사회의 변화를 만들어내었다. 농촌 중심의 농경사회를 도시 중심의 산업사회로 바꾼 것이다.

그런데 그것도 잠시, 인류 문명은 곧 증기보다 더 월등히 힘이 강력하고 이용에 편리하며, 적용 범위를 확장시킬 수 있는 새로운 힘을 발견하게 되었다. 그것은 바로 '전기'이다. 인류는 전기를 주 에너지원으로 삼아 제2차 산업혁명을 만들어내었고, 지금 우리는 그 과학기술문명의 혜택을 누리고 있다. 그런데 그 전기 혁명도 잠시, 인류는 또다시 새로운 제3차 산업혁명 단계로 도약·진전해 나갔는데, 그것은 '컴퓨터'의 발명과 함께 시작되었다. 이것은 기껏해야 정말 몇십 년 전의 일이다. 그리고 지금은 단 하루도 컴퓨터 없이는 그 어떤 일도 할 수 없는 세상이 되어 버렸다. 그런데 최근 정말로 믿기지 않는 일이 또 벌어졌다. 컴퓨터가 일반화된 지 채 얼마 되지도 않아서, 소위 제4차 산업혁명의 시작을 알리는 소식이 인류에게 날아든 것이다. 바로 AI로 불리는 '인공지능로봇'이 인간과 같은 생각을 하고 심지어 감정 표현까지 할 수 있게 된 것이다.

인류 문명의 '특이점' 너머, 무엇이 있을까

여기서 우리가 주목하는 것은 '속도'이다. 농업혁명에서 산업혁명까지 수만 년 걸린 것이, 1차 산업혁명에서 2차 산업혁명까지는 수백 년, 2차 산업혁명에서 3차 산업혁명까지는 100년 안팎, 그리고 3차 산업혁명으로부터 4차 산업혁명까지는 수십 년으로 그 변화의 속도는 점점 가속되어 왔다. 변화의 가속도가 너무 빨라 현기증이 날 정도이다. 그래서 혹자는 우리가 정

신이상을 일으키지 않는 것이 오히려 이상한 일처럼 보인다고 말한다. 그만큼 인류는 충격적인 변화에 직면해 있다. 특히 미래학자들에 따르면, 2040년경이 되면 인류는 '특이점'(singularity)이라고 불리는 매우 중요한 지점에 이르게 된다.

그때 인간의 모습은 유발 하라리의 표현을 빌리면 '신과 같은 인간' 즉 '호모 데우스'(Homo Deus)로서, 지금의 인간으로서는 상상할 수 없는 인류로 거듭나게 된다. 그때는 지금 사회적으로 큰 논란이 되고 있는 '인간 간'의 문제인 취업, 입시, 테러, 동성애, 그리고 종교 간 갈등과 같은 문제는 오히려 하찮은 문제가 되고 만다. 왜냐면 앞으로의 문제는 인간과 인간 사이의 문제가 아니라 오히려 인간과 '유사-인간', 아니 아직 무어라고 이름을 붙일 수 없는 그 어떤 존재와의 문제로 환원되면서, 그들과 더불어 살아야 하는 새로운 혁명의 시대가 도래할 수 있기 때문이다.

그렇다면, 이제 막 시작한 제4차 산업혁명의 시대를 거쳐 앞으로 수십 년 안에 곧 닥칠 새로운 시대에 과연 교회의 모습은 어떤 모습일까? 그때도 지금과 같은 기존의 교단은 여전히 막강한 권력을 누리며 존재할까? 세습의 문제나 교권 싸움은 계속될까? 그리고 지금의 교리는 여전히 유효한 신앙고백으로 작용할 수 있을까? 혹 바뀐다면, 어떤 모습으로 바뀔까? 누구도 이 문제에 자신 있게 대답해 줄 수는 없다. 그런데 인류가 걸어온 과거의 발자취를 통해 볼 때, 분명한 것은 하나 있다. 그것은 인류가 어느 한 방향으로 '통합'되어 간다는 점이다. 즉 수학의 논리가 인종과 종교 그리고 지역의 차별이 없이 온 세상에서 똑같이 공유되어 왔듯이, 하나의 의술이 온 인류에게 똑같이 처방되듯이, 인류의 종교 역시 어느 하나의 통일된 내적인 논리로 통합되는 날이 오지 않을까?

오래전부터 회자되는 말 중에 '종교가 아니라 영성'(not religious but spiritual)이라는 말이 암시하듯이, 필자는 공통의 단일한 '메타종교적인'(meta-religious) 형태의 영적 언어가 탄생하지 않을까 상상해 본다. 필자의 능력으로는 그 용어를 아직 무엇이라 말할 수는 없지만, 전통적인 용어를 빌려 굳이 설명한다면, "새 하늘과 새 땅을"(계 21:1) 꿈꾸는 '개벽종교' 내지 '종말론적 종교'의 출현이 아닐까 싶다.

따라서 지금 우리가 할 수 있는 일은 마치 기업이 소비자의 요구에 따라 소량의 다품종을 주문 생산해 내듯이, 지금 인류가 맞이한 제4차 산업혁명의 주문 논리에 따라 다양하게 '주문 생산되는 교회'(church on demand: COD) 곧 주문 생산형 공동체를 이루는 것이다. 그리고 깨어서 겸손히 개벽의 때를 기다리는 것이 우리가 할 일이 아닐까 싶다.

15. 착한 사람들의 공동체

한 알의 밀알이 땅에 떨어져 죽으면

얼마 전 문학가들이 모인 자리에서 이런 말이 오가는 것을 들었다. "톨스토이의 언덕을 넘으면 도스토옙스키라는 큰 산이 다가온다." 이 말은 러시아 문학에서 도스토옙스키의 영향력이 얼마나 큰지 잘 설명해 주는 말이 아닌가 싶다. 주지하듯이, 톨스토이와 도스토옙스키는 러시아 문학을 대표하는 위대한 거장들이다. 톨스토이가 기독교 정신에 근거하여 인간 내면의 순수하고 아름다운 도덕성을 강조한 사상가라면, 도스토옙스키는 인간 심연의 어두운 부분을 적나라하게 잘 파헤침으로써 은폐된 기독교 복음의 핵심을 폭로시킨 사상가라고 말할 수 있다. 도스토옙스키의 소설인 『죄와 벌』과 『카라마조프가의 형제들』이 그 대표적인 경우일 것이다.

『카라마조프가의 형제들』은 첫 페이지에 요한복음에 나오는 예수의 가르침을 인용하면서 시작된다. "내가 진실로 진실로 너희에게 말한다. 밀알 하나가 땅에 떨어져 죽지 않으면 한 알 그대로 남고, 죽으면 많은 열매를 맺는다."(요12:24) 말하자면 『카라마조프가의 형제들』이란 소설은 이 말씀의 의미를 자세히 설명한 해설서라고 해도 과언이 아니다. 왜냐면 소설의 주인공인 카라마조프가의 막내아들인 알료샤는 수도사인데, 그는 자신을 지도한 수도원의 조시마 장로의 입을 통해 수도생활의 참 의미를 잘 설명해 주고 있기 때문이다. 즉 수도생활은 마치 땅에 떨어져 죽는 한 알의 밀알과 같은 삶이라는 것이다.

　세상과 단절된 채 수도원에서 고독하게 생활하는 것은 매우 무의미한 것처럼 보이지만, 사실은 그렇지가 않다. 수도생활은 무의미한 고립적 삶이 아니라 많은 열매를 맺기 위해 마치 한 알의 밀알이 땅에 떨어져 죽는 것과 같은 삶이다. 그 좋은 예가 소설 속에서 진정한 수도자의 모범으로 등장한 조시마 장로의 모습이다. 그리고 수도자였다가 "속세에 머물라."는 스승 조시마 장로의 권고에 의해 수도사를 그만두고 다시 세상으로 나와 일종의 재가 수도자가 된 소설 속 주인공 알료사의 삶 또한 그렇다. 이처럼 수도원 안에서 수도하든 아니면 수도원 밖에서 재가 수도자로 생활하든 중요한 것은 한 알의 밀알처럼 땅에 떨어져 죽느냐 그렇지 않느냐 하는 것이다. 만약 한 알의 밀알이 땅에 떨어져 죽으면 그 힘은 진정으로 위대하다.

　『카라마조프가의 형제들』 제2권에는 '양파 한 뿌리'에 대한 우화가 나온다. 그 이야기 역시 땅에 떨어져 죽은 한 톨의 밀알 비유와 비슷하다.

　옛날에 참 못되고 못된 한 여인이 살았는데, 어느 날 갑자기 죽게 되었다. 죽고 나서 보니 여인은 그동안 착한 일을 단 한 번도 한 적이 없었다. 그래서 악마들이 그녀를 불바다 속에 던져 넣었다. 그러자 그 여인의 수호천사는 안타까운 마음에 하나님에게 어떻게 그녀를 변호할까 고민하던 중 다행히 양파 한 뿌리를 기억해 낸다. 그 여인은 생전의 어느 날 딱 한 번 텃밭에서 양파를 뽑아 거지 여인에게 준 적이 있었던 것이다. 하나님이 수호천사의 이야기를 듣고서 그에게, "양파를 갖고 여인에게 가서 그 여인이 양파를 잡고 지옥에서 나오도록 하라."고 명하였다. 그래서 천사는 하나님의 명령에 따라 양파를 들고 지옥에서 그것을 여인에게 내밀었고, 그 여인은 그 양파 뿌리를 잡고 지옥에서 나오려고 하였다. 그런데 그 광경을 보고 지옥에 있던 다른 사람들이 그 양파를 같이 잡고 오르려고 하였다. 그때 여인이 "이 양파는 내

것"이라고 외치며 사람들을 밀치자, 양파는 그만 끊어져버리고 말았다. 결국 그 여인은 끊어진 양파 뿌리와 함께 영원의 불바다 속으로 떨어졌고, 수호천사는 슬피 울면서 그 여인의 곁을 떠났다. 이 이야기는 양파 한 뿌리 같은 아주 작은 선행이라도 인간을 지옥에서 구원할 수 있는 위대한 힘이 있다는 것을 말해 준다. 말하자면, 양파 한 뿌리는 땅에 떨어져 썩은 한 알의 밀알에 비견된다.

양파 한 뿌리만큼의 선행이라도

지금 한국교회는 무엇이 문제인가? 그것은 '선행'을 과소평가하는 것이 아닐까? 주일학교에서 종종 부르는 복음성가 중에 〈믿음으로 가는 나라〉라는 곡이 있다. 가사 중에, "어여뻐도 못 가요 맘 착해도 못 가요 하나님 나라 (…) 거듭나면 가는 나라 하나님 나라!"가 나온다. 하나님의 나라는 거듭나야 간다는 말은 맞다. 그러나 과연 맘 착해도 가지 못하는 나라라는 말은 맞을까? 마태복음 25장에 보면 마지막 심판의 때에 양과 염소를 구분하는 이야기가 나온다.(마25:31-46) 양과 같은 부류에 속한 사람들은 아주 작은 착한 일을 하였기 때문에 구원을 받았다. 사도 바울도 예수를 모르는 사람들은 양심에 따라 심판을 받을 것이라고 말하였다.(롬2:14-15) 말하자면, 그들은 양파 한 뿌리 같은 선행을 실천한 사람들이요, 한 알의 밀알이 땅에 떨어져 죽는 것과 같은 선행의 삶을 산 자들이다.

선행과 믿음은 결코 이분법적으로 분리될 수 없다. 땅에 떨어져 썩는 한 알의 밀알과 양파 한 뿌리 같은 착한 일, 그것은 수도원에서 고독을 씹으며 인류를 위해 간절히 기도하는 수도사의 기도일 수도 있고, 혹은 목마른 사람에게 시원한 냉수 한 그릇 떠 주는 아주 작은 선행일 수도 있다. 그것은 비록 작지만 자신도 살리고 또 온 인류를 구원하는 일이다. '일일일선'(一日一善)이란 말처럼, 우리는 매일매일 착한 일을 도모함으로써 그것으로 존재양식을 삼는 '착한 사람들의 공동체'가 되어야 한다.

따라서 내가 꿈꾸는 교회는 한 톨의 밀알이나 양파 한 뿌리 같은 작은 선행일지언정 그것을 열심히 실천하는 착한 사람들의 공동체이다.

16. 탈식민주의적 공동체

노비에서 주인으로, 민주공화국의 탄생과 노예 의식

한 번 세상에 태어났지만, 누군가에게 평생 종속되어 그의 지배를 받으며 노예로 산다는 것은 참으로 슬픈 일이다. 그런데 한국사를 둘러보면, 한국인의 상당수는 그 뿌리가 노예 곧 '노비'(奴婢)였다. 사실 조선의 경우 전체 인구의 약 30~40% 정도가 공식적으로 노비였다고 하니 결코 큰 과장은 아니다. 그래서 혹자는 한국의 역사를 노예제도에 의해 유지된 역사라고 말한다. 물론 여기서 노예란 통상적인 의미에서 미국의 흑인 노예와 같은 존재는 아니었다. 미국에서 흑인 노예는 남부 백인들이 인종적인 우월의식을 갖고 아프리카 흑인들을 강제로 데려온 이방인들이었다. 그리고 일반적으로 노예는 전쟁에서 패한 외국의 시민들을 강제로 노예로 삼는 경우이다. 하지만 조선의 노비는 타인종이 아니었고 또 전쟁 포로도 아니었다. 그들은 같은 동족 한국인이었다. 이것이 보기에 따라서는 더 가혹한 제도일 수도 있지만, 그 반대로 해석될 여지도 없지 않다. 물론 노비는 서양 노예처럼 일정한 액수로 매매되었고, 노비 신분 역시 중요한 재산적 가치로써 상속되었다.(전형택, 『조선 양반사회와 노비』, 문헌, 2010)

이처럼 비록 서양의 노예와 한국의 노비가 엄격한 의미에서 동일한 것은 아니었지만, 그럼에도 불구하고 분명한 것은 노비는 주체의식이 결여된 채 주인에게 완전히 예속된 신분이었다는 사실이다. 조선에서는 1801년 공노

비가 철폐되고 또 1894년 갑오개혁을 통해 사노비마저 공식적으로 철폐되었다. 그러나 한국인의 집단 무의식 속에는 웬일인지 여전히 노예 의식이 뿌리 깊게 자리 잡고 있다고 말하는 것은 부끄럽지만 결코 부인할 수 없는 사실로 보인다. 특히 1910년 조선이 일본에 강제 병합되어 식민지가 된 것은 한국인 전체가 일본의 노예가 된 사건으로 한국인의 집단 무의식 속에 노예 의식을 크게 강화시키는 결정적인 계기가 되었다.

한편, 한국의 역사는 1919년에 획기적인 전환기를 맞게 된다. 그것은 3·1 운동과 그에 따른 대한민국 임시정부의 수립이다. 이것은 왕권 국가에서 민주공화국으로 '국체'(國體)를 바꾼 역사적인 사건이다. 왕이 주인이던 국가 대신에 우리 민족 역사상 처음으로 '민'(民)이 주인이 된 정부가 수립된 것이다. 민주라는 말은 '해방된 노예'(노비)가 비로소 국가의 주인이 되었다는 의미이다. 이것이 대한민국의 위대함이다.

대한민국은 1919년 4월 민주공화국으로서 시작되었지만, 1948년에 가서야 비로소 온전한 정부를 수립할 수 있게 되었다. 그러나 그것 역시 완전한 국가가 된 것은 아니다. 왜냐면 남북이 분단되었기 때문이다. 우리 민족의 완전한 국가는 언젠가 통일 조국의 건설이 성취되고 나서야 비로소 완성될 것이다. 따라서 대한민국은 비록 일제의 노예 상태로부터는 해방되었지만, 여전히 집단 무의식 속에는 일제의 잔재로서 노예 의식이 뿌리 깊이 남아 있다. 게다가 실제로 군사적으로는 여전히 미국의 식민 상태에 놓여 있다. 그러므로 명실상부한 대한민국의 자유와 해방은 남북한의 주체적인 평화통일이 이루어질 때 가능할 것이다. 그때까지 한국인들은 집단 무의식 속에 남아 있는 노예 의식을 슬기롭게 극복해야 할 과제를 안고 있다.

탈식민주의적 성서 해석, 참 자유인으로 가는 길

한국교회는 바로 이런 한국인이 안고 있는 노예 의식의 한복판 위에 서 있다. 따라서 한국교회가 한국인을 위해 바로 지금 해야 할 일은 노예 의식 곧 식민성으로부터 벗어나 참 자유인이 되도록 돕는 일이다. 이것이 복음이다. 이런 점에서 자유에 대한 사도 바울의 언급은 매우 의미심장하다. "그리스도께서 우리를 해방시켜 주셔서 자유를 누리게 하셨습니다. 그러므로 굳세게 서서 다시는 종살이의 멍에를 메지 마십시오."(갈5:1) 바울이 말한 대로 우리가 종살이에서 벗어난 자유인으로서 종의 멍에를 다시 메지 않으려면, 우리는 노예 의식에서 벗어나기 위해 끊임없는 비판적 성찰과 더불어 해방적 실천을 추구해야 한다. 이런 점에서 그리스도인들은 성서학자들이 주장하는 '탈식민주의적 성서 해석'(postcolonial biblical interpretation)에 주목할 필요가 있다. 왜냐면 탈식민주의적 성서 해석 방법은 성서를 기반으로 하여 우리가 노예 의식 곧 식민성에서 벗어나 참 자유인이 되도록 하는데 큰 도움을 주기 때문이다.

그렇다면 탈식민주의적 성서 해석 방법이란 어떤 것인가? 그것은 식민주의자들의 시각 곧 서구-남성-백인-양반 중심의 지배자 시각이 아닌 노예처럼 '침묵하던 자들'이 비로소 자유민이란 자의식을 갖고 직접 성서를 보면서 자신의 목소리를 당당히 외치도록 하는 성서 해석 방법이다. 이것은 적어도 '서너 겹'으로 둘러 싸여 있는 존재의 식민성으로부터 해방되도록 돕는 작업이다. 한 예로서 사도행전 16:16~18에 보면, 귀신들린 채 점을 치며 주인에게 큰 돈벌이를 해 주는 여종의 이야기가 나온다. 그런데 그 여종이 바울의 일행을 계속 귀찮게 구니까 바울이 그 여인에게 있던 귀신을 예수 이름으로 내쫓았다.

여기서 우리는 본문을 읽을 때 적어도 네 가지의 식민성이 그 여인을 바라보는 시각 속에 내재되어 있음을 발견하게 된다. 그것은 주인공인 점쟁이가 여종 곧 노예라는 것, 남성의 지배를 받는 여성이라는 것, 사도행전의 저자인 누가가 그 여종에게 편견을 갖고 있을 수 있다는 것, 그리고 여종에게서 귀신을 쫓아낸 바울 역시 어떤 문화적 편향이 있을 수 있다는 점이다.(박홍순, 『포스트콜로니얼 성서 해석』, 2006, 90) 여기서 우리는 탈식민주의적 해석을 통해 침묵하던 여종의 목소리를 듣게 되면서 해방을 경험하게 될 것이다.

따라서 내가 꿈꾸는 교회는 성서 연구를 통해 한국인들이 존재의 식민성을 탈피하여 참 자유를 추구하도록 돕는 탈식민주의적 공동체이다.

17. 평등한 언님들의 공동체

철저한 계급 공동체로 퇴화한 한국 개신교회

교회는 완전하고 영원한 복락의 나라 곧 하나님의 나라를 미리 맛보는 곳이라고 한다. 그렇다면 그 하나님의 나라는 세상의 나라와 달리 차별이 없고 귀천도 없는 곳이다. 그리고 그곳은 남녀노소 빈부귀천 구분 없이 모두 평등하게 존중받고 사랑받는 곳이다. 따라서 교회는 그런 하나님의 나라를 온전히 이루기 위해 부단히 노력하고 애쓰는 곳이어야 한다. 그런데 이러한 하나님의 나라를 미리 맛보고 향유해야 할 교회가 언제부터인가 세상보다도 더 두터운 계급 사회가 되었다. 특히 500년 전, 가톨릭교회의 교황과 성직자 중심의 왜곡된 계급 구조에 저항하며 탄생한 개신교마저 이제 철저한 계급 구조를 갖게 되었다. 따라서 우리가 꿈꾸는 이상적인 교회는 "너희는 나의 친구라"(요15:15)고 말씀하신 예수의 가르침에 근거하여 왜곡된 계급 구조를 해체하고 그 대신에 기쁨과 즐거움이 가득한 하나님의 나라를 미리 맛보는 진정한 '평등의 공동체'가 되어야 한다.

그렇다면 평등의 공동체는 어떻게 이루어질까? 그것은 세상에서 돈과 권력의 유무에 따라 구분되고 차별하는 계급을 본 딴 '직분'을 없애는 것으로부터 시작되어야 하지 않을까? 말하자면, 지금 교회는 일반 신자들의 관계를 마치 군대와 같이 계급 사회로 만들어 버렸다. 그래서 교회는 직분이 없는 신자와 있는 신자로 구분한 뒤, 후자의 경우는 더욱 세분화하여 '집사'와

'권사'(혹은 '안수집사'), 그리고 '장로'로 구분한다. 그렇게 구분된 직분은 매우 관료적이고 위계적이다. 그래서 교회에서 위계의 정점에 있는 장로의 권한은 막강하고 절대적이다.

루터의 종교개혁은 교회에서 계급을 없애는 운동이었다고 말할 수 있다. 즉 만인사제설(세례 받은 모든 신자는 사제라는 신학 이론)에 근거하여, 그는 당시의 절대 권력이던 교황이나 하나님과 인간 사이의 중간자인 사제에게 의존할 필요 없이 모든 신자들이 직접적으로 하나님과 대화하고 그를 섬길 수 있다고 주장하였다. 이것은 자연스럽게 모든 인간이 신 앞에 평등하다는 현대의 인권의식과 민주정신을 낳게 하였다. 그런데 개신교는 '만인사제설'의 토대 위에 큰 개혁적 진보를 이뤄냈음에도 불구하고 루터 이후 지난 500년 동안 가장 성공을 거두지 못한 부분은 아이러니하게도 '만인사제설'이라고 하는 교리의 실현/실천이다. 즉 루터는 만인사제설에 근거하여 당시 부패한 가톨릭교회의 교황권에 저항하고 또 성서를 교황으로부터 해방시킴으로써 성직자들 사이의 계급을 타파하는 것에는 어느 정도 성공하였다. 하지만 루터의 후예들은 한국에 들어와서 가톨릭교회에도 없는 일반신자들 사이의 계급 구조를 새롭게 만들고 말았다. 말하자면 한국의 개신교는 가톨릭교회보다 더 철저한 불평등한 계급 공동체가 된 것이다.

남녀노소 빈부귀천 가릴 것 없이 모두 '언님'

이런 점에서 필자는 교회가 평등한 공동체가 되기 위해 먼저 신자들의 계급적 호칭들을 철폐하고, 모든 신자들을 동등하게 대우하고 존중하는 의미에서 단지 '언님'으로만 호칭할 것을 제안한다. 이것은 본래 유영모 선생(1890-1981)의 생각이다. 유영모 선생은 일찍이 상대를 부를 때 어른이나 어

린이나 남자나 여자나, 빈부귀천, 위아래를 가릴 것 없이 오직 '언님'으로만 부르자고 제안하였다. 여기서 '언님'은 '어진[仁] 님'의 준말이다. 우리나라에서는 상대방을 부를 때 남녀노소나 신분을 가릴 것 없이 누구에게나 똑같이 적용될 수 있는 공통의 호칭이 없기 때문에 그러한 용도의 신조어로서 '언님'을 제안한 것이다. '언님'이란 말로써 인간에 대한 무한한 존경과 박애정신, 그리고 평등정신과 공동체 정신을 잘 표현할 수 있다고 보았기 때문이다.

한편, 송기득 교수의 연구에 의하면, 유영모 선생은 '언님'이란 호칭 이외에 '눈님'이란 호칭도 제안하였다. 여기서 '눈'은 '보는'[觀] 역할을 담당하는 '눈'[目]과 속성인 '깨끗함'[潔白]을 속성으로 하는 '눈'[雪]을 아울러 지칭한다. 말하자면, '눈'은 깊은 통찰과 순결의 뜻을 담고 있다.(송기득, 『기독교사상』, 2015년 9-10월호) 실제로 동광원수도공동체를 세운 이현필 선생은 유영모 선생의 제안을 받아들여 남성 수도자들에게는 '언님'이란 호칭을, 여자 수도자들에게는 '눈님'이란 호칭을 사용케 하였다. 그리고 지금도 '동광원수도공동체'나 '한국디아코니아자매회'에서는 '언님'을 함께 사는 동료들을 부르는 호칭으로 사용하고 있다.

'언님'에 대한 유영모 선생의 가르침은 그의 제자인 김흥호 목사에게도 자연스럽게 계승되었다. 그래서 김흥호 목사는 다음의 인용문에서와 같이 언님의 의미를 더욱 풍성하게 설명해주면서, 언님의 적극적인 활용을 권면하였다; "동양 사람들은 다 익은 사람을 인(仁)이라고 한다. 자기 속알[德]을 가진 사람이요, 지붕 위에 높이 달려 있는 감처럼 하늘나라를 가진 사람이다. 사랑의 단물이 가득 차고 지혜의 햇빛이 반짝이는 높은 가지의 감알, 그것이 어진 사람이다. 완성되어 있는 사람, 성숙해 익은 사람, 된 사람, 다한 사람, 개성을 가진 사람, 있는 곳이 그대로 참인 사람[立處皆眞], 언제나 한가롭고[心無事] 어떤 일에도 정성을 쏟을 수 있는 사람[事無心], 동양에서는 이런 사람을 사람이라고 한다." (김흥호, 『생각 없는 생각』, 솔, 1999, 16)

말하자면 언님은 평등한 공동체를 추구하는 교회에서 모든 신자들이 서로를 존중하며 부르는 이상적인 호칭으로 활용될 수 있다. 이런 점에서 필자는 하나님의 나라를 미리 맛보는 교회를 만들기 위해 위계적이고 계급적인 직분을 없애고 그 대신 모두를 '언님'으로 부르자고 제안한다.

따라서 내가 꿈꾸는 교회는 평등한 언님들의 공동체이다.

18. 평화 만들기 공동체

평화롭고 자유로운 꿈 한자리 점지해 주사이다

"개똥같은 내일이야 / 꿈 아닌들 안 오리오마는 / 조개 속 보드라운 살 바늘에 찔린 듯한 / 상처에서 저도 몰래 남도 몰래 자라는 / 진주 같은 꿈으로 잉태된 내일이야 / 꿈 아니곤 오는 법이 없다네 (중략) / 벗들이여! / 이런 꿈은 어떻겠오? / 155마일 휴전선을 / 해 뜨는 동해바다 쪽으로 거슬러 오르다가 오르다가 / 푸른 바다가 굽어보이는 산정에 다달아 / 국군의 피로 뒤범벅이 되었던 북녘 땅 한 삽 / 공산군의 살이 썩은 남녘땅 한 삽씩 떠서 / 합장을 지내는 꿈 / 그 무덤은 우리 5천만 겨레의 순례지가 되겠지 / 그 앞에서 눈물을 글썽이다 보면 / 사팔뜨기가 된 우리의 눈이 제대로 돌아 / 산이 산으로, 내가 내로, 하늘이 하늘로 / 나무가 나무로, 새가 새로, 짐승이 짐승으로, /사람이 사람으로 제대로 보이는 / 어처구니없는 꿈 말이외다(중략) / 비나이다 비나이다 / 천지신명께 비나이다 / 밝고 싱싱한 꿈 한자리 / 평화롭고 자유로운 꿈 한자리 / 부디 점지해 주사이다."

위 시는 고난 속에서도 통일의 꿈을 앞장서서 산 문익환(1918~1994) 목사의 〈꿈을 비는 마음〉이란 시의 일부분이다. 시인은 암울한 군사정권 시절 한반도 민중들에게 평화통일의 꿈을 결코 포기하지 말 것을 역설하면서, 그 '어처구니없는 꿈'이 이루어지도록 정화수 한 그릇 떠 놓고 천지신명 하나님께 간절히 함께 빌자고 호소한다. 그런 호소가 하늘에 닿아 2000년 6월 15일에는 6·15공동선언이 이루어졌고, 2007년에는 10·4공동선언이 나왔다. 또 2018년 4월 27일 남북한의 두 정상은 전쟁의 상징인 판문점에서 평화를 이슈로 하여 만나, 한반도의 '완전한 비핵화'와 함께 평화의 실현을 염원하는 '판문점 선언'을 발표하였다. 감격의 순간이었다. 그 이후 다시 크나큰 시련이 닥쳐왔지만, 6·15공동선언, 10·4공동선언과 함께 판문점 선언이 반드시 실현되어 온 민족의 어처구니없는 평화통일의 꿈이 꼭 성취되기를 간절히 빌어마지 않는다.

기독교 신앙은 한마디로 말해 '평화를 만드는 신앙'(peace-making faith)이다. 그것은 예수의 하나님 나라 운동의 핵심으로, 예수께서 선포한 복음의 시작과 끝을 장식한다. 실제로 예수께서는 산상수훈의 말씀으로 하나님 나라 운동을 시작하실 때 평화를 말씀하셨고, 또 십자가와 부활의 증언 속에서 평화를 선포하셨다. 특히 부활하신 예수께서는 제자들을 다시 만나 말씀하실 때 늘 '평화'를 선포하셨다. "너희에게 평화가 있기를!"(마28:9; 눅 24:36; 요 20:19,21,26) 이처럼 예수의 하나님의 나라 운동의 시작과 끝은 평화이다.

평화를 이루는 사람이 하나님의 자녀

그런데 예수께서 팔복에서 강조한 평화의 메시지는 그리스도인들이 자신의 정체성(identity)을 성찰하는 데 더욱 시사적이다. 예수께서는 팔복에서 이렇게 말씀하신다. "평화를 이루는 사람(peacemakers)은 복이 있다. 하나님이 그들을 자기의 자녀라고 부르실 것이다."(마5:9) 여기서 흥미로운 것은 평화를 위해 일하는 사람을 하나님이 당신의 자녀로 부른다는 사실이다. 즉 예수께서는 평화를 위해 일하는 사람과 하나님의 자녀를 동일시하는 것이다. 이 말씀은 우리에게 '전복적 사고'(subversive thinking)를 요구한다. 왜냐면 이것

은 현재 한국교회가 강조하는 하나님의 자녀가 되는 방법과 상당히 다르기 때문이다. 한국교회는 통상 교단을 불문하고 하나님의 자녀가 되는 방법으로 예수 믿고 세례를 받는 것이라고 '교리적인' 설명만 강조하고 있다. 소위 '사영리식'의 지침(하나님의 사랑과 계획-죄에 빠진 인간-예수 그리스도의 대속적 죽음-영접과 구원)이 그것이다. 그런데 본문은 하나님의 자녀가 되는 방법으로 사영리식 교리 대신에 '평화를 이루는 사람'이 되라고 선언한다!

뿐만 아니라 위 팔복의 말씀은 예수께서 비신자가 아니라 당신의 제자들에게 한 말씀이란 측면에서 볼 때 그 의미가 더욱 심오하다. 즉 마태복음 5:9이 이미 세례 받은 제자를 전제로 한 말씀이라고 한다면, 그 말씀은 하나님의 자녀로 불리움을 받은 사람은 평화를 위해 일해야 한다는 당위로 이해된다. 그래서 하나님의 자녀로 불리움을 받는 사람은 존재론적으로 '평화를 위해 앞장서서 일해야 할 의무를 가진 사람'이다. 결국 본문은 교리적으로 이해하여 세례를 받은 사람이든 혹은 그렇지 않은 사람이든 상관하지 않고, 곧 국적이나 인종, 종교와 상관없이 누구든지 평화를 위해 일하는 사람을 하나님이 당신의 자녀로 불러주신다는 축복의 말씀으로 이해될 수 있다. 동시에 그 말씀은 특별히 예수의 제자로서 불리움을 받은 사람은 반드시 평화를 실천해야 할 의무를 가진 자라고 교훈한다. 이것은 하나님의 관심이 어디에 있는지 명백하게 보여준다. 그것은 곧 '평화'이다. 주지하듯이 '교회'란 하나님으로부터 불리움을 받은 사람들의 모임이 아닌가? 그렇다면, 교회는 '평화'를 위해 하늘의 부름을 받은 '평화 만들기 공동체'(peace-making community)와 다름 아니다. 따라서 한국교회는 한반도에 평화의 꽃이 활짝 피워 아름다운 금수강산이 될 수 있도록 평화 만들기 사역에 더욱 매진해야 할 것이다.

따라서 내가 꿈꾸는 교회는 그리스도인의 정체성으로써 끊임없이 평화를 추구하는 평화 만들기의 공동체이다.

19. 평화 살기 공동체

평화 이론에 앞서는 평화 살기

해방신학자로 유명한 구스타브 구티에레즈(Gustavo Gutierrez, 1928~)는 학문에 앞서는 해방적 실천으로서 '프락시스'(praxis)의 중요성을 강조하며 이렇게 말한 적이 있다; "신학이란 프락시스에 대한 비판적 성찰 작업(critical reflection on praxis)으로써 언제나 실천을 따라갈 뿐이다. … 신학은 성찰이며 비판적인 태도이다. 신학은 삶을 따를 뿐이다. 그것은 오직 두 번째 발자국(second step)이다. 헤겔이 철학에 대하여 말했던 것과 마찬가지로 그것은 신학에서도 적용될 수 있다. 즉 그것은 오직 태양이 진 이후에만 떠오르는 것이다."(Gustavo Gutierrez, A theology of liberation, 1973, 7&11)

위 인용문에서 보여주듯이 구티에레즈가 강조하는 것은 해방적 삶으로 '프락시스'가 가장 중요하다는 것과 함께 신학이란 단지 '두 번째 발자국'(second step)이라는 것이다. 사실 그렇다. 학문과 삶은 결코 둘로 분리될 수가 없다. 오직 가능한 것은 그 둘이 이해의 편의를 위해서 잠시 구분될 수 있을 뿐이다. 그런데 많은 경우, 우리의 오류는 그 양자 사이를 엄격히 객관적으로 분리될 수 있는 양 양분시키고 그 어느 하나를 타자화 하는 것이다. 특히 이론을 너무나 강조한 나머지 프락시스 곧 우리의 삶을 소외시키는 것이다. 이런 점에서 우리의 공동체는 평화 이론에 앞서는 '평화 살기'를 무엇보다 먼저 실천해야 할 것 같다.

'원수들 앞에서 상을 베푸시고…'

필자는 최근 한국의 원로 신학자 중 한 분인 서광선 교수(1931~)의 짧은 자서전인 『피스 메이커 서광선 이야기』(2016)을 읽으면서 가슴이 뜨거워졌다. 그는 평화를 이론이 아닌 삶으로 먼저 살아낸 분이었다. 그는 이 책에서 조선의 마지막 무관이자 일제 침탈에 의병대장으로서 죽음으로 저항했던 조부의 이야기, 또 6·25 당시 반공 목사로서 북한의 공산당에게 희생당한 부친의 이야기를 담담히 증언해 주었다. 그러면서 그는 공산당에 희생당한 부친에 대한 기억과 함께 원수에 대한 분노와 씨름하면서 결국에는 화해와 용서 그리고 평화를 위한 소명으로 신학을 공부하고 또 목사가 된 과정을 밝히고 있다. 그는 공산당에 의해 희생되고 해체된 가족의 한 일원으로서 용서와 화해의 어려움을 언급하면서도 평화를 추구하는 일이 얼마나 소중한 일인지 다음과 같이 힘주어 말한다; "원수를 사랑한다는 것은 평생이 걸리는 일입니다. 쉬운 일이 아닙니다. 교회에서 목사님들이 반공을 이야기합니다. 충분히 이해할 수 있는 일입니다. 원수를 사랑하는 것이 곧 원수를 갚는 것이라고 생각할 수 있지만, 그것이 그리 쉽지가 않습니다. 전쟁 상황에서 평화를 이야기하는 것은 정말 어려운 일입니다. 그럼에도 불구하고 우리는 원수를 용서하는 일을 배워야 하고 용서해야 합니다. 그것이 평화를 이루는 지름길입니다."(49쪽)

특히 서 교수의 부친을 죽음으로 이끈 강양욱 목사의 아들인 강영섭 목사가 남북한 교회의 만남의 자리에서 북한 대표자로 와서 그와 마주앉았을 때의 일화는 큰 감동이었다. 그 모임은 1991년 가을 캐나다의 토론토에서 WCC 주관으로 열린 대화 모임이었다. 그 모임에서 서 교수는 북조선의 그리스도교도연맹 회장인 강영섭 목사를 만났다. 그때 강영섭 목사는 북한 대

표로 연설을 하고, 서 교수는 남한 대표로 기조 강연을 하기로 되어 있었다. 그런데 강영섭 목사는 갑자기 서 교수에게 통역을 부탁하였다고 한다. 깜짝 놀란 서 교수는 통역 부탁을 허락하는 과정에서 겪은 자신의 내적인 심경을 다음과 같이 그려주고 있다.

나는 순간적으로 북조선 교회의 대표, 아버지 원수의 아들을 남북한 화해와 평화와 통일을 논의하는 마당에서 공개적으로 도와준다는 것이 우리 회담의 주제, 화해를 실제 몸으로 실천하는 것이라는 영감을 받았습니다. … 그리고 성심성의껏, 그 길고 복잡한 북조선의 정치선전을 영어로 통역했습니다. … 나는 그날, 거의 확실하게 순교자 아버지의 원수 갚는 일이 실제로 어떤 것인지 알게 되었습니다. 나는 그 어려운 시련을 이겨낸 것이 자랑스러웠고 감사했습니다. 감동과 눈물, 사랑과 화해의 경험을 국제회의 현장에서 체험했습니다. '원수들 앞에서 상을 베푸시고….' 시편 23편의 뜻이 가슴에 뜨겁게 와 닿는 순간이었습니다. 이제 나는 마음 놓고 북한의 교회 지도자, 군인, 정치가, 공산주의자들과 만나서 화해를 이야기하고, 평화와 통일을 이야기할 수 있다고 생각했습니다.

'원수 갚는 일'로부터 자유로워졌다는 해방감을 느꼈습니다.(108-109쪽)

앞서 소개한 서광선 교수의 경우에서처럼, 평화 살기는 먼저 원수를 만나는 일이요, 그와 싸우지 않고 대화하는 일이요, 더 나아가 그와 화해하고 친구가 되어 함께 사는 일이다. 성서적인 표현으로 말하면, 사랑으로 원수를 갚는 일이다. "너희의 원수를 사랑하고, 너희를 박해하는 사람을 위하여 기도하여라."(마5:44) 이것은 정말로 힘든 일이다. 하지만 평화는 이론이 아니라 먼저 원수 사랑을 실천하는 삶 곧 프락시스이다. 그 과정에서 우리는 하나님께서 우리에게 우리의 원수 앞에서 상을 차려주시고 축복하시는 엄청난 은혜를 체험한다.

덧붙여 서광선 교수는 라인홀드 니버(Reinhold Niebuhr)가 말한 "사랑이 없는 정의는 폭력이고 정의가 없는 사랑은 거짓 사랑이며 집착이다."라는 말을 빌려, 평화의 공식으로 "사랑+또는(x)정의=평화"를 제안하였다.

그러므로 내가 꿈꾸는 교회는 사랑과 정의가 눈을 맞추는 평화 살기의 공동체이다.

"사랑과 진실이 눈을 맞추고, 정의와 평화가 입을 맞추리라."(시85:10)

20. 하늘 사람의 홍익 은혜 공동체

하늘 사람으로서 하나님 나라 운동에 참여하는 일

한국 감리교회는 〈교리적 선언〉에서 예수 그리스도를 다음과 같이 고백하고 있다. "우리는 하나님이 육신으로 나타나사 우리의 스승이 되시고 모범이 되시며 대속자가 되시고 구세주가 되시는 예수 그리스도를 믿는다." 이 맥락에서 볼 때, 그리스도인이 된다는 의미는 '예수 그리스도께서 보여주신 삶의 모범을 우리도 따른다'는 의미요, '예수 그리스도를 스승 삼아 우리도 그리스도적인 삶을 사는 것'을 뜻한다. 그렇다면 예수 그리스도께서 스승으로서 먼저 우리에게 보여주신 삶의 모범은 무엇인가? 마태복음에 따르면, 그것은 크게 두 가지로 요약될 수 있다. 첫째는 자신이 하나님의 아들 곧 '하늘 사람'이라는 것을 매일매일 깊이 깨닫고 체험하는 삶이요, 둘째는 하늘 사람으로서 '하나님의 나라 운동'에 동참하는 것이다. 여기서 '하늘 사람 의식'과 '하나님의 나라 운동'은 예수 그리스도의 두 존재 양식으로서 결코 분리될 수 없는 그리스도인 됨의 수행 방식이기도 하다. 따라서 그리스도인이라면, 이 둘을 끊임없이 추구해야 한다. 그렇다면, 마태복음에서는 이 둘을 어떻게 강조하고 있을까?

우선, '하늘 사람 의식'은 자아 정체감 의식이다. 이것은 예수 그리스도께서 세례 받을 때 분명히 나타난다. 여기서 세례는 내가 누구인지, 직접적으로는 내가 하늘 사람이란 사실을 분명히 깨닫게 되는 순간이다. 예수도 세례를 통해 자신이 하늘 사람이라는 것을 철저하게 깨닫게 되었다. "예수께서 세례 요한에게 세례를 받고 물에서 올라오자 하늘이 열렸다. 그리고 하나님의 영이 비둘기같이 하늘에서 내려와 예수에게 내려오는 것을 보셨다. 그리고 하늘에서 음성이 들렸다. 이는 내가 사랑하는 아들이다. 내가 그를 좋아한다."(마3:17) 이 하늘 사람 의식을 체험한 뒤 예수께서는 하늘 사람 의식이 늘 충만해지도록 부단히 노력하였다. 뿐만 아니라 그것을 제자들에게도 열심히 가르치셨다. 대표적인 것이 산상수훈이요, 그중에서도 팔복과 주기도문이 중요하다. 말하자면 팔복은 하늘 사람들이 어떤 존재인지 자세히 밝혀주는 말씀이요, 주기도문은 그것을 잊지 않도록 기도로써 수행을 촉구하는 지침의 말씀이다. 즉 "하늘 사람은 마음이 가난한 사람이요, 슬퍼하는 사람이요, 온유한 사람이요, 의에 주리고 목마른 사람이다. 그리고 하늘 사람은 자비한 사람이요, 마음이 깨끗한 사람이요, 평화를 이루는 사람이요, 그리고 의를 위하여 박해를 받은 사람이다."(마5:3~10)

매일의 기도와 실천적인 삶, 그리고 하나님 나라

그런데 팔복에서 제시한 하늘 사람 의식은 쉽게 형성되지 않는다. 그것은 끊임없는 기도 수행에 의해 완성된다. 그래서 예수께서는 매일매일 주기도문 수행을 통해 우리가 하늘 사람으로 다시 태어날 것을 주문하신다. "하늘에 계신 우리 아버지, 그 이름을 거룩하게 하여 주시고, 그 나라를 오게 하여 주시며, 그 뜻을 하늘에서 이루심 같이, 땅에서도 이루어주십시오."(마6:9~13) 이렇게 매일 기도수행을 통해 하늘 사람 의식을 갖게 된 그리스도인은 마치 어린아이와 같이 순수하고 맑고 깨끗한 존재가 된다. 그래서 예수께서는 하늘나라는 이런 어린 아이들의 것이라고 말씀하신다.(마19:14)

다음으로 하나님의 나라 운동은 하늘 사람들이 추구하는 실천적 삶을 말한다. 마태복음에 따르면, 하늘 사람 의식을 가진 제자들은 무슨 일을 하든지 복음을 전하는 자들이었다. 여기서 복음을 전한다는 것은 무엇을 의미하는가? 그것은 예수께서 행한 것들을 이어서 행하는 것을 의미한다. 이것은 예수께서 열두 제자들에게 분부한 말씀 속에 잘 나타난다. "다니면서 하늘 나라가 가까이 왔다고 선포하여라. 앓는 사람을 고쳐주고, 죽은 사람을 살리며, 나병 환자를 깨끗하게 하며, 귀신을 쫓아내어라. 거저 받았으니 거저 주어라."(마10:6~8) 여기서 예수께서 행한 것들은 다름 아니라 '치유'(healing)의 삶이요 사람들을 '온전케 하는 일'(wholeness)이었다. 그리고 무엇보다 그것은 하나님으로부터 공짜로 받은 것이기에 세상 사람들에게 널리 공짜로 나뉘줘야 할 은혜의 일이었다. 말하자면 하나님의 나라 운동은 사적 이익 추구의 운동이 아니라 만인을 이롭게 하는 '홍익 은혜'(弘益恩惠)의 운동이다. 이 운동은 두세 사람이 모이면 꼭 실천해야 할 일로, 제자들이 홍익 은혜의 서원을 빌면 하나님께서는 반드시 들어주실 것이라고 약속하셨다.(마18:18~20)

하나님 사랑과 이웃 사랑으로 가까워 오는 하나님 나라

그뿐만 아니라 하나님의 나라 운동은 두 계명을 준거로 늘 실천되어야 한다. 그것은 하나님 사랑과 이웃 사랑이다.(마22:35-40) 이 두 계명은 일종의 하나님 나라의 '헌법'으로서, 하나님의 나라는 이 두 법을 통해 통치된다. 그리고 하나님 나라의 최고 의식은 '성만찬' 예전이다. 예수 그리스도께서는 성만찬을 통해 하나님의 나라 운동이 어떤 의미를 갖는지 깨닫게 하셨다.(마26:26-28) 따라서 교회는 지난 2천 년 동안 성만찬 예전을 통해 그것을 계속 이어오고 있다. 하지만 하나님의 나라 운동은 십자가 위에서 '엘리 엘리 라마 사박다니'(마26:46) 하며 절규하신 주님의 부르짖음처럼 종종 실패한 것처럼 보일 때가 많다. 그러나 부활하신 주님께서 제자들에게 찾아가 '평화'를 선포하신 것처럼, 하나님의 나라는 반드시 성취되고야 말 평화의 운동이다.(마28:9-10)

따라서 내가 꿈꾸는 교회는 마태복음 마지막 구절(마28:16-20)이 제시하듯이, 세례를 통해 모두 하늘 사람 의식을 갖게 하고 하늘나라의 헌법을 지키며 홍익 은혜를 실천하는 하나님 나라 운동의 센터라고 말할 수 있다.

21. 항상 개혁하는 공동체

개혁된 교회일까 개혁중인 교회일까

'개혁교회'(reformed church)를 표방하는 많은 한국교회는 아쉽게도 종교개혁 500주년에 즈음하여 그 개혁을 사실상 멈춘 듯하다. 최근 한국 장로교회들은 각각 가톨릭교회 세례의 불인정, 교회 세습의 편법 용인, 이슬람 포비아 표명, 그리고 여성 안수 반대 및 동성애에 대한 불관용의 입장 등을 천명하면서 교회의 성벽을 더욱더 두텁게 쌓아 가고 있다. 이미 수많은 교파로 갈라진 한국교회이기 때문에 새삼 반개혁적 흐름에 대하여 크게 놀랄 일은 아니지만 개혁을 지향하는 개신교 정신에 비추어 볼 때, 그 아쉬움은 적지 않다.

그럼에도 불구하고 개혁교회의 전통은 '항상 개혁하는 것'이니, 한번 실패하였다고 하여 쉽게 포기할 일은 결코 아니다. 우선 개혁의 신발 끈을 다시 매는 심정으로 개혁교회는 새로운 개혁의 첫걸음으로 교회의 정체성을 새로 찾는 차원에서 영어 표기부터 바꾸면 어떨까 싶다. 왜냐하면 종교개혁의 정신은 우리가 잘 알듯이, "교회는 개혁되어야 하되 '항상' 개혁되어야 하는 것"(ecclesia reformanda et semper reformanda)이기 때문이다. 여기서 중요한 것은 '항상'(semper)이란 단어이다. 개혁은 결코 한 번으로 완성되는 것이 아니라 마치 흐르는 물처럼 계속 이어져야 하는 일이다. 그런데 현재의 개혁교회는 교회 개혁이 마치 과거에 모두 완성된 것처럼 오해하게 만드는 '개혁된 교회'(reformed church)라는 이름을 사용하고 있지 않은가? 따라서 개혁교회는 그 이름 대신에 개혁을 끊임없이 추구한다는 의미로 '개혁 중인 교회'(reforming church)란 말을 사용하면 어떨까 싶다. 그러고 보니 '연합중인 교회'(Uniting Church in Australia)라는 이름을 사용하고 있는 호주 교회가 매우 친근하게 느껴진다.

성서에 보면 개혁은 한 번으로 완성된 것이 아니라 늘 새롭게 갱신되었다. 하나님의 백성인 이스라엘은 자신의 공동체를 늘 새롭게 개혁하려고 무척 노력하였다. 그것은 하나님과 이스라엘 백성 사이에 맺어진 '계약'(berith)을 통해 잘 드러난다. 우선 이스라엘 백성들은 이집트에서 탈출한 뒤 자신들의 공동체를 '노예 공동체'에서 '하나님의 백성 공동체'로 새롭게 정립하기 위해 하나님과 계약을 맺는 형태로 공동체의 개혁을 단행하였다. 그것을 일컬어 '모세 계약'이라고 부른다.(출 24장) 그들은 그 계약의 증거물로서 '십계명'을 공포하였고 그것의 철저한 준수를 통해 개혁 의지를 확고히 실천하였다.

모세 계약에서 다윗 계약 이후 새 계약인 복음으로

하지만 이스라엘 공동체는 다윗 시대에 이르러 큰 변화를 겪게 되었다. 이스라엘이 더 이상 출애굽 이후의 피난민 공동체가 아니라, 명실공히 야훼 신앙으로 굳게 뭉친 강력한 통일왕국을 이룬 새로운 신앙공동체로서 새로운 시대를 맞이한 것이다. 그래서 이스라엘은 이제 새로운 시대에 걸맞은 새로운 공동체의 신앙과 윤리가 필요하였다. 그 결과로 나온 것이 바로 '다윗 계약'이다.(삼하 7장) 앞서 맺은 모세 계약이 하나님과 이스라엘 백성 사이의 조건적인 계약이었다면, 새로 맺은 다윗 계약은 일종의 '혈맹'과 같은 매우 강력한 무조건적인 계약이다. 하나님께서 영원히 다윗의 왕국을 축복해 주시고 지켜주실 것이라는 공동체 보존의 믿음이 바로 그 계약 속에 반영되어 있다.

그런데 아쉽게도 다윗 계약은 후에 다윗 왕국에게 공동체 개혁의 원동력으로 작용하기보다는 오히려 선민의식만을 강화하는 왜곡된 개혁 원리로 작용했던 것 같다. 그 결과 다윗 왕국은 북이스라엘과 남유다로 분열되었고, 또 각각 앗시리아와 바벨론에게 멸망당하는 슬픔을 겪게 되었다. 남유다가 바벨론에 의해 멸망하기 얼마 전 요시야 왕이 옛 계약의 갱신을 통해 이스라엘 공동체의 새로운 회복을 꿈꾸었지만 역부족이었다. 결국 이스라엘은 멸망하였고, 신앙공동체의 회복을 위해 모세 계약과 다윗 계약을 넘어서는 제3의 새로운 계약, 특히 과거의 계약들과는 근본적으로 다른 '새 계약'(new covenant, 렘 31:31)을 갈망하게 되었다. 그것이 바로 예수 그리스도를 통한 새로운 계약인 '복음'이다.

루터의 종교개혁은 무엇인가? 그것은 마치 이스라엘 백성들이 모세 계약과 다윗 계약을 통해 신앙공동체의 갱신을 끊임없이 추구했던 것처럼, 그리스도인들이 예수 그리스도와 맺은 '계약'을 새롭게 갱신한 사건이라고 말할 수 있다. 그렇다면 새 계약의 구체적 내용은 무엇인가? 그것은 교황을 비롯한 성직자를 중심으로 운영되던 신앙공동체를 모든 일반 신자를 중심으로 바꾸겠다는 것이요(만인사제설), 하나님의 뜻을 인간의 제도(교회법)가 아니라 '하나님의 말씀'(성서의 권위) 속에서 찾겠다는 선언이다. 그리고 무엇보다 인간 구원에 필요한 것은 인간의 외적 조건이 아니라 오직 하나님의 은총에 의한 인간 내면의 근본적인 변화라고 천명한 것이다.('오직 신앙'과 '오직 은총'의 선언)

그런데 루터의 종교개혁도 500년을 보내면서 그 수명을 다해 가고 있다. 이제 한국교회는 예수 그리스도와 새로운 계약서를 작성해야 할 시점에 다가온 듯하다. 우리는 새로운 신앙공동체의 건설을 위해 과연 어떤 계약서를 작성해야 할 것인가? "안식일이 사람을 위하여 생긴 것이지 사람이 안식일을 위하여 생긴 것이 아니다."(막 2:27)라는 예수의 교훈에서 보듯이, 이제 교회는 그 존재 이유를 '참 인간 해방과 평화'에서 찾으며 계약서 작성을 위한 펜을 들어야 하지 않을까? 새로운 계약서 작성을 앞둔 지금 우리에게 종교개혁자들의 뜨거운 격려의 목소리가 메아리처럼 들리는 듯하다. "교회는 개혁되어야 하되 항상 개혁되어야 한다!"

따라서 내가 꿈꾸는 교회는 항상 개혁하는 공동체이다.

22. 호연지기의 삶을 사는 공의 공동체

호연지기는 옳은 일을 행하며 살아갈 때 생기는 것

산에 오를 때면 종종 '호연지기'(浩然之氣)를 언급하곤 한다. 아마도 그렇게 말하는 배경에는 신라 시대의 화랑들이 산과 들을 누비며 호연지기를 키웠다는 전설에 근거하여, 힘든 산을 오를 때 호연지기를 키울 수 있다고 믿기 때문인 것 같다. 하지만 호연지기란 "하늘과 땅 사이에 가득 찬 넓고 큰 원기"를 뜻하는 것으로, 그것은 단순히 등산을 통해 얻어지는 것이 아니라, 인간 내면의 용기 있는 결단에 의해 체득되는 것이다. 본래 호연지기가 처음 등장하는 곳은 『맹자』 '공손추'(公孫丑) 상편이다. 거기서 맹자의 성선설에 반대하는 입장에 서 있던 공손추가 맹자에게 "호연지기"가 무엇인가 물었다. 이때 맹자는 호연지기를 설명하면서, 그것은 '의'(義)와 '도'(道)로 함께 길러지니, 이것이 없으면 '기'(氣)는 시들어 버린다고 하였다. 여기서 맹자의 대답이 매우 의미심장하다. 즉 호연지기는 우리가 '옳은 일'을 행할 때, 그리고 우리가 걸어가야 할 길을 묵묵히 걸어갈 때 생긴다. 따라서 호연지기는 단순히 산과 들을 자주 다니면 저절로 생겨나는 덕이 아니다. 양심에 비추어 찜찜한 일을 하면 호연지기는 더더욱 생길 수 없다. 그것은 공의를 꾸준히 실천하며 양심에 따른 바른 삶을 살아갈 때 키워진다. 그래서 호연지기는 리더의 최고 덕목이라고 하는 것 같다.

그렇다면, 호연지기는 성서적 의미로 어떻게 이해될 수 있을까? 그것은

'예언자 정신'과 다름 아니다. 예언자는 하나님의 말씀, 곧 '토라'(Torah)에 근거하여 이스라엘 백성들에게 공의를 실천할 것을 외쳤고, 심지어 불의한 왕들에게도 위험을 무릅쓰고 나아가 토라의 말씀을 준수할 것을 촉구하였던 것이다. 여기서 우리는 '예언자'(navi)의 의미를 분명히 할 필요가 있다. 그것은 마치 점쟁이처럼 미래에 어떤 일이 일어날지를 예상하여 알려주는 재豫言者]가 아니라, 하나님의 말씀인 토라를 하늘의 별처럼 밝게 가슴에 고이 맡아 간직하고 있는 존재를 의미한다. 그래서 예언자에게 하나님의 말씀은 양심이 되고 내면의 법칙이 된다. 따라서 예언자는 언제나 하나님의 말씀에 충실한 존재로서 그 말씀에 비추어 혹 잘못한 왕이 있다면 언제든 그를 찾아가 토라의 말씀에 따른 바른 정치를 하기를 촉구하였던 것이다. 이처럼 예언자는 호연지기의 표상이라고 말할 수 있다.

성경에는 수많은 호연지기의 삶을 산 예언자가 등장한다. 그런데 그들 중 대표적인 예언자를 꼽는다면 누구일까? 그는 마태복음 17장에 나오는 '예수의 변모 사건'을 비롯한 몇 번의 예수의 언급에서 잘 드러나듯이 '엘리야'와 '세례 요한'이다.(마11:14; 마 17:13) 엘리야는 누구이고 또 세례 요한은 누구인가? 그 둘은 비록 약 800년이란 긴 시간 간격을 두고 활동한 예언자였지만, 마치 거울 이미지처럼 하나같이 하나님의 말씀인 토라를 삶의 준칙으로 삼아 철저하게 호연지기의 삶을 살았던 분들이다.

성경 속에서 호연지기를 기르고 발휘한 예언자들

우선 엘리야를 생각해 보자. 그는 주전 9세기 중반 북왕국 이스라엘에서 활약한 예언자이다. 그가 활동할 당시 왕은 아합이다. 아합왕은 이스라엘에서 그 어느 왕보다 토라의 말씀을 잘 따르지 않고 악을 행하였다. 특히 그는

 부익부 빈익빈의 차별적 사회를 만들어 버렸고, 왕비 이세벨을 앞세워 바알과 아세라 등 우상을 앞장서서 섬기던 왕이었다.(왕상 16:29-34) 더욱이 이세벨은 하나님의 예언자들을 무참히 학살한 것으로 유명하다.

 이때 예언자 엘리야가 등장한다. 그는 토라에 대한 깊은 묵상과 하나님과의 교제를 통해 호연지기가 충만한 사람으로서, 이스라엘에 대한 하나님의 심판으로 여러 해 동안 큰 가뭄이 생길 것을 전하였다. 그리고 그는 3년째 되는 해에 나타나 갈멜산에서 이세벨에게 녹을 먹는 어용 예언자 850명과 한판 영적 싸움을 벌여 승전한 후, 드디어 비 소식을 전하였다. 그때 그는 갈멜산 기도로 알려진 기도에서 다음과 같이 기도하였다. "아브라함과 이삭과 이스라엘을 돌보신 주 하나님, 주님께서 이스라엘의 하나님이시고, 나는 주님의 종이며, 내가 오직 주님의 말씀대로만 이 모든 일을 하고 있다는 것을, 오늘 저들이 알게 하여 주십시오."(왕상18:36) 이처럼 엘리야는 하나님의 말씀에 대한 순종으로 호연지기를 키웠고, 그래서 죽음을 무릅쓰고 불의한 아합과 이세벨 앞에 당당히 설 수 있었던 것이다.

세례 요한은 또한 어떤가? 그 역시 엘리야와 같은 호연지기가 충만한 공의의 예언자였다. 마치 엘리야가 예언자들을 죽인 이세벨에게 최후의 예언자로서 당당히 등장하였던 것처럼, 세례 요한 역시 불의한 분봉왕 헤롯(안티파스)에게 용기 있게 나아가 권력형 비행에 맞섰다. 헤롯왕은 율법을 어기고 자신의 동생 빌립의 아내 헤로디아를 아내로 삼았다. 많은 사람들이 헤롯의 그 불의한 결혼에 대하여 침묵할 때, 세례 요한은 호연지기의 기운으로 불의에 저항하면서 헤롯에게 "그 여자를 차지하는 것은 옳지 않습니다."(마14:4)라고 여러 차례 말하였다. 그것이 문제가 되어 세례 요한은 감옥에 투옥되었고, 결국 목이 베어지는 최후를 맞이하였다.

이처럼 엘리야와 세례 요한은 호연지기의 정신으로 자신이 살던 시대에 하나님의 말씀을 최후까지 수호했던 참 예언자였다. 그리고 이것은 자연스럽게 예수의 십자가 정신으로 계승되었다.

따라서 내가 꿈꾸는 교회는 엘리야와 세례 요한처럼 그 시대의 양심으로 하나님의 말씀에 따라 의연하게 옳은 길을 제시하며 호연지기의 삶을 살아가는 공의의 공동체이다.

23. 화해의 공동체

하나님 얼굴을 뵙는 것 같습니다

"성령이 소주 한 잔만 못하냐?"라는 말이 있다. 이것은 한국교회가 부흥회를 많이 하던 70~80년대에 생긴 속담으로 생각된다. 보통 부흥회에서는 '성령 충만'을 강조하였다. 하지만 문제는 부흥회에 참석하여 성령 충만을 받은 신자들이 정작 부흥회를 마치고 교회 밖으로 나와서는 전혀 성령 충만한 사람답지 않게 이웃과 잘 싸우고, 게다가 화해도 제대로 못하는 경우가 많았다. 심지어 기독교인들은 한번 싸우면 절대로 화해하는 법이 없다는 말도 여전히 들려온다. 그런데 기독교인들이 종종 비난하는 세상 사람들은 정작 어떤가? 그들은 오히려 문제가 생기면 소주 한 잔 따라 놓고 화해를 청하지 않는가? 그래서 "성령이 소주 한 잔만 못하냐?"라는 말이 생긴 것이다. 이것은 기독교인들이 말할 때마다 심심치 않게 '성령'(하나님)이란 말을 들먹이지만, 실제 일상 속에서 잘 화해하지 못하는 위선적인 모습을 비판한 이야기이다.

성서에서 가장 아름다운 장면을 하나 꼽으라면 무엇일까? 필자는 주저하지 않고 장자권 문제로 서로 원수가 되었던 형제 에서와 야곱이 거의 15년 만에 다시 만나 서로 포옹하는 장면을 꼽고 싶다.(창32-33장) 형 에서가 야곱을 반갑게 맞아주자 야곱이 한 말은 지금도 우리의 심금을 울린다. "형님께서 저를 이렇게 너그럽게 맞아주시니, 형님의 얼굴을 뵙는 것이 하나님의 얼굴을 뵙는 듯합니다."(창33:10b) 이처럼 에서와 야곱이 화해하는 장면은 한 편의 드라마이다. 형을 속인 야곱이 그에게 용서받고 또 화해하기 위해 먼저 선물을 보내고, 다음에는 하녀들과 종들을 보내고, 그리고 마지막에는 자기의 부인들과 자녀들을 보낸다. 그리고 맨 마지막에는 자신이 홀로 얍복강 가에 남아서 밤새워 하나님의 천사와 씨름을 하며 마음을 다스린다. 그리고 야곱은 드디어 용기를 내어 형을 찾아가고 일곱 번이나 머리를 땅에 대면서 용서를 청한다. 그러자 형은 야곱에게 달려가서 '두 팔을 벌려' 그를 끌어안고 입을 맞추고 함께 울면서 화해를 하는 장면이다.(창33:1-4) 인간의 삶에서 이보다 더 아름다운 장면이 또 있을까 싶다.

모름지기 우리의 교회가 이런 화해의 공동체가 되어야 하리라. 화해의 공동체는 성령이 소주 한 잔보다 못한 무능력한 공동체가 아니라, 화해의 능력이 있는 공동체이다. 그것은 야곱처럼 잘못한 사람이 먼저 용서를 빌기 위해 발걸음을 옮기는 용기 있는 자들의 모임이며, 동시에 용서를 청한 사람에게 에서처럼 기꺼이 관용을 베풀고 그를 다시 형제애로 맞이하는 포용의 공동체이다. 화해의 공동체는 궁극적으로 모두가 함께 더불어 평화롭게 사는 평화의 공동체이다. 하지만 이러한 화해의 공동체 일구기, 곧 용서 청하기와 관용하기 그리고 더불어 살기는 결코 쉬운 것이 아니다. 왜냐면 화해가 완전히 이루어지기까지의 과정은 매우 복잡하고 오랫동안 지속되는 고통스러운 과정이기 때문이다.

포옹과 화해의 네 가지 단계

이런 점에서 야곱과 에서가 보여준 '포옹'(embrace)의 과정, 곧 두 팔을 벌리며 화해하는 장면은 화해의 과정을 이해하는 데 매우 유용하다. 기독교윤

리학자인 볼프(Miraslav Volf)가 그의 책 『배제와 포용』에서 이것을 화해의 방식으로 잘 설명해 주고 있다. 그는 포옹의 과정을 토대로 하여 화해의 네 단계를 제시하였다. 제1단계는 마음으로 용서하며 팔을 뻗는 '팔 벌림의 단계'이다. 여기서 흥미로운 것은 우리가 상대방을 껴안기 위해 팔을 벌릴 때, 자기 주먹을 그대로 쥐고 팔을 벌리는 경우는 거의 없다는 점이다. 대부분은 손바닥을 펴고 팔을 벌린다. 말하자면, 용서의 첫 단계는 손바닥을 펴듯이 자기의 것을 고집하지 않고, 먼저 용서하는 마음을 표현하는 것이다. 그래서 가해자는 용서를 비는 마음을 갖는 것이요 피해자도 손해를 감수하는 마음을 갖는 것이다. 특히 피해자는 피해의식에 오랫동안 집착해 있는 한 결코 행복하지 못하다. 따라서 그런 피해에 따른 고통의 마음을 내려놓고, 마음으로부터 상대방을 불쌍히 여기며 용서할 필요가 있다. 물론 가해자는 고통을 준 것에 대한 뼈저린 반성이 필요하다. 마치 야곱이 얍복강 가에서 밤새워

천사와 씨름하듯이 말이다.

제2단계는 손을 내민 채 상대방도 같은 자세로 나 자신에게 다가오기까지 기다리는 '기다림의 단계'이다. 이 기다림이 얼마나 오래 지속될는지 아무도 모른다. 예컨대 에서와 야곱은 15년을 기다렸고, 남한과 북한은 70년이 넘도록 서로를 기다리고 있다. 물론 그 기다림의 시간은 지난한 고통의 과정이다. 실제로 한번 팔을 벌린 채 한 30분만 그대로 있는다고 해도 그 고통은 견디기 쉽지 않을 것이다. 그러나 충분한 인내의 과정이 없이는 결코 화해에 이를 수 없다. 그 인내의 과정을 거친 후 비로소 제3단계인 '포옹의 단계'에 당도한다. 이 3단계에서 서로는 드디어 만나 화해를 하게 된다. 이것은 마치 원수였던 에서와 야곱이 다시 만나 포옹하는 단계요, 또 예수께서 소개한 탕자의 비유(눅15장)에서 잘 보여주듯이, 되돌아온 탕자가 아버지에게 용서를 청하며 그와 다시 만나 서로 얼싸안는 것과 같다. 그리고 그것은 지난 2018년 4월 서로 원수였던 남북한의 최고지도자들이 다시 만나 서로의 손을 잡고 포옹한 것과 다름 아니다.

하지만 진정한 화해는 한 단계 더 나가야 한다. 그것은 제4단계로써 상대방을 다시 풀어주는 '팔 펴기의 단계'이다. 우리는 포옹한 채 살 수 없다. 다시 평화롭게 살기 위해서는 상대방을 껴안고 있던 팔을 풀고 상대방에게 자유를 주어야 한다. 왜냐면 레비나스의 말처럼, 타자는 결코 나로 환원될 수 없는 비대칭적 존재이기 때문이다. 따라서 타자의 다름을 나의 것과 일치시키려는 동일성의 욕망으로부터 벗어나서 상대방에게 자유를 주는 것, 이것이 진정한 화해의 마지막 단계이다. 따라서 내가 꿈꾸는 교회는 미움이 가득한 이 땅에서 진심으로 서로를 용납하고 수용하며, 더 나아가 타자를 타자로서 존중하는 진정한 화해의 공동체이다.

24. 환원의 공동체

초대 교회로 돌아가라, 환원 운동과 그 위험성

한국교회가 교회개혁을 말할 때 많이 사용하는 구호가 있다. "초대 교회로 돌아가라!" 기독교인치고 이 말을 들어보지 못했거나 또 동의하지 않는 신자는 아무도 없을 것이다. 그만큼 이 말은 교단을 불문하고 기독교인에게 가장 익숙한 말 중의 하나가 되었다. 그런데 "초대 교회로 돌아가라"라는 구호에서 '돌아간다'라는 말은 한자어로 '환원'(還元)이다. 그래서 초대 교회로 돌아가는 운동을 일컬어 소위 '환원 운동'(restoration movement)이라고 부른다. 물론 이 표현은 '그리스도의교회' 교단이 주로 많이 사용하지만, 그 교단의 전유물은 아니다. 왜냐면 이 말은 중세 말 인문주의자들이나 종교개혁자들이 즐겨 사용하던 라틴어 '아드 폰테스'(ad fontes; 원천으로 돌아가라)의 또 다른 표현으로서, 종교개혁을 상징하는 핵심 구호이기 때문이다.

그런데 교회가 환원 운동을 할 때 중요하게 고려해야 할 사항이 하나 있다. 그것은 현대인들이 '환원'이란 말을 대체로 부정적으로 인식한다는 점이다. '환원'이라는 말이 내포하는 부정적인 뉘앙스 때문이다. 이것은 두 가지의 위험성으로 다시 설명할 수 있는데, 첫째는 '전통주의'의 위험성이다. 환원이라는 말에는 현재나 미래를 부정적으로 인식하는 반면, 과거는 절대적인 선으로 보는 관점이 숨어 있는 것처럼 보인다. 그래서 우리가 당면한 어떤 문제를 해결하고자 할 때, 환원은 오직 선의 원천인 '과거'로만 돌아가라

고 외치는 것처럼 들린다. 이것은 큰 오류에 빠질 위험을 내포한다. 이처럼 환원 운동은 모든 과거의 전통을 절대화하는 '전통주의'(traditionalism)의 위험성이 있다.

둘째는 환원 운동이 철학적인 '환원주의'(reductionism)와 '환원'이란 용어를 공유하는 관계로 갖게 되는 위험성이다. 즉 철학적 환원주의에서의 환원과 환원 운동의 환원은 엄밀히 다른 개념임에도 불구하고, 그 둘을 혼동하는 경우가 종종 있다. 철학에서 '환원주의'란 복잡하고 높은 단계의 사상이나 개념을 하위 단계의 한 요소로 정의할 수 있다고 보는 견해이다. 예를 들면, 사회문제를 진단할 때 심리변수를 비롯하여 경제변수, 정치변수 등 다각적으로 살펴봐야 함에도 불구하고, 환원주의는 그 변수들을 모두 보지 않고 오직 어느 하나만을 기준으로 삼는 것을 말한다. 그래서 현대인들이 환원주의라는 말을 사용할 때에는 대부분 '환원주의의 오류'라는 말로 사용하는 것이다. 그러므로 초대 교회로 돌아가려는 환원 운동을 할 때 늘 경계해야 할 일은 전통주의를 절대화하려는 유혹에 빠지지 말 것과, 또 환원주의와 동일시되지 않도록 잘 살피는 일이다. 하지만, 환원 운동에 따라다니는 이러한 이중적인 위험성에도 불구하고 교회는 늘 새로워져야 하므로, 초대 교회로 돌아가려는 노력을 계속해야 한다. 왜냐면 우리 신앙의 모범이 예수 그리스도에게 있기 때문이요, 또 그 원천이 성서와 초대 교회에 있기 때문이다. 그런데 환원 운동을 할 때 간과할 수 없는 또 다른 하나의 중요한 일은 '환원'의 영어단어가 '회복'(restoration)이라는 점이다. 회복이란 '다시'(re)와 '세우다'(store)의 결합어이다. 따라서 환원이란 망가져서 더 이상 쓸 수 없던 것을 다시 고쳐 세우고 회복시키는 과정을 일컫는다. 즉 환원 운동은 초대 교회의 순수한 모습이 오랜 역사의 풍상(風霜) 과정을 거치면서 왜곡되거나 망가졌으므로, 이제 그것을 다시 회복시키려는 운동이다.

초대 교회의 본래 모습은 무엇이었을까?

초대 교회를 연구한 많은 연구자가 있지만, 필자에게 큰 공감을 일으킨 분은 하버드대학교의 하비 콕스(H. Cox) 교수이다. 그는 은퇴기념으로 출판한 『종교의 미래』(The Future of Faith, 2010)라는 책에서, 초대 교회의 모습에 대하여 흥미로운 정보를 많이 제공하고 있다. 그는 우리가 지금 생각하는 그런 초대 교회는 없었다는 것이다! 즉 많은 신자들이 초대 교회를 단일하고 조화로운 교회이고, 베드로를 정점으로 한 굳건한 '사도적 권위'(목사의 권위)가 있었으며, 지금과 같은 정교분리가 지지되거나 적어도 국가의 보호를 받는 종교였다고 생각하곤 한다. 하지만 실제로 초대 교회에 그런 교회는 없었다.
그렇다면, 초대 교회는 어떤 모습이었을까? 콕스에 따르면, 적어도 세 가지의 특징을 갖고 있었다. 첫째, 초대 교회는 '다양성'을 특징으로 한다. 예루살렘에서 안디옥, 로마에 이르기까지 표준화된 신학도 없었고, 단일한 관리 형태도 없었고, 일률적인 예배 형태도 없었다. 심지어 공동으로 읽는 성서도 없었다. 다만 오직 하나, 초대 교회는 예수에게만 초점이 맞추어져 있었을 뿐이다. 둘째, 초대 교회는 교황권과 같은 '사도권 권위'가 없었다. 그것은 상당히 늦게 발명된 것으로서 당시에는 오직 '은사'(charisma)에 의해서만 교회가 운영되었다. 셋째, 초대 교회는 국가와 늘 '갈등' 관계에 있었다. 특히 초대 교회 교인들은 예수 운동을 일종의 '반(反)제국 운동'으로 이해하였다. 따라서 잘못된 정권이나 정부에 대해서는 언제나 '아니오'라고 말하며 저항하는 것이 초대 교회의 모습이었다.

따라서 내가 꿈꾸는 교회는 이러한 '아드 폰테스'의 교회 곧 '환원'의 공동체이다.

25. 회복적 정의의 공동체

따뜻한 정의의 여신상?

대한민국 대법원의 대법정 앞에는 멋진 여신상이 설치되어 있다. 일명 '정의의 여신상'이다. 박충흠 작가의 1995년도 작품이다. 대법원이 서초동으로 이전하면서 그 기념으로 설치한 것으로 알려져 있다. 작품 속 여신은 전통 한복을 차려입고 무궁화로 장식된 의자에 앉아 정면을 응시하고 있다. 그는 오른손에는 천칭(저울)을, 왼손에는 법전을 들고 있다. 그런데 이 작품은 서구의 법원이나 광장에 세워진 정의의 여신상과 달라 적지 않은 논란이 있다. 왜냐면 정의의 여신상은 일반적으로 그리스 신화의 디케(Dike) 혹은 로마 신화의 유스티티아(Justitia) 상을 조각한 것인데, 대법원의 작품은 한국인의 독특한 시각이 담겨 있기 때문이다.

즉 여신상은 대체로 오른손에는 법의 권위와 권력을 의미하는 칼을 그리고 왼손에는 법의 공평함과 공정함을 의미하는 천칭을 들고 있으며, 눈은 선입견이나 편견 없이 재판한다는 의미로 가리개로 가려져 있다. 또 여신상은 앉아 있는 경우보다 거의 서 있는 경우가 많다. 그런데 우리나라 대법원의 여신상은 칼 대신에 법전이, 눈가리개 없이 정면을 응시하고 있다. 더욱이 여신은 마치 어머니 같은 모습을 한 채 대한민국을 상징하는 무궁화 위에 앉아 있다.

예술작품은 어디까지나 예술가의 미적 감수성을 형상화한 것이라고 할

때, 우리나라 대법원에 설치된 여신상에는 어떤 의미가 내포되어 있을까? 필자의 소견으로는 박충흠의 여신상은 그 어느 나라보다 강력하게 '법전'의 중요성과 함께 '따뜻한 법'의 정신을 강조한 것이 아닌가 싶다. 물론 우리나라의 사법부가 실제로 얼마나 법전에 따라 엄정하게 재판을 진행하고, 또 법이 차가운 징벌적 정의만이 아니라 억울한 사람들의 눈물을 닦아주는 따뜻한 법원으로 역할을 하고 있는지는 논외로 하고서 말이다. 이처럼 정의의 여신상에 대한 해석은 각 나라마다 다르다. 그러나 공통적인 것은 법은 죄에 대하여 공평하고 엄정하게 집행되어야 한다는 점이다. 즉 정의의 여신상에서 강조하는 법의 정신은 다름 아닌 '응보적 정의'(retributive justice)이다. 그런 의미에서 여신상은 보통 눈을 가린 채 칼이나 천칭을 들고 죄에 상응하게 단죄할 것을 강조하고 있다.

그런데 최근 이런 응보적 정의만으로는 사회를 건강하게 유지하지 못한다는 목소리가 법조계뿐만 아니라 교육 및 종교계 등에서 계속 높아지고 있다. 말하자면 우리 대법원에 있는 정의의 여신상 작품에서처럼, 따뜻한 법의 중요성이 부각되고 있다. 왜냐면 응보적 정의만으로는 피해자의 삶을 제대로 회복시키지 못하고 더 나아가 사회를 건강하게 만들 수 없기 때문이다. 예컨대, 법이 피해자 대 가해자 구도 아래에서 옳고 그름을 가리는 것에만 관심을 둘 경우 자칫 비용이 제3자(변호사)에게만 과다 지불되면서, 정작 피해자의 회복을 위해서는 돈이 사용되지 못한다. 그리고 범죄자는 응보적 정의에 따라 죗값을 치른 후 사회공동체로 돌아와 사회의 구성원으로서 갱생의 삶을 살아야 함에도 불구하고, 실제로는 같은 범죄에 더 깊숙이 빠지는 경우가 허다하기 때문이다. 따라서 응보적 정의만으로는 온전한 정의의 실현이 이루어질 수 없기에, 따뜻한 법의 역할로 '회복적 정의'(restorative justice)가 강조되고 있다.

피해를 회복하고 관계를 복원하는 사랑이 넘치는 정의

회복적 정의는 범죄와 처벌에 대하여 전통적인 관점과는 전혀 다른 이해와 철학으로부터 출발한다. 현재 사법제도가 제시하는 주류적 관점에서 사법은 '어떤 법을 어기면 그에 합당한 처벌을 받아야 한다.'라는 응보적 관점으로 범죄를 규정하고 형벌을 구형한다. 하지만 회복적 정의에서 범죄는 '특정한 사람이나 집단 사이에 피해와 관계의 훼손이 발생했다. 어떻게 그 깨진 관계와 피해를 회복할 것인가.'에 초점을 맞춘다.

다시 말해 회복적 정의는 사법 절차의 과정에서 직접적인 피해자와 가해자, 그리고 그 범죄 사건으로 피해를 입은 모든 사람의 상처를 최대한 아물게 하고 그 피해를 치유하는 데에 그 목적이 있다. 결국 회복적 정의는 범죄자의 잘못에 대하여 책임을 묻되 관계의 회복과 사회공동체로의 회복을 기대하면서 그 목적을 추구한다. 일반적으로 회복적 정의는 4R의 과정으로 설명된다. 그것은 피해자와 가해자의 관계에서 상호 간에 '존중'(respect)과 '책임'(responsibility), 그리고 '회복'(restoration)과 '공동체의 재통합'(reintegration)을 지향하는 것이다. 이러한 네 가지의 가치를 구현하는 과정에서 '무관용 정책'(zero tolerance policies)으로만 이해되던 정의는 회복적 정의(restorative justice)로 전환되면서 사회는 더욱 건강한 곳으로 발전하게 된다. 이런 점에서 미국교정협회의 전문운영위원이었던 바라자스(Eduardo Barajas, Jr.)가 회복적 정의의 대두를 일컬어 "사법계의 진정한 패러다임의 전환"이라고 말한 것은 매우 의미심장한 평가이다.

회복적 정의는 예수의 정신과 다르지 않다. 예수께서는 "눈에는 눈으로 이는 이로 갚으라"(마5:38) 혹은 "네 이웃을 사랑하고 네 원수를 미워하라"(마5:43)는 모세 율법의 응보적 정의를 넘어서 악한 이들에 대한 연민과 사랑을 말씀하시며 회복적 정의의 차원을 강조하셨다.(마5:38~48) 특히 그는 되갚을 수 없는 사회적 약자들에게 먼저 따뜻한 자선을 베풂으로써 공동체의 회복을 꾀하였다.(눅14:12~14)

따라서 내가 꿈꾸는 교회는 무관용의 사회를 사랑이 넘치는 사회로 변화시키기 위해 회복적 정의를 실천하는 따뜻한 믿음의 공동체이다.

제3부
꿈에 그리는 교회
: 진리[眞]의 공동체

1. 공동체적 설교의 공동체

설교 중심의 예배, 목사를 절대화할 위험 내포

루터와 칼빈은 교회를 정의하면서 공통적으로 '하나님의 말씀이 온전히 선포되고 성례전이 바르게 집례 되는 것'이라고 강조하였다. 말하자면, 그들은 하나님의 말씀 선포(설교)와 성례전의 집례야말로 교회를 교회되게 하는 최소한의 요건이라고 주장한 셈이다. 따라서 대부분의 개신교는 목사 안수식에서 안수자가 안수 받을 후보자에게 안수례를 행할 때 그리스도께서 이 두 가지 직임을 목사에게 맡긴다는 선언과 함께 목사 안수례를 행한다. 이처럼 설교로 알려진 말씀 선포는 개신교의 상징처럼 중요하게 여겨져 왔다. 심지어 개신교 예배에서는 성례전보다 말씀 선포(설교)를 더욱 강조하여 설교를 예배의 중심에 두게 하고, 교회당의 성구 배치에 있어서도 성찬대(제대)보다는 설교대가 그 중심을 이룬다. 그래서 최근 신학계에서는 개신교가 설교만을 지나치게 강조한 점을 비판하면서 루터나 칼빈이 말했던 '말씀과 성례전 사이의 균형'을 회복할 것을 주장하고 있다. 그럼에도 불구하고 대부분의 교회가 여전히 설교 중심의 예배를 강조하는 것은 유감스런 현실이 아닐 수 없다.

개신교가 설교 중심으로 예배를 구성하다 보니 많은 부작용이 생기게 되었다. 그중 대표적인 문제점은 개신교 신자들의 신앙이 '설교(자)'에 지나치게 의존한다는 점이다. 예컨대, 교회가 목회자를 청빙할 때 목사의 자격으로 설교를 얼마나 잘 하느냐를 중요한 기준으로 삼는다. 설교를 강조하는 분위기는 보통 1시간 드려지는 예배에서 설교가 차지하는 비율이 거의 절반 이상을 차지하는 것에서도 잘 드러난다. 그럼에도 불구하고 설교는 종종 복음 선포라기보다는 지루하고 의미 없는 훈계조의 독단적인 설교로 왜곡되기 쉽다. 그래서 신자들은 공공연하게 농담조의 불평을 늘어놓곤 한다. "10분을 설교하면 천사의 소리요, 20분을 설교하면 사람의 소리요, 30분을 넘으면 악마의 소리이다." 결국 지나친 설교 중심의 개신교 예배는 목사의 성서 해석이 거의 절대적인 권위를 갖게 만듦으로써 목사를 절대화하는 왜곡된 신앙을 양산할 위험성이 크다.

기도와 성경 공부가 둘이 아닌 신앙생활

개신교의 전통에 따라 말씀 선포를 강조하면서도 목사의 독단에 빠지지 않도록 하는 방법은 없을까? 이에 대하여 필자는 내가 꿈꾸는 교회를 상상하면서 개신교의 설교를 개선하기 위한 한 방법으로 '렉시오 디비나'(Lectio Divina)와 '성서정과'(lectionary)를 활용한 '공동체적 설교'를 제안하여 실천하고 있다. 이것은 설교 시간에 목사가 자신이 임의로 선정한 본문을 갖고 일방적으로 설교하는 것이 아니라, 모든 신자들이 세계의 교회가 함께 정한 본문(성서정과)을 함께 묵상하고 함께 나누는 것이다.

렉시오 디비나는 '거룩한 독서'(holy reading) 곧 '성독'이다. 이것은 초대 교회 때부터 지금까지 우리의 영성을 훈련시키는 한 방법으로, 주님의 말씀(성경)을 먹는 방법이다. 렉시오 디비나의 가장 중요한 특징은 말씀과 기도를 하나로 연결하는 것이다. 목사들이 항상 신자들에게 강조하는 것이 무엇인가? 그것은 신앙생활을 잘 하기 위해서 성경을 많이 읽고, 기도 열심히 하라

는 것 아닌가? 그런데 대개 성경 읽는 것과 기도하는 것을 별개로 생각/실행할 때가 많다. 그래서 성경 공부는 지적인 사람들이 하는 것이고, 기도는 정적인 사람들이 주로 하는 것이라고 오해하곤 한다. 그러나 기도와 성경 공부는 결코 둘이 아니요 하나이다. 그래서 렉시오 디비나는 말씀을 묵상하면서 동시에 기도하는 것이고, 기도하면서 동시에 말씀이 내 마음속에 항상 머물러 살아 있도록 하는 영성수련법이다.

하나님의 임재가 우리 일상 속으로 이어져

렉시오 디비나에 따른 공동체적 설교는 모두 네 단계로 진행된다. 첫 번째는 '말씀 함께 읽기'(lectio) 단계이다. 이것은 먼저 성경의 본문을 잘 읽는 단계이다. 따라서 통상 가나안교회에서는 성서정과에 따라 매주 정해진 본문을 설교 시간에 온 교우들이 함께 소리 내어 읽는 것으로 시작하되, 특히 복음서의 말씀을 중심으로 성독한다. 이때 중요한 것은 우리의 '상상력' (imagination)과 오감을 총동원하여 말씀을 상상하면서 읽는 것이다. 두 번째는 '말씀 되새김질하기/묵상'(meditatio)의 단계이다. 앞의 읽기 단계에서 특별하게 마음에 와 닿았던 단어나 문장 혹은 구절을 반복하여 읽으면서 그것이 나의 삶과 공동체의 상황에 어떠한 의미를 주는지 각자 조용히 반추하는 단계이다.

세 번째는 '말씀의 나눔과 간구하기'(oratio)의 단계이다. 여기서 말씀 나누기는 앞에서 각자 되새김질한 말씀을 서로 짧게 나누는 것으로, 공동체적인 설교의 핵심이다. 이때 목사는 신자의 한 사람으로 참여하여 자신에게 의미 있는 말씀(구절)을 나누면서 미리 준비한 본문을 통해 얻은 아주 짧은 메시지를 선포한다.(2~3분) 그런 뒤 가능하면 모든 신자들이 자유롭게 본인이 성찰한 말씀을 갖고 돌아가면서 기도한다. 그리고 기도와 기도 사이에는 '우리의 기도를 들어주소서'라는 응답송으로 노래한다. 마지막 제4단계는 '말씀 관상하기'(contemplatio)이다. 이것은 말씀 안에서 하나님과 일치를 체험하는 단계로, 마치 성모의 품에 평화롭게 안겨 있는 아기 예수처럼 주님만을 바라보며 깊게 호흡하는 단계이다.

결국 이런 공동체적 설교를 통해 말씀과 삶이 하나로 연결되고 또 예배를 통해 체험된 하나님의 임재가 우리의 일상 속으로 이어져서 거룩한 삶을 살도록 인도한다.

따라서 내가 꿈꾸는 교회는 모든 성도들이 함께 설교에 참여하는 공동체적 설교의 공동체이다.

2. 교회 진화의 공동체

종교학 등장으로 달라진 종교 지형

"단 하나의 종교만을 알고 있는 것은 모든 종교에 대해서 모르는 것과도 같다." 이 말은 '종교학'의 중요성을 강조하는 표현으로 19세기 종교학의 문을 연 프리드리히 막스 뮐러(Friedrich Max Müller, 1823~1900)의 유명한 말이다. 뮐러 이후 현재까지 종교학은 다양한 종교들을 객관적으로 이해하기 위한 학문으로 대중들에게 각광을 받고 있다.

종교학의 영향으로 19세기 이전까지 신의 영역으로 간주되어 신성시되던 종교는 이제 인간 이성에 의해 비판적으로 검토되는 연구 대상으로 축소된다. 그리고 그 결과 종교학과 신학 혹은 교회와 갈등이 빚어지게 되었다. 지금은 양자 사이에 묵시적인 휴전이 이루어졌으나 그 긴장 관계는 지속되고 있다. 어쨌든 새로운 학문으로 등장한 종교학은 초기에 주로 종교를 종교사회학과 종교심리학, 그리고 종교인류학 등의 측면에서 연구하다가, 점차 종교의 본질과 또 종교학 고유의 방법론을 찾는 과정에서 종교현상학의 탄생으로 진전을 보게 되고, 현재는 다양한 학문과의 대화 속에서 그 지평을 넓혀 가고 있다.

그런데 필자가 보기에 종교학 연구에 끼친 영향 중 결코 간과할 수 없는 부분은 다름 아닌 다윈의 '진화론'이 아닌가 싶다. 19세기 중반 다윈이 『종의 기원』(1856)을 통해 생물 진화의 원리를 제창한 이래, 진화론은 비단 생물학

분야만이 아니라 종교를 이해하는 데에도 매우 큰 영향을 끼쳤다. 특히 진화론의 통찰은 20세기 최고의 종교사회학자 중 한 사람으로 평가받는 로버트 벨라(Robert Bellah, 1927~2013)에게 큰 영향을 끼쳤는데, 그는 진화론적 통찰을 토대로 '종교 진화론'을 제시하였다. 그것은 그의 저서 『우리가 믿는 바를 넘어』(Beyond Belief, 1970)와 그의 마지막 저서 『인류 진화 속의 종교』(Religion in Human Evolution, 2011)에 유감없이 반영되어 있다. 그는 두 책에서 경험적 연구를 통해 구석기시대부터 차축시대(axial age)에 이르기까지 종교 진화의 과정을 잘 정리해 주었다.

벨라는 『우리가 믿는 바를 넘어』에서 종교를 매우 중요한 상징체계로 보면서, 자신을 둘러싼 사회적 상황에 따라 종교도 변화될 수밖에 없다는 점을 강조한다. 그리고 20세기 초 야스퍼스(Karl Jaspers)가 사용하여 학계에서 널리 공감을 일으킨 '차축시대'(axial age)의 개념을 중심으로 하여 종교의 변화를 구체적으로 설명해 주었다. 즉 기원전 인류 문명사에서 매우 결정적인 영향을 끼친 차축시대의 '현세 부정의 종교'는, 원시 종교나 고대 종교 심지어 초기 근대 종교나 근대 종교와 많이 차이가 있다는 점에 주목하면서 종교 진화론에 관심을 가지게 되었다. 그리고 그러한 관심에 따라 벨라는 인류사에서 종교의 진화를 역설하였다.

그에 따르면, 진화란 유기체가 덜 복잡한 형태에서 더 복잡한 형태로 변화되는 것이다. 따라서 종교의 진화란 인간이 존재의 궁극적 상황에 처했을 때 행하는 상징 양식의 변화로써, 그 종교적 상징체계가 상대적으로 단순한 것에서 복잡한 것으로 분화해 환경과의 관계에서 좀 더 자율적인 대응능력을 가지는 것을 의미한다. 벨라는 『우리가 믿는 바를 넘어』에서 종교 진화의 단계를 '원시 종교'(primitive religion), '고대 종교'(archaic religion), '역사적 종교'(historic religion), '초기 근대 종교'(early modern religion), '근대 종교'(modern

religion) 등 다섯 단계로 구분하였다. 그리고 각 단계마다 종교적 상징체계, 종교적 행위, 종교 조직체, 종교의 사회적 의미 등의 특징을 순차적으로 설명해 주었다. 그리고 벨라는 『인류 진화 속의 종교』에서 종교와 진화의 관계를 풍부하게 보완하면서 종교 진화론의 이론적 근거를 더 자세히 설명해 주었다. 특히 그는 역사적 종교, 즉 차축시대의 종교를 고대 이스라엘, 고대 그리스, 고대 중국, 고대 인도의 종교로 사분하여 자세하게 설명하고 있다. 이렇게 볼 때 벨라의 대표적인 두 저서 『우리가 믿는 바를 넘어서』와 『인류 진화 속의 종교』는 인류 문명사 전체를 종교사회학적 시각에서 잘 조망해 준 종교 진화론의 결정판이라고 말할 수 있다.

바로 지금 여기에서 하나님 나라를!

벨라의 종교 진화론적 관점에서 현재 우리가 추구하는 교회를 상상한다면, 그 교회는 바로 '근대 종교'의 범주 속에서 이해될 수밖에 없다. 벨라가 말하는 근대 종교의 가장 큰 특징은 위계적 이원화의 상징체계가 붕괴되는 것이다. 그래서 근대 종교는 종교적 행위를 종교기관이 아닌 '세속'에서 하는 것이며, 종교 조직체 역시 기존의 교회와 같은 외형적 조직 대신에 '내 마음이 곧 교회'라는 개인화로 이해된다. 뿐만 아니라 과거의 종교는 현세보다는 내세를 강조하며 사람들에게 내세에 들어가기 위한 통로로서 종교를 강조했으나, 이제 그런 '내세 우위의 위계성'은 자리를 잃게 된다. 그리고 심지어 그 전제 위에서 자연스럽게 현세와 내세를 분리하려는 이원론조차 붕괴된다.

이런 맥락에서 볼 때, 우리가 꿈꾸는 교회는 과연 어떤 모습으로 현대인에게 다가가야 할까? 그것은 벨라의 종교 진화론에서 암시하듯이, 현세와 내세 사이의 이원론적 위계성에 근거한 내세 지향적 교회가 아니라, 바로 지금 여기에서 시작된 '하나님의 나라'로 상징되는 교회 진화의 공동체가 아닐까? 그래서 그 공동체는 마치 예수의 겨자씨 비유(마13:31~32)에서 보여주듯이 비록 작고 미약한 형태이지만 나중에는 공중의 새들이 와서 그 가지에 깃들 만큼 풍성하게 변화되는 창발적 진화의 공동체 말이다.

3. 기적의 공동체

예수, 기적을 일으키는 자

'역사적 예수'(historical Jesus)를 연구하는 학자들은 예수를 어떻게 볼까? 어떤 이는 예수를 '방랑하는 현자'로 보기도 하고, 또 어떤 이는 사회적인 변화를 꿈꾸었던 '혁명가'로 보기도 한다. 그리고 어떤 이는 예수를 구약의 묵시문학적인 상상력을 가진 '행동하는 예언자'로 보기도 한다. 그 나름의 의미를 부정할 수 없다. 실제로 그에게서 그런 면들이 각각 발견된다. 그런데 비록 역사적 예수를 연구하는 그룹인 '예수 세미나'(Jesus seminar)를 비롯하여 현대 성서비평학자들에 의해 예수의 기적 기사가 과연 실제로 있었는지에 대한 그 역사적 진실성을 상당히 의심받고 있는 것은 사실이지만, 그럼에도 불구하고 복음서가 증언하는 예수의 가장 원초적인 모습은 바로 '기적을 일으키는 자'의 모습이 아닌가 싶다. 여기서 '기적'(miracle)이란 히브리어의 '펠레'(phele, 분리 놀라움)나 신약성서에서 종종 등장하는 '표적'(semeion), '기사'(teras), '권능'(dunamis), '놀라운 일'(thauma) 등의 용어를 뜻하는 것으로, 이성적으로 볼 때 일상적이지 않은 분리된 일이요 권능으로 이루어진 놀라운 것을 의미한다.

비록 현대는 기적을 거부하는 시대이지만, 교회는 결코 기적을 포기할 수 없다. 왜냐면 기적은 성서가 증언하는 예수 운동의 핵심적 자리를 차지하고 있기 때문이다. 사실 예수의 일생은 한마디로 '기적의 일생'이었다. 복음서의 증언에 따르면, 예수는 기적적으로 동정녀에게서 태어났고, 또 기적적으로 죽음에서 부활한 존재다. 뿐만 아니라 그의 공생애의 삶은 한마디로 기적을 행하는 삶이었다. 이것은 감옥에 갇힌 세례 요한이 제자 둘을 예수께 보내 물었던 질문 곧 "선생님이 오실 그분입니까?"라는 질문에, 예수께서 하신 대답에 잘 반영되어 있다. 예수께서는 세례 요한의 제자들에게 이렇게 말씀하셨다. "너희가 보고 들은 것을, 가서 요한에게 알려라. 눈 먼 사람이 다시 보고, 다리 저는 사람이 걷고, 나병환자가 깨끗해지고, 귀 먹은 사람이 듣고, 죽은 사람이 살아나고, 가난한 사람이 복음을 듣는다."(눅7:22) 여기서 '너희가 보고 들은 것'은 다름 아닌 예수가 행한 치유의 '기적들'로, 그것이 예수가 행한 일의 전부라고 해도 과언이 아니다. 그런데 이성과 합리성을 중시하는 근대에 와서 이러한 기적은 신화나 혹은 주술적인 것으로 오해되어 신앙의 세계에서 종종 배제되곤 하였다. 그러나 역사적 예수의 원초적인 모습은 이러한 기사와 이적, 특히 치유의 기적으로부터 결코 분리되지 않는다. 오히려 그것은 예수 운동의 핵심이었다.

그런데 흥미로운 것은 예수를 바라보는 당시 일반적인 비기독교인의 시각도 예수를 기적을 일으키는 자로 보았다는 점이다. 이것은 예수와 거의 동시대에 살면서 그 시대를 비교적 객관적으로 기술한 것으로 평가받는 유대인 출신의 로마 정치가이자 역사가였던 요세푸스(Flavius Josephus, 37?-100?)의 증언에서 잘 드러난다. 요세푸스는 자신의 증언록인 『요세푸스의 증언』(Testimonium Flavianum)에서 예수를 다음과 같이 소개한다. "이 즈음에 예수라고 하는 한 현자가 있었다. 만일 그를 한 인간이라고 부를 수 있다면 말이다. 그는 '기적'(놀라운 일)을 행하는 자였으며, 진리를 기쁨으로 받아들이는 이들의 선생이었다(…)그는 삼 일째 되는 날 다시 살아나서 그들 앞에 나타났다. 이는 하나님의 예언자들과 다른 많은 놀라운 일들이 그에 관해 선포

했던 일이었다. 그를 따라 그리스도인들이라고 명명된 이 종족은 아직까지 사라지지 않고 있다."(요세푸스/김지찬 편, 『요세푸스』, 생명의 말씀사, 1987, 506-508) 이처럼 예수는 기적을 행하는 존재였다.

복음서에 기록된 기적의 예수

그런데 예수가 기적을 일으키는 존재라는 명백한 증언은 복음서에 가장 잘 반영되어 있다. 우선 복음서 중 가장 먼저 기록되었다는 마가복음에는 오병이어의 기적(막 7:24)을 비롯하여 무화과나무의 기적(막 11:12), 레기온 귀신을 쫓아내는 기적(막 5:1), 중풍병자를 고친 기적(막 2:3), 야이로의 딸을 고친 기적(막 5:1), 바다 위를 걷는 기적(막 6:48) 등 모두 17개의 기적 이야기가 있다. 이처럼 마가복음 전체 666절 중 209절이 기적이야기(31%)로 되어 있어

제3부 꿈에 그리는 교회 —— 233

서 혹자는 마가복음을 일컬어 '기적의 책'이라고 부른다. 그리고 'Q복음'이라고 불리는 예수의 어록에는 백부장의 종을 고친 기적(막 8:5; 눅 7:1), 눈멀고 말 못하는 사람을 고친 기적(마12:22; 눅 11:14) 등 2개의 기적 이야기가 있다. 그리고 마태복음을 구성하는 마태의 특수자료(M)에는 두 사람을 고친 기적(마8:27)과 벙어리 귀신들린 아이를 고친 기적(마9:32), 고기 입에서 나온 동전의 기적(마17:27) 등 3개의 기적 이야기가 있다. 누가복음의 특수자료(L)에는 예수가 사람들이 모여 있던 자리에서 보이지 않게 나사렛에서 피신한 기적(눅4:30), 고기 잡는 기적(눅5:6), 나인성 과부 아들의 소생 기적(눅7:11), 수종병자를 고친 기적(눅14:1), 열 문둥병자를 고친 기적(눅17:11), 대제사장의 종의 귀를 고친 기적(눅22:50)이 있다. 뿐만 아니라 요한복음에도 많은 기적 이야기가 나오는데, 예수 사건을 드라마틱하게 서술할 때 항상 기적 이야기를 매개로 서술하고 있다. 즉 물로 포도주를 만든 기적(요2:1), 고관의 아들을 고친 기적(요4:46), 베데스다의 병자를 고친 기적(요5:1), 오천 명을 먹인 기적(요6:1), 물 위를 걸으신 기적(요6:16), 눈먼 사람을 고친 기적(요9:1), 나사로를 부활시킨 기적(요11:43), 고기잡이의 기적(요21:6) 등이다.

여기서 우리는 예수의 복음이 단지 정신적인 위안이 아니라 오히려 질병과 굶주림 그리고 압제와 같은 민중의 고통을 총체적으로 치유하고 그래서 삶의 온전성을 되찾아주는 '놀라운 기적과 같은 일'이었음을 보게 된다.

따라서 내가 꿈꾸는 교회는 2천 년 전 예수의 기적이 21세기 오늘도 여전히 지속될 수 있다고 굳게 믿는 공동체이다. 특히 그 기적이 소외되고 차별받는 고통당하는 자들에게 일어날 수 있음을 굳게 믿고 그 기적을 소망하며 약자들과 함께 연대하는 기적의 공동체이다.

4. 깨달음 추구의 공동체

기독교와 깨달음의 종교

기독교는 지금까지 믿음의 종교로만 이해되었다. 여기서 믿음이란 소위 '적색 은총'에 대한 믿음으로, 인간은 예수 그리스도의 십자가와 부활을 통해 죄를 용서받고 구원을 받는다는 신앙이다. 이러한 기독교 신앙은 예수 그리스도를 통한 하나님의 절대적인 은혜만을 강조하는 나머지 자칫 '값싼 은총'(cheap grace)으로 잘못 이해될 소지가 없지 않다. 그래서 최근 많은 신학자들은 적색 은총에 대비되는 소위 '녹색 은총'의 중요성을 말한다. 여기서 녹색은총이란 좁은 의미에서 생태신학적 복음 이해로 볼 수 있다. 하지만 더 근본적으로는 인간의 수행에 의해 하나님의 은총을 온몸으로 체험하는 소위 '깨달음'의 측면을 뜻한다. 이런 점에서 크게 주목을 받는 분이 다석(多夕) 유영모(1890-1981) 선생이다.

그렇다면 유영모가 깨달은 바는 무엇이고 또 그 깨달음에 이르는 과정은 무엇인가? 이에 대한 신학적 설명을 여기서 모두 할 수는 없다. 다만 분명한 것은 하나님은 '없이 계신(빈탕) 분'이라는 것, 그리고 인간은 하나님의 그 없이 계심을 본받아 '몸나'에서 '얼나' 곧 '참나'로 변형되어야 한다는 것이다. 이것을 유영모는 "빈탕 한데 맞혀 놀이"라고 표현하였다. 그런데 여기서 필자가 주목하는 것은 유영모가 '빈탕 한데 맞혀 놀이'라고 말한 그 깨달음의 현장 내지 도량(道場)을 일컬어 '심우소'(尋牛所)라고 부른 점이다.

불교 사찰에 가면 대웅전 외벽에 '심우도'(尋牛圖)가 그려져 있는 것을 종종 발견한다. 여기서 심우도란 무엇인가? 그것은 깨달음에 이르는 과정을 10가지 그림으로 표현한 것이다. 그것은 길들이지 않은 소를 찾아 나서서, 궁극적으로 소를 찾아 다시 되돌아오는 과정까지를 그린 10개의 장면으로 구성되는데, 종종 '십우도'(十牛圖)라고도 불린다.

그것은 다음과 같은 10단계의 과정을 거친다. 1. 소를 찾아 나섬[尋牛] → 2. 소의 발자국을 찾음[見跡] → 3. 소를 발견[見牛] → 4. 소를 붙잡음[得牛] → 5. 소를 길들임[牧牛] → 6. 소를 타고 집으로[騎牛歸家] → 7. 소는 없고 사람만 있음[忘牛存人] → 8. 사람도 소도 없음[人牛具忘] → 9. 본래의 자리로 돌아옴[返本還源] → 10. 거리로 나섬[入廛垂手]이다. 이처럼 심우도는 마치 화엄경에 나오는 주인공 선재동자가 진리가 무엇인지를 발견하기 위해 선지식을 찾아 떠나는 모습과 같다. 혹은 그것은 단테의 『신곡』에 나오는 주인공이 지옥과 연옥을 구경하고 다시 궁극적인 이상향인 천국으로 순례하는 모습으로 비유될 수도 있다.

그런데 유영모는 앞서 언급한 얼나 곧 참나를 깨닫도록 수행하는 현장을 심우도의 도량, 곧 '심우소'(尋牛所)라 불렀다. 말하자면, 교회는 그리스도 안에서 참나를 찾는 수행의 현장으로서의 심우소와 같은 곳이라는 말이다. 그러나 지금 여기의 교회는 과연 심우소라고 말할 수 있을까? 필자가 보기에 오늘의 교회는 심우소로부터 멀리 떨어져 있는 것처럼 보인다. 안타깝다. 빈탕 한데 맞추는 곳이 교회여야 함에도 불구하고, 지금 교회는 빈 곳이 아니라 인간의 욕망을 끊임없이 채우려는 '욕망소'가 되어 버렸으니 말이다.

예수께서는 십자가에 처형되기 전 예루살렘 성전에 올라가셨다. 그리고 성전에서 물건을 파는 사람들과 환전하는 사람들을 꾸짖으면서 이렇게 말씀하셨다. "성경에 기록하기를, '내 집은 기도하는 집이 될 것이다' 하였다. 그런데 너희는 '강도의 소굴'로 만들어 버렸다."(눅19:46) 여기서 기도하는 집이란 유영모 식으로 말하면 다름 아닌 심우소이다. 그곳은 인간의 탐진치(貪瞋癡), 곧 탐심과 분노, 그리고 어리석음을 벗어버리고 세상적인 것의 없이 계신 분(빈탕)인 하나님께 맞추어 그분과 하나 되도록 몸과 마음을 닦는 수행처이다.

옛 것은 지나가고, 새 것이 되었습니다

그렇다면, 심우소인 우리 교회는 어떻게 자신의 욕망을 줄이면서 빈탕 한데 맞히는 놀이를 계속할 것인가? 이에 대하여 융심리학이나 자아초월심리학에서는 세상적인 자아(ego)를 초월하여 참자아(Self)를 찾아가는 일이라고 말한다. 적절한 표현이다. 따라서 심우소인 교회는 사람들로 하여금 참자아를 찾도록 도와주는 곳이 되어야 하지 않을까?

　사도 바울도 그리스도 안에서 새로운 자아를 찾기 위해 우리가 끊임없이 자신의 옛 자아를 죽이는 일을 계속해야 한다고 언급한 바 있다. "나는 날마다 죽습니다! … 어리석은 사람이여! 그대가 뿌리는 씨는 죽지 않고서는 살아나지 못합니다."(고전 15:31,36). "누구든지 그리스도 안에 있으면 새로운 피조물입니다. 옛 것은 지나갔습니다. 보십시오, 새 것이 되었습니다."(고후 5:17). 그리고 그는 계속 외쳤다. "나는 그리스도와 함께 십자가에 못 박혔습니다. 이제 살고 있는 것은 내가 아닙니다. 그리스도께서 내 안에서 살고 계십니다."(갈2:20)

　이처럼 참자아를 찾는 작업, 그것은 마치 심우도에서 보이는 것처럼 소(진리)를 찾아 떠나는 길과 같고, 또 소를 찾은 뒤 다시 일상으로 돌아와 마치 아무 일도 없었다는 듯이 여여(如如)하게 그 소와 더불어 일상 속에서 살아가는 삶과 같다. 그런 점에서 보면, 심우도의 마지막 10단계의 그림은 우리에게 많은 시사점을 준다. 10단계에서 소를 찾은 자는 사람들이 부대끼며 사는 저잣거리로 다시 들어가서 마치 아무 일이 없었다는 듯이 '입전수수'(入鄽垂手)의 삶을 산다. 그것은 성스러운 깨달음을 성취하고 다시 중생 속으로 돌아와 중생의 아픔을 함께하는 보살도의 단계를 의미한다. 그러나 그 안에 하나님을 모시고 있으니 그 얼마나 즐거우랴! 교회는 그런 곳이 되어야 한다. 심우소와 같은 곳 말이다.

　따라서 내가 꿈꾸는 교회는 이런 심우소 같은 신앙공동체로서, 얼나를 찾아 함께 기도하는 집이요, 또 새로운 참자아를 찾은 이들이 더불어 일상을 나누는 입전수수의 현장이다.

5. 나그함마디 문서와 새로운 에큐메니칼 공동체

나그함마디 문서를 통해서 보는 교회사

에큐메니칼이란 '오이쿠메네'(oikumene)라는 희랍어를 어원으로 하여 보통 '교회일치'라는 의미로 이해된다. 그래서 이 말은 지금까지 독립된 교파 단위로 있었던 기독교의 여러 분파인 개신교, 천주교, 정교회 등이 교회 일치를 지향하는 운동에 사용되었다. 그런데 필자는 21세기를 맞이하여 이제 에큐메니칼 운동은 한 차원 더 심화 및 확장되어야 할 시점에 왔다는 점을 강조하고 싶다. 그것은 1945년 이집트 나일강 가의 한 동굴에서 발굴된 '나그함마디 문서'(Nag Hammadi Library)의 발견과 그에 따른 엄청난 학문적 성과에 따른 것이다.

나그함마디 문서는 일반인에게도 많이 알려진 '도마복음서'를 포함하여 나그함마디에서 발견된 초기 기독교 영지주의와 관련된 문서들을 의미한다. 물론 이 중에서 가장 널리 알려진 문서로는 도마복음서이다. 최근에는 국내에서도 도마복음서를 비롯한 나그함마디 문서와 관련하여 전문서적이 활발히 번역되거나 신학자들에 의해 깊이 연구되고 있다. 대표적으로는 프린스턴대학교 교수로서 나그함마디 전문가로 널리 알려진 일레인 페이젤(Elaine Pagels)의 저서 『성서 밖의 예수』(1989)와 『숨겨진 복음서 영지주의』(2006)가 나그함마디 문서를 이해하는 데 크게 기여하였다. 그런데 흥미로운 것은 국내에서 도마복음서를 비롯한 나그함마디 문서의 연구는 주로 종교

학자들에 의해 활발히 진행되었다는 점이다. 예컨대 오강남 교수의 『또 다른 예수』(예담, 2009)와 김용옥 교수의 『도올의 도마복음 한글역주』1,2,3(통나무, 2010) 등이 그것이다.

앞서 언급했듯이 나그함마디 문서는 일반적으로 초기 기독교에서 이단으로 정죄된 '영지주의' 문서로 알려져 있다. 그래서 나그함마디 문서는 당연히 한국의 보수적인 교회로부터 이단시되었고, 그 결과 신학자들은 나그함마디 문서를 연구할 때 교회로부터 배제되는 위험을 감수해야 했다. 아마도 그런 영향 때문에 국내에서는 신학자들보다는 종교학자들에 의해 주로 연구되는 듯하다. 하지만 엄밀히 말해, 나그함마디 문서는 지금 우리가 갖고 있는 신약성서의 그 어떤 문서보다 오래된 가장 원초적인 초기 기독교의 문서이다. 따라서 이단이란 선입견을 갖고 나그함마디 문서를 대하기보다는 정경이 정해지기 훨씬 전인 원시 기독교의 상황을 알 수 있는 다양한 문서

중의 하나로 이해하는 것이 바람직하다. 왜냐면 교회사 연구에서 잘 드러나듯이, 초기 기독교에서 이단은 명백한 역사적 혹은 신학적 오류 때문이 아니라, 정치적 투쟁에서 패배하였을 때 그 그룹을 이단으로 정죄하고 또 추방하면서 형성되는 경우가 허다하였기 때문이다.

초기 기독교 정신으로 돌아가 일치된 교회

나그함마디 문서는 발견될 당시 12권의 가죽으로 된 파피루스 코덱스가 밀봉된 항아리에 들어 있었는데, 이를 모함마드 알리라는 농부가 발견하였다. 발견된 나그함마디 문서에는 영지주의 문서 52편, 헤르메스주의 문헌(Hermetica) 3편, 그리고 플라톤의 『국가』 번역본이 포함되어 있었다. 나그함마디 문서 전체의 영어 번역판을 발간한 제임스 로빈슨(James M. Robinson)은 그의 책(1977) 서문에서 이 코덱스들을 추정하여 언급하고 있다. 그는 이 코덱스들이 나그함마디 마을 근처에 있었던 파코미아 수도원(Pachomian Monastery)에 속해 있었는데 대주교 아타나시우스가 기원후 367년경 정경으로 채택되지 못한 문서들을 이단 문서로 정죄하면서 불사르기 시작했을 때 그 파괴를 피해 나그함마디 문서를 귀하게 여기는 일군의 기독교인들이 나그함마디의 동굴에 묻은 것으로 추정하였다.

만약 로빈슨의 말이 옳다면, 매우 심오한 하나님의 뜻이 나그함마디 문서 속에 숨겨진 것이 아닌가 싶다. 왜냐면 1945년 나그함마디 문서가 발견되기까지 약 1,600년 동안 유럽의 기독교는 이단에 대해 정말로 무섭고 끔찍하게 박해하는 세월을 보내야 했기 때문이다. 중세 시대 성상 파괴 논쟁으로부터 시작하여 수차례에 걸친 십자군 전쟁, 루터의 종교개혁으로부터 시작된 가톨릭교회와 개신교 사이의 갈등 및 그에 따른 30년 전쟁, 그리고 개신교 내의 수많은 이단 정죄의 역사 등이 그것을 말해 준다. 비록 가정이지만, 만약 나그함마디 문서가 아타나시우스의 박해 때 이집트의 동굴에 숨겨지지 않고 그대로 있었다면 과연 어떤 일이 벌어졌을까? 비록 아타나시우스의 박해는 피했을지는 몰라도, 지난 1,600년 동안 그것이 훼손되지 않고 그대로 남아 있으리라는 것은 결코 상상할 수 없다. 이런 점에서 학문의 자유와 종교의 자유, 그리고 여성의 인권이 그 어느 시기보다 획기적으로 보장된 20세기에 와서 나그함마디 문서가 비로소 발견된 것은 하나님의 큰 섭리요 은혜라고 말할 수 있다.

나그함마디 문서들 중 가장 대표적인 것은 114개의 말씀 곧 '로기운'(logion)으로 불리는 예수의 어록만을 담고 있는 영지주의 복음서인 도마복음서와 영지주의의 우주론과 세계관을 보여주는 '요한의 비밀 가르침'이다. 이 문서들은 예수를 '지혜자', '무소유적 방랑자', 혹은 '하나님의 비밀을 깨달은 자' 등으로 고백하면서 우리가 알고 있는 공관복음서의 형성에 크게 기여하였다. 그래서 역사적 예수의 모습과 초기 기독교 모습을 바르게 파악하는데 나그함마디 문서는 매우 중요하다.

그러므로 내가 꿈꾸는 교회는 교회 일치의 차원에서 기독교의 지평을 나그함마디 문서를 생산한 초기 기독교까지 확대하는 새로운 에큐메니칼 운동의 공동체이다.

6. 나눔 설교의 공동체

말씀 선포의 권한은 지속적으로 확대되어 왔다

　루터와 칼빈은 교회를 정의하면서 "교회란 하나님의 말씀이 바르게 선포되고 성례전이 바르게 집례되는 것"이라고 하였다. 말하자면 말씀 선포와 성례전은 교회의 두 기둥인 셈이다. 그래서 교회는 '말씀의 예전'과 '성만찬의 예전'이 예배에서 잘 통합되도록 노력할 필요가 있다. 특히 말씀의 예전에서 '하나님의 말씀'이 바르게 선포되기 위하여 '설교'를 다양화할 필요가 있다. 그런데 역사적으로 볼 때, '하나님의 말씀' 선포 권한은 끊임없이 확대되어 왔다. 즉 종교개혁 이전의 가톨릭교회는 하나님의 말씀 선포를 교황의 전유물로 여겼다. 오직 교황만이 성서 해석을 바르게 할 수 있고, 심지어 교황의 언어인 라틴어로만 하나님의 말씀을 온전히 선포할 수 있었다. 말하자면 하나님의 말씀은 교황과 라틴어에 갇혀 있었던 것이다. 그런데 루터의 종교개혁 이후 말씀의 예전에서 말씀 선포의 권한은 '만인사제설'에 따라 교황과 라틴어로부터 평신도와 모국어로 확대되었다. 그래서 그리스도인이라면 누구나 자신의 모국어로 하나님의 말씀을 읽고 해석하고 전할 수 있게 된 것이다. 이것이 루터 종교개혁의 핵심이다.

　하지만 루터 이후, 개신교는 루터 종교개혁의 이상을 잘 구현하지 못했다. 특히 한국의 개신교는 하나님의 말씀 선포의 권한을 안수 받은 평신도인 '목사'에게만 제한시킴으로써, 실질적으로 말씀 선포의 권한을 교황에게 한

정시켰던 중세 가톨릭교회로 회귀하는 과오를 범했다. 즉 예배 때 설교는 오직 안수 받은 목사만 할 수 있는 것으로 오해한 것이다. 더욱이 교파 의식이 강한 한국 개신교는 오직 자신의 교회가 속한 교단의 목회자만이 자신의 교회에서 설교를 할 수 있는 것으로 가르침으로써, 결과적으로 여성이나 이웃 교단의 목회자를 배제하고 차별하는 결과를 만들어내었다.

따라서 우리는 위와 같은 문제점을 극복하고 하나님의 말씀을 온전히 선포하기 위해 다양한 실험을 할 필요가 있다. 그 한 예가 '공동체적 설교'로서의 '나눔 설교'이다. 이것은 목사 한 사람에게만 설교의 권한을 한정하지 않고, '집단 지성'을 기반으로 하여 모든 평신도들로 하여금 설교에 적극 참여하도록 권장하는 것이다.

말씀과 예술이 창조적으로 융합된 나눔 설교

사실 말씀 선포와 성서 연구 사이에는 건널 수 없는 큰 간격이 있다고 보는 것이 지금까지 학계의 지배적인 의견이다. 말하자면 말씀 선포는 '케리그마'(Kerygma)로서 설교이고, 성서 연구는 '디다케'(Didache)로써 비판적 이성을 기반으로 한 기독교 교육으로 보는 것이다. 이 양자 사이에 엄격한 분리는 마치 그랜드캐니언 사이의 깊이만큼 깊었다. 하지만 초대 교회의 모습 속에 반영된 케리그마와 디다케의 관계는 명목상 구분될 수 있을지는 몰라도 그 둘 사이의 엄격한 분리는 불가능하다. 실제로 고대 교회에서 이루어진 예배는 케리그마와 디다케의 연속된 과정이었다. 즉 고대 교회의 예배는 '예비자들을 위한 예배'(missa catechumenorum)와 '성례전을 위한 예배'(missa fidelium)로 구분되었지만, 그 둘은 모두 예배(missa)라는 틀 속에서 분리되기보다는 하나의 연속된 과정이었다. 특히 예비자들을 위한 예배는 세례 준비

자들만이 아니라 모든 신자들이 참여함으로써 공동체적 나눔 설교의 원형을 보여준다. 따라서 예비자들을 위한 예배에서 강조되었던 하나님 말씀의 나눔은 이제 공동체적 설교의 원형으로 이해되어 한국교회에서 좀 더 구체적으로 실천될 필요가 있다.

그런데 필자가 강조하는 공동체적인 나눔 설교는 크게 두 가지 모형으로 구분될 수 있다. 첫 번째 모형은 '묵상' 중심의 '렉시오 디비나' 모형이다. 이것은 전에 소개한 것처럼, 세계 교회가 매주 읽는 성서 본문인 '성서정과'(lectionary, 율법서 및 예언서, 시편, 복음서, 서신)를 기반으로 '렉시오 디비나'(lectio divina: 읽기-되새김질하기-나누기-관상하기)의 순서에 따라 공동체적 설교를 하는 것이다. 이것은 지난 2018년 가나안교회 설교 모형으로 채택되어 실험하였는데, 작은 교회에게 적극 추천할 만하다.

두 번째 모형은 '실천'(praxis) 중심의 '예술로 만나는 말씀' 모형이다. 여기서 예술로 만나는 말씀 모형이란 신앙공동체가 하나님의 말씀인 성경을 '예술'을 안경으로 하여 다시 새롭게 보고 실천하도록 안내하는 방식이다. 이것은 미국 기독교교육학자인 토마스 그룹(Thomas H. Groome)이 개발한 '공유적 프락시스 접근'(shared praxis approach)과 필자가 그것을 한국적인 상황을 고려하여 새롭게 수정 제시한 '테오프락시스 접근'(theopraxis approach)을 기반으로 새롭게 만들어낸 모형이다. 공유적 프락시스 접근과 테오프락시스 접근 모두는 '삶-앎(성경)-삶'으로 이어지는 말씀의 해석학적 과정을 강조한다. 그런데 필자가 제시하는 '예술로 만나는 말씀' 모형은 그 삶의 자리에 '예술'을 대체한 것이다. 그래서 ① 설교나 성서 연구의 출발점은 삶의 한 형태인 '예술'로 시작된다. 여기서 예술은 전통적인 예술인 '문학, 음악, 회화, 춤, 건축'뿐만 아니라 현대 예술인 '사진, 영화, 드라마'와 심지어 현대인들이 향유하는 '순례, 포도주, 커피, 요리, 놀이' 등도 포함된다. ② 그런 다음 그 예술이 성경 본문과 만나서 창조적으로 대화한 뒤, ③ 다시 신자의 삶이 예술적 삶으로 이어지도록 강조하는 것이다. 이것은 〈예술목회연구원〉에서 성인을 위한 성경 공부 교재로 개발 중이다. 현재는 신용관, 『말씀으로 읽는 시』(예술과영성, 2017), 이정배, 『내 인생을 가로지르는 영화』(예술과영성, 2017), 그리고 박형철, 『구원의 드라마 in Film』(예술과영성, 2018)이 출판되었고, 향후 계속하여 개발될 예정이다.

따라서 내가 꿈꾸는 교회는 '예술로 만나는 말씀'의 공동체적 설교를 통해 하나님의 말씀과 예술이 창조적으로 융합됨으로써 우리의 삶이 한 멋진 삶으로 이어지도록 돕는 나눔 설교의 공동체이다.

7. 무소유의 공동체

집착으로부터 벗어나는 것이 무소유

　한국인들에게 있어 '무소유' 하면 금방 떠오르는 것은 아마도 법정 스님의 수필집 『무소유』일 것이다. 이 책은 비록 지금은 고인의 유지에 따라 절판되었지만, 1976년도에 처음 출판된 이래 지금까지 여러 일화를 남기면서 많은 사람들에게 큰 사랑을 받고 있다. 그런데 이 책은 본래 법정 스님이 첫 남방 불교 경전인 『숫타니파타』를 번역하면서 그것에 영감을 얻어 쓴 것으로 알려져 있다. 『숫타니파타』에서 우파시바가 석가에게 물었다. "석가시여, 저는 아무것에도 의지하지 않고 혼자서 큰 번뇌의 흐름을 건널 수는 없습니다. 제가 의지해 건널 수 있는 것을 가르쳐 주십시오, 널리 보는 분이시여." 그러자 스승은 대답하였다. "우파시바여, 무소유에 의지하면서 '거기에는 아무것도 없다'라는 생각으로써 번뇌의 흐름을 건너라. 모든 욕망을 버리고 의혹에서 벗어나 집착의 소멸을 밤낮으로 살피라." 여기서 암시하는 것처럼 무소유는 단순히 아무것도 소유하지 않는다는 표면적인 의미를 넘어서 '집착'에서 벗어나는 것을 의미한다.

　실제로 법정의 책 『무소유』에서 제일 인상 깊은 장면은 다름 아닌 법정 자신이 애지중지 키우던 '난초'에 자신이 너무나 집착하는 것을 깨닫고 그것을 친구에게 넘기는 모습이다. 그 일을 결행한 뒤, 그는 '무소유'에 대하여 이렇게 소회를 적고 있다. "며칠 후, 난초처럼 말이 없는 친구가 놀러왔기에 선뜻 그의 품에 분을 안겨 주었다. 비로소 나는 얽매임에서 벗어난 것이다. 날 듯 홀가분한 해방감. 3년 가까이 함께 지낸 '유정'(有情)을 떠나보냈는데도 서운하고 허전함보다 홀가분한 마음이 앞섰다. 이때부터 나는 하루 한 가지씩 버려야겠다고 스스로 다짐을 했다. 난을 통해 무소유(無所有)의 의미 같은 걸 터득하게 됐다고나 할까."

사실 무소유는 불교만 전유하는 가르침이 아니다. 그 유래를 찾는 학자들은 인도의 종교 중 금욕을 특히 강조하는 자이나교에서 그것을 가장 먼저 강조했다는 주장도 있고, 혹은 고대 그리스의 무소유 철학자인 디오게네스에서 나왔다는 설도 있다. 그런데 분명한 것은 무소유는 모든 종교에서 예외 없이 강조되는 핵심적 가르침이라는 사실이다. 기독교도 예외는 아니다. 성경 안에도 무소유와 관련된 말씀이 무수히 많다. 특히 산상수훈에서 예수께서는 무소유와 관련하여 다음과 같이 말씀하신다. "너희는 자기를 위하여 보물을 땅에다가 쌓아 두지 말아라. 땅에서는 좀이 먹고 녹이 슬어서 망가지며, 도둑들이 뚫고 들어와서 훔쳐간다. 그러므로 너희를 위하여 보물을 하늘에 쌓아 두어라…. 너의 보물이 있는 곳에 너의 마음도 있을 것이다."(마 6:19-21) 그리고 "아무도 두 주인을 섬기지 못한다…. 너희는 하나님과 재물을 아울러 섬길 수 없다."(마6:24) 여기서 알 수 있듯이, 예수께서는 재물을 땅에 쌓아 두는 소유의 사람이 아니라 하늘에 쌓아 두는 무소유의 사람이 되라고 권하신다. 법정 스님이 말한 집착이 없는 청정한 삶과 크게 다르지 않다.

존재적 실존 양식과 소유적 실존 양식

그런데 무소유와 관련하여 흥미로운 것이 하나 있다. 그것은 마치 약속이라도 한 듯이, 법정 스님의 『무소유』가 출판된 같은 해에 소위 성서의 전통

을 강조하는 유대인의 '무소유' 철학자 에릭 프롬(Eric Fromm)이 『소유냐 존재냐』라는 책을 출판한 것이다. 두 분 사이에 어떤 세상적인 인연이 있었는지는 잘 모르겠으나, 분명한 것은 두 분 다 물질문명을 절대화하는 자본주의 사회를 걱정하면서, 우리로 하여금 소유 지향적 삶에 저항하며 그 대신 존재 지향의 삶을 살라고 촉구하였다는 점이다. 이런 점에서 프롬의 말 역시 오랫동안 귀담아 둘 필요가 있다. "존재적 실존 양식은 오로지 지금, 여기에만 있는 반면, 소유적 실존 양식은 과거, 현재, 미래라는 시간 안에 있다. 소유적 실존 양식의 인간은 그가 과거에 축적한 것(돈, 땅, 명성, 사회적 신분, 지식, 기억)에 묶여 있다."

우리가 소유 곧 자본을 중요하게 여기는 '자본주의'에 살면서 '무소유'를 말하는 것은 어쩌면 매우 모순적인 일이요 더 나아가 불가능한 일처럼 보인다. 마치 e-스포츠 경기 중 플레이어가 어처구니없이 자신의 유닛을 잃어버리는 경기를 펼쳤을 때 '무소유!'라고 외치는 것처럼 말이다. 그럼에도 불구하고 진정한 삶은 과거의 축적된 소유에 있는 것이 아니라, 바로 지금 여기에 충실한 존재 지향의 삶에 있다.

기독교의 무소유는 공동체적 무소유

특히 여기서 주목할 것 하나는 기독교의 무소유란 그 어느 종교들보다 '공동체적 무소유'라는 사실이다. 말하자면 법정 스님의 무소유가 집착으로부터 자유를 의미하는 개인 수덕 차원을 강조한 것이라면, 기독교의 무소유는 좀 더 적극적인 '공동체적 무소유'에 가깝다. 그 정신은 예수께서 세상 재물을 걱정하는 제자들에게 "너희는 먼저 하나님의 나라와 하나님의 의를 구하여라. 그리하면 이 모든 것을 너희에게 더하여 주실 것이다."(마6:33)라고 교훈하신 말씀 속에, 그리고 사도행전 2장에 나오는 성령체험 후 초대 교회 신자들의 유무상통의 모습 속에 잘 드러난다. 말하자면, 기독교의 무소유는 개인적 차원을 넘어서 근본적으로 제자들(공동체)이 함께 추구해야 할 공동체적 무소유이다. 이것은 공동체적 나눔을 통해 실현된다.

따라서 내가 꿈꾸는 교회는 하나님의 나라와 그의 의 곧 공동체적 무소유를 추구하는 공동체로서, 교회 자신이 먼저 가난을 추구하는 교회이다. 그리고 그 교회는 부동산이나 금융자본 같은 소유의 추구 대신에 철저하게 공동체적 자유와 사랑을 실천하는 무소유의 공동체이다.

8. 복음서 중심의 기독교 토라 공동체

한국교회의 중핵 교육과정은 무엇인가

교육학의 전문용어 중에 '중핵 교육과정'(core curriculum)이란 말이 있다. 이 말은 학교의 교육과정에서 가장 중요하다고 생각되는 교육 내용을 '중핵'(中核)으로 하여 그것을 중심에 놓고 그 이외의 것들은 중심의 주변에 조직하는 교육과정의 형태를 말한다. 그 중앙에 위치하는 것에 따라 문제 중심 중핵 교육과정, 학습자 중심 중핵 교육과정, 혹은 교과 중심 중핵 교육과정으로 나뉜다. 계란으로 비유하자면 중핵 교육과정은 노른자와 같은 것이고 노른자를 감싸고 있는 흰자는 주변 교육과정이라고 말할 수 있다. 그런데 우리나라 학교교육에서는 인성교육보다는 입시교육이 오랫동안 대세였던 탓에 국어, 영어, 수학과 같은 입시에서 중요하게 간주되는 교과목들이 중핵 교육과정으로 여겨져 왔다. 그래서 중핵 교육과정은 종종 소위 '국·영·수' 교과목과 거의 동일시되고 있다. 따라서 학교교육 개혁론자들은 중핵 교육과정으로서 국어, 영어, 수학과 같은 교과목 대신에 다른 것 곧 학습자 중심이나 문제 중심으로 전환할 것을 요구하고 있다.

그렇다면, 중핵 교육과정의 측면에서 볼 때, 한국교회는 그동안 무엇을 중핵 교육과정으로 하여 목회를 하고 또 신자들의 신앙생활을 도왔을까? 그것은 한마디로 '말씀'(성경) 중심의 중핵 교육과정이었다고 말할 수 있다. 특히 루터의 후예인 개신교회는 교황이나 교회의 권위를 강조하는 '교도권' 대신에 당연히 '오직 성경으로'(sola scriptura)라는 원리에 따라 성경의 절대 권위를 인정하고 그것을 중핵으로 하여 나머지 것들을 말씀 주변에 배치시켰다. 이것이 개신교의 가장 큰 특징이다. 그런데 말씀 중심의 중핵 교육과정을 강조한 것까지는 좋았는데, 성경 66권 중에서 어떤 성경을 중핵으로 하였는지에 대해서는 논의의 여지가 많다는 점이다. 예컨대, 어떤 교단에서는 루터의 칭의론에 따라 '로마서'를 중핵 교육과정으로 하여 로마서의 빛 하에서 성경 말씀을 이해하였다. 뿐만 아니라 많은 한국교회의 목회자들은 구약의 율법 준수를 지나치게 강조하고 있기 때문에 '유대교적 기독교'라는 말이 나올 정도로 한국교회는 '구약' 중심의 중핵 교육과정을 갖고 있다고 말할 수 있다.

그런데 기독교 사상의 측면에서 볼 때, 과연 한국교회가 '로마서'나 '구약성서'를 중핵 교육과정으로 강조하는 것이 적절한지 질문하지 않을 수 없다. 적지 않은 신학자들은 한국교회의 이런 경향에 대하여 대체로 비판적이다. 그래서 신학자들은 좀 극단적이긴 하지만 다음과 같은 질문을 종종 던지곤 한다. "한국교회는 예수의 종교인가 아니면 바울의 종교인가?" 혹은 "한국교회는 신약의 종교가 아니라 구약의 종교인가?" 이런 질문은 좀 어리석은 질문 같지만, 사실은 매우 중요하고 심각한 질문이기도 하다. 왜냐면 기독교의 핵심은 '예수 그리스도'이기 때문이다. 그런데 실제로 예수 그리스도는 기독교 신앙에서 언제부터인지 모르게 밀려난 채, 그 자리에 바울이 자리 잡고 있고, 심지어 모세와 다윗이 그 자리를 대신하고 있는 것이다. 따라서 한국교회의 개혁은 한국교회의 중핵 교육과정을 다시 비판적으로 성찰하고, 예수 그리스도를 기독교 신앙의 중심으로 회복하는 일에서부터 시작되어야 한다.

복음서를 중핵 교육과정으로 삼는 복음 중심 공동체

그렇다면, 성경 66권 중에서 성경의 어떤 부분을 기독교 신앙의 중핵 교육과정으로 삼아야 할까? 이에 대한 논의는 성경의 편집 구성을 볼 때 쉽게 이해할 수 있다. 구체적으로 설명하면, 주지하듯이 유대교에서는 히브리어 성경을 처음에는 크게 세 부분으로 나눠 편집하였다. 오경으로 불리는 '율법서'(토라/Torah), 이스라엘의 역사(역사서, 혹은 전기 예언서)와 예언자들의 말씀(후기 예언서)으로 이루어진 '예언서'(느비임/Nebiim), 그리고 시편이나 욥기 같은 문학작품으로서의 '성문서'(케투빔/Ketuvim)가 그것이다. 그래서 토라와 느비임, 그리고 케투빔의 첫 글자를 떼서, 유대교에서는 '타낙'(TaNaK)이라고 부른다. 여기서 유대교는 당연히 십계명이 담긴 율법서인 '토라'를 최고의 중핵 교육과정으로 삼고 있다. 유대인의 관점에서 볼 때 예언서나 성문서는 모두 토라가 역사 속에서 어떻게 구현되었고, 또 이스라엘 백성들이 토라를 어떻게 생각하며 살아왔는지를 모은 책들이라고 말할 수 있다.

그런데 유대인들이 디아스포라의 과정을 통해 희랍 세계로 흩어진 뒤, 히브리어 성경(TNK)은 히브리어를 모르고 희랍어만을 아는 유대인들을 위해 후에 소위 '70인역'(LXX) 성경으로 번역되었다. 그때 구약성서의 배열이 약간 수정되었다. 말하자면 타낙의 삼분법에서 '역사서'를 독립시키고 성경 내용의 성격에 따라 배치를 재조정하여 '사분법'으로 분류한 것이다. 즉 토라(오경)는 그대로 놔둔 채, 역사서, 시가 문학, 그리고 예언서로 재분류하였다.

흥미로운 것은 초대 교회가 신약성서를 정경화하는 과정에서 신약성서의 배열을 정할 때, 바로 70인역 성경을 참조하여 상호 병렬적으로 배치하였다는 점이다. 그래서 구약의 토라에 해당하는 위치에 예수의 행적인 '복음서'를 놓고, 역사서의 위치에 사도행전을, 시가 문학의 자리에 바울 서신과 기타 서신들을, 그리고 예언서의 위치에 요한계시록을 배치했다. 여기서 우리는 전통적으로 교회가 기독교 신앙의 핵심 곧 중핵 교육과정으로 무엇을 강조했는지를 명약관화하게 알게 된다. 그것은 바로 유대인들에게 토라가 가장 중요하듯이 기독교인에게는 기독교 토라인 '복음서'이다.

따라서 내가 꿈꾸는 교회는 예수 그리스도를 중심으로 한 기독교 토라인 복음서를 중핵 교육과정으로 삼는 복음서 중심의 공동체이다.

9. 부(否)엔트로피의 공동체

엔트로피 증가의 법칙, 모든 과학의 제1법칙

물리학의 개념으로 '엔트로피'(Entropy) 증가의 법칙이란 것이 있다. 이 법칙은 '에너지 보존의 법칙'으로 알려진 열역학 제1법칙에 이어 '열역학 제2법칙'으로 불린다. 엔트로피 법칙은 "모든 에너지는 가용한 것에서 무용한 것으로 변한다."라는 자연적 변화의 방향성을 설명하는 과학적 법칙이다. 열역학 제1법칙 즉 '에너지 보존법칙'에 따르면, 에너지는 화학-전기-운동-열에너지로 에너지의 모양만 바꿀 뿐이지, 전체 에너지 총량은 보존된다. 예를 들어, 우리가 연탄보일러를 작동시켰다면, 연탄이라는 화학에너지가 운동에너지와 열에너지로 바뀌었을 뿐이다. 그런데 열과 운동에너지는 다시 연탄이라는 화학에너지로 바뀔 수 있을까? 그것은 불가능이다. 자연계에서는 결코 그런 일이 일어나지 않는다. 그것을 설명하는 것이 바로 열역학 제2법칙인 엔트로피 법칙이다. 그것은 자연계에서 에너지가 어떤 방향으로 움직이는가를 설명한다. 그런데 그것은 우주 전체에 적용되기 때문에 아인슈타인은 엔트로피 증가의 법칙을 가리켜 '모든 과학의 제1법칙'이라고까지 말했다. 따라서 엔트로피 법칙은 이 우주의 모든 실재하는 것은 '무질서'로 향하는 것을 설명하는 원리라 말할 수 있다.

그런데 적지 않은 학자들은 이러한 엔트로피 법칙이 자연현상뿐만 아니라 '사회현상'을 설명하는 데에도 유용한 이론이라고 주장한다. 그 대표적인 학자로 제레미 리프킨(Jeremy Rifkin)을 들 수 있다. 그는 이미 고전이 되었지만, 오래전 출판된 『엔트로피』(1984)라는 책에서 엔트로피의 개념을 적용하여 무질서로 향하는 사회조직에 대하여 그의 입장을 피력하였다. 말하자면, 어떤 실재를 가만히 놔두면 무질서로 향하게 되고 결국 사용이 불가능해진다는 것이다. 그런데 흥미로운 것은 열역학 제2법칙에 따라 닫힌 폐쇄체계(isolated system)의 엔트로피는 항상 증가하는 반면, 그 반대로 열린 '개방체계'(opened system)는 외부로부터의 에너지와 물질을 유입시키기 때문에 질서와 복잡성의 수준을 유지 및 증가시킨다는 점이다. 이것을 일컬어 '엔트로피를 낮춘다'는 의미에서 '부(否)엔트로피'(negative entropy)라고 말한다. 따라서 부엔트로피의 증가는 한 조직의 '생명'을 유지시키는 힘인 셈이다.

엔트로피 증가와 멸망, 교회에도 적용할 수 있어

여기서 기업조직을 염두에 두고 엔트로피 법칙을 생각하면, 기업이 '열린 체계'를 갖는 것이 얼마나 중요한 것인지 금방 알 수 있다. 좋은 제품을 계속 생산하고, 또 양질의 서비스를 통해 기업을 발전시키기 위해서는 외부세계로부터 끊임없이 자원과 물질을 공급받아야 한다. 그리고 기업이 조직의 가치를 유지시키고 또 최소비용으로 전략을 잘 달성하기 위해서는 뛰어난 인재들을 끊임없이 고용하고 또 여러 첨단 이론들을 적극적으로 도입해야 한다. 만약 이와 같은 소통의 노력이 부족하여 외부에서 물질과 에너지를 지속적으로 유입하지 않으면 기업의 엔트로피는 증가하여 죽음을 맞이하게 된다. 따라서 기업조직은 조직 내 엔트로피를 낮추기 위해, 다시 말해 부엔트로피를 증가시키기 위해 부단히 노력해야 한다.

물론 리프킨이 설명한 것처럼, 자연과학의 법칙을 사회조직에 그대로 적

용할 수 있는지 논란이 많은 것도 사실이다. 그럼에도 불구하고 엔트로피 법칙은 실제로 행정체계이론으로서 오랫동안 각광받아 온 점을 고려할 때 조직의 유지와 발전을 위해 설득력 있는 이론이 아닌가 싶다. 그런 점에서 엔트로피 법칙은 하나의 조직인 '교회'에도 적용하여 교회의 항상성을 살필 필요가 있다. 말하자면 하나의 조직으로서 교회도 외적인 에너지 공급이 없다면 엔트로피 법칙에 따라 언젠가 역사에서 사라지는 운명을 맞이하게 된다. 실제로 기독교의 역사를 비롯하여 종교사를 돌이켜 보면, 얼마나 많은 종교들이 역사에서 태어나고 성장하다가 무질서의 과정을 겪으면서 역사에서 사라졌는가? 기독교의 교파 중에서 초대 교회에 그렇게 왕성한 영향력을 끼쳤던 영지주의나 몬타누스주의, 그리고 네스토리우스주의 등 수많은 분파와 이단들이 역사에서 사라졌다. 모두 엔트로피 증가의 영향을 피할 수 없었던 것이다. 반면에 몇몇 교회들은 수천 년의 역사에도 불구하고 여전히 교회의 생명을 잘 유지해 온 비결은 무엇일까? 그것은 끊임없이 외부세계에 대하여 열린 자세로 임하였기 때문이라고 말할 수 있다.

성서에 반영된 초대 교회의 모습 중에서 아마도 베드로와 야고보 유형의 교회는 엔트로피 유형에 속한 교회라고 말할 수 있다. 반대로 바울과 요한이 보여준 교회는 부엔트로피 유형의 교회라고 말할 수 있다. 주지하듯이 베드로와 야고보는 예수의 복음을 유대교의 범주 내에서만 이해하려고 하였다. 이것은 베드로의 꿈에 다양한 물고기들이 담겨진 보자기가 하늘에서 내려왔을 때, 그것을 유대교의 전통에 따라 부정한 것으로 간주하여 잡아 먹기를 주저했던 모습에 잘 반영되어 있다.(행10:11~16) 반면에 요한과 바울은 이방 세계의 철학 및 사상과 적극적으로 소통하고 대화하면서 그들에게 복음을 전한 결과 기독교를 세계화하는 데 크게 기여하였다.

역사적으로 볼 때, 베드로와 야고보는 틀렸고 바울이 옳았다. 왜냐면 베드로와 야고보의 교회는 엔트로피 법칙에 따라 결국 역사에서 사라졌으나, 요한과 바울을 추종하는 교회는 역사에 여전히 살아 있기 때문이다.

따라서 내가 꿈꾸는 교회는 복음의 생명을 지속시키기 위해 세계와 소통하며 개방적인 부엔트로피의 공동체가 되는 것이다.

10. 삼위일체적 사귐의 공동체

루블레프의 삼위일체 이콘을 다시 본다

최근 기독교계에 이콘(icon)에 대한 관심이 높아지면서 러시아의 안드레이 루블레프(Andrei Rublev)가 그린 '삼위일체 하나님'(trinity; one substance three persons)에 대한 이콘이 주목을 받고 있다. 그런데 그것은 러시아 정교회가 1551년 스토블라브 교회회의에서 '삼위일체'를 그릴 때는 루블레프의 유형을 따르도록 한 규정에 의한 것으로, 창세기 18장을 배경으로 하고 있다. 본문에 따르면, 마므레의 떡갈나무 곁에서 아브라함과 사라에게 세 명의 나그네들이 나타나 아들 이삭이 곧 잉태될 것이라는 탄생 소식을 알려주고 있다.

그림은 전체적으로 볼 때 왼편 성부의 무릎과 오른편 성령의 무릎이 마주 보고 있는데, 이것은 커다란 잔의 형상을 하고 있다. 그렇게 희생의 잔을 중심으로 하여 성삼위 하나님께서 둘러 있으며, 천상의 신성한 빛을 암시하는 가시적 틀로 둘러싸여 있다. 그것은 하나님의 신성이 내재한 일치성을 표시하는 것이다. 성자는 잔 한가운데 계시고 두 손가락으로 신성과 희생된 인성을 드러내고 있으며, 성부는 성자를 축복하고 계신다. 성령은 식탁 아래의 열린 사각형을 가리키며 이 거룩한 희생은 세상을 구원하는 희생임을 가리킨다. 이 사각형은 동서남북의 모든 창조된 세상을 상징하고 있으며, 하나님의 집으로 가는 좁은 길, 고통의 길을 의미한다. 루블레프의 삼위일체 이콘

은 삼위의 영원한 나눔, 투명한 빛, 성찬을 중심으로 하는 둥그런 일치감, 약동하는 생명, 대자연을 포함하는 신화 등의 의미로 가득 차 있다. 특히 세 분 삼위 하나님이 식탁의 교제 안에서 하나로 보이는 모습이야말로, 삼위일체가 보여주는 '페리코레시스'(perichoresis, 순환)의 일치성을 잘 보여준다고 말할 수 있다.

사실, 정통적 기독교 신앙과 비정통적 신앙을 나누는 가장 큰 기준점은 무엇인가? 그것은 바로 위에서 언급한 '삼위일체 하나님'에 대한 고백 여부이다. 물론 삼위일체 하나님 이해도 각 교회의 전통에 따라 약간씩 다르고, 또 신학적인 논쟁점들이 여전히 있는 것도 사실이다. 그러나 그럼에도 불구하고 세계의 모든 교회를 하나로 묶어주는 힘은 바로 우리가 하나님을 삼위일체의 하나님으로 고백하느냐 그렇지 않느냐 하는 것이다. 그런데 역사를 돌이켜보면, 바로 이 '삼위일체'의 교리를 확립하기까지 수많은 갈등과 논쟁이 있었음을 간과할 수 없다. 아마도 가장 대표적인 논쟁은 니케아회의(325년)에서 벌어진 아리우스와 아타나시우스의 논쟁일 것이다. 성부와 성자가 본질에 있어서 동일한가 그렇지 않은가의 논쟁에서 아리우스는 동일하지 않고 비슷하다는 '유사본질(homoiousios)'을, 대신에 아타나시우스는 '동일본질(homoousios)'을 주장하였던 것이다. 결국 이 회의에서는 아타나시우스의 손을 들어주었고, 그 결과로서 '니케아신조'(325년)로 불리는 정통적인 삼위일체 교리가 확립되었다. 그리고 얼마 지나지 않아서 콘스탄티노플 회의(381년)를 통해 니케아회의의 삼위일체 교리를 재확인하게 되고, 그 결정에 따라 '니케아-콘스탄티노플신조'가 고백되었다. 그 후 세계의 모든 교회는 지금까지 니케아-콘스탄티노플신조를 정통신앙으로 고백하면서 세계의 다양한 흩어진 교회를 하나로 묶는 일치의 끈으로 삼고 있다.

삼위일체 교리로 교회 일치의 동력을 마련하길

물론 이러한 니케아신조의 삼위일체 교리가 확립된 이후 큰 논쟁 없이 지금까지 내려온 것은 아니다. 니케아신조 이후 아마도 가장 큰 논쟁은 1054년에 있었던 소위 '필리오케'(filioque) 논쟁이다. 이 논쟁에서 서방의 가톨릭교회는 성부와 성자 그리고 성령의 관계를 설명하면서 성령은 성부 '그리고 성자'(filioque: and/from the Son)로부터 나온다고 주장하였다. 즉 성부와 성자 사이에 "그리고"라는 의미의 라틴어 '필리오케'를 삽입하였던 것이다. 그런데 동방교회는 필리오케(그리고)를 반대하며, 성령은 오직 성부로부터 온다는 입장을 고수하였다. 결국 이 필리오케 논쟁은 서방 가톨릭교회와 동방 정교회를 분열시키는 결과를 초래하였고, 지금까지 그 분열은 이어지고 있다.

그 후 교회사 속에서 삼위일체 교리는 큰 신학적 논쟁 없이 받아들여졌다. 그러다가 삼위일체 교리가 다시 본격적으로 중요하게 부각된 것은 20세기에 들어와서부터다. 왜냐하면 개신교를 중심으로 한 세계 교회가 수없이 많은 교파로 분열되는 상황에서 교회의 일치(unity)가 무엇보다 중요한 가치로 등장하였기 때문이다. 이런 상황에서 세계의 교회들은 모든 그리스도교의 공통된 교리 니케아-콘스탄티노플회의에서 결정된 삼위일체 교리를 다시 생각하게 되었고, 그것이야말로 세계의 모든 교회를 하나로 묶어주는 핵심 교리로 받아들이게 되었다. 말하자면, 가톨릭교회이든 정교회이든 혹은 개신교회이든 최소한 니케아-콘스탄티노플신조를 고백하는 한 우리는 하나님 안에서 하나라는 것이다.

지금 우리는 루터의 종교개혁 이후 반 천년을 보내고 있다. 교회는 그 어느 때보다 하나됨의 필요성을 갈구하고 있다. 바라기는 교회가 하나님을 삼위일체 하나님으로 고백하는 한 세상의 모든 교회는 차별 없이 하나라는 것, 그리고 모든 교회는 삼위 하나님의 페리코레시스적인 사랑의 사귐처럼 서로 인격적으로 사랑해야 한다는 것을 깊이 되새겼으면 좋겠다. 마치 세 나그네가 함께 둘러앉아 다정히 떡을 뗄 때는 루블레프의 삼위일체 이콘에서처럼 말이다.

따라서 내가 꿈꾸는 교회는 삼위일체적 사귐의 공동체이다.

11. 생명의 공동체

나는 미처 몰랐네
그대가 나였다는 것을
달이 나이고
해가 나이거늘
분명 그대는 나일세
- 무위당

적지 않은 이들이 20세기를 대표하는 한국의 사회과학자로서 한양대 교수를 지낸 리영희 교수를 꼽는다. 그는 무신론자로서 독재의 시대인 1970~80년대에 한국의 민주화운동에 크게 기여하였다. 그런데 그는 자서전적 대담집인 『대화』(2005)라는 책에서 자신은 무신론자로서 종교에 큰 관심이 없지만, 유일하게 존경하는 그리스도인이 있다면, 무위당 장일순 선생을 꼽을 수 있다고 말했다. 그렇다. 무신론자도 존경하는 한국 최고의 그리스도인, 그가 무위당 선생이다.

달이 나이고, 해가 나이다

위의 인용된 시가 바로 무위당의 시이다. 그의 시에서도 묻어나듯이, 그는 모든 것들을 생명 있는 '나'로 볼 것을 말하고 있다. 여기에서 '나'는 욕심을 부리는 이기적인 나가 아니다. 그가 말하는 나는 '사람이 곧 하늘이다'[人乃天]라는 의미에서의 나이다. 나는 곧 하늘이니까 너도 하늘을 품고 있는 나이고, 더 나아가 하찮은 미물도 하늘을 품고 있는 나라는 말이다. 말하자면, 이 땅에 존재하는 모든 것들은 생명이신 하늘을 품고 있는 하늘같은 존재로서 나와 다르지 않은 존재가 되는 의미에서의 나이다. 그러니 장일순에게 있어서는 달이 나이고, 해가 나인 셈이다.

장일순은 가톨릭 신자이지만 동학 제2대 교주였던 해월 최시형의 가르침에 크게 감동되었다. 특히 그는 "밥 한 사발을 알면 세상 만사를 다 안다."는 최시형 선생의 말에 큰 깨달음을 얻었다. 그래서 무위당은 밥 한 숟가락을 뜨면서도 해와 달과 비와 구름과 땅에 감사기도를 드렸다. 그리고 씨를 뿌리고 모를 심고 피를 뽑고 물을 대고 추수를 했을 어느 농부님에게 감사했다. 밥상이 되어준 나무와 밥상을 만든 목수에게 감사했다. 숟가락이 되어준 물질들과 숟가락을 만든 이름 모를 이에게 감사했다. 찰진 밥을 지어준 아내에게 감사했다. 이처럼 해와 바람과 비와 눈과 나무와 돌의 도움 없이 단 한순간도 살 수 없는 인간으로서 모든 것을 나로 대하는 것은 사람의 본분인 셈이다. 그래서 그는 이런 취지를 확산하기 위해 〈한살림〉을 조직하여 생명운동을 펼쳤다. 따라서 내가 꿈꾸는 교회, 그것은 장일순이 꿈꾸는 공동체와 다르지 않다. 그것은 바로 아주 작은 미물이라도 하늘처럼, 아니 나처럼 대하는 온전한 생명의 공동체이다.

하지만 지금 세상은 장일순의 꿈과는 정반대로 가고 있다. 우리는 모든 것들을 생명의 존재로, 즉 하늘로, 아니 바로 나 자신으로 보는 태도를 추구해야 하지만, 현대 문명은 그 어느 때보다 반생명적이다. 물이 말할 수 없을 정도로 오염되어 있고, 특히 최근에는 4대강 사업으로 강이란 강은 온통 다 녹조로 변해 버렸다. 심지어 공기는 또 어떤가? 미세먼지로 해서 숨조차 쉴

수 없을 지경이다. 따라서 그 어느 때보다 바로 지금이 생명운동이 시급한 때가 아닌가 싶다.

생명의 위기 문제와 정면으로 마주하는 교회

진정한 신학자란 그 시대의 가장 고통스런 문제에 정면으로 맞서는 자란 말이 있다. 20세기 전반기에 있었던 두 차례의 피비린내 나는 세계대전의 고통에 정면으로 맞서서 인간의 죄성을 폭로했던 칼 바르트가 그랬고, 히틀러의 광기어린 파시즘에 저항하여 진정한 신앙인의 모습을 찾고자 했던 본회퍼가 그랬다. 그렇다면 21세기 오늘 우리 한국 사회의 가장 큰 고통은 무엇일까? 필자는 이런 질문 앞에서 서슴지 않고 '생명'과 '평화'의 문제라고 말하고 싶다. 특히 더 구체적으로는 생명의 근본 바탕을 구성하는 '물'의 문제요 또 '공기'의 문제가 아닌가 싶다. 무위당 식으로 더 엄격하게 말하면, 나인 물이 썩어 가고 있고, 나인 공기가 숨조차 쉴 수 없는 것으로 변질되어 가고 있다. 그런 점에서 신학은 과거에 철학과 대화했던 것처럼 앞으로는 물과 공기를 연구하는 '수문학'(hydrology)이나 '대기학'(aronomics)과 대화하면서, '생명학'으로 발전해야 할 것이다. 그리고 교회는 모든 생명을 소중히 여기는 생명의 공동체로 나아가야 할 것이다.

예수 그리스도께서 말씀하셨다. "나는 하늘에서 내려온 살아 있는 빵이다. 이 빵을 먹는 사람은 누구나 영원히 살 것이다. 내가 줄 빵은 나의 살이다. 그것은 세상에 생명을 준다."(요6:51) 사실 교회는 지금까지 예수의 이 말씀에 따라 성찬 신학을 발전시켰다. 그래서 교회는 이 성찬 신학에 근거하여 빵이신 그리스도를 모시기 위해 교회에 꼭 나오라든지, 혹은 빵이신 그리스도를 먹지 않으면, 즉 성찬에 참여하지 않으면 그 사람은 구원을 받을 수 없다는 등 빵이신 그리스도를 통해 세상과 차별하는 배제의 논리를 강조하였다. 그러나 이제 교회는 빵으로 오신 그리스도의 의미를 다시 생각할 때가 된 것 같다. 말하자면, 하늘이신 그리스도께서 가장 일상적인 먹거리인 빵으로 오셨다면, 물로는 못 오시며, 또 공기로는 못 오시겠는가?

하나님이 육신의 몸을 입고 이 땅에 오셨다는 성육신 신학의 논리로써 이해한다면, 그리스도는 가장 별 것 아닌 것처럼 보이는 그 무엇으로도 오셨고, 지금도 오고 계시며, 또 장차 다시 오실 것이다. 따라서 교회는 빵과 포도주를 통해 기독교인과 비기독교인을 구분 짓는 배제의 원리가 아니라, 오히려 빵과 포도주 같은 가장 일상적인 먹거리 속에도 계시는 생명의 그리스도를 증거함으로써, 모든 생명을 그리스도처럼 대하는 생명의 공동체로 나아가야 하지 않을까?

그러므로 내가 꿈꾸는 교회는 하찮은 미물로부터 시작하여 인간에 이르기까지 모든 살아 있는 생명을 마치 나로 대하는 생명의 공동체이다.

12. 유기적 공동체

고체형 교회, 액체형 교회, 기체형 교회 이야기

얼마 전 필자는 초교파 목회자들이 모인 한 모임에 참석하여 대화하면서, 교회를 새롭게 이해하는 것이 얼마나 어려운 일인지 새삼 깊이 깨닫는 기회가 있었다. 그때 참여한 목회자들은 저마다 교회에 대한 자신의 생각을 말했는데, 교회에 대한 이미지가 서로 크게 다른 것을 발견하고 함께 놀라워하였다. 그런데 누군가 교회를 '물'(H_2O)처럼 이해하면 어떻겠느냐고 말하는 제안을 들으면서 크게 공감이 되었다. 일종의 '물 교회론'이라고나 할까? 그것은 온도에 따라 물이 물리적으로 고체, 액체, 그리고 기체로 변화되는 것처럼 교회를 그렇게 세 가지의 형태로 보는 것이다.

먼저, 교회를 고정된 물건 곧 얼음과 같은 고체처럼 생각하는 입장이다. 이것은 교회를 교회 건물이나 모임에 출석한 사람들이 연합하여 결성한 단체인 교단과 동일시하여 보려는 입장이다. 이런 입장에 선 사람들은 '교회성장'이란 이름으로 교회 조직이 확대되는 것이야말로 가장 의미 있는 일이라고 생각한다. 그래서 교회의 외형적인 성장은 최고의 덕목이고, 그 반대의 경우는 거의 저주에 가깝다. 이런 점에서 볼 때, 현재 예배당이 텅 비어 있는 유럽 교회들은 거의 죽은 교회로 이해되고, 또 최근 출석수가 현저히 줄고 있는 한국교회 상황은 큰 위기로 인식된다. 그러나 주일날 예배당이 많이 비어 있거나 줄고 있다고 하더라도, 과연 그런 교회가 실제로 다 죽었다고 말할 수 있을까?

둘째는 교회를 물과 같은 액체처럼 유동적인 것으로 보려는 입장이다. 이 입장에 선 사람들은 교회를 자유자재로 끊임없이 이동하는 액체 같은 것으로 보면서, 상황에 따라 쉽게 변화되고 또 변형될 수 있는 것으로 이해한다. 가장 대표적인 경우는 최근 제도적인 교회에 실망하여 교회를 떠난 '가나안 신자들'로 구성된 소위 '가나안교회'가 여기에 해당된다. 여기서 가나안교회는 교회 건물도 없고, 직분도 없고, 교리 같은 체계도 없는 교회이다. 실제로 가나안교회에 출석하는 사람들은 고정된 교회 곧 제도화된 기성 교회에 실망한 사람들로서, 더 이상 특정 교회의 교인이라는 소속감도 갖고 있지 않다. 그리고 그들은 제도적 교회가 요구하는 교리나 전통도 따르지 않는다. 그들은 다만 자신들이 하나님의 자녀 곧 기독교인이란 자기 정체성만을 가진 채, 매우 자유롭게 모였다가 흩어지기를 반복한다. 그들에게는 주일성수의 의무감도 없고, 또 십일조 생활 등과 같은 봉헌이나 헌신도 없다. 그들은 유목민처럼 마음에 끌리는 대로 자유롭게 모였다가 헤어질 뿐이다. 과연 이러한 교회도 교회로 볼 수 있을까?

셋째는 교회를 마치 기체와 같은 것으로 보려는 입장이다. 이 입장에 선 사람들은 교회를 앞의 첫 번째의 경우에서처럼 제도적인 교단이나 어떤 공간으로 보는 것에 대하여 철저히 반대한다. 대신에 그들은 교회를 '세속화'(secularization)의 맥락에서 기체처럼 보이지 않는 기독교 '정신'의 사회적 구현으로 이해한다. 여기서 세속화란 부귀와 권력 같은 세속적인 가치를 추종하는 것을 의미하는 것이 아니라, 복음의 정신이 세상 속에 구현되는 것을 의미한다. 즉 그리스도께서 육신의 몸을 입고 이 세상에 화육한 것처럼(요 1:14), 이 입장에 선 사람들은 사람이 모이는 교회당이나 교단의 제도로 보지 않고, 사랑과 정의 그리고 평화와 같은 복음의 정신이 세상 속에서 구체적으

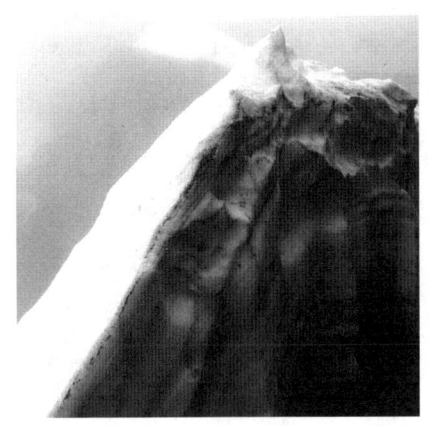

로 구현되는 것을 참 교회로 보려는 입장이다. 이런 기체 형태의 교회는 사회복지와 민주주의가 최고로 구현된 유럽의 복지국가들 속에서 잘 발견될 수 있다.

H_2O처럼 유연하게 변화하는 교회가 되어야

이처럼 우리는 세 가지 형태의 교회 모습을 생각해 볼 수 있다. 그런데 이 셋 중 어떤 형태가 가장 이상적인 교회의 모습일까? 물론 말할 것도 없이 대부분의 신자들은 첫 번째의 경우만을 교회로 생각할 것이다. 그리고 실제로 교회의 역사를 돌이켜볼 때, 교회는 그런 인식 위에서 두 번째와 세 번째의 의미로 교회를 이해하려는 사람들을 이단으로 몰아 냉혹하게 박해해 온 것도 사실이다. 그러나 교회가 예수께서 선포한 '하나님의 나라'라는 더 큰 가치 위에서 이해되고 또 논의되어야 한다고 할 때, 첫 번째 경우만을 절대화 할 수는 없지 않을까? 마치 'H₂O'라는 '물'이 어떤 때에는 얼음과 같은 고체였다가, 일정한 온도가 되어 녹으면 자유롭게 흘러가는 액체가 되고, 또 열이 가해지면 수증기로 변화되어 하늘을 자유롭게 떠돌 듯이 말이다. 교회도 마치 H₂O처럼 그렇게 자유롭게 변화되는 것으로 이해하는 것이 좋은 것 같다. 그리하여 고체 상태의 교회와 액체 상태의 교회가 서로 협력하고, 동시에 기체 상태의 교회 역시 존재할 수도 있다는 열린 마음을 갖는 것 말이다. 만약 그렇게 교회를 H₂O와 같은 존재로 이해될 수 있다면, 한국교회는 분명 하나님의 나라에 더 가까워진다고 말할 수 있다.

교회론을 처음으로 체계화한 신학자로 알려진 성 어거스틴(St. Augustine, 354~430)은 실제로 위와 같은 생각을 가졌던 것 같다. 그는 분파주의자로 알려진 도나투스주의자들과의 논쟁을 통해서 교회론을 정립하는 과정에서 '하나'의 '유기적' 교회를 주장하였다. 주지하듯이 도나투스주의자들은 기독교가 로마 당국에 의해 박해를 당할 때 자신들의 신앙의 순수성만을 강조하며 배교자를 비난하였다. 나아가 도나투스주의자들은 박해 당시에 성서를 부인한 자들을 향하여 다시 세례를 받아야 하며, 의심스러운 성격의 소유자(배교자)로부터 받은 세례와 안수도 무효라고 주장하였다. 하지만 어거스틴은 이러한 극단적인 도나투스파의 분파적 교회론을 거부하였다. 그러면서 교회는 배교의 문제가 일어남에도 불구하고 여전히 그리스도의 신비한 몸으로서, '하나'라고 주장하였다.

따라서 내가 꿈꾸는 교회는 마치 물이 고체-액체-기체로 구분될지언정 분리되지 않고 서로 연결되어 본질적으로 하나이듯이, 가능한 한 서로 다른 형태를 존중하며 그리스도 안에서 하나됨을 강조하는 유기적 공동체이다.

13. 이단-free & 이단-for의 공동체

가나안교회, 이단으로부터 자유로운 교회

필자는 현재 가나안 신자들을 돌보는 가나안교회를 섬기고 있다. 그런데 얼마 전 가나안교회 예배 후 교우들과 저녁 식사를 하면서 재미있는 이야기를 들었다. 한 젊은 가나안 언님(신자)이 가나안교회를 평하면서 자기가 가나안교회에 나올 수밖에 없는 이유를 말하는 것이었다. 그에 따르면, 가나안교회는 이단이 절대로 올 수 없는 완벽한 '이단-free' 교회란다. 의외의 평가에 필자는 깜짝 놀라 그 의미를 되물었다. 그는 이렇게 대답하였다. "보통 이단으로 알려진 '신천지'나 '하나님의 교회' 사람들은 기존 교회에 침투할 때, 돈이 많은 교회나 혹은 교회당 건물이 그럴싸한 교회에 들어가 그것들을 접수하려고 합니다. 그런데 가나안교회는 재정이 제로이고, 또 교회당 건물도 없으니, 어느 이단이 오겠습니까? 게다가 가나안교회에 참석하는 분들이 대단히 학구적이고 비판적이니 어느 이단이 겁나서 접근이나 하겠습니까? 말 한마디 제대로 잘못했다가는 그 자리에서 박살날 테니 말이죠!" 가나안교회야말로 이단-free 청정교회임을 깨닫는 순간이었다. 한국교회가 지금 이단 문제로 골머리를 앓고 있는데, 진정으로 이단을 막으려면 가나안교회를 벤치마킹하면 좋을 것 같다.

이단은 초대 교회 때부터 있었다. 아니 엄밀히 말하면 이단은 예수 당시부터 있었다. 그리고 아이러니하게도 예수 역시 이단으로 몰려 유대 지도자들에 의해 십자가에 희생되었다. 그러니 이단이 그렇게 새삼스러운 일은 결코 아니다. 따라서 우리는 이단의 문제에 대하여 역설적이게도 긴장을 동반한 양가적 태도를 취할 수밖에 없다. 하나는 우리의 신앙공동체를 파괴하는 잘못된 이단을 엄격히 반대하며 깨어서 경계해야 하는 것이고, 또 하나는 예수처럼 기꺼이 이단 되기를 두려워하지 않는 것이다.

우선 전자에 대하여 살펴보자. 교회는 잘못된 이단에 대하여 경계해야 한다. 이를 위해 전통적으로 가톨릭교회에서는 '신앙교리성'을 두어 잘못된 이단들을 조사하고 경계하였다. 그리고 개신교 역시 가톨릭교회만큼 체계적인 이단 경계 조직을 갖고 있는 것은 아니지만 각 교단마다 그에 버금가는 이단대책위원회 등을 통해 이단을 경계하고 있다. 바람직한 일이다. 따라서 무엇이 잘못된 이단이고 또 그런 이단에 어떻게 대응해야 하는지를 잘 분별하여 교육하는 일은 이단-free 교회를 만드는 일로써 매우 중요하다. 그런 측면에서 볼 때, 최근 이단에 대한 전문서적으로 출판된 허호익 교수의 몇몇 이단 관련 서적들은 교회에 적극 추천할 만하다.

이단을 가르는 일곱 가지 기준과 이단 되기

허호익 교수는 『이단은 왜 이단인가』(2016)와 『한국의 이단 기독교』(2016)에서 기독교 신앙의 다양성에도 불구하고 일치된 공통분모가 있음을 강조한다. 그것은 '사도신경'과 'WCC 헌장'에 잘 반영되어 있다. 말하자면 그 둘은 정통과 이단을 구분하는 표준지침이 될 수 있다. 즉 이단이란 "예수께서 분부한 모든 것을 그대로 가르쳐 지키지 않고 분파를 이루어 다르고 틀리게 가르치고 지키는 것"이라고 할 때, 예수께서 분부한 것은 우선 사도신경에 다음의 다섯 가지로 나타난다. ① 천지를 지으신 하나님 아버지(신론), ② 그

의 외아들 우리 주 예수 그리스도(기독론), ③ 성령(성령론), ④ 거룩한 공교회와 성도의 교제(교회론), ⑤ 죄의 용서와 몸의 부활과 영생(구원론)이다. 그리고 여기에 WCC 헌장 곧 "성경이 증거하는 바대로 주 예수께서 하나님과 구세주이심을 고백하며, 따라서 성부 성자 성령 한 하나님의 영광으로 부르심을 받은 공동의 소명을 함께 성취하고자 노력하는 교회들의 협력체이다."라는 선언에 따라, ⑥ "성경이 증거하는 바"(성경론과 계시론)와 ⑦ "성부 성자 성령 한 하나님"(삼위일체론)은 중요한 이단 식별의 준거로 추가된다. 따라서 위 일곱 가지의 기준으로 하여 한국교회는 더 청정한 이단-free 교회가 되기 위해 더욱 노력해야 할 것이다.

한편, 교회는 예수처럼 이단 되기를 두려워하지 말아야 하는 측면도 있다. 앞서 언급한 교회를 파괴하는 잘못된 이단에 대해서는 단호히 거부해야 하지만, 신앙공동체 자체가 완벽한 교회가 아니라는 점을 늘 경계해야 하는 측면도 있는 것이다. 즉 교회는 그 자체로 완전한 공동체가 아니다. 그것은 하나님의 나라를 향한 도상의 존재일 뿐이다. 따라서 교회도 오류가 있을 수 있고, 또 특정한 교리나 관습 혹은 편견이 절대화될 수도 있다. 그러한 왜곡된 공동체의 모습에 대해서는 언제나 '저항'(protest) 해야 한다. 그것이 이단 되기를 두려워하지 않는 측면이다. 이런 측면에서 볼 때, 이단으로 처벌된 이얀 후스나 마틴 루터의 저항은 이단 되기를 두려워하지 않은 모범적 사례이다. 그리고 일본 식민지 당시 일본 제국주의와 한 국교회가 당연시했던 '신사참배'를 주기철 목사나 손양원 목사 등이 그 잘못된 편견의 카르텔에 대해 용기 있게 저항했던 것은 이단 되기를 두려워하지 않았던 또 다른 대표적 사례이다.

이런 점에서 "나는 세상에다가 불을 지르러 왔다. … 너희는 내가 세상에 평화를 주러 온 줄로 생각하느냐? 내가 너희에게 말한다. 그렇지 않다. 도리어 분열을 일으키러 왔다."(눅12:49~51)는 예수의 말씀은 잘못된 편견에 저항하며 이단 되기를 주저하지 말 것을 촉구하는 말씀으로 이해된다.

따라서 내가 꿈꾸는 교회는 이단-free의 교회임과 동시에 잘못된 신앙의 편견에 대하여는 과감히 이단 되기를 두려워하지 않고 저항하는 '이단-for'의 공동체이다.

14. 종교 대화의 공동체

종교 간 갈등, 한국 사회도 예외 아니다

20세기를 대표하는 역사가 중 한 사람으로 아놀드 토인비(Arnold J. Toynbee, 1889~1975)가 있다. 그는 세상을 떠나기 몇 년 전 옥스포드 학술회의에 참석하였다. 그때 그는 강연을 하였고, 강연을 마치자 누군가 그에게 흥미로운 질문 하나를 던졌다. "아놀드 경, 당신은 오늘날 가장 위대한 역사학자로 존경받고 있습니다. 만약 미래에 그러니까 200, 300년 뒤 역사가들이 20세기 가장 중요한 사건을 꼽으라고 한다면, 당신은 무엇을 꼽을 것으로 생각하십니까? 2차 세계대전이나 아돌프 히틀러의 대량학살일까요, 아니면 공산주의의 몰락 또는 여성 인권의 신장인가요? 우리 시대의 최고의 사건은 과연 무엇일까요?" 그러자 토인비는 일말의 주저함도 없이 이렇게 말했다. "동양의 불교가 서양으로 건너와 기독교를 대체하는 일이지요." 실제로 토인비의 예측대로 지금 유럽을 비롯한 서구에서는 기독교와 불교와의 만남 차원을 넘어서 종교 간의 깊은 대화가 놀라울 정도로 빠르게 진행되고 있다.

물론 종교 간의 만남은 항상 좋은 결과로만 이어지는 것은 아니다. 때로는 극심한 사회불안의 요인으로 작용하는 것 역시 주지의 사실이다. 사무엘 헌팅턴(Samuel Huntington)이 그의 저서 『문명의 충돌』(The Clash of Civilizations, 1996)에서 예견했듯이, 문명의 충돌 한복판에 '종교'가 있다. 특히 그는 향후 기독교와 이슬람교 사이의 큰 갈등을 염려하였다. 그의 예견을

증명이라도 하듯이, 21세기 초입인 2001년 미국 뉴욕에서는 '9·11테러' 사건이 발생하였다. 이것은 표면적으로는 정치적인 문제이지만, 그 이면에는 뿌리 깊은 종교 간의 갈등이 자리를 잡고 있으며, 분명히 기독교 문명과 이슬람 문명 사이의 갈등이기도 하다.

그런데 9·11사건을 야기한 서구에서의 종교 간 갈등과 비교하면, 한국 사회의 종교 갈등은 비교적 적은 편이다. 하지만 한국에도 종교 간 갈등이 없는 것은 아니다. 역사적으로 볼 때, 한국 사회도 종교적인 문제로 많은 갈등이 있었다. 조선시대에는 유교가 불교를 위시하여 다른 종교를 박해하였고, 특히 조선 말 천주교 박해는 너무나 끔찍한 일이었다. 일제강점기에는 일제가 신사참배를 모든 한국인들에게 강요함으로써 종교 간의 갈등을 촉발시켰고, 그래서 적지 않은 목회자들과 신자들이 신사참배를 거부하면서 목숨을 잃었다. 그뿐만 아니라 6·25 때에는 공산당에 의한 교회의 박해가 있었고, 반대로 개신교와 밀접히 관련된 것으로 알려진 서북청년단은 제주도민을 살해하는 제주 4·3사건에 깊숙이 개입하면서 지금까지 제주에서 종교 갈등의 후유증을 낳고 있다. 최근 일로는 1998년 여름 제주의 원명선원에 개신교인이 들어가 수백 개의 불상을 훼손하는 훼불사건이 있었고, 그 후로도 심심치 않게 훼불사건은 이어졌다. 특히 2016년 1월 중순에 경북 김천의 개운사에 한 개신교인이 들어가 불상을 훼손하고 주지 스님에게 폭언한 사례는 필자와도 인연이 깊은 사건으로 개인적으로 더욱 마음 아픈 일이다.

가톨릭과 개신교의 종교대화 노력

반면에 이러한 종교 간의 갈등을 줄이고자 하는 노력은 종교계에서 그동안 꾸준히 있어 왔다. 아마도 이와 관련한 가장 대표적인 노력은 가톨릭교회의 '제2차 바티칸 공의회'(1962-1965)라고 말할 수 있을 것이다. 제2바티칸 공의회에서는 '익명의 그리스도인'이란 용어로 널리 알려진 칼 라너(Karl Rahner) 등의 노력으로 이웃 종교와의 대화의 필요성에 크게 공감하였다. 그것은 당시 발표한 다음과 같은 공의회 문헌에 잘 나타난다. "가톨릭교회는 이들 종교(이웃 종교)에서 발견되는 옳고 성스러운 것은 아무것도 배척하지 않는다. 그들의 생활과 행동의 양식뿐 아니라 그들의 규율과 교리도 거짓 없는 존경으로 살펴본다. 그것이 비록 가톨릭에서 주장하고 가르치는 것과는 여러 면에서 서로 다르다 해도, 모든 사람을 비추는 참 진리를 반영하는 일도 드물지 않다. (…) 그러므로 교회는 다른 종교의 신봉자들과 더불어 지혜와 사랑으로 서로 대화하고 서로 협조하면서 그리스도교적 신앙과 생활을 증거하는 한편, 그들 안에서 발견되는 정신적 내지 윤리적 선과 사회적 내지 문화적 가치를 긍정하고 지키며 발전시키기를 모든 자녀들에게 권하는 바이다."[제2차 바티칸 공의회 문헌, 『비그리스도교에 대한 선언』(Nostra aetate)] 이러한 제2차 바티칸 공의회의 대화 정신은 라너의 제자인 한스 큉(Hans Küng)에게 이어져서 세계인을 위한 윤리로서 "종교평화 없이 세계평화 없다."는 유명한 말을 남겼다.

한편, 개신교는 '세계교회협의회'(WCC)를 중심으로 종교 대화에 적극 나서고 있다. 가톨릭교회의 제2차 바티칸 공의회와 비슷한 시기에(1965), WCC는 조직기구 안에 '종교대화국'을 설치하고, 지금까지 약 60년 가까이 종교 간의 대화와 협력을 위해 적극적으로 활동하고 있다. 한국에서는 현재 NCCK가 그 정신을 따라 활동을 하고 있다. 특히 종교 대화와 관련해서는 강원용 목사를 언급하지 않을 수 없다. 그는 법정 스님과 김수환 추기경과의 만남을 발전시켜, '크리스천아카데미'(현 대화문화아카데미)를 만들고 종교 간의 대화 운동에 적극 앞장섰다. 그리고 이런 대화 운동은 1986년 '한국종교인평화회의'(KCRP)로 계승 발전되어 종교 간의 대화와 협력 운동을 펼치고 있다. 현재 KCRP에 참여하는 종단들은 불교, 기독교, 천주교, 유교, 천도교, 원불교, 민족종교 등 7대 종단이다.

끝으로 여기서 언급하지 않을 수 없는 것은 필자가 관여되어 있는 '레페스포럼'(대표 이찬수 교수)이다. 앞서 언급한 개운사 훼불 사건 이후, 개운사 불당 회복 운동이 있었다. 그리고 그렇게 모금된 성금은 '종교 대화'에 사용되기를 바라는 개운사 측의 요청에 따라 레페스포럼에 기부되었다. 그리고 레페스포럼은 '레페스심포지엄'이라는 이름 아래 수십 명의 기독교학자와 불교학자, 그리고 원불교학자 등이 모여 매년 두 차례의 심층적인 종교 대화 모임을 갖고 있다. 그리고 그것은 놀랍게도 한국의 범위를 넘어서 현재 동아시아 종교 관련 학자들이 모이는 '아시아종교평화학회'로 발전되고 있다.

따라서 내가 꿈꾸는 교회는 이러한 종교 대화의 필요성에 깊이 공감하며 이웃 종교와 적극적으로 대화하는 공동체이다.

15. 종교 소통의 공동체

종교는 비이성적인 것인가

　현대사회는 '이성'을 중심으로 한 '합리성'을 추구하는 사회이다. 그러다 보니 이성과 합리성의 측면에서 볼 때, 종교는 결코 이성적이지도 않고 또 합리적이지도 않다는 논리로 공적 담론의 장에서 소외되어 왔다. 그래서 종교는 현대사회의 공적 영역에서 논의되기 곤란한 사적 언설로 치부되어, 오직 개인적인 문제로 취급되거나 혹은 인간 현실의 문제와 직접 관련이 없는 내세의 문제로 그 의미가 축소 및 왜곡되고 말았다. 그 결과 사적 영역으로 소외된 종교는 이성의 검열과 비판을 거부함으로써 중세시대나 전근대 사회에서 갖고 있었던 미신적 특성을 포기하지 못한 채 더욱 게토화·신비화되고 있는 실정이다.

　그러나 종교는 결코 비이성적이지도 않고, 불합리한 것도 아니다. 그리고 사적 영역으로 밀려나 축소되어야 할 실재는 더더욱 아니다. 종교가 그렇게 된 것은 단지 도구적 이성에 의해 강요된 것뿐이다. 따라서 종교는 현대사회에서 조직체계의 합리성이나 경제적 효율성을 추구하는 도구적 이성의 측면에서가 아니라, 대화를 지향하는 '의사소통적 이성'의 차원에서 공적 영역으로 다시 소환되고 향유되어야 한다. 왜냐면 건강한 종교는 여전히 현대 사회에서 중요하게 요청될 뿐만 아니라 미신화된 종교를 그대로 방치할 경우 현대 사회 자체의 안정성도 크게 훼손될 수 있기 때문이다.

이런 점에서 독일의 비판철학자 하버마스(Jürgen Habermas)의 '의사소통 행위이론'은 성숙한 민주주의를 추구하는 현대 사회에서 종교의 역할과 그 소통을 위해 시사하는 점이 적지 않다. 그에 따르면, 현대 사회에서 건강한 의사소통행위가 일어나기 위해서는 세 가지의 '타당성 주장'(validity claims)에 대한 검토가 필요하다. 즉 전근대적 세계관을 탈피하고 생활세계에서 좀 더 분화된 형태의 소통 가능한 현대적 삶을 추구하기 위해서는 '객관적 진리성', '주관적 진실성' 그리고 '규범적 정당성'이 확보되어야 한다.

이에 대하여 좀 더 설명하면, 우선 '객관적 진리성'이란 화자가 말한 것이 문법적으로 참이어야 함을 의미한다. 예를 들어 기독교 복음이 세상과 소통하기 위해서는 세상 사람들이 이해할 수 있도록 복음 설명에 문법적인 오류가 없어야 한다. 그리고 그 바탕 위에서 최대한 논리적이고 합리적으로 설명하려고 애써야 한다. 이것은 매우 중요한 대화의 기본 조건이다.

둘째로 '주관적 진실성'이란 말하는 자의 진실성을 의미한다. 어떤 사람이 누군가에게 어떤 메시지를 전하고자 할 때 전하는 자가 진실하지 못하고 거짓말을 자주 할 경우, 그는 청자에게 신뢰감을 주지 못할 뿐만 아니라 그로 인하여 메시지도 심각하게 왜곡될 수 있다. 이런 점에서 현재 한국교회는 매우 심각한 복음 소통의 위기를 겪고 있다. 왜냐면 한국교회는 수많은 스캔들과 비리로 한국민들에게 신뢰를 상실한 채 가나안 신자를 양산하고 있기 때문이다. 따라서 교회의 신뢰를 회복하는 일이야말로 복음을 세상과 소통하는 데 가장 중요한 우선적 과제이다.

셋째로 '규범적 정당성'이란 소통을 위해 사회적으로 중시하는 규범들을 진지하게 고려하는 것을 의미한다. 예를 들어 교회가 한국 사회에 복음을 전하고자 할 때, 한국 사회의 규범과 풍습을 존중하고 배려하는 태도가 더욱 필요하다. 그렇지 못할 경우, 소통은 거의 불가능해지고, 심지어 심각한 종

교적 갈등을 일으킬 수 있다. 그 단적인 예는 조선 말 조선 정부와 천주교 사이의 갈등과 그에 따른 박해 사건들에서 찾아볼 수 있다. 따라서 진리성과 진실성, 그리고 규범적 정당성은 한국교회가 현대사회에서 종교 소통의 공동체를 지향해 가는 데 매우 중요하게 고려해야 할 규칙들이다.

종교가 세상과 소통하기 위한 세 가지 조건

그러면 위와 같은 세 가지 정당성의 주장을 배경으로 하여 교회는 구체적으로 어떻게 세상과 소통을 추구할 수 있을까? 필자는 여기서 종교 소통의 차원에서 세 가지를 제시하고자 한다. 첫째는 교회가 우리 사회의 '공동선' (common good)을 위해 세상과 소통하며 특히 이웃 종교들과 서로 협력해야 한다. 역사적으로 볼 때, 3·1운동이 대표적인 사례이다. 3·1운동은 한국교회의 자아 정체감을 심어준 역사적 사건으로, 한국교회가 한국 사회의 공동선을 위해 이웃 종교와 협력한 대표적 사례이다. 이런 점에서 '남북통일'의 문제는 현재 대한민국이 당면한 대표적인 공동선이다. 따라서 이를 위해 한국교회는 한국 사회 및 이웃 종교와 적극적인 소통이 필요하다.

둘째는 신자들뿐만 아니라 일반 시민들의 영성 발달을 위한 각 종교의 영성전통을 서로 배우는 일이다. 이런 점에서 '명상'은 중요한 사례이다. 사실 명상은 특정 종교의 전유물이 아니다. 명상은 누구나 실행할 수 있는 호흡법이요, 자기의 내면을 들여다보고 돌보는 방법이다. 특히 현대인들이 각종 스트레스 등에 대한 치유법으로 명상에 대한 관심이 많은 상황에서 각 종교들은 서로 간의 소통과 시민들의 영성 발달을 위해 자신의 명상법들을 상호 나눈다면 좋을 것 같다.

셋째는 교리적인 소통이다. 이것은 일종의 진리 소통으로써, 종교들의 핵심 진리를 인문학적으로 대화하며 소통하는 것이다. 이것은 종교 갈등을 줄이는 효과가 있고, 더 나아가 선교 차원에서도 의미가 있다. 예컨대, 성경의 하나님을 한국 사회에 알리기 위해 초기 선교사들이 인문학적 대화를 통해 '하나님'을 수용한 것은 매우 대표적인 일이다.

따라서 내가 꿈꾸는 교회는 종교 소통의 공동체로서, 종교가 결코 현대 사회에 무익한 주변적 존재가 아니라 오히려 중요한 심장과 같은 존재임을 실천적으로 논증해 가는 공동체이다.

16. 진리 추구의 공동체

진리는 우리 안에 계신 성령의 음성

"진리란 무엇인가? 매우 어려운 질문이기는 하지만, 나는 우리 내면의 목소리가 우리에게 말해주는 것이 진리라고 믿는다. (중략) 진리는 우리 자신 안에 있다. 우리 모두의 내면에는 진리가 차고 넘치는 핵심부가 있다. 그릇된 일을 행하는 자는 자신의 내면으로부터 자신의 행동이 그릇된 것임을 안다. 거짓이 진실이 될 수는 없기 때문이다. 진리와 정의는 신의 세계에서 불변하는 법으로 영원히 존속한다." (간디, 『간디명상록』, 2003)

그렇다. 나도 간디의 말에 동의한다. 진리는 우리 내면의 목소리요, 그것은 우리 안에 계신 성령의 음성이다. 최근 필자는 "진리란 무엇일까?" 질문하며 한참을 고민한 적이 있다. 나는 아는 것이 하나도 없고 무지하다는 것, 심지어 옳고 그름을 판단할 만한 그 어떤 것도 지금 나에게 없다는 것, 그것으로 한참을 방황한 적이 있다. 그렇게 질문하는 자신의 모습은 참으로 초라하였다. 언젠가 교인 중 한 사람이 필자에게 물었다. 진리가 무엇이냐고, 성경 특히 구약에 있는 모든 말씀이 다 하나님의 말씀이냐고, 더욱이 살인을 명하는 그 하나님의 말씀도 오늘날 여전히 진리냐고 물었다. 필자는 그때 아무런 대답도 못한 채, 무지한 자신을 질책하였다.

오랜 방황 끝에 필자는 하나의 큰 깨달음을 얻었다. 그것은 진리가 나의 내면에 존재한다는 것이다! 내 자신이 진리가 아니라, 진리가 나의 내면 안에 존재한다는 말이다. 적어도 이 순간, 그것만큼은 자명한 것 같다. 진리는 나의 내면에 존재한다. 거룩한 음성으로 그렇게 존재한다. 어떤 때는 양심의 소리로 존재하고, 어떤 때는 깨달음의 소리로 존재하고, 또 어떤 때는 알수 없는 감동을 주는 그 무엇으로 존재한다. 이것이 나에게 진리이다.

그렇다면, 진리로 알려진 성경은 진리가 아닌가? 물론 그 역시 진리이다. 그러나 성경은 그 자체로는 진리가 아니다. 즉 성경 안에 있는 언어의 집합이 진리가 아니라 그 언어가 표상하는 하나님의 뜻과 예수의 본심이 진리이다. 하이데거 식으로 말하면, 언어는 존재의 집일 뿐이다. 따라서 성경 말씀이 나에게 감동이 안 된다면, 그 말씀이 나의 내면으로 들어와 내 내면 속의 그 무엇과 연결되어 진리로 수용이 안 된다면, 그 말씀은 더 이상 온전한 진리라고 말할 수 없다. 말하자면 성경에 언급된 모든 진리는 나에게 상호 주관적인 해석학적 과정을 통해 의미로 다가와 나의 내면에 울림이 일어날 때 비로소 진리가 된다.

초월적인 것이 유한한 세상 속에 들어올 때는 언제나 상대화되기 마련이다. 그래서 세상 속에 들어온 진리는 세상의 옷을 입을 수밖에 없고, 세상은 다양한 모양의 옷을 입은 진리를 잘 알아보지 못한다. 마치 말씀(로고스, 빛)이 육신이 된 예수를 세상 사람이 몰라보았듯이 말이다.(요1:9-11) 따라서 진리를 찾는 사람들은 유한한 것 속에 숨어 있는 영원한 것을 찾기 위해 언제나 비판적인 태도를 취할 수밖에 없다. 하지만 여기에서의 비판은 결코 영원한 것에 대한 비판이 아니라 유한한 것에 대한 비판이요, 진리를 찾아가는 불가피한 과정이다. 마치 동전의 참 모습을 찾기 위해 손때 묻은 동전을 깨끗이 벗겨내는 과정이랄까?

성경이 내면의 진리를 불러일으킬 때, 진리다

그렇다면 성경은 나에게 무엇인가? 그것이 그 자체로 객관적 진리가 아니라면, 그것은 나에게 무엇인가? 그렇다. 성경은 그 자체로 나에게 하나님의 말씀이 아니라, 나의 내면에 있는 진리를 불러일으키는 한에서 진리이다. 성경의 말씀이 나의 마음 안으로 들어와 나의 무엇과 부딪혀 떨림을 일으키고 또 생기를 불어넣어 감동이 될 때 그것은 진리가 된다. 달리 말해, 내 속에 잠자던 진리를 깨우는 한에서, 성경은 진리이다. 그렇다면, 진리는 내 내면에 존재하지만, 동시에 성경 안에도 존재한다고 말할 수 있다. 즉 책 속에만 존재하는 진리는 잠자는 진리요, 죽은 진리이다. 그 죽은 진리가 내 내면의 진리와 만나 조우하며 놀이가 시작될 때, 그 진리는 참 진리가 된다. 물론 그 반대도 마찬가지이다. 즉 내 내면의 진리도 잠자는 진리이다. 성경의 진리를 만나 내 내면의 잠자던 진리가 깨어날 때 비로소 진리는 참 진리가 된다.

그렇다. 진리는 내 내면의 소리를 깨우는 한 진리이다. 동시에 진리는 성경의 진리를 깨우는 나의 내면의 소리, 그 또한 진리이다. 이 양자가 만날 때, 진리는 진리가 된다. "나의 내면의 소리여, 성경의 진리를 깨워라. 그리고 성경의 진리여, 나의 내면에 잠자는 진리를 깨워라!" 결국 진리이신 하나님은 책 속에도 계시고 우리의 내면 속에도 계신다. 그러나 그 진리의 하나님은 마치 술래잡기 놀이의 주인공처럼 언제나 숨어계시고, 또 마치 주무시는 듯 조용하기만 하다. 따라서 나의 내면에 있는 진리가 깨어나고, 또 텍스트 속에 갇혀 있던 진리가 병아리가 알 껍질을 깨고 나오듯이 두꺼운 성경을 깨고 나올 때, 진리는 비로소 진리가 된다. 진리가 세상에 왔으나 세상이 그를 알아보지 못할 때, 세례 요한만은 내면의 소리가 깨어 있는 사람으로서 빛으로 오신 그 진리를 알아챈 참 사람이었다.(요1:26-34) 따라서 나는 오늘도 내가 꿈꾸는 교회로 세례 요한과 같은 내면의 소리가 깨어 있는 사람들이 모인 공동체, 곧 '진리 추구의 공동체'를 꿈꾼다.

17. 진선미의 공동체

인간이 추구해야 할 최고의 가치로서 진선미

고대로부터 지금까지 그리고 서구에서뿐만 아니라 동양에서도 인간이 추구해야 할 가장 중요한 가치는 '진선미'(眞善美)로 이해되었다. 특히 이 세 가치는 종교의 근본이념을 표현하는 것으로 더욱 강조되었다. 이것은 하나님을 진선미의 근원으로 고백한 한국감리교회의 〈교리적 선언〉(1930)에서 잘 드러난다. 이처럼 진선미에 대한 강조는 종교와 철학의 핵심 주제임을 결코 부인할 수 없다. 그런데 최근 신학자를 포함한 인문학자들은 진선미의 문제에 새롭게 다시 주목하고 있다. 특히 그들은 아래와 같은 세 가지의 논의에 보다 큰 관심을 기울이고 있는데, 우리가 꿈꾸는 교회를 상상하는 데에도 많은 도움을 준다.

첫째는 진-선-미의 순서가 절대적인가 하는 논의이다. 즉 진-선-미의 균형성에 대한 문제제기이다. 이것은 예술 신학자들에 의해 주로 논의된다. 즉 역사적으로 볼 때, 신학적 논의에서 '미'를 소외시키고 진과 선만 지나치게 강조하였다는 비판이다. 그래서 진리를 추구하기 위한 성서해석학과 선을 추구하기 위한 기독교윤리학은 강조되었지만, 상대적으로 아름다움의 문제를 다루는 신학적 미학은 소외되었다는 것이다. 그런 주장을 하는 대표적인 예술 신학자는 발타살(Hans Urs von Balthasar)이다. 그래서 그는 진-선-미의 순서를 역전시켜 '미-선-진'의 신학적 체계를 구축하고자 시도하였다. 그것은 그가 집필한 15권으로 구성된 방대한 저서에서 잘 드러난다. 15권 중 1~7권까지는 신학적 미학을 다룬 부분으로『하나님의 영광』(The Glory of the Lord)이란 제목으로 집필하였다.

그리고 8권부터 12권까지는 선의 문제를 다룬『테오드라마』(Theo-Drama)이며, 13-15권까지는 진리의 문제를 다룬『테오-로직』(Theo-Logic)이다. 이처럼 발타살은 진-선-미의 순서를 미-선-진의 순서로 역전시켜 미의 측면을 강조하였을 뿐만 아니라, 그 분량에서도 미의 신학을 진의 신학보다 거의 두 배로 강조하였던 것이다. 발타살의 주장처럼, 우리의 교회도 진리의 공동체와 공의의 공동체에 비해 아름다움을 추구하는 미의 공동체를 상대적으로 소홀히 여긴 것이 아닌가 반성하게 된다. 이 점에서 내가 꿈꾸는 교회는 진선미가 조화롭게 추구되는 공동체요, 특히 상대적으로 소외되었던 미의 공동체를 다시 회복하는 공동체이다.

둘째는 진선미의 문제가 디지털-포스트모던적 상황에서도 여전히 유효한가 하는 논의이다. 이것은 과학기술문명이 급속도로 발전하면서 그에 상응하는 인간성의 가치란 무엇인지를 찾는 문제와 깊이 연결된다. AI(artificial intelligence)로 불리는 인공지능이 과연 인간을 대신할 수 있을까? 그리고 인간(human)이 과학기술과 결합된 새로운 인간 곧 '포스트-휴먼'(post-human) 혹은 '트랜스-휴먼'(trans-human)과 구분되는 고유성은 무엇인가, 라는 철학적 논의가 활발해지면서 진선미에 대한 관심이 새롭게 부각되고 있다. 더욱이 그것은 교육학계에서도 작금의 중요한 화두로 대두되고 있다. 왜냐면 현재 각급 학교에서의 교육 목적은 인간성 교육이 아니라 취업이나 경쟁에서 살아남기 위한 수월성 교육으로 변질되면서 소위 '인성교육'의 필요성이 강조되고 있기 때문이다.

특히 지난 수십 년 동안 민주주의와 산업화를 성취해 가는 과정에서 '독재

의 출현'은 진선미에 대한 논의를 억압했던 것 역시 사실이다. 왜냐면 진선미의 자유로운 토의는 민주주의를 전제할 때만이 가능한 일이기 때문이다. 그런데 민주주의가 발전하고 또 포스트모던 상황이 도래하면서 가치의 상대화라는 과거 독재의 시대에 버금가는 새로운 진선미의 혼란을 겪고 있다. 이 점에서 내가 꿈꾸는 교회는 디지털-포스트모던적 상황에 직면하여 새로운 진선미를 추구하는 신앙공동체라고 말할 수 있다.

진선미의 가치를 각각 중시하는 태도

셋째는 진-선-미가 독립적인가 아니면 상호 의존적인가 하는 논의이다. 이것은 칸트 이래 현대 철학자들의 주장에서 잘 발견된다. 주지하듯이 칸트 이전 전통적인 철학에서는 진선미의 유기성을 강조하였다. 즉 진리는 아름답고 선한 것이라는 상호 연결된 유기성 말이다. 하지만 칸트는 진-선-미의 독립성을 강조하였다. 그래서 그는 진-선-미를 주제로 각각 『순수이성비판』, 『실천이성비판』, 그리고 『판단력비판』이란 책으로 집필하면서 그 세 가치 사이의 독립성을 강조하였던 것이다. 그리고 다중지능이론을 통해 유명해진 가드너(Howard Gardner) 역시 그의 책 『진선미』(2011)에서 이 셋의 가치를 강조하면서도 그 관계성보다는 독립성을 중시하였다.

그런데 사실 이러한 논의는 자연스럽게 신학에서도 지금 진행되고 있다. 즉 과거의 신학에서는 조직신학이란 이름으로 신학의 체계성 내지 통일성을 중시하면서 진선미의 상호 관련성만을 강조하였다. 그래서 진선미의 유기적 체계성이란 측면에서 설명이 곤란한 주제들은 신학적 논의에서 배제시켰던 것이다. 동성애나 여성성, 생태계, 그리고 이웃 종교나 현대 과학 등의 주제들이 그 대표적인 경우이다. 하지만 이제 신학은 더 이상 그런 주제들을 금기시하지 않는다. 과거에 소외되었던 주제들을 과감히 신학적 주제로 소환하여 '구성신학'(constructive theology)이란 이름으로 새롭게 탐색하고 있다.(Peter Hodgson, 손원영 외 역, 『기독교구성신학』, 은성, 2000 참조)

따라서 내가 꿈꾸는 교회는 그동안 진선미의 엄격한 체계화를 통해 배제시켰던 신학적 주제들을 주저 없이 신앙공동체의 삶의 주제로 초대하여 구성신학적 논의를 활발하게 진행하는 명실상부한 진선미의 공동체이다.

18. 참 안식일의 공동체

일 년에 세 번 이상 교회에 나오면 신자!

얼마 전 필자는 성공회의 한 신부님과 대화하면서 흥미 있는 경험담을 하나 들었다. 그분은 오래전 캐나다 유학시절 한 성공회 성당을 섬겼는데, 한번은 성직자들이 모여 성공회 신자의 기준을 어떻게 정하느냐 하는 문제로 토론을 벌였단다. 한 신부가 "캐나다 성공회에서는 일 년에 세 번 출석하면 신자로 간주한다."고 말하자, 영국에서 온 신부는 한 술 더 떠 "영국에서는 평생 세 번만 교회에 오면 신자로 간주한다."고 말하였다고 한다. 깜짝 놀란 그 신부님은 "그럼 한 달에 세 번 이상 나오는 경우는 무엇입니까?"하고 되묻자, 그들은 일제히 "스태프(staff)이지요!"라고 대답하였다고 한다. 그렇다. 한국의 개신교신자들은 거의 '스태프'(목회자) 수준으로 열심히 교회 생활을 하고 있는 것이다. 정말로 대단한 일이 아닐 수 없다.

십계명 중 제4계명은 "안식일을 거룩하게 지키라."는 말씀이다. 과연 그 의미는 무엇일까? 사실 안식일을 거룩하게 지키라는 계명이 포함된 십계명은 성경에 두 군데 나온다. 하나는 출애굽기이고, 또 하나는 신명기이다. 그런데 흥미로운 것은 안식일에 우리가 쉬어야 하는 이유가 그 각 본문에서 좀 다르다. 우선 출애굽기에 나오는 안식일 규정을 보면 이렇다. "내가 엿새 동안 하늘과 땅과 바다와 그 안에 있는 모든 것을 만들고 이렛날에는 쉬었기 때문이다."(출 20:11) 이처럼 출애굽기에서는 안식일에 우리가 쉬어야 하는 이유로 하나님께서 먼저 쉬셨기 때문이라고 설명한다. 말하자면 안식일 규정의 존재론적 근거는 창조신앙으로, 하나님의 안식에 있다.

한편, 신명기에 나오는 안식일 준수의 이유는 출애굽기와 사뭇 다르다. "너희는 기억하여라. 너희가 이집트 땅에서 종살이를 하고 있을 때에, 주 너희의 하나님이 강한 손과 편 팔로 너희를 거기에서 이끌어 내었으므로, 주 너희의 하나님이 너에게 안식일을 지키라고 명한다."(신 5:15) 앞에서 언급한 출애굽기에 나오는 안식일 준수의 근거가 창조신앙이었다고 한다면, 이와 달리 신명기에 나오는 안식일 준수의 이유는 오히려 출애굽 신앙이다. 즉 이스라엘 백성들이 이집트 땅에서 종살이하였는데, 하나님께서 놀라운 힘으로 이스라엘 백성들을 그 노예의 삶에서 해방시켜준 그 기쁨을 기억하기 위해 안식일을 지키라는 말씀이다.

안식일을 지키라는 계명의 유래

그렇다면 이 둘 중에 어느 것이 더 근원적이고 더 중요할까? 물론 이 두 신앙 사이에서 어느 것이 더 중요한지 그 우열을 따질 문제는 결코 아니다. 둘 모두 성경에서 강조하는 중요한 신앙이니 말이다. 하지만 그럼에도 불구하고 어느 것이 더 원초적인 신앙인지를 물을 가치가 있다. 그렇다면 어떤 것이 더 원초적인 신앙일까? 이에 대하여 신학자들은 의견이 대체로 일치한다. 그것은 바로 출애굽 신앙이 창조신앙보다 앞선다는 점이다! 왜냐하면 이스라엘 백성에게 있어서 가장 '근원적인 경험'(root experience)은 출애굽의 구원 경험이기 때문이다. 바로 그 해방과 자유의 경험을 토대로 하여 이스라엘의 원초적인 야훼 신앙이 형성되었다. 반면에 창조신앙은 주전 6세기경 유다왕국이 바벨론에 의해 멸망하고 당시의 유대 지도자들이 바벨론에 포

로로 잡혀갔을 때 그 바벨론 포로로부터 자신들을 해방시켜 줄 하나님은 바로 제2의 출애굽을 가능케 하는 전지전능한 하나님, 곧 창조주 하나님이라는 새로운 신앙이 형성되었다고 본다.

이런 맥락에서 볼 때, 안식일의 준수 규정은 하나님 백성에게 있어서 노예로부터 해방된 것을 기억하는데 그 일차적 의미가 있다고 말할 수 있다. 따라서 안식은 하나님이 천지 창조 후에 일방적으로 쉬라고 명령했기 때문에 쉬어야 하는 일종의 '의무'라기보다는 오히려 하나님 백성이 갖게 된 '자유인의 특권'임을 알 수 있다. 여기서 특권이란 어떤 일에 대하여 자기 스스로 결정권을 가지고 자유롭게 행할 수 있는 권리를 의미한다. 말하자면 자유인인 이스라엘 백성이 안식일에 쉬는 것은 배타적인 특권으로서 결코 강요된 셈이 아니다. 따라서 안식일은 예수의 말씀처럼 사람을 위하여 존재하는 날이지 안식일 자체를 위한 날이 아니다.(막2:23~28) 아마도 그런 연유로 예수

제3부 꿈에 그리는 교회 ——— 293

께서는 안식일 규정을 어기면서까지 안식일에 병자를 고치시고, 또 밀 이삭을 털어 잡수셨던 것이 아닌가 싶다.

그렇다면, 캐나다나 영국의 신자들처럼 아니 한국의 가나안 신자들처럼 교회에 자주 출석하지 않는다 하여 과연 그들의 믿음 없음을 책잡을 수 있을까? 아닌 것 같다. 오히려 진정으로 물어야 할 질문은 "과연 우리는 죄와 억압으로부터 참으로 자유로운 존재인가?"하는 것이다. 이런 질문에 긍정적으로 답하는 공동체야말로 내가 꿈꾸는 교회이다. 그래서 필자는 그런 공동체를 일컬어 "게으름을 미워하지 않고 대신 창의적인 몰입을 칭찬하는 공동체"요 "주일성수를 강요하지 않지만 거룩한 안식으로서 참 쉼을 강조하는 쉼의 공동체"라고 선언하였다. 왜냐면 신자 각자가 누군가의 고통을 덜어주는 해방적 사역에 주체적으로 몰입하는 일이야말로, 또 누구도 빼앗을 수 없는 참 쉼 속에서 해방의 기억을 깊이 반추하는 일이야말로 안식일을 가장 거룩하게 지키는 일이 되기 때문이다.

따라서 내가 꿈꾸는 교회는 참 안식일의 공동체이다.

19. 탈은폐의 계시 공동체

간접적으로만 드러나는 하나님의 계시

"우리는 하나님을 어떻게 볼 수 있을까?" 이 질문에 대한 신학적 해명은 다양하게 이루어질 수밖에 없다. 전통적으로 신학에서는 이 문제를 '계시'와 연결하여 설명하곤 하였다. 왜냐하면 초월적인 하나님과 유한한 인간 사이의 거리를 좁히는 유일한 길은 우리 인간에게 있지 않고 전능하신 하나님에게 있다고 보았기 때문이다. 즉 하나님께서 스스로 먼저 자기를 제한시켜 우리 인간에게 계시하실 때만 우리는 비로소 하나님을 볼 수 있고 또 알 수 있기 때문이다. 여기서 하나님의 우선성 곧 하나님의 '주도권'(initiative)이 중요하다. 하나님이 먼저 주도권을 갖고 자신을 세상에 보여주실 때에만 우리는 비로소 하나님이 어떤 분인지 알 수 있는 것이다.

그런데 문제는 '베일을 벗는다(revelum; to unmask)'는 의미에서의 계시가 하나님에게 적용될 때 그 숨겨진 하나님의 모습이 '완전히' 마치 벌거벗은 누드처럼 총체적으로 드러난다는 것을 의미하지는 않는다는 점이다. 사실 그러한 계시는 없다. 그래서 요한복음 저자는 하나님을 본 사람은 아무도 없다고 언급하였다.(요1:18a) 달리 표현하면, 하나님의 계시는 초자연적인 직접적인 모습으로 일어나는 것이 아니라 늘 간접적이고 부분적인 형태로 드러난다. 이것을 일컬어 신학에서는 '계시의 간접성'이라고 부른다. 즉 하나님은 인간에게 자신의 얼굴을 보이지 않으시고 오직 그의 등만을 보여주신

다.(출 33:20~23)

그리고 예수께서도 "나를 본 사람은 아버지를 보았다… 내가 아버지 안에 있고 아버지께서 내 안에 계시다… 믿지 못하겠거든 내가 하는 그 일들을 보아서라도 믿어라."(요14:9~11)라고 말씀하시며 의심하는 제자 빌립을 꾸짖었던 것이다. 결국 우리는 하나님의 얼굴을 보지 못하고 그의 등(back)만을 볼 수 있다. 그리고 역사적 예수의 삶과 그가 행한 일 곧 하나님의 나라를 위한 실천(praxis)을 통해서 우리는 아버지 되신 하나님을 간접적으로 볼 수 있을 뿐이다. 특히 '등'이 주는 이미지는 하나님의 계시의 간접성을 함축적으로 잘 설명해 준다. 따라서 하나님의 등을 뵙기 위해 우리가 해야 할 일은 "마음이 청결한 자는 복이 있나니 그 분의 얼굴을 볼 것이요"(마5:8)라는 말씀처럼, 우리의 마음을 깨끗이 청결하게 닦은 뒤 우리의 영적인 눈을 활짝 떠서 그 분의 등을 바라보는 일이다.

그렇다면, 계시의 간접성은 어떻게 달리 이해될 수 있을까? 그것은 계시의 다양성과 함께 하나님의 자유로 설명될 수 있다. 먼저, 계시의 다양성이다. 계시는 세상의 무엇인가를 '매개' 혹은 '매체'(media)로 한 간접적인 계시란 점에서 다양성이다. 예컨대, 하나님은 자연과 인간 그리고 역사를 매개로 하여 자신을 계시하신다. 마치 "미디어는 메시지이다."라고 주장하는 맥루한 같은 매체학자들의 언급처럼 미디어의 다양성은 신의 메시지의 다양성으로도 이해될 수 있다. 이처럼 하나님은 다양한 매개를 통해 세상에 숨겨진 것을 폭로시킴으로써 하나님이 어떤 분인지 세상에 드러내신다. 그래서 계시는 이 세계의 탈은폐 사건이다. 곧 하나님은 상처받은 사람들의 치유와 서로 낯선 게토화된 타자들 사이의 열린 의사소통, 그리고 억압받고 있는 사람들이 해방되는 진정한 자유의 사건 등을 통해 자신을 드러내신다. 이런 점에서 "사랑의 나눔 있는 곳에 하나님께서 계시도다."라는 떼제의 노래는 계시

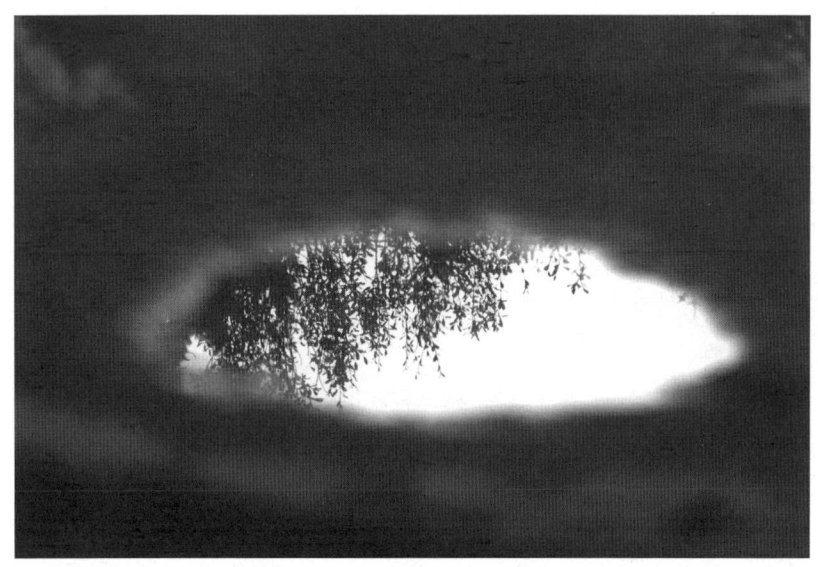

의 간접성을 제시한 아주 좋은 한 사례라 할 수 있다. 그리고 영화 〈레미제라블〉의 마지막 장면에서 들려오는 노랫말인 "누군가를 사랑하는 것은 하나님을 사랑하는 것이다."라는 것도 마찬가지이다.

신앙함으로써 우리는 하나님을 만나할 수 있다

그런데 여기서 간과할 수 없는 것은 우리가 다양한 매개를 통해 계시하시는 하나님을 만나고자 할 때, 반드시 하나님에 대한 '신앙'을 전제해야만 한다는 점이다. 왜냐하면 신앙이 전제되지 않은 매체들은 단지 하나의 '사물'에 불과하기 때문이다.(히 11:6) 하지만 우리가 신앙으로 모든 매체들을 바라볼 때, 산은 산이 아니고 또 물은 물이 아니다. 그것은 거룩한 분의 현존을 중재하는 '성례전적 존재'(sacramental being)가 된다. 이와 같이 아주 작은 매개조차 신적 계시의 통로로 인식될 때 이 세상은 신성이 가득한 아름답고 거룩한 신의 정원으로 변화된다. 따라서 교회란 하나님이 여러 매개를 통해 자신을 세상에 드러내신다고 믿는 신앙의 공동체이자, 나 자신을 하나님의 계시의 도구로 기꺼이 사용되기를 염원하는 계시의 공동체이다. 이런 점에서 "나를 평화의 도구로 써 주소서"라고 노래한 성 프란시스의 '평화의 기도'는 하나님의 계시에 기꺼이 동참하기를 바라는 신앙공동체의 자기고백이라고 볼 수 있다.

한편, 계시의 어원이 '베일을 벗음' 혹은 '탈은폐'라고 할 때, 그것은 '진리'와 다름 아니다. 진리를 의미하는 희랍어 '알레세이아'(aletheia)는 '탈은폐' 곧 '망각을 벗어남'(a-letheia)을 뜻하기 때문이다. 이런 점에서 요한복음은 계시와 진리가 매우 밀접한 관계가 있음을 잘 보여준다. 즉 계시자로서 예수께서는 바로 자신이 길과 진리와 생명이라고 말씀하셨다.(요14:6) 그리고 계시자에 의해 전해진 진리는 해방의 효과가 있다고 언급한다. "너희가 내 말에 거하면 참 내 제자가 되고 진리를 알지니 진리가 너희를 자유케 하리라."(요 8:31~32) 이처럼 요한복음은 하나님의 계시란 그리스도 안에서 진리를 아는 것이고, 그 진리의 인식을 통해 자유를 얻는 것임을 강조하고 있다. 결국 숨겨져 있는 거짓과 무지 그리고 망각에서 벗어나려는 모든 진리 추구의 과정은 하나님의 계시에 참여하는 한 형태이다. 그리고 그런 과정에서 얻어진 진리의 빛에 우리의 영혼이 환하게 조명될 때 인간은 비로소 참 자유인이 된다. 아, 얼마나 위대한 일인가!

이런 점에서 우리가 추구하는 교회는 바로 이런 탈은폐의 계시 공동체로서, 다름 아닌 진리 추구의 공동체요 동시에 참 자유의 공동체이다.

20. 통전성의 공동체

부분과 전체를 아울러 보는 지혜

'통전성'(統全性)이란 말이 현대의 종교와 영성을 연구하는 학자들 사이에 종종 회자(膾炙)되고 있다. 특히 '영성'(靈性, spirituality)이란 말이 매우 다양한 의미로 이해되고 또 영성과 비영성을 구분하는 경계가 모호하여 쉽게 이해되기 어려운 상황에서, 통전성은 일반인들에게 영성의 의미를 설명하는 데 유용한 말이 되고 있다.

그렇다면, 통전성의 의미는 무엇인가? 통전성에 대한 바른 이해는 그 말의 한자어 풀이에서 찾을 수 있다. '통전'이란 말은 큰 '물줄기 통'(統) 자와 '전체 전'(全) 자의 합성어이다. 우선 '통'이란 여러 갈래의 물줄기를 하나로 묶는다는 의미이다. 예컨대 서울의 젖줄인 한강을 생각해 보자. 한강이란 하나의 큰 물줄기는 처음부터 그렇게 된 것이 아니다. 한강의 물줄기를 거슬러 올라가면, 남한강과 북한강이 만나고 그 둘이 하나로 모아진 것이다. 그리고 북한강과 남한강도 거슬러 올라가면 큰물로 합쳐지기 전 수많은 개울과 샘물들이 있었을 것이다. 따라서 한강이 말 그대로 큰 강이 될 수 있었던 것은 헤아릴 수 없이 많은 물줄기들이 하나로 통합되었기 때문이다.

사람의 몸도 마찬가지이다. 사람의 몸에도 얼마나 많은 핏줄이 있는가? 그렇지만 그것들은 동맥과 정맥으로 묶이고, 또 그것은 하나의 핏줄로 연결된다. 그리고 한 집안에도 핏줄이 다른 다양한 사람들이 결혼하여 혼혈이 되

지만, 어느 하나의 성씨로 통합되어 그 집안의 전통을 잇고 있다. 이처럼 통전성의 한 측면은 다양한 것을 하나로 묶는다는 것을 의미한다. 특히 여기서 간과할 수 없는 것은 통전성의 의미 속에는 유사한 것뿐만 아니라 서로 이질적인 것까지도 배타하지 않고 하나로 묶는다는 점이다. 마치 음과 양의 통합인 태극에서처럼 말이다. 이것이 통전성의 한 측면이다.

  통전성의 또 다른 의미는 전체성 혹은 온전성이다. 이것은 '전'(全) 자로 표시된다. '전'이란 '전체'를 의미한다. 우리가 어느 하나의 실재를 온전히 이해하려고 할 때 그 실재를 이루는 구성요소의 어느 한 부분만으로는 그 실재의 본질을 제대로 파악할 수 없다. 그래서 한 실재의 구성요소 전체를 조망할 때 우리는 그 실재를 바르게 이해할 수 있다. 예컨대, 인간은 '영-혼-육', 곧 영혼과 정신과 육체로 구성되어 있다고 하는데, 그 각각을 분리해서는 인간을 제대로 이해할 수 없다.

다양성 속의 일치와 관계성 그리고 온전성

하지만 데카르트적 사유로 불리는 근대적 사고가 지배하면서 현대인들은 인간을 마치 영혼과 정신과 육체로 분리될 수 있는 양 엄격히 구분하여 이해하였다. 사실은 지금도 대부분의 학문 세계는 그 영향 아래에 있다. 특히 심각한 문제는 19~20세기 모더니즘의 절정기에 무신론이 확산되면서 정신과 육체는 인간의 구성요소로 인정되었으나 영혼은 그렇지 못했다는 점이다. 그래서 영혼은 과학적으로 검증되지 않기 때문에 인간 구성요소로서의 지위조차 잃어버린 채 '영혼 상실의 시대'를 보내야만 했다. 그래서 영혼은 미신으로서 학계에서 추방되거나 게토화된 채 오직 신비한 영역을 다루는 신학이나 종교학의 연구대상으로만 한정되었다.

그런데 다행히 20세기 중반 이후 영성에 대한 관심이 각 분야로 확산되면서 영혼은 이제 인간의 구성요소로서 그 지위를 회복하게 되었다. 그래서 영성은 비단 신학이나 종교학만의 주제가 아니라 심리학과 사회학, 의학, 사회복지학, 심지어 물리학을 비롯한 자연과학의 연구주제로까지 다뤄지고 있다. 특히 세계보건기구(WHO)에서는 인간의 건강을 정의할 때, 반드시 '영적인'(spiritual) 문제를 고려할 것을 권고하였던 것이다. 그래서 건강의 개념이 아직 완전히 새롭게 정의되어 법적 개념으로 개정된 것은 아니지만, 세계보건기구 이사회는 1998년 1월에 101차 세션으로 건강의 정의를 아래와 같이 결의하였다. "건강이란 육체적, 정신적, 영적 및 사회적으로 완전히 행복한 역동적 상태이지 단순히 질병이나 병약함이 없음을 뜻하는 것이 아니다." (Health is a dynamic state of complete physical, mental, spiritual and social well-being and not merely the absence of disease or infirmity.)

이처럼, 영성에 대한 연구가 심화되면서 학자들 사이에 얻어진 중요한 통찰 중 하나는 영혼이란 육체와 정신처럼 독립된 실재로서보다는 오히려 '영혼-정신-육체'로 불리는 인간성 전체와 연결하여 상호 연결성(interconnectedness)의 측면에서 이해되는 것이 중요하다는 점이다. 즉 영혼은 인간 존재의 참 근원이자 '참자아/참나'(self)로서 영혼-정신, 그리고 영혼-육체 사이의 건강하고 역동적인 관계성에 초점을 맞춰야 한다는 것이다. 특히 이러한 관계성이 조화롭게 잘 구현되었을 때, 그것은 '온전성'(wholeness)으로 이해된다. 그런 측면에서 통전의 '전' 자가 매우 중요하다. 왜냐면 그 말의 의미는 영성이란 어떤 흠이 없는 완벽함을 말하는 것이 아니라 존재 자체의 건강함 내지 그 속에서 우러나오는 존재의 풍요로움과 창조적인 생명력을 의미하기 때문이다.

결국 통전성의 영성이란 다양성 속의 일치요, 영혼-정신-육체의 상호 긴밀한 관계성이요, 더욱이 건강한 생명력으로서의 온전성을 의미한다. 특히 최근 학계에서 통전성의 영성은 단순히 인간이란 한 존재의 미시적 세계를 다루는 분야로서뿐만 아니라, 우주 전체를 포함하는 거시적 의미로 이해되고 있다. 따라서 통전성의 영성은 단순히 인간 영혼의 문제만을 취급하는 소위 '인간영혼학'이나, 혹은 신화적 세계에서처럼 인간과 분리된 초월적 신의 세계나 죽음 이후의 내세만을 다루는 소위 '초월내세신학'으로 축소될 수 없다. 오히려 통전성의 영성은 '인간-우주-신'이라는 상호연결성의 맥락에서 생명을 지닌 모든 존재가 시공우주뿐만 아니라 영성우주를 포함하는 통전적 전체 속에서 모두가 건강하고 풍성한 삶을 살 수 있도록 하는 문제로 이해된다.

따라서 내가 꿈꾸는 교회는 그리스도 안에서 이러한 통전성을 추구하는 공동체로서, 예수께서 언급하신 '풍성한 삶'(요10:10)을 살아내는 교회라고 말할 수 있다.

21. 포함삼교적 하나님 신앙의 공동체

우리나라에 현묘한 도가 있는데, 풍류도이다

이미 필자는 내가 꿈꾸는 교회로서 '풍류도의 교회'를 언급한 바 있다. 여기서 풍류도의 교회란 제1교회인 '가톨릭교회'와 제2교회인 '동방정교회'를 극복하는 제3의 교회로서 '한국적 교회'를 뜻한다. 특히 풍류도의 교회는 유동식 교수가 제안한 '풍류신학'에 근거하여 '포함삼교(包含三敎)적 하나님 신앙'을 강조하는 한민족의 교회를 의미한다. 그런데 여기서 포함삼교란 말은 통일신라시대 최치원이 '난랑비서'(鸞浪碑序)에서 언급한 풍류도(風流道)에 대한 설명에 포함되어 있다.

우리나라에 현묘한 도가 있으니, 이르기를 풍류라 한다. 그 가르침을 베푼 근원은 이미 선사에 자세히 기록되어 있는데 실로 유불선 삼교의 핵심이 모두 다 포함되어 있으며 뭇 사람을 교화 하는 것이다. 이를테면 집에 들어오면 부모에게 효도하고 밖에 나가면 나라에 충성하는 것은 노사구(공자)의 유교의 가르침이요, 매사에 무위로 대하고 말없는 가르침을 행함은 노자(주주사)의 도교이며 악한 일들을 하지 말고 오로지 착한 일을 받들어 실행함은 석가모니(축건태자)의 불교와 같다.("國有 玄妙之道 曰風流. 說敎之源 備詳仙史. 實乃包含 三敎 接化群生 且如 入則 孝於家 出則忠於國 魯司寇之旨也. 處無爲之事 行不言之敎 周柱史之宗也 諸惡莫作 諸善奉行 竺乾太子之化也,"『三國史記』, 卷第四, 新羅本記.)

바로 위 『삼국사기』의 인용문에 나오는 말처럼, 풍류도란 우리나라의 현묘한 도로서 한국인의 얼을 의미한다. 요즈음 말로 하면 한국인의 영성을 뜻한다. 바로 그것이 풍류도이다. 그런데 그 풍류도는 포함삼교(包含三敎)하였다는 것이 핵심이다. 즉 유교와 불교와 도교의 종지(宗旨)를 모두 포함한다는 의미이다. 그런데 여기서 풍류도는 당시 한반도의 주요 종교인 유불선을 염두에 두었기 때문에 그 유불선 삼교를 포함한다고 언급한 것이다. 달리 말해 풍류도의 포함삼교의 참 의미는 단순히 그 세 종교만을 포함한다는 뜻이 아니라 그 밖의 종교, 곧 지금으로 하자면 기독교를 포함한 세계 인류의 보편적인 종교들의 종지까지 모두 포함한다는 의미로 이해될 수 있다. 그만큼 풍류도는 포월(包越)적이고 종합적인 특성을 갖고 있다. 사실 이러한 풍류도의 성격 때문에 한국인들은 유교를 기꺼이 수용하면서도 유교에만 집착하지 않았고, 동시에 불교와 도교를 기꺼이 받아들이면서도 그것만을 고집하지 않았다. 이것이 한국 종교문화의 특징이다. 그리고 외래 종교인 기독교가 구한말 한국인들에게 쉽게 수용되고 또 크게 성장하게 된 배경에는 이러한 풍류도의 포함삼교적 정신이 한국인의 집단 무의식 속에 굳게 자리잡고 있었기 때문임이 분명하다.

그런데 여기서 간과할 수 없는 것은 한국인들이 외국의 종교들을 무비판적으로 수용한 것이 아니라, 자신의 고유한 종교심에 근거하여 외국 종교를 주체적으로 수용한 점이다. 그렇다면 한국인들의 고유한 종교심이란 무엇인가? 그것은 풍류도의 본질이기도 한데, 바로 풍류의 어원과도 연관된 '붉'(밝음)을 추구하는, 인격적이고 초월적인 '하나님 신앙'이다. 단군 이래로 한국인들에게는 그런 하나님 신앙이 뿌리 깊이 있었다. 그리고 그 근본 신앙을 기반으로 한국인들은 외국의 종교를 포함삼교적인 정신 하에 수용한 것이다. 이처럼 한국인들은 초월적인 하나님과의 인격적인 만남과 교제 그리고

김경자 작
(서소문성지박물관 소장)

섬김을 토대로 세계의 모든 종교를 여유 있게 품을 수 있는 넉넉한 가슴을 갖고 있었다. 이것이 한국인이요, 한국 풍류도의 위대함이다.

풍류도 신앙의 부활과 재활, 동학과 서학

이러한 풍류도의 포함삼교적 하나님 신앙을 가장 잘 표현한 분을 한 분만 예시한다면, 우리는 동학을 창도한 수운(水雲) 최제우(崔濟愚, 1824~1864)를 생각해 볼 수 있다. 특히 수운의 하나님 체험은 '포함삼교적 종교성'을 매우 잘 보여준다. 그는 경신년(1860)에 상제 곧 하나님과 만나는 체험을 하였다. 그것은 '천사문답'(天師問答)으로 알려진 하나님 체험이었고, 또 그와 더불어

각고의 노력 끝에 깨달은 "내 마음이 곧 네 마음", 즉 '오심즉여심'(吾心卽汝心)의 체험이었다. 그리고 그의 체험은 곧 '시천주'(侍天主) 개념으로 표현된다. 여기서 시천주란 수운 스스로도 『동경대전』(東經大全)의 「논학문」(論學文)에서 주석하였듯이, "시(侍)라는 것은 안으로 신령이 있고 밖으로 기화가 있어서 온 세상 사람이 각각 알아서 옮기지 않는 것이다."[侍者 內有神靈 外有氣化 一世之人 各知不移者也] 이것은 동학의 하나님이 초월적인 속성과 우리 안에 계신 내재적인 속성을 모두 갖는다는 이중성을 보여준다. 수운은 하나님을 일종의 성서적 신관과도 유사한 '범재신론'(panentheism)적인 분으로 체험한 것이다.

그런데 최치원의 풍류도에 반영된 하느님 신앙은 고려와 조선을 거치면서 거의 천 년 동안 불교와 유교의 힘에 눌려서 외부에 발설해서는 안 되는 금기, 내지 미신(迷信)시되는 수모를 겪어야만 했다. 하지만 조선말 서학(특히 천주교)의 선교와 또 앞서 소개한 수운의 동학을 거치면서 인격적인 하나님 곧 '하늘[天] 신앙'을 회복하게 된다. 그 결과, 하나님 신앙을 공통으로 한 서학(기독교)과 동학의 시대적 협력은 중국과 서방세계로부터 각각 한국인의 정신적 독립 선언을 가능케 했고, 그것은 자연스럽게 3·1운동과 대한민국을 탄생시키는 영적 에너지가 되게 하였다고 말할 수 있다.

따라서 내가 꿈꾸는 교회는 포함삼교적 하나님 신앙의 공동체로서, 이 신앙이야말로 한국교회가 민족교회로서 앞으로 더욱 추구해야 할 신앙관이 아닌가 싶다.

22. 하나님의 백성 공동체

평신도란 누구인가?

교회 용어 중에서 가장 아름다운 말이면서도 동시에 가장 오해되는 말이 있다면, 그것은 '평신도'라는 말이 아닌가 싶다. 이것은 약 60년 전 하크니스(Georgia Harkness)가 미국 감리교인 12,000명을 대상으로 신앙인의 의식조사를 한 것에서 잘 드러난다.(G. Harkness, The Church and Its Laity, 1962) 당시 하크니스는 사지선다형으로 된 다음과 같은 문항을 제시했다. "평신도란 누구인가? ① 하나님의 백성의 일원으로서, 세상에서의 증거와 섬김이라는 총체적인 사역으로 부름 받은 자 ② 참 교회인 성직자 층의 사역 대상에 해당하는 자 ③ 시간제로 기독교 사역을 하는 자 ④ 안수 받지 않은 그리스도인으로서 성직자의 교회 일을 돕는 자." 이때 응답자의 59.9%가 답으로 ④번을 선택하였다. 그런데 정답은 ①번이다. 그렇다면, 60년이 지난 지금 과연 평신도의 이해는 많이 개선되었을까? 한국교회는 이 문항에 대하여 어떻게 응답할까? 필자의 경험으로는 그 비율이 크게 달라지지 않은 것 같다. 왜냐면 한국교회는 그 어느 때보다 심각한 교회론의 위기의 시대를 살고 있기 때문이다.

평신도의 의미로 오해되는 ④번을 좀 더 풀어보면, 평신도란 목사를 돕는 보조자로서, 일반적으로 다음의 '~하지 않는 자'로 이해될 수 있다. 즉 평신도는 기능 면에서 말씀 선포(설교)와 성례(세례와 성만찬)를 집례하지 않는 자요, 지위 면에서 '목사'라는 호칭이 붙지 않는 자요, 장소 면에서 주로 교회가 아니라 세상에서 일하는 자요, 교육 면에서 신학 교육을 받지 않은 자요, 보수 면에서 교회로부터 보수를 받지 않는 자요, 생활양식 면에서 수도 생활을 하지 않는 자이다. 그런데 평신도 신학에 의하면 이러한 이해는 정말로 잘못된 것이다. 왜냐면 평신도의 본래 의미는 오히려 그 반대이기 때문이다.

흥미롭게도 성서에는 위와 같은 ④번의 의미를 지닌 '평신도'라는 말이 나오지 않는다. 사실 현재 우리가 사용하는 '평신도'(laity)란 말은 '평범한 무리에 속한 사람들'이란 뜻을 지닌 희랍어의 '라이코스'(laikos)에서 발전된 용어로서, 1세기 말엽 로마의 클레멘스(Clement of Rome)가 처음 사용한 것으로 알려져 있다. 당시 그는 지금 우리가 오해하듯이, 훈련받지 않고 구비되지 않은 이류급 그리스도인이란 의미로 사용하였다. 따라서 클레멘스로부터 시작된 평신도의 의미는, 평신도 신학자로 널리 알려진 폴 스티븐스(R. Paul Stevens)가 쓴 『평신도의 폐지』[The Abolition of the Laity, 1999. 『21세기를 위한 평신도신학』(IVP, 2000)으로 번역됨]란 책의 제목에서처럼, 이제 사전이나 우리의 의식에서 그 단어를 없애버리는 것이 어쩌면 교회를 바르게 이해하는 데 좋을 것도 같다.

그렇다면, 평신도란 말 대신에 써야 할 말은 무엇일까? 그것은 바로 '하나님의 백성'이다. 이것은 희랍어 '라오스'(laos)를 번역한 것으로, 성직자와 비교해 무엇인가 부족한 이류급 신자가 아니라 오히려 엄청난 하나님의 축복과 특권 그리고 사명을 가진 대단히 영예로운 호칭이다. 그리고 이것은 구약성서에서 하나님의 백성을 의미하는 히브리어 '암'(am)의 희랍어 번역어이다. 그 의미는 베드로전서 2장에서 아주 명료하게 잘 진술해 주고 있다. "여러분은 택하심을 입은 족속이요, 왕과 같은 제사장들이요, 거룩한 민족이요, 하나님의 소유된 백성(laos)입니다."(벧전 2:9)

성직자란 누구인가?

한편, 평신도와 대칭적 개념인 '성직자'(clergy)란 단어도 평신도를 차별하기 위한 것이 아니라 사실은 평신도의 의미를 더욱 풍성하게 만들기 위해 등장한 것이란 점도 흥미롭다. 성직자를 뜻하는 희랍어 '클레로스'(kleros)는 '지명된 혹은 상속받은 자들'이란 의미이다. 그래서 교회는 통상적인 의미에서 구성원 가운데 열등한 평신도가 있는 것이 아니라, 오히려 진정한 의미에서의 성직자, 곧 세상에서 하나님의 봉사와 사명을 계속하도록 임명되고, 상속받고, 사명 받은 자들로 가득 차 있다. 따라서 교회는 한 명의 목회자를 갖고 있는 것이 아니라, 그 자체가 하나님의 사역체이다. 그리고 교회는 '하나님의 백성'(laos tou theo)만 있을 뿐으로, 이것은 루터를 비롯한 종교개혁자들이 주장한 '만인사제설'과 다름 아니다.

한 가지 더 언급한다면, '하나님의 백성'이란 용어는 신약에서 '교회'를 지칭하는 보편적인 용어임을 기억할 필요가 있다. 이런 점에서 20세기 대표적인 평신도신학자인 콩가르(Y. Congar)가 평신도신학을 일컬어 '총체적인 교회론'이라고 부른 것은 매우 적절하다. 결국 평신도란 지도자를 포함한 '하나님의 백성' 전체요, 하나님의 일을 하도록 불리움을 받은 모든 성도들을 뜻한다.(엡4:11~12) 그리고 하나님의 백성은 구약성서에서 나오는 하나님의 백성인 이스라엘 백성과 연속성을 가지지만, 리더십과 관련해서는 구약성서와 불연속성을 지닌다. 즉 옛 언약 하에서는 성직자(레위인/제사장)가 있었지만, 새 언약 하에서는 그 기능이 폐지되었기 때문이다.

하지만 교회가 제도화되면서, 특히 로마 종교로 공인된 후 성직주의가 보편화되면서 평신도의 의미는 심각하게 왜곡된 것이다. 그러므로 이제 평신도는 철저하게 '하나님의 온 백성'으로 이해될 것과 성직자에 대한 대립적 개념이 아니라 모두 하나님의 사랑을 받는 특권을 가진 존재로서 하나님의 일을 위해 불리움을 받은 존재임을 기억할 필요가 있다.

따라서 내가 꿈꾸는 교회는 바로 이런 '하나님의 백성 공동체'를 회복하는 것이다.

23. 하늘 예배의 공동체

제사의 기독교적인 맥락과 의미를 찾아서

필자가 오래전 유교에서 기독교로 개종한 사람에게서 들은 이야기이다. 그는 왜 자신이 유교를 포기하고 기독교인이 되었는지를 설명하면서, 우스갯소리를 하나 하였다. "유교나 기독교나 종교를 창시한 자를 숭상하고 그에게 제사 지내는 것은 모두 같습니다. 하지만 유교는 그 깊이의 정도에 있어서 도저히 기독교를 따라갈 수가 없습니다. 왜냐면 유교에서는 일 년에 단 한 차례 공자에게 제사를 지내는데, 기독교는 매 주일 예수에게 제사를 지내니 말입니다. 예수는 매 주일 제사를 받으니 공자보다 수십 배 더 센 분 같습니다." 그래서 그는 기독교 신자가 되었다고 웃으며 말하였다. 물론 이 이야기는 우스갯소리이지만, 그 안에 '제사'가 얼마나 중요한지 종교학적 진리를 담고 있는 말이라 할 수 있다.

주지하듯이 제사의 문제는 그동안 한국교회의 성장 요인으로는 중요하게 취급되지 않았다. 아니 오히려 성장의 장애 요인으로 조선시대 천주교 박해의 주원인이자 개신교가 거부하는 한국의 대표적 풍습으로만 생각해 왔다. 하지만 좀 더 깊이 생각해 볼 필요가 있다. 아시아에서 유독 한국만이 기독교(가톨릭 포함 전 인구의 약 30%가 신자)가 급성장한 것은 왜일까? 중국이나 일본의 경우, 한국보다 훨씬 먼저 기독교가 전래되었지만, 현재 신자가 약 1% 정도로 모두 그 땅에 정착하는 데는 완전히 실패했다. 그렇다면 유독 한국교회만 왜 성장했을까? 이에 대한 학계의 일반적인 해답은 '반제국주의' 가설이다.

즉 기독교가 중국이나 일본에 유입될 때에는 대체로 제국주의의 옷을 입고 들어갔기 때문에, 그 나라의 국민들이 제국주의에 저항하면서 당연히 기독교도 거부했다. 하지만 한국의 경우는 달랐다. 한국의 기독교는, 그것이 천주교이든 개신교이든 모두, 제국주의자들에 의해서 수입된 것이 아니라 오히려 한국인이 주체적으로 복음을 먼저 찾아가서 그것을 갖고 들어왔다. 특히 개신교는 한민족이 조선말 그리고 일제강점기에 고난을 당할 때 3·1운동과 같이 그 고난과 함께 하며 '반제국주의적' 역할을 했기 때문에 기독교가 한국에서 성공할 수 있었다는 것이다. 이것이 정설이다.

그런데 필자가 보기에 이러한 설명은 그 나름 설득력이 있고 필자 역시 동의하는 바이지만, 그것만으로는 충분하지 않다고 생각한다. 왜냐면 특정 종교가 어느 한 민족의 땅에 깊이 뿌리를 내리는 것을 정치적 요인만으로 모두 설명할 수 없기 때문이다. 그렇다면, 정치적 요인 이외에 무엇이 크게 작용했을까? 여기서 필자는 한국인의 '종교적 심성'을 강조하고 싶다. 특히 한국인의 전통적인 '하느님 신앙'과 그에 따른 '하늘 제사'[天祭]에 주목하고자 한다. 결론부터 말하면, 한국인의 하늘 제사 전통은 한국교회를 성공적으로 정착시키고 성장할 수 있는 주요인이었다고 말할 수 있다. 왜 그런가? 한국인들은 단군 이래 지금까지 수천 년 동안 '하늘'에 제사를 지내는 민족이었다. 이것은 이미 약 3, 4세기경에 쓰여졌다고 알려진 중국의 『삼국지』 '위지동이전'에 잘 나와 있다.

이 사료에 의하면, 고대 한반도와 만주 일대에 분포하던 부족국가들은 대부분 '제천행사'(祭天行事)를 거행하였다. 그들은 비단옷을 입고 제천행사인 '국중대회'(國中大會)로 모여서 하늘에 제사를 지내고 삼일주야로 '음식가무'

(飮食歌舞)하였다. 이것은 당시 중국인의 눈에 매우 이색적인 광경처럼 비추어졌다. 왜냐면 중국에서는 오직 '천자'(天子)로 불리는 황제 한 사람만이 '천제'(天祭)란 이름으로 하늘에 제사를 지낼 수 있었는데, 동이족 국가들은 모두가 모여서 다 함께 천제를 지냈기 때문이다. 바로 이것이 중국의 '天'(티엔)과 한국의 '하늘'이 결정적으로 갈라지는 부분이다.

억압되었던 하늘 제사[天祭] 전통을 깨운 기독교

하늘에 제사를 지내던 한민족의 신앙은 오랫동안 이 땅의 지배 이데올로기 역할을 하던 불교나 유교에 의해 미신이나 샤머니즘으로 축소 왜곡되고 심지어 박해되었다. 특히 조선시대에는 유교 이념에 따라 일반인이 하늘에 제사를 지내는 것은 엄격히 금지되었다. 그리고 중국을 따라 오직 왕만이 하늘에 제사를 지낼 수 있었다. 대신에 일반인들은 오직 조상에게만 제사를 드릴 수 있었고, 그것도 양반과 남성만이 조상 제사에 참여할 수 있었다. 그 결과, '하늘 제사'[天祭]는 한국 민족의 집단 무의식 속에 억압된 채 오랫동안 내재된 열망으로만 숨어 있었던 것이다.

그런데 조선말 기독교가 들어와서 누구나 다 조상보다 훨씬 더 높은 '하늘'[天]에 '예배'[祭]를 드릴 수 있게 되었다. 그것도 일 년에 한 번이 아니라 매 주일 말이다! 이것은 한민족에게 혁명적인 사건이었다. 왜냐면 왕만이 드릴 수 있었던 천제를, 그것도 일 년에 한 차례만 드릴 수 있었던 천제를, 교회에 가면 누구든지 또 언제든지 드릴 수 있었으니 말이다. 기독교는 한국인들의 집단 무의식 속에 수천 년 가까이 억압되어 있던 '하늘 신앙'을 비로소 깨우는 촉매가 된 셈이다. 그리고 한민족의 하느님 신앙은 기독교를 수용함으로써 더욱 풍성해졌다. 왜냐면 한민족의 하느님 신앙 안에는 없었던 새로운 하느님 신앙, 곧 천지를 창조하신 창조주 신앙, 출애굽의 해방자 신앙, 그리고 예수 그리스도를 통해 인류의 죄를 용서해 주시는 구세주 신앙이 한민족의 하느님 신앙에 덧입혀진 것이다. 그 결과, 한국 땅에는 방방곡곡 매 주일 하늘 하나님께 예배드리는 천제 곧 주일예배로 폭발한 것이다.

따라서 내가 꿈꾸는 교회는 주일예배를 신자들의 특권으로 삼아 매 주일 정성껏 하나님께 예배하는 하늘 예배의 공동체이다.

24. 현대 과학에 개방적인 공동체

이 넓은 우주에 우리만 산다면

오래전 상영된 영화 중에 저메키스 감독의 〈콘택트〉(Contact, 1997)라는 영화가 있다. 그것은 『코스모스』(Cosmos, 1980)라는 책으로 유명한 천체물리학자 칼 세이건(Carl Sagan)의 원작을 영화화한 작품이다. 그 영화는 외계인과 인간의 조우라고 하는 주제를 다룬 것이다. 그 이전에도 외계인과 인간의 조우를 다룬 영화들은 종종 있었지만, 과거와 달리 그 영화는 보다 진지하게 그 문제를 성찰하였다.

영화의 대사 중에 외계인의 존재 가능성을 위트 있게 설명한 천문학자 주인공(조디 포스터)의 말은 아직도 기억에 생생하다. "넓은 우주에 우리만 있다면 엄청난 공간 낭비가 아닐까요?"라고 말이다. 그런데 필자에게 이 말 못지않게 더 기억에 남는 말은 조디 포스터의 연인이자 경쟁자로, 특히 과학자가 아니라 신학자이자 철학자로 등장한 매튜 매커너히의 말이다. 그는 신학자로서 조디 포스터에게 이렇게 말한다. "과학이나 신학 모두 진리를 추구하는 한에서는 모두 비슷하지 않나요? 따라서 과학과 신학은 외계인과의 조우가 과연 진실인지를 밝히기 위해 서로 협력해야 합니다." 그렇다. 과학자와 신학자 그 둘은 서로 대립하는 존재들이 아니다. 신학자 매튜 매커너히가 신을 믿는다고 하여 외계인이 존재해서는 안 된다든가, 혹은 인간이 외계인보다 더 우월하다든가 하는 생각은 잘못된 것이다. 그뿐만 아니라 조디 포스터가 과학자라 하여 과학이 신학이나 철학의 영역을 무시해서도 안 된다. 영화 속에서 다행히 그들은 외계인과의 조우라는 모험을 겪으면서 인류 진보를 위해 함께 손 맞잡고 나아갔던 것이 필자에겐 매우 인상적이었다.

사실 2017년 교계의 한 언론에서 발표한 자료에 의하면, 현재 한국에는 약 200만 명 정도가 소위 '가나안 신자'라고 한다. 전체 1천만 명의 기독교인 중 약 20%가 교회에 출석하지 않는 명목상 기독교인인 셈이다. 그런데 그들이 가나안 신자가 되어 교회를 떠나는 이유는 무엇일까? 조사에 의하면, 그 대표적인 이유 중 하나는 '진화냐 창조냐'라는 오래된 질문에서 보여주듯이, 한국교회가 현대 과학에 대하여 무지하거나 심지어 적대적인 입장을 취하기 때문이다. 그런데 최근 다행인 것은 현대 과학과 신학 관련의 학술대회나 신학강좌들이 심심치 않게 열리고 있다는 점이다. 여기서 논의되는 학계의 목소리는 대체로 다음과 같이 두 가지이다.

종교와 현대 과학이 서로 협력하는 길

하나는 앞에서 소개한 영화 〈콘택트〉의 대사에서 나오듯이, 현대 과학과 신학(교회)이 과거처럼 서로 대립하기보다는 진리를 추구하는 존재로 서로를 인정하자는 의견이다. 그래서 그 양자가 대립적 관계가 아니라 협력적 관계, 곧 서로에게 가까운 이웃이 되어야 한다는 메시지이다.

사실 프로이트는 현대 과학의 발전으로 인해 겪었을 교회의 충격을 일찍이 다음과 같이 암시한 바 있다; "인류는 역사상 두 차례에 걸친 과학적 발견에 의해 우주에 있어서 자신의 위치를 변화시키지 않을 수 없었다. 하나는 지구가 우주의 중심이 아니라 상상하기조차 어려운 방대한 규모의 우주계 안에서 한 점 티끌에 지나지 않음을 깨달았을 때이고, 또 하나는 진화론에

의해 신의 피조물로 인식되던 인간의 특권이 강탈당하고 동물계의 한 후손의 자리로 격하되었을 때이다."

이처럼 현대 과학의 발전은 교회에게 큰 충격이었고, 지금도 그 대립은 지속되고 있다. 그러나 최근 학계는 이러한 대립을 조속히 끝낼 것을 주장한다. 그리고 진리를 추구하는 공동의 탐구자로서 교회와 현대 과학이 함께 협력할 것을 주장하고 있다.

또 하나는 좀 더 실제적인 문제로 인류가 당면한 시급한 문제들을 해결하기 위해 교회와 현대 과학이 속히 협력해야 한다고 거의 한 목소리를 내고 있다. 현대 과학과 교회가 서로 적대시할수록 인류는 더욱 파멸의 길로 치다를 가능성이 많다는 것이다. 예컨대, 과학기술은 인류에게 편리성과 효율성만을 강조한 나머지, 생태계의 파괴나 인간성의 상실 등의 문제를 양산하고 있다. 동시에 현대 과학에 대한 무지는 신자들에게 정신분열증적 사고를 갖게 만들고 또 종교를 미신화해 가고 있다. 따라서 학계는 양자 모두의 문제를 해결하기 위해 현대 과학자들과 종교인들이 협력해야 한다는 점을 강조하고 있다. 특히 최근 인류에 큰 도전이 되고 있는 '인간복제'나 'AI'(artificial Intelligence)로 불리는 '인공지능'의 문제는 과학자들과 종교인들의 긴밀한 협력 없이는 결코 해결할 수 없는 문제들이다.

결국 우리 신앙공동체가 앞으로 나아가야 할 방향은 자명하다. 그것은 교회가 현대 과학에 개방적 공동체가 됨으로써, 자녀들에게 기독교 신앙과 함께 현대 과학을 가르치는 것이다. 비록 기독교 신앙과 현대 과학이 자신의 고유성을 주장하며 경우에 따라서는 과거처럼 긴장을 유지할지라도, 교회는 현대 과학과 쉬지 않고 대화하며 진리를 찾아 함께 떠나는 공동의 파트너가 됨으로써 더욱 새로워질 수 있을 것이다. 특히 현대사회가 안고 있는 수많은 난제들을 풀기 위해 현대 과학과 긴밀히 협력함으로써 교회는 인류복지에 크게 기여할 수 있을 것이다.

따라서 내가 꿈꾸는 교회는 현대 과학과 대화하는 개방적 공동체이다.

25. 희년의 공동체

그러나 두려워하지 말아라!

에스겔이 마른 뼈들이 다시 살아나는 꿈을 꾸었듯이(겔 37:1~14), 필자도 지난 밤 한 꿈을 꾸었다. 그것은 대한독립의 꿈이었다. 그 꿈은 나의 무의식이 투사된 것인지 아니면 신의 계시인지는 잘 모르겠다. 그러나 그 꿈은 너무나 생생하고 선명하다. 그것은 대한민국의 완전한 독립이다! 최근 한일관계를 비롯한 한반도의 주변 정세가 급변하는 현실에서 많은 이들이 불안해하고 있다. 그러나 두려워하지 말자! 출애굽을 앞둔 이스라엘 백성에게 하나님께서는 모세를 통해 말씀하셨다. "두려워하지 말아라"(출14:13) 그리고 예수께서도 하나님의 나라를 선포하실 때 몸과 마음이 심약한 사람들에게 늘 하신 말씀 역시 "두려워하지 말아라!"(마10:26; 눅12:32)이다.

지금 많은 한국인들이 불확실한 미래 앞에서 두려워하고 있다. 교회 역시 마찬가지이다. 안 가 본 길을 걸어가야 하니 그럴 말도 하다. 그러나 하늘의 음성이 들린다. "두려워하지 말아라!" 그렇다. 옳은 길을 갈 때 두려워하지 말자. 주님께서 우리와 함께 계시니, 무엇을 두려워하겠는가? 나의 꿈은 이렇다. 하나님께서 우리 민족을 축복하셔서 안전하게 지켜주신다는 말씀이다. 그리고 남북이 평화롭게 통일되는 미래를 주신다는 것이다. 그런데 그 과정에서 먼저 대한민국이 하나님 앞에 바르게 서는 것이 필요하시단다. 그것은 예수의 가르침에 따라 '하나님만을 두려워하는' 것이다.(눅12:4~7) 여기서 하나님만을 두려워한다는 말은, 대한민국이 온 국민의 뜻을 존중하여 더욱 철저히 민주주의를 실천하는 것이며, 외국(특히 열강)에 대해서도 당당히 독립하는 것이다.

즉 미국으로부터는 군사적인 독립을 하는 것이고, 일본으로부터는 경제(수입) 독립하는 것이며, 중국으로부터도 경제(수출) 독립하는 것이다. 지금 하늘이 돕고 있다. 첫 번째는 남북한의 평화선언이다. 이것은, 비록 지금 다시 위기에 처해 있기는 하지만, 북미 간 종전선언과 남북 간의 평화협정 등으로 이어질 것이다. 또 그 다음이 일본이 선포한 한국에 대한 '화이트리스트 삭제 사건'이다. 따라서 일본의 경제제재는 결코 슬픈 일이 아니라 대한민국이 온전한 독립국가를 향해 나가는 강제된 축복의 사건이다. 주님께서 말씀하신다. "두려워하지 말아라, 내가 너희와 함께 한다. 이제 때가 되었으니 복역을 끝내고 온전한 독립국가가 되어라."

그렇다면, 이제 대한민국이 할 일은 무엇인가? 우선 자주국방을 실천하는 일이다. 미국과의 동맹관계를 유지하면서도, 가능한 한 빨리 전시작전권을 미국에서 회수해야 한다. 그리고 미국과의 동맹관계에서 그 역할을 재조정해야 한다. 남북통일의 한 과정으로 남북한은 '남북평화협정'을 속히 맺어야 하고, 외국으로부터의 안전을 지키기 위해 우선 '독도' 방어를 철저히 해야 한다. 물론 당연히 '한일군사정보공유약정'(GSOMIA)은 철폐되어야 하고, '싸드'(THAAD)도 철수되는 것이 맞다. 이렇게 미국과 일본, 그리고 중국으로부터 독립된 명실상부한 민주독립국가가 되려고 노력하면 할수록 대한민국은 지정학적 특수성 때문에 미국, 중국, 일본과 선린우호의 관계를 맺게 된다. 이렇게 대한민국은 성숙한 민주 시민 의식을 바탕으로 세계가 부러워하는 민주주의국가가 되고, 양심 국가가 된다. 그래서 양심이 사라진 국제정치와 세계경제에 양심을 불어 넣는 사명이 대한민국에게 있다. 국익이란 명목

으로 타국을 폭력으로 침략하는 국가들에게 '아니오'라고 말할 수 있는 나라가 되고, 경제성장이란 이름으로 더욱 탐욕스러워지는 국가들에게 나눔의 가치를 실천할 수 있는 나라가 되는 것, 이것이 우리 대한민국에게 주신 하늘의 사명이다.

예수께서 선포하신 하나님 나라의 모습, 희년

이런 맥락에서 우리가 꿈꾸는 교회는 무엇인가? 그것은 성경에서 말하는 '희년의 공동체'를 세우는 일로 설명될 수 있다. 이것은 앞서 설명한 대한민국의 사명과 다름 아니다. 희년은 구약성서에서 하나님께서 출애굽한 이스라엘 백성들에게 분부한 명령이다. "안식년을 일곱 번 세어라. 칠 년이 일곱 번이면, 안식년이 일곱 번 지나, 사십구 년이 끝난다. 일곱째 달 열흘날은 속

죄일이니, 너희는 뿔나팔을 크게 불어라. (…) 너희는 오십 년이 시작되는 이 해를 거룩한 해로 정하고, 전국의 모든 거민에게 자유를 선포하여라. 이 해는 너희가 희년으로 누릴 해이다. 이 해는 너희가 유산 곧 분배받은 땅으로 돌아가는 해이며, 저마다 가족에게로 돌아가는 해이다."(레 25:8~10).

그리고 예수께서도 하나님의 나라 운동을 시작하며 제일 먼저 하신 말씀이 무엇인가? 그것 역시 희년의 선포였다. "주님의 영이 내게 내리셨다. 주님께서 내게 기름을 부으셔서, 가난한 사람에게 기쁜 소식을 전하게 하셨다. 주님께서 나를 보내셔서 포로된 사람들에게 해방을 선포하고, 눈먼 사람들에게 눈 뜸을 선포하고, 억눌린 사람들을 풀어주고, 주님의 은혜의 해를 선포하게 하셨다. (…) 이 성경 말씀이 너희가 듣는 가운데서 오늘 이루어졌다."(눅4:18-19, 21; 눅12:7, 32)

이처럼 희년은 출애굽한 이스라엘 백성에게 하나님께서 명령하신 것이요, 예수께서 하나님 나라를 선포하면서 하나님의 나라의 한 모델로 제시한 이상적인 공동체의 모습이다. 따라서 희년의 공동체는 이제 한반도에서 우리 그리스도인들이 세워야 할 영적 공동체이다. 그것은 우선 대한독립과 평화통일의 공동체로 시작되어야 한다. 이 공동체를 세우기 위해 두려워하지 말고 앞으로 나가자. 하나님이 우리와 함께 계신다.

제4부
꿈을 이루는 교회
: 사랑[愛]의 공동체

1. 3·1운동을 한국교회의 정체성으로 삼는 민족사랑의 공동체

한국교회가 3·1운동에 참여한 이유는?

익명의 한 여성은 1919년 3월 2일 3·1만세운동으로 체포되어 형무소에서 다음과 같은 일을 겪었노라며 증언을 남겼다; "나는 평양에서 3월 2일 체포되어 경찰에 구금되었다. 그 감옥에는 여자들도 여럿 있었고 남자들도 많이 있었다. 경관들은 우리가 기독교인인가를 자세히 물어보았으나, 그날은 별로 심한 형벌을 받지 않았다. 거기에는 열두 명의 감리교 여자들과 두 명의 장로교 여자 및 한 명의 천도교 여자가 있었다. 감리교 여자 중 세 사람은 전도부인이었다. 그런데 경관들은 채찍으로 우리 여자들을 내리치면서 옷을 다 벗기고, 벌거숭이로 여러 남자들 앞에 세워 놓았다. 경관들은 나에게 대해서는 길거리에서 만세를 불렀다는 죄목밖에 찾지 못했다. 그들은 내 몸을 돌려가면서 마구 구타해서 전신에 땀이 흠뻑 젖었다. … 내 양손은 뒤로 잡혀져서 꽁꽁 묶였다. 그리고는 내 알몸을 사정없이 때리고 땀이 흐르면 찬물을 끼얹곤 했다. 춥다고 말하면, 그때는 담뱃불로 내 살을 지졌다. … 어떤 여자는 정신을 잃도록 심한 매를 맞았다. … 또 한 전도부인은 두 손을 다 묶였을 뿐만 아니라, 두 발을 꽁꽁 묶인 채, 기둥에 매달려 있게 했다. 우리들은 성경책을 다 빼앗기고, 기도는 고사하고 서로 말도 못하게 했다. 사람으로는 견딜 수 없는 무서운 욕과 조롱을 우리는 다 받았다."(민경배, 『한국교회

사』, 1982, 311쪽 재인용)

위 인용문은 3·1만세운동에 참여했다는 이유로 체포되어 고초를 겪은 한 여성 기독교인의 이야기이지만, 이 이야기는 결코 한 여성만의 고초가 아니라 한국교회 전체의 고난이었다. 그렇다면 당시 한국교회는 온갖 고난을 무릅쓰고 왜 기꺼이 3·1만세운동에 참여했을까? 그에 대한 설명은 아마도 〈독립선언서〉에 가장 잘 반영되어 있다고 볼 수 있다. "오등은 자에 아 조선의 독립국임과 조선인의 자주민임을 선언하노라. 차로써 세계만방에 고하야 인류평등의 대의를 극명하며, 차로써 자손만대에 고하야 민족자존의 정권을 영유케 하노라."(후략)

이처럼 〈독립선언서〉는 왜 한국교회가 온갖 고초를 겪으면서도 굴하지 않고 만세운동에 참여하였는지 그 자세한 이유를 담고 있다. 그것은 한마디로 대한이 "독립된 나라요 자주하는 국민"임을 온 세계에 선언하는 것이 하나님의 뜻임을 고백한 것이다. 얼마나 당연한 주장인가? 그러나 현실은 그렇지 못했다. 당시 한국은 독립된 나라가 아니라 일본에 주권을 빼앗긴 식민지 국가였고, 그 국민은 자주하는 국민이 아니라 일본에 종속된 노예 국민이었다. 따라서 대한의 모든 교회는 오직 하나, 대한이 독립된 나라요 자주 국민임을 온 세계에 알리고자 하였다. 이런 점에서 보면, 〈독립선언서〉는 대한독립을 바라는 한국교회전체의 '민족공동기도문'이라고 말할 수 있다. 이처럼 한국교회는 〈독립선언서〉를 통해 간절히 하나님께 기도하면서 3·1 독립 만세운동에 참여하였고, 그 후에는 대한민국 임시정부를 세우도록 적극 후원하였다. 그리고 한국교회는 8·15 해방을 맞이할 때까지, 부끄러운 점도 없지 않았지만, 〈독립선언서〉를 '헌법' 삼아 독립투쟁을 꾸준히 전개하였던 것이다.

3·1운동은 전형적인 성경적 사건이다

사실 한국교회가 3·1운동에 적극 참여하게 된 이유는 그것이 철저하게 성경적인 사건이었기 때문이다. 주지하듯이, 성경은 구약으로부터 시작하여 신약에 이르기까지 일관되게 '해방'의 메아리로 가득 차 있다. 구약의 모든 이야기는 이스라엘 백성들이 출애굽한 해방사건을 가장 근원적인 하나님을 만난 신앙체험으로 고백하고 있다. 그뿐만 아니라 신약 역시 예수의 십자가와 부활도 철저하게 하나님이 우리를 죄로부터 해방시킨 해방과 자유의 사건으로 고백한다. 사도 바울도 그리스도인들에게 다음과 같이 권면하였다; "그리스도께서 우리를 해방시켜 주셔서 자유하게 하셨습니다. 그러므로 굳게 서서 다시는 종의 멍에를 매지 마십시오."(갈5:1) 이처럼 자유와 해방은 성경 전체의 메아리로서, 왜 한국교회가 온갖 고난에도 불구하고 3·1운동에 적극 동참하지 않을 수 없었는지를 잘 설명해준다.

결국 3·1운동은 한국교회에 '자아 정체감'을 세워준 사건이라고 말할 수 있다. 세 가지 정도로 좀 더 구체적으로 설명하면, 첫째, 한국교회는 3·1운동을 통해 '민족교회'로 탄생되었다. 그래서 한국 민족이 고난을 당할 때 한국교회도 함께 고난을 당하는 교회가 되었다. 이런 점에서 민경배 교수가 한국교회를 일컬어 '민족교회'라고 명명한 것은 적절하다. 둘째, 한국교회는 이웃 종교와 협력하는 교회이다. 역사가들이 공감하듯이 3·1운동은 천도교(동학), 기독교, 그리고 불교가 함께 만들어낸 종교 협력의 대사건이었다. 말하자면 3·1운동은 신라시대 최치원이 말한 '유불선(儒佛仙) 포함삼교(包含三敎)'의 현대판 실증의 모습이랄까? 셋째, 한국교회는 3·1운동을 통해 '대한민국 임시정부'를 탄생시킨 정신적인 주춧돌이 되었다. 특히 성경의 만민 평등 인권사상은 자연스럽게 동학의 시천주-인내천 사상과 어울리면서 대한민국을 왕권국가가 아닌 '민주' 국가로 세우는 기초가 되었다.

따라서 내가 꿈꾸는 교회는 3·1운동을 한국교회의 정체성으로 삼는 민족 사랑의 공동체이다.

2. 가나안 신자를 돌보는 공동체

탈종교 시대 한국 기독교의 진로

2015년은 한국의 종교 역사에서 오랫동안 기억해야 할 매우 의미 있는 해이다. 왜냐하면 바로 그해 한국 정부의 인구 조사 발표에 따르면, 비종교인의 숫자가 56.1%로 종교인구(43.1%)를 훨씬 추월하여 본격적으로 한국 사회가 '탈종교 사회'로 접어들었음을 확인하였기 때문이다. 게다가 더욱 놀라운 사실은 기독교인이지만 현재 교회에 안 나가는 신자인 소위 '가나안 신자'가 획기적으로 늘어나고 있다는 점이다. 즉 개신교인의 숫자는 10년 전 발표 때보다 약 123만 명 정도 늘어나 약 960만 명 정도인데, 2015년 주요 교단이 총회 때 발표한 교인 수의 통계는 오히려 줄고 있는 현실이다. 달리 말하자면, 신학계에서 종종 회자되는 "종교적이 아니라 영성적"(not religious but spiritual)이라는 말이 현실화되고 있다.

특히 한국교회에게 더욱 충격적인 사실은 가나안 신자의 비율이 최근 5년 동안 거의 두 배로 폭발적으로 증가하고 있다는 점이다. 2012년 한국기독교목회자협의회가 조사한 가나안 신자는 개신교인 중 10.2%로 약 100만 명이었다. 그런데 2017년 한국교회탐구센터에서 종교개혁 500주년을 기념하여 조사한 결과에 따르면 가나안 신자는 19.2%로 약 190만 명에 이르고 있다. 여기서 우리는 가나안 신자의 양적 증가뿐만 아니라 그 팽창 속도가 폭발적으로 빠르다는 데 깊이 주목할 필요가 있다. 그렇다면, 한국 사회가 이렇게

탈종교 사회로 바뀌고 또 가나안 신자가 급속도로 증가하는 현실에서 한국 교회는 과연 어떻게 대응해야 할 것인가?

　탈종교 사회로의 진입과 가나안 신자의 급증 속에서 교회의 대응은 결코 간단치가 않다. 여기서 필자는 두 가지를 말하고 싶다. 첫째는 탈종교 현상과 가나안 신자의 증가 원인이 상당 부분 기존 교회의 비윤리성에 기인한다는 점이다. 따라서 교회는 공적 신앙에 따른 윤리성을 회복하여 교회의 사회적 신뢰도를 높이는 일에 최선을 다해야 한다. 특히 교회는 세습 문제, 목회자의 윤리적 탈선의 문제, 그리고 돈과 권력에 집착하는 우상숭배적 신앙관에서 하루 속히 벗어나야 한다. 아마도 이 길은 단기적으로 교회가 처방할 수 있는 최선의 길이라고 본다. 그런데 문제는 이러한 윤리적 처방은 어쩌면 당연한 것이기에 사람들에게 큰 감동을 줄 수는 없다는 데 있다. 그렇다면 교회는 장기적으로 어떻게 해야 할 것인가? 그 점이 필자가 두 번째로 강조하고 싶은 것이다. 그것은 바로 교회의 신앙 패러다임을 고전적인 중세적 패러다임에서 현대적 패러다임으로 가능하면 빨리 전환하는 것이다. 달리 말해 비종교인이 늘고 또 교회 출석 신자가 현저히 감소하는 것은 단지 어느 한 교회나 목회자의 윤리적 탈선의 문제 때문이 아니라, 더 근본적인 문제 곧 시대적 패러다임의 변화에 교회가 적절히 대응하지 못해서 발생되는 문제라고 본다.

예컨대, 현재 우리 사회는 민주주의를 추구하고 있는데, 교회는 아직도 중세적 위계성 내지 중세적 이분법적 세계관 속에 갇혀 살고 있지 않은가. 또 성경이 쓰여질 당시의 과학은 소위 천동설이었는데, 지금은 어떤가? 지금은 지동설로 불리는 태양중심설도 아니고 그렇다고 고대사회에서 믿고 있던 천동설도 아닌, 새로운 과학관 곧 우주가 온통 고정된 것이 없이 모두 돌고 도는 소위 '천지동설'이 아닌가. 그런데 교회는 현대 과학의 세례를 받은 신자들에게 아직도 고대의 천동설적 세계관만을 강요하는 형국이다. 이런 상황에서 과연 누가 교회에 출석하여 목사의 설교를 듣고 의미를 찾으며, 또 누가 현대사회 속에 살면서 겪게 되는 다양한 삶의 문제들을 해결하기 위해 성경을 열어보겠는가? 말하자면, 이런 상황에서 탈종교 및 가나안 신자 현상은 어쩌면 당연한 결과라고 말할 수 있다. 따라서 한국교회는 신앙의 패러다임을 고전적 패러다임에서 현대인에 적절한 새로운 패러다임으로 온전히 탈바꿈하지 않는 한 앞으로 큰 희망이 없다고 본다.

그렇다면, 이제 우리 한국교회가 어떤 방향으로 나아가야 할지 그 해답은 어느 정도 자명하다. 그것은 교회가 가나안 신자들을 돌보는 교회로 변화하는 것이다. 그리고 아직 교회를 떠나지 않았지만 언제든 떠날 준비를 하고 있는 잠재적 가나안 신자들인 현대인들의 존재론적 질문에 교회가 진실 되게 응답하는 것이다. 사실, 이러한 교회의 내적 변화는 교회 안에 수많은 갈등과 토론이 있을 수밖에 없음을 당연히 전제하는 것으로 매우 고통스러운 과정일 수 있다.

그러나 그럼에도 불구하고 더 이상 교회가 시대로부터 소외되어 게토화되지 않으려면, 교회는 과감히 자신을 개방하고 또 신앙의 패러다임을 새롭게 수정하는 일에 노력해야 한다. 그렇지 않으면, 교회는 중세적인 교회에 부적응하여 교회를 떠나려는 신자들을 결코 붙잡을 수 없고, 또 떠난 신자들을 다시 교회로 초대하는 일은 거의 불가능하다.

따라서 교회는 가나안 신자들을 가슴으로 포용하고 그들의 질문에 진지하게 경청하며 대화해야 할 것이다. 이것이 내가 꿈꾸는 교회의 한 모습으로 가나안 신자를 돌보는 공동체이다.

3. 개천절을 지키는 공동체

단군 시대 때부터 하나님을 사랑한 한국인

　현재 한국의 종교인 중 기독교인의 비율이 제일 높다. 2015년 현재 개신교가 약 960만 명이고, 가톨릭교회가 약 390만 명이다. 합하면 1,350만 명 정도가 기독교인이다. 불교 인구가 760만 명 정도이니 불교 인구의 꼭 두 배인 셈이다. 물론 국민의 약 56%는 종교가 없다고 하니 대한민국은 거의 무신론 국가에 가깝겠지만, 종교만으로 볼 때엔 기독교 국가로 분류해도 이제 틀린 말은 아니다. 정말로 대단한 일이다. 어떻게 이런 일이 가능했을까? 1,600년 동안 불교와 유교를 신봉한 이 나라가 이제 거의 기독교 국가가 되었으니 말이다. 이 질문에 대하여 필자로서는 딱 두 가지로밖에 대답을 찾을 수 없다. 하나는 '성령의 역사'이고, 또 하나는 '한국인의 하나님' 사랑이다. 이 민족을 향한 하나님의 큰 뜻이 있지 않고서야 이런 일은 불가능하다.

　그런데 '한국인의 하나님 사랑'이란 두 번째 대답은 약간 생뚱맞다. 한국인이 하나님을 사랑한다니 무슨 말인가? 사실 이 말의 의미는 깊고 심오하다. 그 의미란 한국인은 단군 이래 지금까지 지난 오천 년 동안 하루도 쉬지 않고 '하나님'을 사랑하는 민족이었다는 말이다. 실제로 그랬다. 그 이야기는 『삼국유사』(三國遺事)의 '단군신화'에 자세히 나온다. 거기에 따르면, 이 나라는 '하나님'에 의해 시작되었다.

　하늘에 '환인'(桓因) 하나님이 계셨는데, 그에게는 '환웅'(桓雄)이란 아들이

제4부 꿈을 이루는 교회 ——— 333

있었다. 그는 인간 세상을 다스리기를 원했다. 그러자 아버지 환인은 아들의 뜻을 알고 그를 태백산에 보내서 신시(神市)를 다스리게 했다. 그러던 중 곰과 호랑이가 환웅에게 찾아와 사람이 되게 해 달라고 간청을 하였다. 이 간청을 들은 환웅은 쑥 한 자루와 마늘 20쪽을 주면서 백일 동안 햇빛을 보지 않으면 인간이 된다고 일렀다. 곰은 시키는 대로 하여 인간이 되었고, 호랑이는 참지 못하고 뛰쳐나가 사람이 되지 못했다. 바로 그 곰 여인[熊女]과 환웅이 결혼하여 아들을 낳으니 그가 바로 고조선을 개국한 '단군왕검'(檀君王儉)이다. 결국 환인과 환웅 그리고 단군 이렇게 세 분의 하나님이 삼위일체론적으로 협동하여 오천 년 전 이 나라를 개국했으니, 우리 민족이 하나님을 사랑하는 것은 지극히 당연한 일이다.

이처럼 기독교가 한국인의 종교로 뿌리 깊게 자리를 잡을 수 있었던 배경에는 위에서 말한 '하나님' 신앙이 절대적이었다는 데에 이의를 제기하는 종교학자들은 거의 없다. 특히 가장 결정적인 작업은 복음이 조선 땅에 들어왔을 때, 성서의 하나님 곧 '야훼'를 우리말로 번역하는 과정에서 '하나님'(혹은 하느님)으로 번역한 점이다. 정말로 위대한 일을 한 것이다! 하나님을 '상제'(上帝)나 '천주'(天主), 혹은 '신'(神)으로 번역하지 않고 '하나님'으로 번역했으니 말이다. 이것은 실로 혁명적인 발상이었다. 물론 여기서 '하느님'이냐 혹은 '하나님'이냐 등으로 교회에서는 종종 논쟁하며 아직까지도 그 논란은 지속되고 있지만, 두 용어 모두 우리 민족이 오랫동안 신앙해온 '하나님 신앙'을 부정하는 것은 결코 아니다.(필자는 '하나님'과 '하느님'을 크게 구별하지 않고, 모두 같은 의미로 혼용한다.) 왜냐면 우리 민족이 오천 년 동안 믿어온 '하나님'은 바로 초월적이고 인격적인 분이시라는 데 모두 동의하기 때문이다.

그런데 중요한 질문이 여전히 하나 남아 있다. 그것은 우리 민족이 오천 년 동안 믿어온 하나님 신앙에서의 '하나님'과 성서가 증언하는 '하나님'이 실제로 같은 분이냐, 아니면 다른 분인데 표현만 같으냐 하는 문제이다. 말하자면 예수 아버지 하나님과 환웅의 아버지 환인이 같은 분이신가 아니면 다른 분이신가 하는 문제이다. 여기서 보수적 기독교인들의 입장은 다르다 할 것이고, 좀 진보적인 입장에 서 있는 기독교인들은 같다고 답을 할 것이다. 물론 대다수의 기독교인들은 그 두 입장 사이에서 정답을 유보하고 있다. 필자는 보수적 입장에 서 있다가 진보적 입장으로 바뀐 경우이다. 그 과정에서 피나는 고통이 있었다. 그것은 필자가 신학을 공부하게 된 결정적인 배경이기도 하다.

환웅천왕과 하나님은 같은 분이다!

필자는 고등학교 시절 한 부흥회에 참석하게 되었다. 그때 부흥강사는 전도를 강조하면서 이렇게 말하였다. "우리 조상들 모두 예수를 안 믿어서 지옥에 갔습니다. 여러분의 부모님이나 가족도 예수를 안 믿으면 지옥에 갑니다. 그러니 빨리 가족들을 교회에 모시고 오십시오. 예수 믿고 구원받도록!" 그 설교에 필자는 엄청난 충격을 받았다. '아니 이런 불합리한 경우가 다 있나? 내가 존경하는 세종대왕이나 이순신 장군, 그리고 원효대사나 퇴계, 율곡 등 정말로 훌륭한 분들도 예수 안 믿어 모두 지옥에 갔다는 말인가? 예수를 알지도 못하는데? 만약 그렇다면, 너무나 억울한 일이다.'

그래서 필자는 그 부흥사의 설교가 참말인지 아니면 거짓말인지 알아보기 위해서 고민 끝에 신학을 공부하기로 결심했다. 물론 그 대답은 필자의 스승이신 유동식 교수를 만나면서 쉽게 찾을 수 있었다. 그는 『한국문화와 기독교』라는 수업시간에 이렇게 말씀하셨다. "하나님은 선교사들의 등에 업혀 미국에서 수입된 분이 아닙니다. 하나님은 천지를 창조하신 분으로서 우리 민족도 창조하신 분이십니다. 그리고 지금도 이 땅에서 역사하고 계시며, 앞으로도 영원히 우리와 함께 하실 것입니다. 이처럼 성서의 하나님과 우리 민족이 믿어온 하나님은 결코 다른 분이 아니라 같은 분이시다.

따라서 내가 꿈꾸는 교회는 하나님을 믿는 신앙 안에서 '개천절'을 소중히 지키는 교회이다.

4. 고난과 함께 하는 공동체

인간의 괴로움의 원인과 극복의 길

　요즈음 세상을 보면 그 어느 때보다 온통 '고난'(suffering)과 고통 속에서 살아가는 사람들이 많은 것 같다. 특히 꿈과 희망 속에서 씩씩하게 살아가야 할 우리 젊은이들의 고난이 그 어느 때보다 큰 듯하여 마음이 많이 아프다. 그렇다면, 우리는 고난을 어떻게 이해해야 할까? 그리고 그 고난으로부터 벗어날 길은 없는 것일까?
　불교의 법구경에 따르면, 인간의 '고통'에는 크게 여덟 가지가 있다. 그래서 그것을 일컬어 '팔고'(八苦, eight sufferings)라고 하는데, 생로병사의 네 가지 고통에다가 또 네 가지 인간사의 고통을 추가한 것이다. 즉 생고(生苦), 로고(老苦), 병고(病苦), 사고(死苦)에다가, 사랑하는 사람과 헤어지는 고통인 '애별이고'(愛別離苦), 미운 사람과 만나는 고통인 '원증회고'(怨憎會苦), 구하려 해도 구하지 못하는 고통인 '구부득고'(求不得苦), 그리고 물질·느낌·생각·작용·식별의 오음에서 비롯된 수많은 괴로움인 '오음성고'(五陰盛苦)가 그것이다. 아마도 불교만큼 인간의 고통 문제를 깊이 있게 체계적으로 사유한 철학이 또 있을까 싶을 정도로 고통에 대한 불교의 이해는 심오하다.
　그런데 불교에 따르면 인간의 모든 고통은 대부분 '삼독'(三毒)으로 불리는 인간의 탐심과 분노 그리고 어리석음으로부터 온다. 이것을 법구경에서는 '탐진치'(貪瞋痴)라고 말한다. 이 탐진치로부터 벗어나는 것이야말로 불교식의 고난 극복법이다. 초기 불교 경전인 아함경에서는 '고집멸도'(苦集滅道)로 불리는 사성제(四聖諦: Four Noble Truths)를 통해 그것을 잘 설명하고 있다. 그리고 대승사상에 와서는 '육바라밀' 곧 보시(布施)·지계(持戒)·인욕(忍辱)·정진(精進)·선정(禪定)·반야(般若)의 바라밀(波羅蜜)로 불리는 여섯 가지 최고의 실천행을 통해 우리 인류가 고난을 극복할 수 있다고 그 비결을 제시하고 있다.

그렇다면, 기독교는 고난을 어떻게 이해하고 있는가? 사실 기독교는 앞서 설명한 불교만큼 고통에 대해 체계적인 철학적 설명을 하고 있지는 않다. 그렇지만 불교 식의 고통을 외면하지 않으면서도 오히려 다른 차원에서 더 심오한 고난에 대한 이해를 하고 있는 것 같다. 특히 예수 그리스도의 '대속'(代贖)의 고난은 그것을 잘 설명하고 있다. 돌이켜보면, 우리 인류의 죄를 예수 그리스도께서 대신 짊어졌다는 의미의 대속의 고난은 인간적인 측면에서 볼 때 참으로 억울한 죽음이었지만, 매우 창조적이고 비극적인 죽음이었다. 여기서 창조적이라 함은 '하나님의 자기비움'(kenosis, 빌2:7-8)의 구체화란 측면에서 매우 미학적인 의미요, 비극적이라 함은 상식적 죽음을 넘어선다는 의미에서 숭고미적 의미에 가깝다. 그리고 기독교가 말하는 예수 그리스도의 대속적 고난은 이론적인 추상적 고난 극복법이 아니라, 역사적인 인간이었던 하나님의 아들 예수 그리스도가 인류의 구원을 위해 실제로 십자가에 달려 죽었다는 구체적인 고난 극복법이다. 따라서 우리가 그리스도의 죽음의 의미를 믿음으로 받아들일 때, 그것은 우리도 그리스도의 고난에 참여한다는 것을 의미하게 되고, 동시에 그것은 우리에게 구원이 된다는 뜻이다.

예수의 고난은 인류의 고난을 한 몸에 짊어진 것

그런 점에서 예수의 고난은 앞서 서술한 불교의 범주를 넘어선다. 즉 예수의 대속적 고난은 단순히 개별 인간들이 겪는 불교식 팔고의 고통이나 대승사상에서 강조하는 이론적 존재인 부처가 인류의 고통을 해방시킨다는 주장을 넘어서고 있다. 왜냐면 예수의 고난은 하나님의 개입과 그분의 고통이 그 배경을 이루기 때문이다. 특히 인류 공동체 전체가 만들어낸 구조악과 그에 따른 인류 전체의 고통인 '인류고'(人類苦)를 하나님의 아들 예수 그리스도께서 단번에 몸소 짊어지셨다고 성서는 증언하고 있기 때문이다.(히 9:23~28)

그렇다. 여기서 우리는 두 가지를 새삼 발견하게 된다. 하나는 참 고난의 의미란 '대속의 고난의 환대'(hospitality)에 있다는 점이다. 말하자면 예수의 고난은 자신의 잘못으로 겪게 되는 불가피한 고난이 아니었다. 오히려 그의 고난은 인간의 부정성을 회피하지 않고 하나님의 가능성 안에서 인류 구원이란 큰 대의를 위해 대속의 고난을 적극적으로 환영한 것이다. 필자는 여기서 위대한 기독교 숭고미학의 전형을 발견한다. 특히 "사람이 친구를 위하여 자기 목숨을 버리면 이에서 더 큰 사랑이 없나니"(요15:13)라는 예수 그리스도의 말씀처럼 타자의 고난에 기꺼이 동참하는 것이야말로 가장 지극한 기독교적 아름다움이다. 따라서 우리가 대속의 고난을 환대할 때, 고난은 어느 날 홀연히 찬란한 부활로 우리에게 다가온다.

또 하나는 참 고난의 의미란 '신적 본성에 참여하는 길'이란 사실이다. 한 인간이 온 인류의 죄와 고통을 대신 짊어진다는 것은 결단코 불가능한 일이다. 그것은 오직 하나님 자신의 사역으로만 가능하다. 여기서 우리는 "하나님이 세상을 이처럼 사랑하사 독생자를 주셨다."(요3:16)라는 말씀을 새삼 떠올리게 된다. 즉 대속의 고난은 신적 사랑의 자기표현이다. 따라서 대속의 고난에 동참하는 것이야말로 신의 본성에 참여하는 길이요, 하나님을 사랑하는 방법이다. 그때 비로소 우리는 십자가에 달리신 그리스도 안에서 하나님과 하나(oneness)가 된다. 결국 기독교적 고난 극복법은 고난의 회피가 아니라 오히려 대속의 고난을 기쁨으로 환대하는 '사랑의 실천'에 있는 것이 아닐까?

따라서 내가 꿈꾸는 교회는 예수의 고난을 기억하며 이웃의 고난에 기꺼이 동참하는 고난과 함께 하는 공동체이다.

5. 교회 지킴이 공동체

너와 나 교회 지키는 영광에 살았다

필자는 대학원 시절 '평화학사'로 불리는 신학생 기숙사에서 살았다. 그때 신학생들은 한 주에 한 번 사생회의로 모여 함께 예배도 드리고 여러 가지 삶의 이야기들을 허물없이 나누는 의미 있는 시간을 가졌다. 특히 지금도 멋진 추억으로 기억되는 것은 예배 후 갖는 '코이노니아' 친교 시간이었다. 그 시간에 우리들은 참 많은 노래를 불렀다. 찬송가로부터 시작하여 복음송가, 그리고 각종 가요에 이르기까지 다양한 노래를 즐겁게 불렀다. 그런데 당시 대부분의 신학생들은 군복무를 막 마치고 대학원 과정에 진학한 경우가 많았기 때문에 특히 군가를 많이 불렀다. 그중에서 대한민국 최고의 군가로 사랑받아 온 〈진짜 사나이〉는 우리 기숙사의 사가(舍歌)처럼 되었다. 그래서 사생회를 마칠 때면 언제나 다 일어서서 그 노래를 합창하였다. 다만 가사에서 '나라' 대신에 '교회'로 그리고 '사나이' 대신에 '전도사'로 개사하여 불렀다. "전도사로 태어나서 할 일도 많다만, 너와 나 교회 지키는 영광에 살았다. 새벽기도와 철야 속에 맺어진 전우야 산봉우리에 해가 뜨고 해가 질 적에 성도님들 나를 믿고 단잠을 이룬다." 우리는 이 노래를 부르면서 '교회 지킴이' 전도사로 불리움을 받은 것에 대한 감사와 사명감을 불태웠던 것이다. 평화학사에서 보낸 신학생 시절은 벌써 30년이 흘렀다. 동기들은 이제 중견 목회자가 되어 분명 그 추억을 양분 삼아 지금도 교회 지킴이로서 열심히 교회를 섬기고 있으리라.

　최근 필자의 아들이 해군에 입대하였다. 아들을 군에 보낸 뒤 필자는 아버지로서 마음이 참 복잡하다. 내가 입대하는 것 이상으로 아들의 입대가 한편으로는 고통스럽게 다가오면서 또 한편으로는 얼마나 자랑스럽고 고마운 일인지 모르겠다. 그래서 하루는 자연스럽게 해군가를 찾아 따라 부르게 되었다. 아들과 이 나라를 위해 기도하면서 말이다. 그렇게 부른 군가 중에 〈해양가〉가 새삼 가슴에 깊이 와 닿았다. 특히 가사가 얼마나 멋진지 모르겠다. "검푸른 파도 삼킬 듯 사나와도 / 우리는 언제나 바다의 사나이 / 흙냄새 그리울 땐 항구 찾아 달래이고 / 사랑이 그리울 땐 파도 속에 뛰어든다 / 사나이 한평생 세월로선 못 재이고 / 꿋꿋하게 살다가 사내답게 죽으리라 / 아아 바다는 나의 고향 / 나의 집은 배란다."

　그런데 해군가를 부르면서 갑자기 신학생 시절이 떠올랐다. 교회 지킴이를 자임하며 〈진짜 사나이〉를 개사하여 열심히 불렀던 추억 말이다. 그래서 교회 지킴이로서 다시 개사하여 부르면 좋을 곡은 없을까 살펴보다가 〈바다로 가자〉란 군가가 눈에 띄었다. 그래서 옛날 '나라'를 '교회'로 개사하여 불렀던 것처럼, 〈바다로 가자〉의 가사 중에 '바다'를 '교회'로 개사하여 불러봤다. 얼마나 은혜스럽고 교회 사랑이 솟아오르는지 모르겠다. 〈바다로 가자〉는 1946년에 만들어진 우리나라 최초의 군가이다. 이 곡이 나오기 전에는 일본군의 군가에 우리말을 붙여서 불렀는데 이를 안타깝게 여긴 손원일 제독의 부인인 홍은혜가 제독에게 안타까운 마음을 전했고, 이에 제독과 그 부인이 합심해서 만든 곡이 바로 이 군가이다. 가사는 이렇다. "우리들은 이 바다 위에 이 몸과 맘을 다 바쳤나니 바다의 용사들아 돛달고 나가자 오대양 저 끝까지. 나가자 푸른 바다로 우리의 사명은 여길세 지키자 이 바다 생명을 다하여." 내가 〈교회로 가자〉로 개사한 곡은 이렇다. "우리들은 이 교회

위에 이 몸과 맘을 다 바쳤나니 교회의 용사들아 십자가로 나가자 오대양 저 끝까지. 나가자 하늘 교회로 우리의 사명은 여길세 지키자 이 교회 생명을 다하여."

한국교회의 위기로부터 교회를 지킬 지킴이가 필요하다

그렇다. 지금은 '교회 지킴이'가 더욱 필요할 때이다! 현재 한국교회는 정말로 큰 위기를 겪고 있다. 교회에서마저 '자본'이 하나님의 자리를 차지한 지 오래되었고, 교회를 통해 세상의 부와 권력을 세습하고자 하는 욕망만이 교회에 넘실거린다. 그래서 이에 실망한 가나안 신자들은 하루가 다르게 늘어나고 있다. 이럴 때 교회 지킴이가 필요하다. 물론 여기서 우리가 지켜야 할 교회는 부패한 교회가 아니다. 비난받아 마땅한 적폐화된 교회는 더더욱 아니다. 우리가 목숨을 걸고 지켜야 할 교회는 예수께서 십자가를 지면서까지 선포한 '하나님의 나라'를 증언하는 교회이다. 우리는 그런 교회를 목숨을 걸고 지켜야 한다. 이런 점에서 우리가 새롭게 경청해야 할 분은 다름 아닌 사도 바울이 아닌가 싶다. 그는 예수의 하나님의 나라를 증언하기 위해 수많은 교회를 세웠을 뿐만 아니라 죽음의 순간까지 '교회 지킴이'로서의 삶에 충실하였다. 이에 대한 자세한 것은 바울의 편지들 속에 잘 나타나 있다.

말하자면 바울 서신은 일종의 '교회 지킴이 매뉴얼'이라고 부를 수 있다. 그는 교회를 위협하는 적을 수없이 언급하면서 이에 맞서 싸우기 위해 교회 지킴이 군인으로서 완전무장할 것을 권하였다. "여러분은 진리의 허리띠로 허리를 동이고 정의의 가슴막이로 가슴을 가리고 버티어 서십시오. 발에는 평화의 복음을 전할 차비를 하십시오. 이 모든 것에 더하여 믿음의 방패를 손에 드십시오. 그것으로써 여러분은 악한 자가 쏘는 모든 불화살을 막아 꺼버릴 수 있을 것입니다. 그리고 구원의 투구를 받고 성령의 검 곧 하나님의 말씀을 받으십시오. 온갖 기도와 간구로 언제나 성령 안에서 기도하십시오."(엡6:14~18a)

따라서 내가 꿈꾸는 교회는 교회의 타락에도 불구하고 교회를 다시 세우기 위해 그리스도의 군사로서 완전무장하여 교회를 끝까지 지키는 교회 지킴이 교회이다.

6. 달력 공동체

교회력과 한국의 명절을 함께 기념하는 교회

필자는 새로운 교회를 꿈꾸면서 "교회력을 존중하되 한국의 명절(설, 3·1절, 광복절, 추석 등)을 함께 소중히 여기는 달력 공동체"의 꿈을 천명한 바 있다. 사실 목회를 한다는 것은 엄밀히 말해 '교회력'이라는 달력에 따라 목회를 한다고 해도 과언이 아니다. 그만큼 교회력은 신앙생활에서 가장 중심적인 위치에 놓여 있다. 그런데 현재 우리 교회가 사용하는 교회력은 대체로 두 가지의 전통이 절묘하게 얽혀 있다. 하나는 구약의 전통이고, 또 하나는 예수의 생애와 관련한 전통이다. 특히 후자의 입장에서, 곧 기독론적 입장에서 두 전통이 재해석된 교회력이 현재 거의 모든 교회들에서 사용되고 있다. 그래서 교회력은 11월 말 예수의 탄생을 기다리는 대림절로 시작하여 성탄절, 부활절, 성령 강림절 등으로 이어지고 있다. 물론 최근에는 교회력에 대한 기독론적 해석을 넘어서 삼위일체론적인 재해석의 필요성이 제기되어 창조절을 새롭게 추가하고 있지만, 그 기본구조는 대동소이하다. 그리고 이런 기본적인 교회력의 구조에다가 한국 개신교는 미국 교회의 전통에 따라 11월 말 추수감사절을 추가하여, 성탄절, 부활절, 성령 강림절, 추수감사절 등 네 개의 축일을 가장 중요한 절기로 지키고 있다.

한편, 기독교의 핵심 명절이 위와 같이 네 개로 정해지는 데에는 유대인의 명절이 크게 작용하고 있음을 결코 부인할 수 없다. 아니 엄밀히 말해 앞서 언급하였듯이 기독교의 명절은 유대교의 명절을 복음의 시각으로 새롭게 재해석한 것이다. 그럼 유대인의 대표적인 명절은 무엇인가? 그것은 레위기 23장과 신명기 16장에 나오는 절기 규정에 잘 반영되어 있다. 즉 유대인의 3대 명절은 유월절, 칠칠절, 그리고 초막절이다. 이 명절들은 모두 이스라엘 백성들에게 결코 잊을 수 없는 근원적인 경험을 제공한 '출애굽의 경험'을 배경으로 하고 있다. 먼저 유월절은 이스라엘 백성들이 포악한 애굽의 학정으로부터 해방된 것을 기념하는 일종의 해방절이다. 그런데 해방의 과정에서 장자를 죽이는 죽음의 천사를 무사히 넘겼다는 의미에서 '유월'[逾越, paschal, pass over]이라는 말을 사용하거나, 혹은 급하게 무교병을 먹었다고 하여 무교절이라고도 불린다. 그리고 칠칠절은 출애굽한 뒤 50일째 되는 날[五旬] 이스라엘 백성이 시내산에 도착하여 하나님으로부터 십계명을 받은 것을 기념하는 날이다. 말하자면, 칠칠절은 하나님과 이스라엘 사이에 '계약'을 맺은 날로서, 십계명은 일종의 "하나님의 백성 계약서"라고 말할 수 있다. 세 번째 명절은 바로 '쑷콧'(succot)으로 불리는 초막절이다. 이날은 출애굽한 이스라엘 백성들이 광야에서 40년 동안 초막생활을 한 것을 기념해서 일주일 동안 온 가족들이 초막(텐트)을 짓고 그 속에 들어가서 초막생활을 하는 절기이다. 특히 이스라엘 백성들이 가나안으로 들어온 후에는 바로 이 초막절에 추수한 곡식에 대하여 하나님께 감사하고 또 저장하였던 추수감사절로 수장절이라고 불린다.

유대-기독교 명절 전통에서 한국 기독교 명절 전통으로

이상에서 보는 바와 같이, 우리는 초기 기독교인들이 유대교의 3대 명절을 복음적 시각에서 곧 기독론적 입장에서 교회력을 새롭게 재구성한 것임

을 알 수 있다. 즉 초대 기독교인들은 예수 부활의 기쁨 속에서 유월절을 부활절로 재해석하여 지켰고, 또 이스라엘 백성과 하나님이 계약을 맺은 오순절을 준거로 하여 이제는 교회가 성령 안에서 하나님의 자녀로 새롭게 계약을 맺은 날로써 성령 강림절로 새롭게 이해하게 되었다. 그래서 성령 강림절은 교회 탄생일이 되는 것이다. 그리고 거기에 덧붙여 가톨릭교회가 박해를 극복하고 이제 명실공히 로마의 국교로 정해진 뒤에는 로마의 태양절을 예수 그리스도의 탄생을 기념하는 성탄절로 승화시켰다. 더욱이 미국 교회는 청교도들의 신앙을 기념하며 초막절을 추수감사절로 변화시켜 미국 교회 최대의 명절로 변화시켰던 것이다.

그렇다면 이제 한국교회의 차례이다. 과연 한국교회는 로마 가톨릭교회와 유럽 교회만을 따를 것인가? 아니면 미국 교회만을 추종할 것인가? 필자는 이 시점에서 한국 기독교인의 신앙고백에 따라 교회력을 새롭게 재구성해야 할 시점에 와 있다고 본다. 따라서 이제 한국교회는 전통적인 기독교의 4대 명절(성탄절, 부활절, 성령 강림절, 추수감사절)에다가 한국의 전통적인 명절을 기독교적으로 재해석하여 교회력을 새롭게 만들어야 한다고 생각한다. 필자의 의견으로는 성탄절과 부활절, 성령 강림절은 큰 이견 없이 거의 모든 교회들이 지키고 있으므로 자연스럽게 유대-기독교의 전통을 따르는 것이 좋을 듯싶다. 다만 추수감사절은 미국 교회의 전통보다는 오히려 한국의 전통적인 추수감사절인 '추석'을 따르는 것이 바람직하다고 생각한다. 왜냐면 그날은 날짜 상으로도 구약의 초막절과 같을 뿐만 아니라 한국인 모두에게 감사의 의미를 되새기는 매우 의미 있는 명절이기 때문이다. 그리고 이에 덧붙여 한국의 고유명절인 설날과 대한민국의 탄생과 연관된 대표적인 두 기념일인 독립운동기념일로서의 3·1절, 그리고 민족해방절인 8·15 광복절을 한국의 모든 교회가 교회력으로 지켰으면 좋겠다. 더욱이 최근 논란이 되었던 건국절을 새롭게 제정하여 상해임시정부가 수립된 날(1919.4.11.)에 즈음하여 지킨다면 더욱 좋을 듯싶다. 이렇게 교회력이 복음의 전통과 한국의 문화와 잘 어우러질 때, 기독교는 비로소 한국의 종교가 될 수 있을 것이다.

따라서 내가 꿈꾸는 교회는 교회력을 중시하는 달력 공동체이다.

7. 대승 기독교의 공동체

한국교회는 대승을 지향하는가 소승을 지향하는가

'대승'(大乘)이란 말은 불교 용어이다. 이 말의 사전적 정의는 "널리 인간 전체를 구제하여 부처의 경지에 이르게 하는 것을 이상으로 하는 불교의 한 교파"를 의미한다. 이것은 소위 '소승'(小乘)불교에 대비되는 대승불교를 언급할 때 주로 사용되는 말로, '수레에 많이 타다'라는 한자의 뜻이 지시하듯이 '인간 전체'의 평등과 성불을 이상으로 삼는 교리를 의미한다. 즉 소승이 개인의 구원에만 초점을 맞춘 것이라면, 대승은 인류 전체의 구원에 관심을 둔 것이라고 말할 수 있다. 참고로, 요즈음 종교학계에서는 '소승'이라는 말의 용법이 대승과 대비되는 부파불교를 비하하는 부정적인 의미로 주로 사용되기 때문에 가급적 사용을 피하는 데 필자도 그런 입장에 동의한다. 하지만 여기서 소승이란 단어의 차용은 공동체보다는 '개인'의 측면을 강조하기 위한 불가피한 측면이 있음을 양해하여 주시기 바란다.

어쨌든 이 말을 빌려 한국교회에 적용해 본다면 흥미롭다. 한국교회는 과연 소승 기독교를 지향하고 있는가, 아니면 대승 기독교를 지향하고 있는가?('대승 기독교'란 표현은 한신대 원로 교수이신 김경재 선생님이 처음 사용한 것으로 알고 있다. 여기서 필자는 그 용어를 임의로 차용하였다.) 필자가 보기에 한국교회는 지금 소승 기독교의 모습을 띠고 있는 것이 아닌가 싶다. 물론 교회가 과거 3·1운동에 동참했던 모습이나, 민주화를 위해 헌신했던 모습은 분명 대승 기독교의 모습이었다. 하지만 지금 한국교회는 그 어느 때보다 심각하게 대승적 모습보다는 개인의 욕망을 만족시키는 일에 충실한 듯하다. 그래서 내세 구원과 기복신앙을 통한 현세의 복락에 경도되어 있다. 따라서 한국교회는 앞으로 대승 기독교로 탈바꿈해야 하는 과제를 안고 있다.

성서가 계시하는 기독교의 본래 모습은 사실 소승보다는 대승 기독교의 모습에 가깝다. 기독교는 인간 개인의 구원이 아니라 공동체와 나라 전체, 아니 더 나아가 인류 전체의 구원을 말하기 때문이다. 출애굽기에 나오는 해방의 역사는 모세라는 한 개인이나 그 가족의 해방을 말한 것이 아니라 이스라엘 백성 전체를 구원하시는 하나님의 대역사였다. 그리고 예언자들의 메시지는 이스라엘 공동체가 하나님과의 약속을 저버리고 잘못된 길로 갔을 때 하나님에게로 다시 돌아올 것을 촉구하는 공동체를 향한 호소였다. 신약 성서의 메시지 역시 마찬가지이다. 하나님의 나라로 요약되는 예수의 가르침은 한 개인의 구원보다는 인류 전체의 구원을 위한 말씀이었다. 예수께서는 하나님의 나라를 선포하면서 늘 대승적 가치를 강조하셨다. 이것은 산상수훈에 잘 드러난다. "그러므로 무엇을 먹을까 무엇을 마실까 걱정하지 말아라. … 너희는 먼저 하나님의 나라와 그의 의를 구하여라. 그리하면 이 모든 것을 너희에게 더하여 주실 것이다."(마6:31~33)

이처럼 예수께서는 철저하게 대승적 기독교의 모습을 강조하신다. 바울도 대승적 입장을 일관되게 견지한다. 특히 그는 로마서에서 "나는 육신으로 내 동족 내 겨레를 위하는 일이면, 내가 저주를 받아서 그리스도에게서 끊어질지라도 달게 받겠습니다."(롬 9:3)라고 말하면서 노골적으로 자신과 이스라엘 공동체를 동일시하며 대승적 입장을 취하고 있다.

한국교회는 대승 기독교를 어떻게 지향해 나갈 것인가

그렇다면 21세기 오늘, 대승 기독교를 지향하는 한국교회는 어떤 모습을 꿈꿔야 할까? 필자는 한국교회가 하나님의 나라를 향한 대승적 노력으로 '공생'(共生), '공유'(公有), '공정'(公正) 사회를 위해 노력할 것을 강조하고 싶다. 왜냐면 한국은 지금 철저하게 공생, 공유, 공정과는 거리가 먼 소위 '지대 추구 사회'로 자리매김함으로 인해 신음하고 있기 때문이다. 여기서 지대란 영어로 '렌트'(rent), '노력에 대한 정당한 대가를 뛰어넘는 이익, 특권, 특혜를 통해 얻는 이익'을 말한다. 그래서 지대의 의미를 신앙에 적용한다면, 지대 추구의 신앙이란 하나님을 이용하여 '대박을 꿈꾸는 신앙'으로, 기복신앙에 다름이 아니다. 즉 한국교회는 하나님의 나라보다는 '지대'(rent)를 추구하는 모습이다. 이것은 최근 사회적으로 큰 문제가 된 교회 세습이나 대형 교회의 각종 부조리에서 잘 드러난다. 이런 지대 추구의 신앙과 교회는 성서가 제시하는 하나님의 나라와는 거리가 멀다. 따라서 한국교회는 하나님의 나라 건설을 위해 공생, 공유, 공정에로의 방향전환이 필요하다. 그것이 진정한 회심(metanoia)이다.

　녹색운동가 하승수는 최근 『배를 돌려라: 대한민국 대전환』(2019)이란 책에서 한국 사회를 한마디로 '지대 추구의 사회'라고 갈파한 바 있다. 그러면서 그는 지대 추구 사회를 벗어나기 위해 '3기 7탈 운동'을 제안하였는데, 하나님의 나라를 지향하는 우리에게도 매우 시사적이다. 여기서 3기란 '3가지 기본'으로 기본소득, 기본주거, 기본농지-농사-먹거리이다. 그리고 7탈이란 '사회의 전환을 위해서 일곱 가지 잘못된 흐름을 당장 벗어나자는 것'으로 '탈성장, 탈지대, 탈화석연료, 탈핵, 탈토건, 탈집중, 탈경쟁교육, 탈 차별 및 혐오'가 그것이다. 이처럼 그가 말한 '3기 7탈'은 하나님의 나라 운동과 크게 다르지 않다.

　필자는 한국교회가 대승 기독교를 지향하기 위해 필요한 것으로 3기 7탈에 네 가지와의 화해(和解, 4화)를 덧붙여 '3기 7탈 4화'를 강조하고 싶다. 제1화는 이웃 종교와 화해요, 제2화는 현대 과학과 화해요, 제3화는 예술과 화해요, 그리고 제4화는 인문학과 화해이다. 그래서 그리스도 안에서 성과 속이 불이(不二)하게 하는 것이다. 여기에 하나님의 나라가 있다. 특히 제2의 종교개혁을 꿈꾸는 한국교회는 인문학과의 화해에 좀 더 적극적으로 나서기를 기대한다. 마치 루터의 종교개혁이 철저하게 인문학과 화해한 르네상스 운동으로 시작되었듯이, 제2의 종교개혁도 제2의 르네상스 운동으로부터 시작될 필요가 있다. 그것은 동양의 여러 고전들을 진지하게 연구하는 대승 기독교의 운동과 다름 아니다.

　따라서 내가 꿈꾸는 교회는 하나님의 나라의 핵심 가치로 이해되는 공생, 공유, 공정을 향한 3기 7탈 4화 운동의 대승 기독교 운동의 공동체이다. 이런 대승 기독교 운동을 통해 한국교회가 한국인들로부터 더욱 사랑받는 종교로 거듭나기를 간절히 기대하는 바이다.

8. 동학과 신서학 새로운 연대의 공동체

천도의 동학과 서학, 이치까지 닮아 가다

1860년 4월 5일, 최제우(崔濟愚, 1824-1864)는 경주의 용담정에서 하느님을 만나는 체험을 하였다. 하늘에서 들려오는 신비한 음성을 듣고 두려움에 떨며 최제우는 질문한다. "당신은 누구십니까?" 그러자 하늘에서 소리가 들린다. "두려워하지 말라. 나는 세상 사람들이 '상제'라고 부르는 하느님이다." 최제우가 다시 묻는다. "그럼 당신은 서학에서 말하는 '천주'와 같은 분입니까?" 그러자 하늘에서 또 소리가 들려오기를, "그렇다. 천도는 같다." 그러자 최제우는 다시 묻는다. "그럼 제가 서학을 공부해야 합니까?" 그러자 하늘에서 또다시 음성이 들려왔다. "아니다. 너는 조선 땅에서 태어났으니, 서학이 아니라 동학을 하라. 서학의 이치와 동학의 이치는 다르다." 이렇게 하여 동학이 이 땅에 태어난 것이다.

이것은 동학의 경전인 『동경대전』에 나오는 최제우의 하느님 체험 이야기를 필자가 약간 풀어쓴 것이다. 최제우의 이 신비체험을 우리가 신뢰한다면, 동학이 섬기는 하느님과 기독교가 섬기는 하느님은 같은 하느님이다. 다만 그 하느님을 설명하는 신학이 서학과 동학으로 서로 다를 뿐이다. 즉 동학과 서학은 서로 다른 존재라기보다는 오히려 한 부모에게 태어난 이란성 쌍둥이 형제랄까? 흥미로운 것은, 동학을 심도 깊게 연구한 김상일 교수는 그의 책 『동학과 신서학』(2000)에서, 동학이 비판한 19세기 서학이 이제는 새로운 신학적 발전을 이뤄 '신서학'(新西學)이 되어 동학과 여러 면에서 비슷해졌다고 주장한 점이다. 특히 '과정신학'(process theology)과 같은 신서학은 신관을 비롯한 여러 측면에서 동학과 상당 부분 유사해졌으므로 형제애로 서로 연대하며 협력할 것을 설득력 있게 주장하고 있다.

최제우의 하느님 체험으로부터 시작된 동학은 사람이 곧 하늘이라는 '인내천'(人乃天) 사상을 통해 희망을 잃어버린 조선조 말 많은 민중들에게 큰 희망이 되었다. 특히 당시 사람들은 1894년 동학혁명을 통해 기울어가는 조선의 국운을 회복하고자 하였다. 그러나 일본의 개입으로 30만 명에 가까운 희생자를 내고 동학혁명은 무참히 실패하고 말았다. 하지만 동학혁명의 정신은 일제강점기에도 그대로 이어져서 나라를 찾기 위한 독립운동을 선도하였다. 그 대표적인 것이 바로 3·1독립운동이다. 특히 이때 동학은 기독교와 비로소 하나의 형제가 되어 대한독립을 외치는 위대한 '연대'(solidarity)를 이루었다. 안타깝게도 3·1운동은 민족의 즉각적인 독립 쟁취에는 실패하였다. 그러나 동학의 인내천 사상과 기독교의 자유와 평등사상의 연대는 대한민국의 역사에 위대한 발자취를 남겼다. 그것은 바로 '대한민국'이라는 민주주의 국가를 탄생시키는 마중물이 된 것이다! 즉 대한민국은 동학과 기독교의 사상을 기반으로 하여 1919년 4월 11일 3·1운동의 결과로 상해에서 시작되었다. 이처럼 동학과 기독교는 대한민국의 역사에서 결코 잊을 수 없는 대한민국의 얼을 뿌리내리게 한 위대한 모판이 되었다.

주지하듯이, 동학의 인내천 정신은 1894년 동학농민혁명으로 폭발하였고, 자유와 평등의 기독교 정신과 합류하여 1919년 3·1독립만세운동으로 재폭발하였다. 그리고 그것은 자연스럽게 4·19혁명과 5·18광주항쟁 그리고 6·10민주화운동으로 이어졌다. 말하자면 하늘과 같은 고귀한 존재인 국민이 사람으로서 제대로 대접을 받지 못할 때 동학과 기독교 정신은 국민들의

마음을 흔들어 깨워서 독재와 비민주적 정권의 타락에 맞서서 분연히 일어서게 만들었다. 그래서 그것은 이승만 독재정권을 무너뜨렸고, 박정희와 전두환의 군부정권을 붕괴시키는 데 큰 공헌을 하였다. 말하자면 4·19, 5·18, 그리고 6·10의 심연 속에는 사람이 곧 하늘이라는 인내천 사상과 기독교의 자유와 평등사상이 자리 잡고 있는 것이다.

동학 정신의 면면한 계승과 촛불혁명의 승리

그런데 지난 100년의 역사를 돌이켜보면, 인내천과 자유와 평등사상을 토대로 한 민본의 혁명은 거의 실패하였거나 미완의 혁명이었다. 1894년 동학혁명이 실패의 혁명이었고, 3·1독립운동 역시 실패의 외침이었다. 4·19와 5·18, 그리고 6·10민주화운동 역시 절반의 혁명이었다. 왜냐하면 혁명이 있은 후, 완전한 민주정부를 탄생시키지 못한 채 군부의 탄압과 기만으로 군부정권이 연장되는 비운을 겪었기 때문이다. 슬프고 고통스러운 '한'(恨)의 역사이다. 하지만 인내천과 자유와 평등 사상의 위대한 승리가 얼마 전 쓰였다. 바로 2016년 촛불혁명이 그것이다. 특히 지난 2016년 촛불혁명은 필자가 보기에 첫 번째 온전한 동학 정신의 성공을 알리는 사건이라고 말할 수 있다. 즉 1894년 동학혁명 이후 한 번도 성공하지 못했던 인내천의 혁명이 2017년 대선을 통해 비로소 첫 승리를 달성한 것이다. 따라서 문재인 정부의 탄생은 단순히 민주당 정부의 승리가 아니라, 국민의 승리요 또 인내천 사상을 설파한 동학의 승리라고 말할 수 있다.

촛불혁명의 승리를 통해 불기 시작한 인내천의 기운은 이제 놀랍게도 한반도 전체로 번져 평화와 통일의 횃불이 되고 있다. 70년 이상 분단되고 또 적대관계였던 남북한이 드디어 인내천의 정신으로 비로소 화해와 평화의 길로 접어들고 있는 것이다. 누가 감히 하늘의 이 뜨거운 기운을 막을 수 있겠는가? 최제우가 1860년 설파한 인내천의 정신이 이제 비로소 한반도에서 온전한 실현을 눈앞에 두고 있다. 너무나 가슴 설렌다. 따라서 과거 3·1운동에서 한 형제로 피를 나눈 동학과 기독교는 이제 다시 하느님의 한 형제로서 연대의 공동체가 되어 이 한반도에 평화와 통일의 실현을 위해 씩씩하게 서로 협력하기를 간절히 빌어마지 않는다.

그러므로 내가 꿈꾸는 교회는 "긍휼과 진리가 서로 만나고 의와 화평이 서로 입 맞추듯이"(시85:10), 이제 동학과 신서학이 한 형제임을 자각하며 이 땅에 자유와 평화를 위해 함께 뜻을 모으는 새로운 연대의 공동체이다.

9. 무궁화 기독교의 공동체

무궁화와 장미꽃이 만나서 새롭게 꽃피우는

필자의 스승인 유동식 교수(1922~)는 신학자이기 이전에 화가이다. 그는 화가로서 주로 자연의 아름다움을 수채화로 그리다가 언제부터인가 소위 '관상화'(觀想畵)로 불리는 새로운 화풍을 만들어서 그림을 그리고 있다. 여기서 관상화란 '관상기도'(contemplative prayer)라는 말에서 연상되듯이 어떤 주제에 대하여 깊이 관상한 미적 이념을 화폭에 기하학적으로 형상화한 그림을 뜻한다. 예컨대 신학자인 화가가 한 폭의 관상화를 그렸다면, 그 그림은 단순히 외적 세계를 있는 그대로 객관적으로 재현하여 묘사한 것이 아니라, 화가의 신학적인 이념을 화폭에 기하학적으로 표현한 것이다. 관상화의 대표적인 경우는 불교미술의 '만다라'를 들 수 있다.

그런데 유동식 교수의 관상화 중에 '무궁화 기독교'로 이름 붙여진 그림이 하나 있다.(그림 참조) 이 그림은 좌우 대칭 구도로 되어 있다. 왼편의 위쪽에는 기하학적 도형 하나가 그려져 있고, 그 밑에는 아름다운 빨간 장미가 여러 송이 피어난 모습이다. 그리고 그림의 오른편에는 한 보살이 물가에 한 발을 늘어놓고, 다른 발은 반가부좌 자세로 비스듬히 걸터앉아 있다. 그 아래에는 연꽃이 아름답게 펼쳐져 있다. 그리고 왼쪽의 장미와 오른쪽의 보살을 두 원이 이어주면서 그 접점에 무궁화가 한 송이 피어 있다.

필자는 언젠가 스승에게 그림이 어떤 의미가 있는지 물은 적이 있다. 그때

「무궁화기독교」(유동식 작)

그는 다음과 같이 설명해 주었다. "왼편 상단의 그림은 성서의 세계를 함축하여 표현한 성서계 만다라입니다. 그리고 왼편 아래에 있는 장미는 아가서 2:1에 나오는 '샤론의 꽃' 혹은 '샤론의 장미'를 그린 것입니다. 이것은 '샤론의 꽃 예수'라는 찬송가(89장)에도 나오듯이 예수님을 상징합니다. 말하자면, 왼쪽의 그림은 서구의 기독교 문화를 뜻합니다. 한편, 오른쪽에 그린 보살은 13~14세기 고려시대에 많이 그린 '수월관음도'(水月觀音圖)에서 관음보살의 모습을 따온 것입니다. 관음보살은 고난을 겪고 있는 중생을 구제하는 자비의 보살로서, 그 자비심은 마치 하늘의 달이 여러 맑은 물에 두루 나타나는 것과 같다 하여 '수월'(水月)로 표현됩니다. 관음보살 아래의 연꽃은 아름다운 불국토를 이상화한 것입니다. 수월관음도는 화엄경의 한 모습을 그린 것으로써, 화엄경을 소의경전으로 하는 한국불교를 상징합니다. 따라서 오른편의 그림은 한국문화를 대표합니다. 그런데 나는 장미의 기독교 문화와 연꽃의 한국문화가 이제 두 원이 서로 만나 교집합을 이루듯 새롭게 만나 새로운 꽃을 피우는 꿈을 꾸고 있습니다. 그것은 바로 무궁화 기독교입니다."

무궁화 기독교를 그리워한다

얼마나 멋진 말인가? 이 한반도에서 장미와 연꽃이 만나는 모습, 그리고 두 꽃이 만나는 지점에서 제3의 아름다운 꽃인 '무궁화'가 피어나는 모습 말이다. 그런데 한국교회는 아직 무궁화 기독교의 모습을 갖추지 못하고 있다. 여전히 서구에서 들여온 장미의 기독교만 풍성할 뿐이다. 그리고 연꽃의 한국문화를 우상시하고 있다. 이제 한국교회는 장미와 연꽃의 문화를 넘어서, 제3의 새로운 꽃인 '무궁화' 꽃을 피워야 하지 않을까? 여기서 필자는 우리가 추구해야 할 무궁화 기독교의 모습으로 무궁화의 특성을 상상하며 세 가지로 제안하고 싶다.

첫째, 무궁화 기독교란 매일 죽고 매일 부활하는, 그래서 '늘 새로운 한국적 기독교'를 뜻한다. 무궁화의 의미는 말 그대로 끝없이 오래 지속된다는 의미이다. 실제로 무궁화만큼 오래 피는 꽃은 거의 없다. 7월에 피기 시작하여 10월까지 거의 4개월 동안 계속해서 피니 말이다. 특히 놀라운 것은 무궁화는 매일 꽃이 떨어지고 다음 날 새로운 꽃으로 새로 핀다는 점이다. 마치 바울이 "우리가 그리스도 안에 있으면 새로운 피조물"(고후 5:17)이라고 말한 것을 실증하듯이 말이다. 따라서 무궁화 기독교는 그리스도 안에서 늘 새로워진 한국인의 한 멋진 삶의 영성을 아름답게 꽃피우는 진정한 한국적 교회를 의미한다.

둘째, 무궁화 기독교는 한국인을 '치료하는 기독교'를 뜻한다. 무궁화는 그냥 꽃나무가 아니다. 그것은 고대로부터 약재로 사용된 꽃이다. 한방에서는 4~6월에 무궁화 껍질을 벗겨서 햇빛에 말려 해열·해독제로 사용한다. 특히 동의보감에 따르면, 무궁화는 사혈을 멎게 하고, 설사 후의 갈증이 심할 때 달여 마시면 효험이 크다고 한다. 이처럼 무궁화는 치료의 꽃으로서 '여호와 라파'(출 15:26, 치료하시는 하나님)의 의미를 지닌 무궁화 기독교를 암시한다. 지금 우리 한국 땅에 얼마나 많은 사람들이 질병으로 고생을 하고 있는가? 특히 한국병으로 불리는 불신과 분열, 그리고 노예 의식과 평화를 깨는 분단의 질병은 심각하기 이를 데가 없다. 따라서 무궁화 기독교는 한국인의 병을 치료하여 모두 건강하고 행복한 삶을 살도록 돕는 치료의 공동체를 뜻한다.

끝으로 무궁화 기독교는 어떠한 고난도 굴하지 않고 인내하면서 꿋꿋하게 삶을 살아가는 '인내의 기독교'를 뜻한다. 많은 사람들은 무궁화의 약점으로 진딧물이 많이 끼는 것을 지적한다. 하지만 전문가들에 따르면 무궁화는 절대로 진딧물로 죽는 법은 없다고 한다. 즉 무궁화는 진딧물을 비롯하여 그 어떠한 질병에도 결코 굴복하지 않고 끝까지 견뎌내는 꽃이다. 더욱이 무궁화는 영하 20도 추위에도 끄떡하지 않고 잘 견디며 살아남는 인내의 꽃이다. 이것은 수 천 년의 역사 동안 헤아릴 수 없이 많은 고난을 슬기롭게 잘 이겨온 한국의 역사를 상징하며 동시에 한국인의 꿋꿋한 근성을 말해 주는 것 같다. 따라서 내가 꿈꾸는 교회는 서양 기독교와 한국의 전통문화를 창조적으로 융합시켜 세계가 깜짝 놀랄 제3의 창조적인 문화의 꽃을 피우는 무궁화 기독교의 공동체이다.

10. 부모를 이기는 공동체

좋은 목사가 되어라

"자식이 진정한 자식이 되는 길은
부모의 반대를 뚫고 자신의 길을 찾아가는 것
지상의 모든 자식의 의무는 부모를 이기는 것

부모를 이겨라
낡은 세대를 이겨라
조금은 가슴 아프게
조금은 배반스럽게…"(후략)

위의 시는 필자가 좋아하는 박노해 시인의 〈부모를 이겨라〉라는 시의 일부분이다. 필자는 이 시를 읽을 때마다 마음에 큰 돌덩이 같은 무거운 짐이 느껴진다. 일종의 죄의식 같은 것이다. 해야 할 숙제를 미처 끝내지 못해서 생긴 찜찜함이요, 갚아야 할 빚을 채 갚지 못해 생기는 부채의식 같은 것이다. 왜냐면 필자의 선친이 우리 나이 49세라는 아주 젊은 나이에, 지금 필자의 나이보다도 훨씬 젊은 나이에 하늘나라 그의 본향으로 소천하면서 내게 유언을 하나 남겨 주셨는데, 필자가 지금껏 그 유언을 지키지 못한 까닭이다.
아버지는 평소 아들이 목사가 되겠다는 것을 많이 못마땅해 하며 반대하시다가 결국에는 세상을 떠나기 전, 아들에게 이런 말씀을 남기고 끝내 귀천하셨다. "네가 이겼다. 좋은 목사가 되어라."

그렇게 유언으로 당부하셨음에도 필자는 아직도 아버지가 원했던 좋은 목사가 아니다. 늘 부족하고, 경솔하고, 기도도 잘 안 하고, 경전 연구도 게으르고, 비겁하고, 이기적이고, 수줍고, 한숨도 잘 쉬고, 절망도 잘하고, 작심삼일이고… 한마디로 말하면, 유언과는 다른, 좋은 목사가 아니다. 선친의 유언을 이루려면 아직도 멀었다. 이것을 사순절 아침, 마음깊이 참회한다. 좋은 목사가 되지 못한 것을 말이다.

짧은 인생 돌이켜 보니, 필자가 애초부터 목사가 되려고 된 것은 아니었다. 아버지를 이기려고 하다 보니, 어쩌다 여기까지 온 것이다. 필자는 원래 유생이었던 아버지의 반대에도 불구하고 신학을 공부하였다. 목사가 되기 위해 신학공부를 한 것은 더더욱 아니었다. 감수성이 한창 예민하던 어린 학창 시절, 필자가 참석한 부흥회에서 한 부흥강사 목사는 이런 설교를 하였다. "우리 조상들 예수 안 믿어 모두 다 지옥에 갔다. 그러니 여러분들 부모도 지옥에 안 보내려면 빨리 전도해야 한다." 필자는 그 부흥사의 말에 큰 충격을 받았다. 그리고 고민에 빠졌다. "하나님은 사랑의 하나님이라고 하던데 … 하나님이 조선시대나 삼국시대에 예수를 알지도 못하던 시대에 살았던 우리 조상들을 단지 예수를 몰랐다는 이유 하나만으로 모두 지옥에 보내면, 그 하나님은 정말 사랑의 하나님인가? 만약 그렇다면, 나는 그런 하나님을 도저히 믿을 수 없을 것 같다."

아버지의 유언을 지키기 위하여

필자는 그렇게 해서 부흥사 말의 그 '진위'(眞僞)를 알아보기 위해 신학을

공부하였다. 그러던 어느 날 우연히 수업 시간에 스승이신 유동식 교수님께서 이런 말씀을 하시는 것이 아닌가? "하나님은 선교사들 등에 업혀서 한국 땅에 수입된 분이 아닙니다. 그분은 천지를 창조하신 분으로서 태초부터 이 땅에 계셨고, 지금도 계시고, 앞으로도 영원히 계실 것입니다." 그 말씀을 듣는 순간 필자는 "그러면 그렇지, 하나님이 그런 분은 아니시지!"하며 큰 깨달음을 얻었다. 말하자면, 부흥사가 거짓말을 한 것이라는 확신이 든 것이다. 그 후부터 신학 수업은 그렇게 재미있을 수가 없었다.

그러나 필자가 학년이 높아갈수록 아버지와의 갈등은 더 깊어만 갔다. 여느 부모들처럼, 아들이 법대나 상대에 진학하여 소위 출세하기를 바랐던 아버지는 내게 대학 포기를 종용하면서 필자가 신학공부를 하는 한 절대로 도와줄 수 없다고 선언하였다. 실제로 자신의 공언대로 필자의 대학 입학금부터 시작하여 4년 내내 등록금이든 생활비든 한 푼도 도와주지를 않았다. 하지만 필자는 그런 아버지에게 지기 싫었다. 가끔 아버지의 뜻대로 신학공부를 포기하고 싶었지만, 이상하게 그러면 그럴수록 신학이 재미있었고, 또 아버지를 이기고 싶은 욕망은 더 커져갔다. 그때 다음과 같은 예수의 말씀은 그렇게 위로가 될 수 없었다. "누가 나의 어머니(필자에겐 '아버지')이며, 누가 나의 형제들이냐? 그리고 손을 내밀어 제자들을 가리키고서 말씀하셨다. 보아라, 나의 어머니와 나의 형제들이다. 하늘에 계신 내 아버지의 뜻을 따라 사는 사람이 곧 내 형제요 자매요 어머니이다."(마12:48~50)

아버지가 갑자기 병을 얻어 세상을 떠나게 될 즈음, 선친께서는 앞서 언급한 것처럼 필자를 불러 놓고 말씀하셨다. "네가 이겼다. 좋은 목사가 되거라. 대신에 사람들에게 손가락질 받는 목사 말고, 진짜 좋은 목사가 되어라." 결국 아버지의 유언대로 필자는 목사가 되었다. 하지만 필자는 아직도 아버지의 유언을 지키지 못하고 있다. 좋은 목사가 되는 것, 오늘도 그 힘든 유언을 '이기기 위해' 노력하지만, 아직도 갈 길은 멀기만 하다. "부모를 이겨라 / 낡은 세대와 싸워 이겨라 /조금은 가슴 아프게 / 조금은 배반스럽게" 말이다.

따라서 내가 꿈꾸는 교회는 비록 가슴 아프고 또 어떤 때는 배반스럽게 느껴질지언정 낡은 세대와 싸워 이기는, 곧 부모를 이기는 공동체이다.

11. 부자유친의 공동체

부모의 이미지로 형상화하는 하나님

필자가 오래전 미국에서 유학할 때 영성학 관련 수업 시간에 '나의 하나님 이미지'에 대한 토론을 한 적이 있었다. 지금까지 나를 지배하고 있는 하나님의 이미지가 있다면 무엇인지, 그리고 혹시 신앙생활하면서 그 이미지가 바뀌었다면 어떤 이미지로 바뀌었는지 서로 대화하는 시간이었다. 아프리카의 가나에서 온 한 예수회 신부가 자신의 생각을 소개해 주었다. 자신은 과거 하나님 하면 항상 '경찰관'을 떠올린다고 말했다. 무엇인가 잘못했을 때 자신을 잡아갈지도 모르는 무서운 경찰관, 그래서 그는 하나님 하면, 언제나 무서운 분, 나의 죄를 꾸짖고 벌을 내리시는 분으로 이해했다고 말하였다. 이러한 하나님의 이미지는 비단 그 신부만의 고백은 아닐 것이다. 아마도 전통적으로 엄격한 아버지 밑에서 자란 많은 한국인들도 그 가나의 신부와 크게 다르지 않을 듯싶다.

그렇다면, 예수께서는 하나님에 대하여 어떤 이미지를 갖고 있었을까? 누가복음 2장에 기록된 예수의 어릴 적 행적 곧 "자라면서 튼튼해지고, 지혜로 가득 차게 되었고, 또 하나님의 은혜가 그와 함께 했다."(눅2:39~40)라는 말씀에 따르면, 예수는 미루어 짐작하기에 부모와 매우 인격적인 관계였을 것으로 추정된다. 특히 전설에 따르면, 예수는 청소년기에 부친을 여윈 것으로 알려져 있다. 예수께서 12세 때 부모와 함께 예루살렘에 올라간 것을 보면

(눅2:41~52), 아마도 12세 이후에 부친을 잃은 것으로 생각된다. 그러니까 예수께서는 12세 때까지 아버지와의 관계에서 형성된 아버지 이미지가 하나님 이미지를 형성하는 데 결정적인 영향을 끼쳤다고 볼 수 있다.

주지하듯이, 예수께서는 하나님을 호칭할 때 '아버지'라는 용어를 사용했다. 특히 그는 십자가를 앞에 둔 상황에서 괴로운 마음으로 겟세마네 동산에 들어가 하나님의 뜻을 물을 때 이렇게 기도를 하였다. "나의 아버지, 하실 수만 있으시면, 이 잔을 내게서 지나가게 해 주십시오. 그러나 내 뜻대로는 하지 마시고, 아버지의 뜻대로 해 주십시오."(마26:39) 같은 내용으로 세 번씩이나 기도한 것으로 알려져 있다. 그리고 기도할 때 하나님을 '아버지'로 호칭하고 있음을 보게 된다. 인생의 가장 절박한 순간에 사용하는 말이 속마음을 표현한다는 말처럼, 예수께서는 십자가의 처형이라는 끔찍한 형벌 앞에서 무한히도 자비로운 '아버지'를 떠올렸던 것이다. 더욱이 십자가 위에서 "아버지, 내 영혼을 아버지 손에 맡깁니다."(눅23:46)라며 '아버지'께 자신을 맡긴 채 평화롭게 운명하였다.

부자유친의 관계인 예수와 요셉

종교심리학자들, 특히 '대상관계'(object relation)를 연구하는 학자들에 따르면, 하나님의 이미지 형성은 상당 부분 어릴 적 아버지와의 관계로부터 만들어진다고 말한다. 이런 점에서 예수님의 부친은 예수께 참으로 자상하고 온유한 분이었던 것으로 이해할 수 있다. 아들 예수를 어리다고 함부로 꾸짖거나 나무라지 않고, 인격적으로 존중했던 것 같다. 그것은 앞서 언급한 대로 예수께서 12세 때 가족 모두 유월절 축제를 지키기 위해 예루살렘으로 올라간 사건 속에서 잘 찾을 수 있다. 그때 아들을 잃어버린 부모를 한번 생각

해 보라. 그것도 잠시 잃어버린 것이 아니라 3일 정도를 잃어버렸다고 생각해 보라.(눅2:46) 얼마나 당황스럽고 난처했겠는가? 그리고 얼마나 화가 났겠는가? 아마 일반적인 부모 같으면, 아들을 발견하고 그 자리에서 크게 화를 냈을 법하다. 그리고 성격이 괴팍한 부모였다면, 당시의 관습에 따라 그 자리에서 아들을 회초리로 때렸을지도 모른다.

그런데 예수의 부모는 그렇지 않았다. 성전에서 사람들과 토의하는 예수님을 발견했을 때, 자신들이 걱정하면서 예수를 찾았다고만 언급하고 있다. 물론 성서 기자가 자세히 보도를 하지 않아서 더는 알 수 없지만, 드러난 사실만으로 알 수 있는 것은 아들을 잃어버린 것에 대한 부모의 걱정만을 표현하고 있지(그것도 요셉이 아니라 마리아가 말함), 결코 아들에게 과도한 분노를 표현하거나 비인격적인 대우를 하지 않았다. 비록 예수가 어리지만, 그를 인격적으로 존중하는 부모의 모습을 보게 된다. 특히 요셉은 아들을 찾은 안도감에서였는지는 알 수 없지만 그 상황에서 침묵하고 있다. 우리는 여기서 아버지 요셉의 깊은 마음을 보게 된다. 아들에 대한 사랑과 용서, 그리고 화목한 가정의 분위기를 읽게 된다. 이런 것을 볼 때, 예수는 분명히 아버지를 아주 친근한 친구처럼 여겼을 것으로 이해되고, 그러한 아버지의 이미지가 장차 하늘 아버지에 대한 이미지로 발전했을 것이다.

유교식으로 표현하면, 예수와 아버지 요셉과의 관계는 '부자유친'(父子有親)의 전형이랄까? 정말로 사이좋은 벗처럼 가까운 사이 말이다. 그래서 그들은 아마도 마당이나 방에서 함께 뒹굴며 놀았을 것이고, 목수로서 함께 노동을 하고 또 율법을 하브루타로 열정적으로 토의하며 삶의 지혜와 신앙을 전수했을 것이다. 왜냐면 그래야 그런 친(親)함이 생기기 때문이다. 요셉의 지혜와 관용, 그리고 인간적인 따뜻한 사랑이 예수로 하여금 하나님의 이미지를 잘 형성하는데 크게 기여했을 것이다. 그렇다면, 우리는 어떤 공동체를 꿈꿔야 할까? 예수와 그 아버지 요셉 사이에 가졌을 부자유친의 공동체, 그런 인격적인 공동체를 우리도 꿈꿔야 하지 않을까? 따라서 내가 꿈꾸는 교회는 하나님을 벗처럼 가까운 존재로 고백하며 사귀는 부자유친의 공동체이다.

12. 사랑 수행의 공동체

예수를 스승 삼아 닮아가는 그리스도인

그리스도인이란 예수를 닮아가는 존재이다. 그래서 감리교의 〈교리적선언〉에 보면, "우리는 하나님이 육신으로 나타나사 우리의 스승이 되시고 모범이 되시는 예수 그리스도를 믿으며"라고 고백하고 있다. 즉 그리스도인은 예수를 스승 삼아 그의 삶의 모범을 닮아가는 존재이다. 이처럼 그리스도인은 예수를 닮기 위해 '수행'(修行)을 게을리해서는 안 된다. 이런 점에서 교회는 그 어느 종교와 다름이 없는 수행의 도량(道場)이다.

그렇다면 그리스도인이 닮아야 할 예수의 참 모습은 무엇일까? 그것은 예수께서 십자가의 삶을 통해 보여주신 '사랑'이다. 그래서 예수의 십자가는 삼위일체 하나님의 위대한 사랑의 신비가 온전히 드러난 사건이자, 우리가 본받아야 할 예수 그리스도 인격의 정점이다. 이런 점에서 그 유명한 고린도전서 13장의 '사랑'은 바울이 예수의 십자가 사건을 바라보며 그 사랑을 다양한 각도에서 표현한 사랑의 구체적인 지침들이라고 말할 수 있다. 따라서 우리가 고린도전서 13장의 '사랑'을 읽을 때, 단순히 추상명사로서 '사랑'을 진공관에서 읽듯이 읽기보다는, 예수의 십자가 사건을 상상하면서 부패한 나 자신과 한국교회를 바라보며 읽을 때 그 의미를 더욱 잘 이해할 수 있을 것이다.

그렇다면, 고린도전서 13장에 언급된 사랑은 좀 더 구체적으로 어떤 특징들을 갖고 있을까? 여기서 필자는 세 가지를 강조하고 싶다. 첫째로 본문은 사랑의 대상에 대하여는 거의 언급하지 않고, 그 대신에 오직 사랑하는 주체로서 나의 존재의 질에 대하여 말하고 있다는 점이다.(고전 13:4-7) 즉 사랑은 철저하게 그리스도의 십자가에 비추어진 나 자신의 존재됨의 문제이다. 상대방은 나에게 선한 존재로 혹은 악한 존재로 다가올 수 있다. 그러나 본문에 의하면, 사랑은 대상의 문제가 아니라 사랑하는 주체로서 나의 문제이다. 내가 사랑의 존재가 된다는 것이다. 그래서 고린도전서 13장의 본문은 나의 존재의 속성을 부정적인 표현으로 여덟 가지, 그리고 긍정적인 표현으로 일곱 가지를 제시한다.

먼저 나의 존재에 대한 부정적 표현은 '시기하지 않고, 뽐내지 않고, 교만하지 않고, 무례하지 않고, 자기의 이익을 구하지 않고, 성내지 않고, 원한을 품지 않고, 그리고 불의를 기뻐하지 않는' 존재이다. 이상의 것은 모두 우리가 삼가야 할 것들로, 여덟 가지 '긍행'(兢行)을 일컫는다. 그리고 나의 존재에 대한 긍정적 표현은 '오래 참고, 친절하고, 진리와 함께 기뻐하고, 모든 것(허물)을 덮어 주고, 모든 것을 믿어주고, 모든 것을 바라고, 그리고 모든 것을 견디는' 존재이다. 모두 일곱 가지의 '정행'(正行)이다. 특히 긍정의 표현 일곱 가지 중 '인내'가 앞뒤에 모두 표현을 달리하여 언급되고 있는 점은 매우 특이하다. 바울 당시나 지금이나 인내가 사랑을 수행하는 데 중요한 모양이다. 이상에서 소개한 15개의 덕행은 십자가의 삶을 통해 예수 그리스도께서 먼저 보여주신 모범들이다. 따라서 우리는 그리스도의 그 모범을 따라 그 사랑을 닮는 존재가 되어야 한다.

둘째로 본문은 사랑의 특징으로 '성장'을 말하고 있다. 앞에서 말한 것처럼 사랑의 종류는 15개로 구분될 수 있지만, 그것들은 모두 나이를 먹어감에 따라 더욱 키워야할 것들이다. 동학 지도자 해월 최시형의 용어로 한다

면, '양천주'(養天主)라고나 할까? 그래서 바울은 사랑의 수행을 게을리하지 말고 계속 '정진'할 것을 권면한다. 마치 내가 어릴 때에는 말하는 것이 어린아이와 같고, 깨닫는 것이 어린아이와 같고, 생각하는 것이 어린아이와 같지만, 어른이 되어서는 어린아이의 일을 버리듯이 말이다. 그리고 지금은 우리가 거울로 영상을 보듯이 희미하게 보지만 그때에는 얼굴과 얼굴을 마주하여 보고, 또 지금은 내가 부분밖에 알지 못하지마는 그때에는 하나님께서 나를 아신 것과 같이 온전히 알게 될 것처럼 말이다.(고전 13:11-12) 이렇게 사랑의 존재는 계속 성장해 가는 것이다. 요즈음 개인적으로 나 자신을 돌아볼 때 종종 당혹스러운 것은 나이를 먹어갈수록 위와 같은 사랑의 질이 더 커지는 것이 아니라 오히려 그 반대로 갈 때가 많다는 점이다. 이해심도 젊을 때보다 더 작아지고, 특히 인내심이 더욱 작아져서 작은 일에도 자주 화내는 나를 발견한다. 이런 나 자신을 바라보면서 사랑은 철저하게 수행적 가치임을 다시 한 번 확인하게 된다.

기독교를 신앙하는 것은 수행하는 것

이쯤 해서 해월이 말한 수도의 자세를 기억하는 것도 사랑 수행을 위해 유익할 듯싶다. "수도는 먼 길을 가는 사람과 같으니, 먼 길을 가는 사람이 중도의 험하고 어려움을 꺼리어 되돌아가면 그것이 옳겠는가. 수도는 우물을 파는 것과 같으니, 우물을 파는 사람이 샘의 근원을 보지 못하고 포기하면 그것이 옳겠는가. 수도는 산을 만드는 것과 같으니, 산을 만드는 사람이 한 삼태기 흙을 덜하여 앞서 이룬 공을 포기하면 그것이 옳겠는가. 수도는 양을 치는 것과 같으니, 목장에서 일하는 사람이 이리떼가 오는 것을 보고 양떼를 그대로 버리어 돌아보지 아니하면 그것이 옳겠는가. 수도는 정원을 가꾸는 것과 같으니, 정원을 보살피는 사람이 바람과 비를 괴로워하여 어린 꽃을 잡초 속에 내버려 두면 그것이 옳겠는가. 여러분은 오직 본래의 목적에 의하여 게으르지 말고 정력을 다하여 나아가라."(「해월신사법설」〈기타〉편(4/4), 『천도교경전』, 429-434쪽)

끝으로 사랑은 모든 그리스도인의 덕 중에서 가장 중요한 덕이자 가장 근원적인 덕임을 말하고 있다.(고전 13:1,13) 그래서 바울은 "내가 사람의 모든 말과 천사의 말을 할 수 있을지라도, 내게 사랑이 없으면, 울리는 징이나 요란한 꽹과리가 될 뿐입니다."(1절)라고 고백하였고, 동시에 "믿음, 소망, 사랑, 이 세 가지는 항상 있을 것인데, 그 가운데서 으뜸은 사랑입니다."(고전 13:13)라고 선언하였다. 이것은 사랑이 성령으로 거듭난 사람에게 주어지는 가장 큰 은사(gift)이자 모든 덕의 으뜸임을 말한다. 그래서 바울은 갈라디아서에서 성령의 여덟 가지 열매(사랑, 희락, 화평, 오래 참음, 자비, 양선, 충성, 온유, 절제; 갈5:22-23)를 언급하면서, 그중에서 사랑을 첫머리에 강조하였다. 결국 사랑은 하나님 체험이 없이는 불가능한 것으로, 하나님의 내주하심 곧 성령 충만의 자연적 표현이라고 말할 수 있다.

따라서 내가 꿈꾸는 교회는 찬송가 "주님의 마음을 본받는 자"(455장)라는 노래에서 암시하듯이, 십자가 고난을 이겨내신 주님의 마음을 본받아 성령 안에서 늘 사랑을 실천하는 사랑 수행의 공동체이다.

13. 사즉생(死卽生)의 공동체

안중근, 90여 년 만에 복권된 가톨릭 신자

2020년 3월 26일은 안중근 의사 순국 110주년 되는 날이다. 안중근(1879~1910)은 31세라는 아주 짧은 인생을 살았지만, 근대 한국의 역사를 찬란히 비추는 위대한 인물이라 아니할 수 없다. 특히 개신교와 가톨릭 전체를 통틀어 20세기 인물 중 가장 위대한 그리스도인을 한 사람 뽑으라면, 필자는 주저하지 않고 안중근을 뽑고 싶다. 그런데 안타깝게도 안중근은 지난 100년 동안 교회사에서 거의 언급조차 제대로 되지 못했다. 심지어 그는 가톨릭 교회로부터 신자 자격을 박탈당한 채 지내다가 1993년 8월 21일 김수환 추기경이 처음으로 공식 미사를 통해 복권을 선언하였으니 그는 사후 90년이 훨씬 넘어서야 겨우 신자로서 복권된 것이다.

가톨릭교회는 안중근 의사가 일본의 이토 히로부미를 저격하였을 때 그가 '살인죄'를 저질렀으므로 신자 자격을 박탈하였다. 일본 식민주의 사관의 논리를 따른 교회의 모습이다. 당시 일본 정부는 안중근이 군인으로서 이토를 저격한 것이 아니라 개인 자격으로 살해한 것으로 보아 그에게 서둘러 사형언도를 내리고 형을 집행했다. 그러나 주지하듯이, 안중근은 독립의병군 참모중장의 자격으로 그 거사에 참여하였다.

가톨릭교회가 안중근을 거의 백 년 가까이 93년 동안이나 신자로서 복권시키지 않은 것은 제도권 교회가 얼마나 많은 한계가 있는지를 단적으로 보

여준 대표적인 사례가 아닌가 싶다. 안중근은 비록 자신이 몸담고 있던 가톨릭교회로부터 추방되었지만, 그는 죽음의 순간까지 아주 신실한 신자였다. 그가 얼마나 독실한 그리스도인이었는지는 그의 신앙고백과 자신의 아들 분도를 장차 가톨릭 신부가 되도록 키워달라고 유언한 것에서 잘 드러난다. 특히 안중근은 감옥에서 일본 검찰관으로부터 심문을 받을 때, 이런 질문을 받게 되었다. "피고가 믿는 천주교에서도 사람을 죽이는 것은 죄악일 것이다 (…) 그렇다면 피고는 사람의 도리에 반하는 행위를 한 것이 아닌가?" 이 질문을 받자, 안중근 의사는 이렇게 대답하였다. "성서에 사람을 죽이는 것은 죄악이라고 했다. 그러나 남의 나라를 탈취하고 사람의 생명을 빼앗고자 하는 자가 있는데도 수수방관하는 것은 더 큰 죄악임으로 나는 그 죄악을 제거했을 뿐이다."(김삼웅,『안중근평전』, 271)

여기서 우리는 제2차 세계대전 중 독일의 본회퍼가 히틀러 제거 음모에 가담했다는 죄목으로 체포되어 심문을 받을 때, 참여하게 된 이유를 설명하면서 다음과 같이 말한 것을 기억하게 된다. "히틀러를 죽인 것으로 인한 죗값보다 오히려 방치하는 것이 더 큰 죄를 부르는 게 아닐까? 미친 사람이 운전하는 자동차 바퀴에 사람이 깔려 있다면, 교회는 그 바퀴 아래 깔려 있는 사람을 끄집어내야 할 뿐만 아니라, 더 많은 사람들이 더 이상 깔려 죽지 않도록 그 미친 운전사를 끌어내야 합니다."(글래즈너, 『진노의 잔: 소설 본훼퍼』). 말하자면, 안중근은 한국의 본회퍼였던 것이다.

필자는 종종 안중근을 떠올릴 때면, 죽음을 앞둔 예수의 모습이 많이 겹쳐진다. 예수께서는 일찍이 자신의 죽음을 예고하면서 다음과 같은 말씀을 하셨다. "누구든지 나를 따라 오려거든, 자기를 부인하고 제 십자가를 지고 나를 따라오라. 누구든지 제 목숨을 구하고자 하는 사람은 잃을 것이요, 누구든지 나를 위하여 제 목숨을 잃는 사람은 찾을 것이다."(마16:24~25) 말하자면, "生卽死, 死卽生"(생즉사 사즉생)이다. "살고자 하면 죽을 것이요, 죽고자 하면 살 것이다!" 예수께서는 그 말씀을 십자가 위에서 몸소 실천함으로써 우리 인류를 구원하는 그리스도가 되시었다. 바로 이 '사즉생'의 정신이 곧 기독교 정신이요 그 정신을 따라 사는 사람을 일컬어 그리스도인이라고 말할 수 있다. 이런 점에서 안중근이야말로 사즉생의 정신을 가장 훌륭히 실천한 한 멋진 그리스도인이 아닌가 싶다.

나라를 위해 몸을 바침은 군인의 본분

안중근은 이토 저격 후 짧은 감옥 생활 속에서 자신의 사즉생의 정신을 붓으로도 훌륭히 풀어내었다. 그것은 250여 점에 이르는 유묵화와 그의 자서전인 『안응칠역사』 그리고 『동양평화론』이다. 특히 그가 옥에서 쓴 마지막 글씨인 "爲國獻身軍人本分"(나라를 위해 몸을 바침은 군인의 본분)은 그의 사즉생의 정신을 잘 보여준다. 그는 1910년 3월 26일 오전 10시 교수대에 서기 바로 1시간 전, 감옥에서 자신을 성심껏 도와주며 군인으로서의 본분을 지킨 일본인 간수에게 그 글씨를 써 주었던 것이다.

또한 안중근의 사즉생의 신앙은 그가 마지막 순간까지 예수처럼 죽고자 했던 유언에서도 잘 드러난다. 그는 예수처럼 죽기를 소원하면서 항소를 포기한 채 자신의 형 집행일을 3월 25일로 스스로 제안하였던 것이다. 왜냐면 바로 그날이 예수께서 십자가에 못 박히신 성금요일이었기 때문이다. 한 그리스도인으로서 예수처럼 죽는 것을 영광으로 생각했던 것이다. 아쉽게도 바로 3월 25일이 순종의 생일과 겹쳤기 때문에 형 집행이 하루 연기되어 3월 26일에 시행되었지만, 여기서 우리는 안중근의 사즉생의 마음을 충분히 헤아릴 수 있다.

따라서 내가 꿈꾸는 교회는 안중근과 같은 사즉생의 정신을 사는 한 멋진 그리스도인을 키워내는 사즉생의 공동체이다.

14. 어퓨굿맨의 섬김 공동체

누가 소수의 선한 사람인가?

1992년도에 개봉된 〈어퓨굿맨〉이라는 영화가 있다. 이 영화는 인기 배우인 톰 크루즈와 데미 무어, 그리고 잭 니콜슨이 열연하여 많은 인기를 끌었다. 영어표현에 "We are looking for a few good man!"이라는 말이 있다. 문장 그대로 직역하면 "우리는 몇몇의 좋은 사람을 찾고 있습니다."라는 의미이다. 하지만 이 말의 속뜻은 "우리는 소수정예의 해병대원을 모집합니다."라는 말이다. 실제로 이 표현은 미국 해병대가 신병을 모집할 때 광고문구로 주로 사용한다. 좋은 사람, 그러나 소수의 좋은 사람! 말하자면 어퓨굿맨은 '소수정예 해병대원'이란 은어이다. 그래서 해병대는 다른 부대와 차별성이 있는 '소수'(a few)로서, 국가를 위해 그 누구보다 뜨겁게 헌신하는 '진정한 군인'(good man) 군인 중의 군인이라는 뜻이다. 한국의 입시학원에서도 이 표현을 차용하여 명문대를 목표로 한 '소수정예반'을 모집하는 경우가 있는데, 이것을 굳이 영어로 번역한다면 '어퓨굿맨'이다.

영화 〈어퓨굿맨〉은 쿠바 내 관타나모 해군기지에서 있었던 일을 배경으로 하여 만들어졌다. 신참인 산티아고 이병이 부대에 적응하지 못하고 전출을 요구하자, 부대의 명예와 엄격한 규율을 강조하는 부대장 제섭 대령(잭 니콜슨 주연)은 그의 전출을 거부한다. 그리고 부하들을 동원하여 산티아고 이병에게 일명 '코드레드'(code red)로 불리는 가혹행위를 지시한다. 그렇게 해

서 군기를 잡으려 한 것이다. 그러나 코드레드 중에 산타아고는 사망하고, 영전을 앞둔 제섭 대령은 사건을 은폐하는 과정에서 그것이 법정으로 비화되어 가혹행위를 행했던 두 병사는 재판을 받게 된다. 이때 가해자인 두 병사를 변호하는 법무관인 캐피 중위와 갤러웨이 소령(톰 크루즈와 데미 무어 역)의 법리논쟁과 부대장인 제섭 대령 사이의 팽팽한 긴장감은 매우 압권이다.

특히 영화의 마지막 부분에서 제섭 대령은 자신의 코드레드 지시에 의해 신병이 사망했음을 인정하면서도 해병대의 명예와 규율 그리고 충성이 얼마나 중요한지 격정적으로 진술하는데, 그 부분에서 우리는 진정한 '어퓨굿맨'의 의미가 무엇인지 되묻게 된다. 진정한 소수정예의 해병대원이란 제섭 대령이 말하는 것처럼 상관의 명령에 무조건 절대 복종하는 자인가, 아니면 '어퓨굿맨'(a few good man)의 문자적 의미처럼 '소수의 선인' 곧 공의를 실천하는 소수의 의로운 사람인가? 영화는 엄격한 해병대 같은 조직 내에서조차도 두 법무관(톰 크루즈와 데미 무어 역)과 같이 비록 소수이나 끝까지 옳은 일을 추구하며 공의를 실천하는 존재야말로 진정한 해병대원 곧 '소수정예'임을 역설하고 있다.

사실 '어퓨굿맨'은 소수정예인 해병대만이 아니라 진정한 그리스도인이 누군지에 대해서 생각하도록 우리에게 말을 걸어온다. 진정한 그리스도인이란 누구인가? 제섭 대령이 말하는 것처럼, 율법의 명령에 질문 없이 무조건 절대복종하는 자인가? 아니면 캐피와 갤러웨이 법무관처럼 정의와 진실을 파헤치고 그것을 고통 속에서도 끝까지 실천하는 자인가? 이에 대한 성서적 대답은 분명하다. 그것은 후자를 따르는 것이다.

누가 남은 자가 되는가

그런데 '소수정예'라는 어퓨굿맨의 이미지는 구약성서의 용어로 한다면, '남은 자'(remnant)에 해당된다. 많은 사람들이 세상의 권력과 물질적 쾌락에 모두 타협하고 우상을 숭배하며 하나님을 배신하지만, 남은 자는 결코 하나님을 배신하지 않고 끝까지 믿음을 지킨 자이다. 예컨대, 타락한 세상에서 믿음을 지킨 노아와 그 가족들이 남은 자였고, 소돔과 고모라의 죄악을 멀리했던 아브라함과 롯이 또 남은 자였다. 그뿐만 아니라 아합과 이사벨의 우상숭배에 저항하며 끝까지 하나님에 대한 신뢰를 지키며 투쟁했던 엘리야가 남은 자였다. 선지자 이사야는 유대 멸망 후 바벨론 포로로 잡혀갔던 자들 중에 믿음을 지킨 남은 자가 다시 이스라엘로 돌아와 유대 땅을 회복시킬 것이라는 희망을 꿈꾸었다. 그리고 로마서(11장)에서 바울은 택하심을 받은 그리스도인들이야말로 이 세상의 남은 자라고 역설한 바 있다. 결국 성서에 반영된 참 인류의 역사는 남은 자들에 의해 면면히 이어져 온 역사라 해도 과언이 아니다. 남은 자들 곧 어퓨굿맨으로서 소수정예 신앙인들의 꿋꿋한 믿음과 헌신을 통해 온 인류는 구원에 이르는 것이다.

예수의 제자들 중 세베대의 아들 야고보와 요한은 자신들을 예수의 '소수정예'(a few good man) 제자로 생각했던 것 같다.(마20:20-28; 막10:35-45) 그래서 그들은 후일에 예수께서 영광(왕)을 받으시게 될 때, 그때 자신들을 그리스도의 오른편과 왼편에 각각 높이 세워달라고 청탁을 하였다. 이 소식이 알려지자 다른 제자들은 야고보와 요한에게 분노를 표하였다. 이때 예수께서는 제자들을 모아놓고 꾸짖으면서, 소수정예의 자격을 언급하였다. 그것은 "예수께서 마시는 잔을 함께 마실 수가 있고, 예수가 받는 세례를 함께 받는 것이다."(막10:38) 여기서 '잔'과 '세례'는 십자가의 고난을 의미한다. 그리고 예수께서는 덧붙이기를 "누구든지 위대하게 되고자 하는 사람은 서로를 섬기는 자가 되어야 하고, 또 모든 사람의 종이 되어야 한다."(막 10:43-45)고 말씀하셨다. 그렇다. 진정한 예수의 어퓨굿맨은 예수처럼 고난일지언정 이웃을 진심으로 섬기는 존재이다. 그런 소수정예가 기독교를 살리고, 세상의 희망이 된다.

따라서 나는 오늘도 한국의 교회가 서로를 섬기는 어퓨굿맨의 섬김 공동체가 되기를 꿈꾼다.

15. 예수 밥상의 식탁공동체

맛있는 교회의 식탁공동체 밥상을 차리자

필자는 교회에서 종종 이런 말을 하곤 한다. "내가 추구하는 교회는 절밥보다 맛있는 교회밥의 식탁공동체이다."라고 말이다. 사실 한국인이라면 종교에 관계 없이 누구나 절에 한두 번쯤은 가 봤을 것이다. 등산하거나 아니면 사월 초파일에, 혹은 최근에는 템플스테이를 통해 사찰의 문턱이 많이 낮아지면서 일반인들도 종종 절에 가서 어렵지 않게 절밥을 먹곤 한다. 오신채로 불리는 매운 맛을 내는 다섯 가지의 향신료(파, 마늘, 부추, 달래, 흥거)를 안 쓰는 전통 때문에 싱거워 맛이 없거나 혹 배고프지 않을까 상상도 되지만, 실제로 절밥은 아주 맛있다. 그런데 교회밥의 현실은 결코 그렇지 않은 것 같다. 특히 최근 들어 교회가 대형화되면서 교회밥은 군대식 배식형 밥이 되어 가고, 밥도 돈을 내고 사 먹어야 한다. 심지어 주일날 교회에서 밥을 주지 않는 경우도 허다하다. 깊이 반성되는 부분이다. 종교 간 경쟁의 시대에 교회의 미래를 위해 우리는 '절밥보다 맛있는 식탁공동체'를 꿈꿔야 하지 않을까?

최근 신약성서를 연구하는 많은 학자들은 '하나님의 나라'를 설명할 때 '밥상공동체'라는 말을 종종 사용한다. 필자는 이런 예수의 밥상공동체 이야기를 접할 때마다 혼자 종종 예수가 차린 밥상의 풍경을 상상해 보곤 한다. 예수의 밥상에도 누군가 배제된 차별이 있었을까? 아니면 누구나 참여 가능한 평등의 밥상이었을까? 최근 한국 사회에서는 '혼술'이나 '혼밥'이 회자

되고 있는데, 혹 예수는 혼밥에 익숙했을까 아니면 공동체 식사에 익숙했을까? 또 그 밥상의 메뉴는 무엇이었을까? 생선이나 고기뿐만 아니라 혹시 한국인들이 오래전부터 건강식으로 즐겨먹었던 잡초 요리는 없었을까? 예수는 어떤 내용으로 식사기도를 하였을까? 등등에 대해 상상해 본다. 물론 이에 대한 자세한 연구는 성서학자들의 몫이겠지만, 대안적 교회를 추구하는 우리도 종종 고민해 볼 만한 주제가 아닌가 싶다.

이처럼 예수 밥상의 풍경을 상상해 볼 때, 적어도 한두 가지 예수 밥상의 특성을 그려보게 된다. 하나는, 예수가 제자들에게 주기도문을 통해 '일용할 양식'을 위해 기도하라고 가르쳤던 것처럼, 예수 밥상이란 일용할 양식의 의미를 실천한 '만나' 공동체였을 것으로 이해된다. 여기서 만나란 하나님께서 우리 인간의 생존을 위해 은총으로 내려주시는 그날에 꼭 필요한 먹거리 곧 일용할 양식을 뜻한다. 주지하듯이 만나란 말의 유래는 이스라엘 백성들이 출애굽하여 광야에서 40년 동안 방황하던 때를 배경으로 한다. 광야에서 먹어야 할 먹거리가 부족하여 거의 죽게 되었을 때, 하나님께서 하늘에서 '만나'를 내려 주신 것이다. 만나는 이스라엘 백성들이 당시까지 한 번도 본 적이 없는 낯선 음식이었다. 그래서 그들은 하늘에서 떨어진 물건을 보고 너무나 놀라서 "이것이 무엇이지?"(what's this?, manhu)라고 물었던 것이다.(출 16:15) 그것은 하나님의 은총에 대한 놀라움이요 감사였다.

필자는 여기서 만나 곧 일용할 양식으로 권포근과 고진하 목사 부부가 최근 『잡초치유밥상』(2017)이란 책을 통해 연구하며 알리고 있는 '잡초 요리'를 언급하고 싶다. 너무나 일상적이어서 낯선 음식! 하지만 가장 흔하기에 귀한 음식 '잡초 요리' 말이다. 그래서 현대인들은 잡초를 보고 약간 당황하며, "이게 뭐지? 이런 것도 먹어?"라고 말한다. 말하자면, "만나?"라고 되묻고 있는 것이다. 그렇다. 잡초는 보관 기간도 만나처럼 짧고 저장할 수도 없는 풀과 같은 음식이지만, 그 안에 보약 같은 생명이 가득한 음식이다. 따라서 유대교의 코셔(kosher)나 이슬람교의 할랄(halal)처럼, 우리는 그리스도교를 대표하는 음식으로 만나 곧 '잡초 요리'를 생각하면 어떨까?

자유 식탁과 만인평등의 예수 밥상

또 하나는, 예수의 밥상은 자유 식탁과 만인평등의 밥상으로 이해된다. 이것은 예수에게 붙여진 그의 별명 속에서 잘 찾아볼 수 있다. "인자는 와서 먹기도 하고 마시기도 하니 그들이 말하기를 '보아라, 저 사람은 마구 먹어대는 자요, 포도주를 마시는 자요, 세리와 죄인의 친구다' 한다."(마11:19a) 여기서 '마구 먹어대는 자'와 '포도주를 마시는 자'에 대한 옛 번역은 '먹보'요 '술꾼'이다. 이것은 아주 적절한 번역으로, 예수께서 음식에 대해 '자유로운' 태도를 보여주고 있음을 보여준다.

그뿐만 아니라 예수는 죄인들과 서슴지 않고 함께 어울리는 소위 '자유로운 영혼'이었다. 여기서 우리가 알 수 있는 것은 예수의 밥상이란 누구든 차별하지 않고 초대되는 '죄인들의 식탁'이요, 또 어떤 음식도 허용되는, 심지어 술이든 고기이든 모두 허용되는 자유 음식 식탁공동체였다는 점이다. 이것은 주지하듯이 후에 베드로의 보자기 음식 환상을 통해 자연스럽게 기독교를 유대적 전통을 넘어 세계화시키는 결정적인 계기로 발전하였다.(행 10:11~16)

결국 우리는 여기서 예수의 밥상이란 평등과 자유 음식의 밥상임을 알 수 있다. 다만 한 가지 염두에 둘 것은 어떤 동물이든 우리가 먹어도 되나 자신의 수명을 다 누린 동물의 고기를 먹는 것이 좋을 것 같다. 사람도 청소년 시절에 죽으면 한(恨)이 된다는 말처럼 동물도 자신의 생명을 다하지 못하고 물건처럼 대량 생산되고 또 일찍 희생되어 사람의 밥상에 올라온다면 얼마나 억울할까?

따라서 필자가 꿈꾸는 교회는 만나인 잡초 요리를 기본으로 하면서, 자신의 생명을 기꺼이 타자의 생명을 위해 내어주는 생명 밥상의 공동체이다. 그리고 동시에 누구든 배제하지 않고 모든 사람들을 기꺼이 식탁에 환대하는 완전 평등의 식탁공동체이다.

16. 온 인류 한 가족 공동체

예수와 한국인 고유의 정서

'효도'를 강조하는 가족주의 문화에 오랫동안 익숙해져 온 한국인에게 성경은 어딘지 낯설고 심지어 오해를 품고 있는 경전처럼 보일 때가 많다. 실제로 성경을 읽다 보면, 혈연적 가족, 특히 부모에 대한 효도를 강조하는 한국인의 정서에 반하는 장면들이 여럿 등장한다. 예를 들어, 한국의 전통적 가치관에서 볼 때, 자식이 부모보다 먼저 죽는 것은 최고의 불효이다. 그런데 예수는 어머니보다 먼저 죽음으로써 큰 불효를 행한 것처럼 보인다. 또 예수께서는 십자가 위에서 어머니를 향해 '어머니'라고 부르지 않고 그 대신에 '여자여'(Dear Woman; 요19:26, 개역개정 및 NIV)라고 부른 적이 있는데, 그것 역시 부모를 부르는 호칭으로 부적절한 것처럼 보인다. 이 모두는 한국인의 가족 윤리를 거스르는 내용들이다.

유교적 가족주의에 익숙한 한국인의 눈에서 볼 때, 이상한 장면은 한두 군데가 아니다. 마태복음 10장에 보면, 예수께서는 가족 간의 평화가 아니라 오히려 분쟁을 주러 온 것처럼 묘사하고 있다. 이것은 평화의 왕으로 불리는 예수께서 어떻게 가족을 해체하기 위해 온 것인지 반문하게 만든다. "너희는 내가 땅 위에 평화를 주러 온 줄로 생각하지 말아라. 평화가 아니라 칼을 주러 왔다. 나는 아들이 제 아버지를, 딸이 제 어머니를, 며느리가 제 시어머니를 거슬러서 갈라서게 하러 왔다. 사람의 원수가 제 집안 식구일 것이다.

나보다 아버지나 어머니를 더 사랑하는 사람은 내게 적합하지 않고, 나보다 아들이나 딸을 더 사랑하는 사람도 내게 적합하지 않다."(마10:34~37)

그뿐만 아니라, 한국적 가족주의에 반하는 또 다른 결정적인 장면은 예수의 가족들이 예수를 찾아온 장면에서 잘 드러난다. 즉, 어떤 사람이 예수께 전하기를 "선생님의 어머니와 형제들이 선생님과 말을 하겠다고 바깥에 서 있습니다."(마12:47)라고 전하자, 예수께서는 그 말을 전한 사람에게 매우 듣기 불편한 말씀을 하셨다. "누가 나의 어머니이며, 누가 나의 형제들이냐? […] 그리고 제자들을 손으로 가리키며, 보아라, 내 어머니와 내 형제들이다. 하늘에 계신 내 아버지의 뜻을 행하는 사람이 곧 내 형제요 자매요 어머니다."(마12:48~50)

위에 인용한 예수의 말씀에서 우리는 한국적 가족주의와는 근본적으로 다른 새로운 가족주의를 발견하게 된다. 그것은 소위 우주적인 가족주의로서, 편협한 혈연 중심적 가족주의의 범주를 넘어서 온 인류를 한 가족으로 보는 새로운 가족주의의 패러다임이다. 여기서 우리는 우리를 위해 헌신적으로 사랑을 베풀어주신 부모의 은혜를 잊어서도 안 되겠지만, 동시에 혈연적인 가족주의의 틀 안에서만 갇혀 있을 수도 없음을 발견하게 된다.

만약 기독교가 예수의 가족들이 보여준 것처럼 혈연적인 가족주의에 갇혀 있었다면, 기독교는 결코 세계인을 위한 보편종교는 될 수 없었을 것이다. 하지만 기독교는 그렇지 않았다. 그것이 기독교의 위대한 점이다. 즉 예수의 가르침은 우리를 육체적으로 낳고 길러주신 분만 우리의 부모가 아니라 우리를 우리 되게 해 주신 모든 분들, 특히 예수께서 말씀하신 것처럼, 하나님의 뜻을 행하는 모든 사람이 우리의 부모요, 우리의 형제자매임을 강조하고 있다. 이런 점에서 한국교회는 그 어느 때보다 이 말씀에 근거하여 자신의 시야를 더욱 넓혀야 할 것이다. 왜냐면 하나님의 나라는 결코 혈연적인 가족의 범위에 한정할 수 없고, 오히려 그것을 넘어서 우리의 모든 이웃을 마치 우리의 부모나 형제자매처럼 존중하고 사랑으로 대하는 곳이기 때문이다. 결국 참 교회는 '온 인류의 한 가족 공동체'를 지향한다고 말할 수 있다.

온 인류의 한 가족 공동체를 향한 발걸음

주지하듯이, 예수로부터 시작된 이러한 온 인류의 한 가족 공동체 사상은 자연스럽게 사도 바울에게로 이어졌다. 그래서 바울은 에베소서 2장에서 온 인류가 그리스도 안에서 한 가족임을 선언하며 다음과 같이 언급하였다. "그분은 오셔서 멀리 떨어져 있는 여러분에게 평화를 전하셨으며, 가까이 있는 사람들에게도 평화를 전하셨습니다. 이방 사람과 유대 사람 양쪽 모두, 그리스도를 통하여 한 성령 안에서 아버지께 나아가게 되었습니다. 그러므로 이제부터 여러분은 외국 사람이나 나그네가 아니요, 성도들과 함께 시민이며 하나님의 가족입니다."(엡2:17~19)

그렇다. 온 인류는 이제 그리스도 안에서 하나님의 한 가족이다. 이것을 믿고 실천하는 공동체는 참 교회이다. 이런 점에서 예수께서 십자가에 달리셨을 때 슬퍼하는 어머니를 보신 뒤 곁에 있는 제자에게 그를 부탁하신 말씀은 큰 의미로 다가온다. "보라 네 어머니라."(Here is your mother, NIV; 요 19:27) 예수의 부탁을 받은 제자는 그 후로 예수의 어머니 마리아를 자신의 친어머니처럼 평생 모시게 되었다.

이처럼 그리스도 안에서 모든 사람들은 한 가족이다. 이 정신을 갖고 있는 한 기독교는 살아 있는 종교가 되며, 반대로 그 정신을 잃는 순간 기독교는 맛을 잃어버린 존재가 된다. 지금 '세습'으로 몸살을 앓고 있는 한국교회의 최대 문제는 무엇인가? 그것은 혈연적 가족주의의 뿌리 깊은 타성이다. 이 타성의 문제점을 냉정히 인정하고 교회를 자식이 아닌 믿음의 형제자매에게 진심으로 부탁할 때, 한국교회는 비로소 그 위기를 극복할 수 있다.

따라서 내가 꿈꾸는 교회는 온 인류가 그리스도 안에서 모두 한 가족임을 진심으로 믿고 실천하는 공동체이다.

17. 우정의 공동체

강제된 마주침으로 인하여 시작되는 사유

필자는 2017년 2월 20일 서울기독대학교로부터 파면을 당했다. 죄목은 소위 '우상숭배죄'이다. 그 사건의 배경에는 2016년 1월 중순경 경북 김천에 있는 개운사에 한 개신교 신자가 난입하여 불상은 우상이라며 불상을 모두 훼손한 사건이 있다. 필자는 그 사건을 접하고 목회자를 양성하는 한 신학대학 교수로서 큰 자책감과 함께 불자들에게 죄송한 마음이 들어 불교 측에 사과하고 훼손된 불상을 원래 상태로 복구하는데 작은 도움이라도 될까 싶어 '불상 회복 운동'을 펼친 바 있다. 그것이 구실이 되어 어처구니없게도 파면된 것이다. 그 사건이 있은 후, 필자는 이제 운명처럼 불교와 깊은 인연의 세계로 접어들게 되었다.(손원영불법파면시민대책위원회편, 『연꽃 십자가』, 모시는 사람들, 2020 참조)

프랑스의 철학자 들뢰즈는 인간의 '사유'에 대하여 설명한 적이 있다. 그에 따르면, 사유란 우리가 로댕의 〈생각하는 사람〉이나 혹은 〈반가사유상〉을 접할 때 연상되는 모습에서처럼 고요함 속에서 무엇인가 자연스럽게 머리에 떠오르는 생각들을 살피는 것이 아니라, 어떤 예기치 않은 사건을 갑자기 접했을 때 불가피하게 겪게 되는 일종의 강제된 내면의 폭력과 같은 '마주침의 사건'이다. 그런 점에서 보면 사유는 결코 평상시에 일어나는 것이 아니라 언제나 돌발적인 충격적 사건을 동반하는 것 같다. 말하자면 필자에

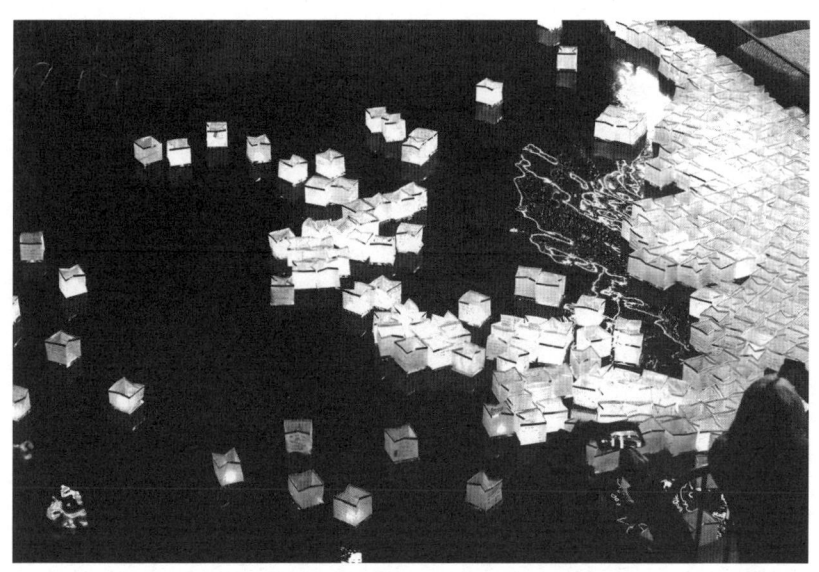

게 개운사 훼불 사건과 불상 회복 운동 그리고 이어진 파면 사건은 어떤 예기치 않은 강제된 마주침으로써 그 사건들과 함께 비로소 기독교와 불교와의 대화를 본격적으로 사유하게 된 셈이다.

갈릴리에서 주로 활동하던 예수께서도 사마리아 사람들과 뜻하지 않게 당혹스러운 마주침의 사건을 겪게 되었다. 예수께서는 어느 날 자신이 십자가를 져야 할 때가 가까이 옴을 아시고 제자들과 함께 사마리아를 거쳐 예루살렘으로 향하게 되었다.(눅9:51~56) 그런데 사마리아 사람들은 예수 일행을 환영하지 않았던 것 같다. 아니 오히려 적대감을 드러내었다. 그것은 북왕국 이스라엘이 앗시리아에 의해 멸망당한 후(722B.C.) 앗시리아의 이주정책에 따라 북이스라엘에 혼혈이 생기면서 유다인들로부터 오랫동안 차별당한 것과 무관하지 않다. 이런 차별은 거의 700년 정도 내려온 악습이었다. 따라서 사마리아 사람들은 관습적으로 독선적인 유다인들을 미워하였고, 또 유다인들도 사마리아인들을 신앙의 순수성을 잃어버린 이단으로 여기며 상호 중오와 차별을 쌓아온 것이다. 그리고 마침내 사마리아 사람들의 증오심은 예수의 일행에게도 전해진 것이다. 그 일을 겪게 되자 예수의 제자인 야고보와 요한은 매우 화가 나서 예수께 간청하였다. "주님, 하늘에서 불이 내려와 그들을 태워버리라고 우리가 명령하면 어떻겠습니까?"(눅9:54) 말하자면, "사마리아 사람들을 죽여 버리자"라는 무서운 제안이다. 그러자 예수께서는 "인자가 온 것은 사람의 생명을 멸하려 함이 아니라 구원하려 함이다."라고 말씀하시며 제자들을 꾸짖으시고, 사마리아 사람들과의 싸움을 피해 다른 길로 가셨다. 여기서 우리는 예수가 자신과 종교적 신념이 다른 사람들을 어떻게 대했는지 잘 살펴볼 수 있다. 그것은 바로 그들을 불로 응징하는 대신, 오히려 '평화'를 추구하는 것이다. 자신과 신념이 다르다 하여 그들을 해하는 것은 결코 예수의 뜻이 아니다.

필자가 대학에서 파면되자 많은 언론들이 그 사건을 비중 있게 보도하였다. 그리고 감사하게도 뜻을 같이 하는 여러 분들이 모여 '손원영교수불법파면시민대책위원회'를 조직하고 필자를 응원해 주고 있다. 대책위가 조직되고 기자간담회가 열렸을 때의 일이다. 한 기자가 다음과 같은 질문을 하였다. "그렇게 억울한 일을 당하면 보통 머리를 깎고 붉은 띠를 머리에 두르고 학교 앞에서 시위를 하거나 혹은 천막을 치고 단식을 하며 투쟁하는데, 왜 교수님은 그렇게 안 하십니까?" 필자는 이 질문에 서슴지 않고 이렇게 답하였다. "저도 마음으로는 그렇게 하고 싶습니다. 하지만 종교평화를 위하다가 그 일로 어려움을 겪게 되었는데, 그 해결 방법도 가장 평화적인 방법으로 해야 하지 않겠습니까? 특히 저는 요즈음 〈예술목회연구원〉을 조직하여 종교에서 '예술'의 중요성을 설파하고 있는 터라, 최대한 예술적 방법으로 저항할 생각입니다." 그 말을 들은 기자는 어깨를 으쓱이며 회의적인 태도를 보였지만, 지금도 필자는 그 신념에 변함이 없다.

실제로 필자는 가나안교회를 시작하면서, "불교를 비롯한 우리나라의 이웃 종교들과 대화하며 그들과 더불어 배우는 우정 공동체!"를 천명한 바 있다. 그리고 그 일환으로 2017년 10월 중순에는 몇몇 단체와 공동으로 불교와 기독교가 더 이상 원수가 아니라 오히려 우정 공동체가 되기 위해 '종교예술평화제'를 개최하였다. 비록 그것은 종교평화를 위한 작은 예술제이지만, 분명 기독교와 불교 간에 화해를 향한 큰 디딤돌이 되리라 확신한다. 특히 2017년은 루터 종교개혁 500주년이 되는 해임과 동시에 한국불교의 큰 스승인 원효대사 탄생 1400주년이 되는 뜻깊은 해였다. 두 분은 비록 시대와 종교를 달리하지만, 모두 자신이 속한 종교의 개혁을 통해 사랑과 평화라는 종교의 본질을 멋지게 추구하였다. 만약 두 분이 만난다면 무슨 일이 벌어질까? 아마도 두 분은 예기치 않은 마주침으로 시작된 종교 갈등의 사유가 이제 불화를 끝내고, 대신 우정의 공동체로 나가기를 서로 다짐하지 않을까?

따라서 내가 꿈꾸는 교회는 불교를 비롯한 이웃 종교와 친한 벗이 되는 우정의 공동체이다.

18. 유무상자의 공동체

예수에게로 가면 굶어 죽지 않는다!

많은 사람들은 기독교 신앙을 이 세상에서 먹고사는 문제와는 상관이 없는, 저세상 곧 '내세'에 가는 문제로 이해하는 경우가 많다. 그래서 "예수 믿고 구원 받으라!" 혹은 "예수 천당 불신 지옥"과 같은 교회의 전도 구호는 일종의 '내세 비즈니스'쯤으로 이해된다고나 할까? 하지만 이러한 기독교 이해는 사실 매우 왜곡된 것이다. 오히려 기독교 복음의 실상은 그 반대이다. 예수께서 전한 하나님의 나라 복음의 중심에는 내세보다는 오히려 바로 지금이 땅에서 우리 인간들이 고민하는 문제, 특히 먹고사는 '경제'의 문제가 그 중심을 차지하고 있다. 이것은 예수 사건과 초대 교회의 모습 속에서 분명히 드러난다. 여기서는 그 증거로 세 가지 정도 성찰해 본다.

우선 예수께서는 공생애 기간 중 여러 번의 급식 사건을 통해 사람들에게 먹거리를 제공하는 모습을 보여주었다. 적어도 복음서에는 단체 급식 사건이 두 번 나온다. 하나는 오병이어의 기적으로 알려진, 오천 명을 먹인 급식 사건이고(마14:13-21; 막 6:30-44; 눅 9:10-17; 요 6:1-14) 또 하나는 사천 명을 먹인 급식 사건이다.(마15:32-39; 막 8:1-10) 물론 그 숫자는 어린이와 여자를 뺀 숫자이니 실제 급식 규모는 훨씬 더 컸을 것이다. 특히 오천 명을 먹인 사건은 사복음서 모두에 기록된 것으로 보아, 그것은 예수 당시 배고픈 민중들에게 엄청난 충격이었던 것 같다. 말하자면 예수 당시 민중들은 예수에게로만 가

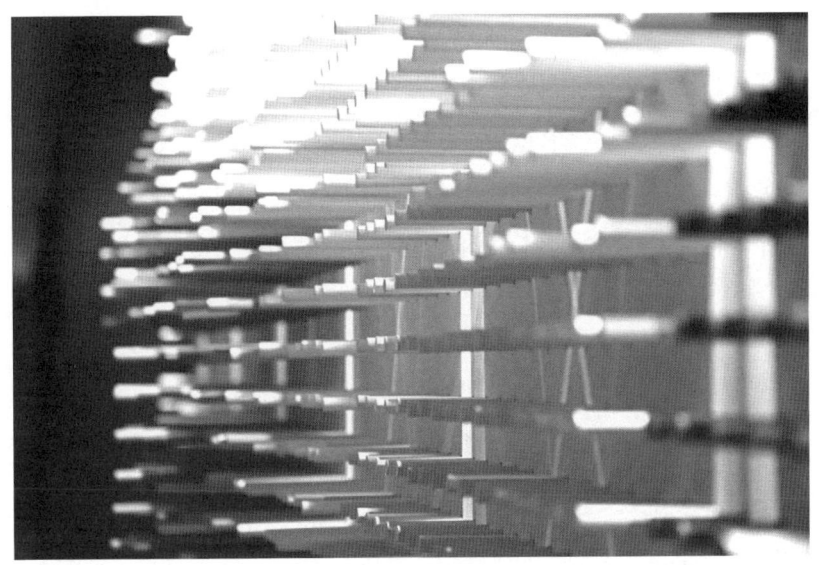

면 적어도 굶어 죽지 않는다는 희망을 가질 수 있었던 것이다.

이런 점에서 현대의 교회 역시 사람들에게 '교회에 온 사람은 적어도 굶어 죽지 않는다!'는 희망을 주어야 하지 않을까? 특히 오천 명 급식 사건의 발단은 주지하듯이 배고픈 자에 대한 예수의 측은지심이었다. 그리고 그것은 급식 후 남은 음식을 하나도 버리지 말고 모두 거두어들이라는 예수의 말씀 속에서 절정에 이른다. 이것은 배고픈 자에 대한 예수의 연민이 얼마나 컸는지 잘 보여주는 대목이다. 성서는 그렇게 남은 음식이 모두 '열두 광주리'나 되었다고 보도한다.(요6:13) 이처럼 기독교 정신은 결코 풍요 속 낭비가 아니라 오히려 타자를 위한 풍요 속 '절약검박'(節約儉朴)의 모습이다. 현재 지구에서 생산되는 각 국가의 곡류 총생산량은 이미 온 인류가 먹고도 남을 만큼 충분하다고 한다. 그러나 문제는 그것을 제대로 이웃 국가와 잘 나누지 않고 또 식량을 무기화함으로써 많은 사람들이 굶어 죽어 가고 있는 것이다. 말하자면 풍요 속 낭비가 문제이다. 이런 점에서 우리는 '열두 광주리'의 절약검박의 정신을 다시 깊이 되새길 때이다.

둘째로 예수께서는 하나님의 나라 메시지를 전할 때 포도원 품꾼들의 비유(마20:1-16)를 통해 '기본소득'의 새 규칙을 역설한 점이다. 즉 포도원 품꾼들의 비유에서 주인은 아침 9시에 온 품꾼이나 12시와 오후 3시에 온 품꾼이나, 심지어 일이 거의 끝날 무렵인 오후 5시에 온 품꾼에게 모두 똑같이 하루 품삯인 한 데나리온을 지급하고 있다. 말하자면 한 데나리온은 최근의 용어로 하면 '기본소득'쯤으로 이해하면 좋을 것 같다. 사람으로서 누구든 최소한의 인간으로서의 품위를 유지하면서 살 만큼의 돈을 똑같이 지급한 것이다.

물론 본문에서는 맨 일찍 온 품꾼이 억울해하는 모습을 통해 '불공평'의 문제를 제기하고 있지만, 주인의 의도는 분명하다. 그것은 미시적인 불공평의 문제보다 앞서는 거시적인 평등 곧 기본소득의 문제가 더 중요하고 시급한 것임을 분명히 하는 것이다. 이런 점에서 교회는 이제 기본소득의 문제를 더 이상 국가에게만 맡겨 두지 말고 더 적극적으로 교회의 문제로 진지하게 검토하면 어떨까? 특히 과거에 교회는 이 본문을 주로 내세 구원을 위한 평등성의 전거로 활용하였지만, 이제 교회는 이 본문을 준거 삼아 하나님의 나라 구현을 위한 '기본소득보장운동'을 펼치면 어떨까 싶다. 특히 한국교회의 좋은 전통이 된 십일조 제도를 잘 활용한다면 기본소득보장운동의 한 단초를 찾을 수도 있지 않을까?

초대 교회의 원형은 유무상자의 공동체

마지막으로 초대 교회의 원형은 '유무상자의 공동체'였다는 사실이다. 필자가 보기에 예수 운동의 꽃은 바로 여기에 있지 않나 싶다. 예수 승천 후 성령의 강림을 체험한 사람들은 "모두 함께 지내면서 공동으로 소유하고"(행 2:44), 또 "재산과 소유물을 팔아서 모두 필요한 대로 나누어주는 삶"(행 2:45)을 살았다. 말하자면 이것은 '유무상통'(有無相通)이요, 또 '유무상자'(有無相資)의 예이다. 그런데 기독교 초기 원시공동체가 보여준 유무상자의 모습은 19세기 마르크스 등이 주창한 소위 공산사회와 외면상 상당히 비슷한 듯 보이지만, 그 내양은 매우 다르다. 왜냐면 마르크스가 주장한 공산사회는 인간의 자발성이 아니라 계급투쟁을 통한 강제성으로 이루어지는 공산사회였기 때문이다. 하지만 사도행전의 유무상자 공동체는 계급투쟁이 아니라 '성령의 강림'을 체험한 사람들의 자발적 나눔의 공동체였다.

이러한 초기교회의 모습과 가장 유사한 형태는 조선 말 최제우의 동학에서 찾아볼 수 있다. 19세기 말 당시 조선의 인구는 약 1,000만 명 정도였다고 한다. 그런데 당시 동학운동에 참여한 인구는 대략 300만 명 정도로 추정된다. 동학 연구가 박맹수 교수가 주장하듯이, 이렇게 많은 사람들이 동학운동에 참여할 수 있었던 배경에는 동학에 입도하면 적어도 굶어 죽는 사람이 하나도 없었기 때문이다.(박맹수, 『생명의 눈으로 보는 동학』, 모시는 사람들, 2014.) 말하자면 초기 동학운동의 가장 큰 특징은 유무상자의 공동체였던 셈이다. 이처럼 우리가 꿈꾸는 교회, 그것은 내세지향의 공동체가 아니다. 오히려 그것은 바로 지금 여기에서 성령 강림의 체험을 통해 유무상자의 공동체를 건설하는 것, 그리고 그것을 위해 우선 열두 광주리의 절약검박의 정신을 토대로, 기본소득을 실천하는 일이 아닐까?

따라서 내가 꿈꾸는 교회는 바로 지금 이 땅에서 먹고 살 희망을 잃어버린 사람들에게 최소한의 물적 희망이 되는 유무상자의 공동체이다.

19. 인재양성의 공동체

지난 20세기를 돌이켜보면, 한국교회는 눈부신 성장을 이루었다. 여기서 '눈부신 성장을 이루었다'는 의미는 단지 외형적으로 한국교회가 천만 성도를 가진 종교가 됨으로써 한국에서 제일 많은 신자 수를 갖는 한국 제일의 종교가 되었다는 의미를 넘어선다. 오히려 지난 한 세기 동안 대한민국이 겪었던 격동의 시대에 한국교회가 우리 사회를 이끌었던 '인재양성의 요람'이었다는 의미이다. 구한말 조선 땅에 들어온 신생 종교인 기독교가 어떻게 그 어마어마한 일을 잘 감당할 수 있었는지 상상해보면, 그것은 하나님의 은총이라고밖에 달리 설명할 길이 없는 기적 같은 일이었다.

특히 나라를 일본에 빼앗기고 한민족이 크게 낙심하여 희망을 잃었을 때, 한국교회는 3·1운동을 주도하여 대한의 독립과 민족해방의 불씨를 되살렸고, 그 결과 1919년 4월 11일 상해임시정부의 수립으로 시작된 '대한민국'의 건국과 발전에 지대한 공헌을 하였다. 그뿐만 아니라 한국교회는 대한민국의 정부 수립 및 6·25전쟁의 상흔 치유, 그리고 민주주의의 발전과 경제성장에도 적지 않은 기여를 하였다. 이처럼 민족이 어려움을 겪을 때 한국 그리스도인들이 앞장서서 한민족의 고난에 동참하였고, 또 민족의 희망이 되었다. 말하자면, 한국교회는 지난 한 세기 동안 대한민국을 이끌어가는 각계의 지도자를 양성한 인재양성의 요람이었다. 누가 과연 이것을 부정할 수 있겠는가?

물론 지금 한국교회는 선교 이래 최대의 위기를 맞고 있다. 세상 사람들

은 초심을 잃고 타락한 한국 기독교를 일컬어 꽤 오래 전부터 입에 담기도 민망한 'ㅇ독교'라고 부르고, 200만 명이 넘는 신자들은 그런 한국교회를 기꺼이 떠나 소위 '가나안 신자'로 살아가고 있다. 하지만 한국교회의 위대한 전통인 민족지도자의 양성 곧 '인재양성의 요람'이라는 전통을 잃지만 않는다면, 한국교회는 다시 한 번 도약할 수 있고, 대한민국의 국민들로부터 계속 사랑받게 될 것이다. 문제는 한국교회가 민족을 이끌어갈 '인재양성의 공동체'라는 자기 정체성을 분명히 갖고 민족의 지도자를 지속적으로 양성하느냐의 여부이다. 말하자면, 한국교회는 기독교 교육의 사명을 잘 감당할 수 있도록 더욱 분발할 필요가 있다. 이런 점에서 필자는 몇 년 전 작고한 신영복 교수의 책, 『강의: 나의 동양고전독법』(2004)의 마지막 부분에 나오는 '나무 심는 사람 곽탁타 이야기'를 숙고하고 싶다.

　곽탁타는 본명도 알려지지 않은 인물이다. 그는 곱사병을 앓아 허리가 굽은 채로 걸어다니는 모습이 낙타와 닮았다고 하여 마을 사람들이 부르는 이름이다. 그의 직업은 나무를 심는 일이었다. 그가 심은 나무는 죽지 않고 잘 자라고 열매도 잘 맺었다. 다른 사람들이 탁타의 나무 심는 법을 흉내 내도 탁타처럼 되지 않았다. 다른 사람들이 그 까닭을 묻자 탁타는 "나는 나무의 천성이 잘 발휘되게 할 뿐이다."라고 말하며, 그 본성을 다음과 같이 기술한다.

"곽탁타의 본 이름이 무언지 알지 못한다. 곱사병을 앓아 허리를 굽히고 걸어다녔기 때문에 그 모습이 낙타와 비슷한 데가 있어서 마을 사람들이 '탁타'라고 불렀다(…)탁타의 직업은 나무 심는 일이었다(…)탁타가 심은 나무는 옮겨 심더라도 죽은 법이 없을 뿐만 아니라 잘 자라고 열매도 일찍 맺고 많이 열렸다. 다른 식목자들이 탁타의 나무 심는 법을 엿보고 그대로 흉내 내어도 탁타와 같지 않았다. 사람들이 그 까닭을 묻자 대답하기를,

나는 나무를 오래 살게 하거나 열매가 많이 열게 할 능력이 없다. 나무의 천성을 따라서 그 본성이 잘 발휘되게 할 뿐이다. 무릇 나무의 본성이란 그 뿌리는 퍼지기를 원하며, 평평하게 흙을 북돋아주기를 원하며, 원래의 흙을 원하며, 단단하게 다져주기를 원하는 것이다. 일단 그렇게 심고 난 후에는 움직이지도 말고 염려하지도 말 일이다. 가고 난 다음 다시 돌아보지 않아야 한다. 심기는 자식처럼 하고 두기는 버린 듯이 해야 한다. 그렇게 해야 나무의 천성이 온전하게 되고 그 본성을 얻게 되는 것이다. 그러므로 나는 그 성장을 방해하지 않을 뿐이며 감히 자라게 하거나 무성하게 할 수가 없다.

계속해서 곽탁타는 다른 식목자들은 "지나치거나 모자라게 하"여 나무의 본성을 잃게 만들 뿐이고, 그것은 나무를 염려해서 하는 일이지만, 결국 "나무를 원수로 대하는 것"라고 한다.

그 결실을 방해 하지 않을 뿐이며 감히 일찍 열매 맺고 많이 열리게 할 수가 없다. 다른 식목자는 그렇지가 않다. 뿌리는 접히게 하고 흙은 바꾼다. 흙 북돋우기도 지나치거나 모자라게 한다. 비록 이렇게는 하지 않는다고 하더라도 그 사랑이 지나치고 그 근심이 너무 심하여, 아침에 와서 보고는 저녁에 와서 또 만지는가 하면 갔다가는 다시 돌아와서 살핀다. 심한 사람은 손톱으로 껍질을 찍어보고 살았는지 죽었는지 조사하는가 하면 뿌리를 흔들어보고 잘 다져졌는지 아닌지 알아본다. 이렇게 하는 사이에 나무는 차츰 본성을 잃게 되는 것이다. 비록 사랑해서 하는 일이지만 그것은 나무를 해치는 일이며, 비록 나무를 염려해서 하는 일이지만 그것은 나무를 원수로 대하는 것이다. 나는 그렇게 하지 않을 뿐이다. 달리 내가 무엇을 할 수 있겠는가?"

곽탁타는 참 교육의 대부라 할 만하다. 그는 교육이란 교사의 생각이나 혹은 전통을 일방적으로 학습자에게 전수하는 데 목적이 있는 것이 아니라, 사람들의 내면에 깊이 숨어 있는 하늘이 준 각각의 '본성' 곧 '천성'(天性)을 알아서 그것을 아름답게 꽃피우게 하는 것이라고 말한다. 그래서 곽탁타는 "심기는 자식처럼 하고, 두기는 버린 듯이 해야 한다."라고 말하면서, 나무를 심고난 후 어떠한 간섭이나 보챔도 없이 그 나무가 잘 자라기를 기다려주었다고 강조한다. 말하자면, '진인사대천명'(盡人事待天命)이랄까? 이제 우리 한국교회는 정성을 다해 교회라는 하나의 나무를 다시 심어야 하지 않을까? 더욱이 한국인으로 하여금 '참 한국인 되기'에 기독교 교육의 목적을 두고, 한국인의 본성 곧 한국인의 얼을 되살리는 인재양성의 일에 한국교회가 앞장선다면, 한국교회는 다시 이 민족의 희망이 되리라 확신한다.

따라서 내가 꿈꾸는 교회는 하늘이 낸 천성을 키워 이 민족의 동량(棟樑)을 키워내는 인재양성의 공동체이다.

20. 친구 같은 공동체

친구라 부를 그 사람을 가졌는가

하늘을 우러러
한 점 부끄럼이 없기를
(중략)
오늘도 밤에 별이 바람에 스치운다.

이 시의 주인공은 몇 년 전 개봉된 영화 〈동주〉의 주인공이기도 한 윤동주이다. 그는 한국인이 가장 좋아하는 시인으로 알려져 있다. 그는 1945년 2월 16일 일본의 후쿠오카 형무소에서 27세의 짧은 나이로 생을 마감하였다. 2016년 그의 탄생 100주년을 맞이하여 영화 〈동주〉가 개봉되는 등 여러 뜻깊은 행사가 있었다. 영화는 아름다운 윤동주의 시와 추억 그리고 슬프고도 아름다운 그의 이야기로 가득 차 있다. 그런데 영화는 윤동주에 대한 전통적인 이미지인 '저항시인'이자 '항일투사'와 같은 강한 모습 대신에 조용하면서도 고뇌하는 한 젊은 기독교 지식인의 모습을 잘 그려주었다. 특히 윤동주와 송몽규와의 끈끈한 '우정'은 아직도 강한 인상으로 남아 있다.

윤동주와 송몽규는 사촌지간이지만, 오히려 평생 우정을 나눈 참 친구라고 말하는 것이 옳다. 그들은 비록 성격이 다르고 또 살아가는 방식이 많이 달랐지만, 함께 문학을 논하고 민족의 아픔을 공유하며, 서로를 위하는 마음

에서는 하나였다. 그들은 벗으로서 연희전문에서 동문수학하였고, 일본으로 건너가서도 교토에서 함께 우정을 쌓았고, 결국은 후쿠오카 형무소에서 죽는 순간까지 그 둘은 죽음마저 함께한 영원한 동지였다. 이보다 더 아름다운 우정이 또 어디에 있을까?

윤동주와 송몽규의 우정을 떠올릴 때면, 필자에게는 언제나 함께 떠오르는 시가 하나 있다. 그것은 같은 시대의 아픔을 함께 나눈 함석헌의 〈그대 그런 사람을 가졌는가〉라는 시이다.

만리 길 나서는 길
처자를 내맡기며 맘 놓고 갈 만한 사람
그 사람을 그대는 가졌는가
온 세상이 다 나를 버려 마음이 외로울 때에도

"저 맘이야" 하고 믿어지는

그 사람을 그대는 가졌는가

탔던 배 꺼지는 시간

구명대 서로 사양하며

"너만은 제발 살아다오" 할

그 사람을 그대는 가졌는가

불의의 사형장에서

"다 죽어도 너희 세상 빛을 위해 저만은 살려 두거라" 일러 줄

그 사람을 그대는 가졌는가

잊지 못할 이 세상을 놓고 떠나려 할 때

"저 하나 있으니" 하며

빙긋이 웃고 눈을 감을

그 사람을 그대는 가졌는가

    종교라는 것도 곰곰이 생각해 보면 그리 대단한 것도 아니다. 그것은 윤동주와 송몽규의 끈끈한 우정 같은 것이 아닐까? 말하자면, 벗에 대한 그리움과 우정이 깊어져 아름답게 발효되면, 우리는 그것을 감히 '종교'라고 부를 수 있지 않을까? 그래서 아마 예수께서도 제자들을 일컬어 '친구'라 말씀하신 것 같다. "이제부터는 내가 너희를 종이라 부르지 않겠다. 종은 그의 주인이 무엇을 하는지를 알지 못한다. 나는 너희를 친구라 불렀다. 내가 아버지에게서 들은 모든 것을 너희에게 알려 주었기 때문이다."(요15:14~15)

기독교야말로 위대한 우정의 종교이다

그렇다. 친구는 자신의 벗을 신뢰하기에 아무런 허물이나 의심 없이 심지어 '하늘 아버지의 비밀까지도' 전부 자신의 속마음을 그에게 털어놓을 수 있는 존재이다. 그런 존재를 일컬어 예수께서는 친구라 말씀하시고, 그 친구를 빗대어 천국의 비밀을 가르쳤던 것이다. 그리고 더 나아가 예수께서는 친구를 위하여 자기의 목숨을 버리면 그것보다 더 큰 사랑은 없다고 단호히 말씀하신다. (요12:12) 실제로 예수께서는 그런 친구와의 우정을 지키기 위해 기꺼이 십자가에 달려 죽으셨으니, 기독교야말로 참으로 위대한 '우정의 종교'라 말할 수 있다.

배신이 일상화된 현실에서 우리는 어떤 공동체를 꿈꿔야 하나? 친구를 위해 자신의 목숨을 버리면 그보다 더 큰 사랑이 없다고 말씀하신 예수의 말씀처럼, 그런 친구 같은 공동체가 그 어느 때보다도 그립다. 유안진 시인이 '지란지교를 꿈꾸며'라는 시에서 노래한 것처럼, "저녁을 먹고 나면 허물없이 찾아가 차 한 잔을 함께 하고, 또 밤늦도록 공허한 마음도 마음 놓고 보일 수 있는 그런 친구" 같은 공동체를 오늘도 꿈꿔본다.

따라서 내가 꿈꾸는 교회는 친구 같은 공동체이다.

21. 테오시스의 맞절하는 공동체

사람은 신이 되라는 명령을 받고 잉태되었다

루마니아 태생의 작가 중에 『25시』로 유명한 비르질 게오르규(Virgil Gheorghiu, 1916-1992)가 있다. 그는 작가로서의 재능 이외에도 그리스도와 교회에 대해 사랑이 넘쳤던 분이다. 그래서 그는 제2차 세계대전 때 파리로 망명을 가서 47세의 나이로 정교회의 사제서품을 받았다. 그가 사제가 되는 데에는 부친인 콘스탄틴 게오르규의 영향이 컸다. 그의 부친 역시 존경받는 사제였던 것이다. 게오르규는 자신이 어릴 적 아버지와 어떤 대화들을 나눴고, 그것이 어떻게 자신이 사제가 되는데 작용했는지를 그의 다른 저서 『25시에서 영원으로』(서울: 정교회출판사, 2015)에서 자세히 밝히고 있다. 그가 아버지와의 대화를 통해 가장 크게 배운 것은 다름 아닌 '테오시스'[神化, theosis]였던 것이다. 여기서 테오시스란 "신의 성품에 참여하는 자"(벧후 1:4)로서 신처럼 되는 것을 뜻한다. 게오르규는 위의 책에서 이렇게 적고 있다. "아버지는 나를 쳐다보며 이렇게 말했다. '사람은 하느님이 되라는, 신이 되라는 명령을 받고 잉태되었단다.' 이제 나는 이 명령, 하느님이 되라는 이 명령이 나 자신에게도 주어진 것임을 알게 되었다."(66)

신화(theosis), 곧 신처럼 되는 것! 이것은 정교회 신앙의 핵심을 이룬다. 아니 엄밀히 말해 그것은 정교회만이 아니라, 그리스도교 전체의 핵심적인 신학사상이기도 하다. 여기서 신화란 인간이 하나님의 영역으로 고양되는 것

이요, 인간적인 것과 신적인 것이 하나로 연합되는 것을 뜻한다. 신화에 대한 성서적 전거는 주지하듯이, 하나님이 천지를 창조하실 때 인간을 당신의 형상으로 창조한 것 속에 반영되어 있다. "하나님이 말씀하시기를 '우리가 우리의 형상을 따라서, 우리의 모양대로 사람을 만들자'…, 하나님이 당신의 형상대로 사람을 창조하셨으니, 곧 하나님의 형상대로 사람을 창조하셨다." (창1:26~27) 여기서 우리가 하나님의 형상으로 창조되었다는 의미는 하나님을 닮으라는 '신화'의 소명을 받았다는 의미이다. 그것은 인간 타락 이전의 소명이기도 하거니와 또한 타락 이후에도 역시 해당되는 소명이다.

아담의 타락 이후, 이 목적의 실현은 우선 이스라엘 백성 안에서 목격되기 시작했다. 말하자면 하나님께서는 이스라엘 백성을 집단적으로 하나님의 백성 곧 '하나님의 양자'로 삼으셨다. 그들이 훌륭해서가 아니라 오히려 가장 보잘것없고 힘없는 노예였기 때문이다. 따라서 이제 누구든지 하나님의 양자가 되는 '신화'의 가능성이 열렸다. 그뿐만 아니라 신화는 바로 예수 사건으로 그 절정에 이르렀다. 예수께서 말씀하셨다. "너희 원수를 사랑하고, 너희를 박해하는 사람을 위하여 기도하여라. 그래야만 너희가 하늘에 계신 너희 아버지의 자녀가 될 것이다."(마5:44-45) 예수 그리스도는 십자가의 삶을 통해 신화의 모범이 된 것이다.

하나님과 같은 신적 존재로 지음을 받은 존재

바울도 갈라디아서에서 이렇게 말하였다. "여러분은 자녀이므로, 하나님께서 그 아들의 영을 우리의 마음에 보내 주셔서 우리가 하나님을 '아빠, 아버지'라고 부를 수 있게 하셨습니다. 그러므로 여러분 각 사람은 이제 종이 아니라 자녀입니다. 자녀이면, 하나님께서 세워주신 상속자이기도 합니다."(갈4:6~7) 하나님은 우리의 아버지이시다. 우리는 그의 자녀이다. 우리는 예수 그리스도로 말미암아 그의 유업을 이을 자이다. 이것이 우리의 소명인 테오시스이다. 이처럼 테오시스란 하나님의 양자됨이요, 신의 성품에 참여하는 것이다.

중세의 신비가였던 엑카르트(Meister Eckh art)는 신화를 매우 독특한 방식으로 표현해 주었다. 즉 그는 "왜 하느님은 인간이 되셨는가?"(Cur deus homo)라는 고전적 질문에 "모든 인간이 신이 될 수 있게 하기 위해서"라고 다음과 같이 명료하게 답하였다.

"하느님은 왜 인간이 되셨는가?" 내가 [그와] 똑같은 하느님으로 태어나게 하기 위해서이다…우리는 "내가 나의 아버지로부터 들은 모든 것을 너희에게 계시했다."(요15:15)는 우리 주님의 말씀을 이렇게 이해해야 한다. 성자는 자기 아버지로부터 무엇을 듣는가? 성부는 낳지 않을 수 없고 성자는 태어나지 않을 수 없다는 것, 성부가 가지고 있으며 그 자신인 모든 것, 신적 존재와 신적 본성의 심연, 이 모든 것을 그가 자기 독생자 안으로 낳으신다는 것. 이것을 성자는 성부로부터 들으며, 이것을 그는 우리들에게 계시하셨다. 우리들도 똑같은 아들이 되게 하시려고.[Quint, 292~3; 길희성, 『마이스터 엑카르트의 영성사상』, 왜관: 분도출판사, 2003, 237쪽 재인용-]

우리는 테오시스의 소명을 가진 존재요, 하나님과 같은 신적 존재로 지음을 받은 존재이다. 마치 예수 그리스도가 성부 하나님과 '동일본질'(homoousius)이듯이, 우리 역시 그리스도 안에서 하나님과 동일본질이다. "아버지, 아버지께서 내 안에 계시고, 내가 아버지 안에 있는 것 같이, 그들도 하나가 되어서 우리 안에 있게 하여 주십시오."(요17:21)

따라서 필자는 우리 모두 신이 되는 꿈 곧 테오시스의 공동체를 꿈꾼다. 이 꿈을 이루기 위해 필자는 우선 매주일 성찬예배 때 교우들 간에 나누는 '평화의 인사'를 신화의 상징적 행위로 실천하고 있다. 그것은 교우들 간에 서로 '맞절'하는 것이다. 맞절은 상대방이 테오시스의 신적 존재라는 것을 인정하는 한국 스타일의 존경의 표시요, 또 테오시스로 함께 나가자는 상호 격려의 의미이다.

22. 풍류도의 공동체

로마 문화 배경의 가톨릭교회, 그리스 문화 배경의 동방정교회

지난 2천 년 동안 전개되어 온 세계 교회의 역사는 크게 두 흐름으로 발전하였다고 말할 수 있다. 하나는 초대 교회로부터 지금까지 '로마 문화'를 배경으로 하여 발전해 온 서방 가톨릭교회의 흐름이다. 이 가톨릭교회는 초창기에는 로마라는 엄청난 국가권력과 맞서 싸우면서 기독교 신앙을 지켰고, 로마로부터 기독교를 공인받은 뒤에는 국교가 되는 혁명을 이루어내었다. 이 과정에서 가톨릭교회는 법과 제도를 중시하는 라틴 문화에 최적화되어 발전하였다. 그래서 가톨릭교회는 법과 같은 '성경'을 정경화하였고 또 교회의 제도와 교리를 체계화하여 '교황' 중심의 교회 제도를 탄생시켰다. 이렇게 성경과 교황 제도를 중심으로 서방의 가톨릭교회는 중세 이래 현재까지 서구사회를 완전히 지배하는 큰 권력기관이 되었다. 그러나 가톨릭교회는 십자군의 실패와 루터의 종교개혁에 따른 개신교의 등장으로 분열의 아픔을 겪었다. 하지만 그럼에도 불구하고 가톨릭교회의 세력은 지금까지 여전히 유럽과 아메리카 대륙을 중심으로 한 서구사회에서 가장 크게 영향력을 행사하고 있다. 말하자면 이것이 제1교회의 모습이다.

또 다른 하나의 흐름은 '그리스 문화'를 배경으로 하여 발전한 동방 정교회의 흐름이다. 물론 이것은 초대 교회와 중세 교회 때까지는 '성상 논쟁'을 비롯한 몇몇 문제 등으로 인하여 갈등이 없지 않았지만 대체적으로 가톨릭

교회와 큰 구분 없이 함께 잘 발전하였다. 하지만 11세기 중반에 이르러 교회의 지배권과 관련하여 서방 가톨릭교회와 동방 정교회는 서로 나뉘게 되었다.(1054) 즉 교회가 동·서방 교회로 분리될 때, 서방 가톨릭교회는 로마 교구를 중심으로 이루어졌으나, 동방 정교회는 콘스탄티노플 교구, 알렉산드리아 교구, 안디옥 교구, 그리고 예루살렘 교구를 망라한 것이었다. 이것으로 보면, 동방 정교회의 관할지역은 서방의 가톨릭교회보다 훨씬 더 크고 광대하였다고 말할 수 있다. 이처럼 정교회는 희랍 문화가 지배적인 동유럽과 러시아를 중심으로 크게 발전하면서 말하자면 제2교회의 모습을 보여주고 있다.

그런데 동방 정교회는 서방 가톨릭교회가 법과 제도를 중심으로 발전한 것과 달리 좀 더 사색적이고 형이상학적이며, 신비한 성육신적 그리스도론 중심으로 발전한 점이 특징이다. 특히 동방 정교회는 거룩한 것과 세속적인 것, 혹은 교회와 세상을 서방의 교회들처럼 엄격히 분리하여 이원론적으로 보지 않았다. 오히려 모든 것을 통합하여 통전적으로 볼 것을 강조하였다. 예컨대, 역사적 인간인 예수에게 초월적인 하나님의 말씀 곧 로고스가 성육신된 것을 강조한 것은 그 대표적인 사례이다. 이것은 결국 자연스럽게 '이콘'(icon)의 발전을 이루었다. 말하자면 이콘은 하나님과 인간의 연합, 또 이 세상과 초월적 세계의 일치 등을 표상하는 것으로, 동방정교회의 신학과 전례 그리고 신자들의 일상생활에서 중심을 이룬다고 말할 수 있다.

풍류도에 기반한 제3의 교회, 풍류교회

한편, 세계의 교회는 이제 제1교회인 서방 가톨릭교회와 제2교회인 동방정교회를 넘어서, 제3교회를 필요로 하는 시대에 이르렀다. 왜냐면 세계의 교회는 이제 더 이상 로마 문화나 희랍 문화의 배경이 아니라 한국과 중국을 중심으로 한 아시아 문화를 중심으로 발전하고 있기 때문이다. 이런 점에서 무엇보다 아시아의 유수한 종교 문화인 '유불선'의 문화를 배경으로 한 제3교회의 탄생이 시급하다. 사실 서방교회와 동방교회가 번창할 당시 서방이나 동방에 유력한 고등 종교가 없었다. 그래서 기독교는 유일한 구원의 종교로서 큰 어려움 없이 그곳에서 자연스럽게 그 사회의 지배 종교가 될 수 있었다. 그러나 아시아는 그때와 상황이 많이 다르다. 아시아는 이미 '유불선'으로 불리는 고등 종교가 수천 년간 나라마다 뿌리 깊게 자리를 잡으면서 그 나름의 독특한 문화를 만들어왔다. 따라서 불가피하게 제3교회는 유불선과의 대화가 필수적이다. 이런 점에서 필자의 스승이기도 한 유동식 교수의 주장은 매우 흥미롭다. 그는 한국문화란 유불선을 포함하는 '풍류도'(風流道)의 문화라고 역설하였다. 여기서 풍류도는 신라시대 최치원이 설명한 풍류도에 따라 유불선을 포함하는 '한'의 포월[包含三敎], 지극한 '멋'의 예술성[風流] 그리고 '삶'의 현실성[接化群生]을 모두 함축한 말이다. 따라서 유동식 교수는 풍류도야말로 동양종교와 함께 동서방교회 모두를 아우를 수 있는 "한 멋진 삶의 창조적 영성"이라고 주장하면서, 한국교회가 제3의 교회로 '풍류교회'가 되어야 함을 역설한 바 있다.(유동식, 『한국문화와 기독교: 유동식신학수첩3』, 2009)

주지하듯이, 일찍이 스크랜튼과 언더우드, 그리고 한국교회의 초기 선구자들은 한국교회가 모름지기 '진정한 한국적 교회'가 되어야 함을 외쳤다. 그렇다면 진정한 한국적 교회란 무엇일까? 필자는 그것이 바로 유동식 교수가 말한 것처럼 '풍류도의 교회'가 아닌가 싶다. 풍류도의 교회는 지난 2천년 동안 동서방교회가 이룬 큰 신학적이고 교회적인 전통을 비판적으로 계승하면서도, 동시에 한국인의 얼인 풍류도와 아시아의 종교 문화 전통인 유불선을 포함하는 제3교회를 의미한다. 바로 이 풍류도의 교회를 세우는 일이야말로 하늘이 이 시대에 우리 한국교회에게 맡긴 역사적인 사명이 아닌가 싶다.

따라서 내가 꿈꾸는 교회는 제3교회이자 한국적 교회로서 풍류도의 공동체이다.

23. 한국문화의 공동체

한국인을 더 한국인답게 하는 교회

이화학당을 세운 스크랜튼 선교사는 학교를 시작하면서 위대한 선언을 한 바 있다. "우리의 목표는 이 여아들로 하여금 우리 외국 사람들의 생활, 의복 및 환경에 맞도록 변화하는 데 있지 않다. 우리는 단지 한국인을 더 나은 한국인(Koreans better Korean's only)으로 만들므로 만족한다. 우리는 한국인이 한국적인 것에 대하여 긍지를 가지게 되기를 희망한다."(『이화80년사』, 1967, 89) 한국에 기독교 복음을 전한 선교사들은 대부분 스크랜튼의 마음과 크게 다르지 않았다. 그들은 복음을 통해 한국인이 더 좋은 한국인이 되기를 바랐다. 예컨대 한국 최초의 선교사이자 연희전문학교(연세대학교)를 설립한 언더우드 선교사 역시 마찬가지였다. 그는 민족문화가 말살되던 일제 때 한국 대학으로서는 처음으로 기독교 대학인 연희전문에 한국학 연구를 위해 '국학연구원'을 설립하였고, 최현배 박사 등을 중심으로 '한글' 연구에 매진하도록 독려하였다.

더욱이 한국인으로 하여금 더 좋은 한국인이 되게 하는 꿈은 비단 선교사들만의 꿈은 아니었다. 그 꿈은 실제로 한국교회를 대표하는 여러 교단들의 꿈이기도 하였다. 대표적인 사례 몇 가지를 제시하면, 우선 '한국감리교회'의 설립을 기억할 필요가 있다. 주지하듯이 한국감리교회는 1930년 미국감리교회로부터 독립하면서 스크랜튼과 언더우드와 같은 큰 꿈을 현실화하기

위해 위대한 선언을 하였다. 그것은 바로 다음과 같은 한국감리교회의 3대 선언에서 찾아볼 수 있다. 즉 "진정한 기독교회, 진정한 감리교회, 그리고 진정한 조선적(한국적) 교회"가 그것이다. 여기서 세 번째의 선언이 바로 한국적 교회를 세우는 작업이다.

다음으로 한국의 자생적 교단 중 하나인 '복음교회'(현재 기독교대한복음교회)는 한국적 교회의 형성에 큰 관심을 두고 설립되었다. 이 교단은 1935년 최태용 목사와 그의 신앙에 동조하는 사람들에 의해 시작되었는데, 특히 최태용 목사는 일제 당시 구미 선교사들에 맹종하는 한국교회를 비판하며 한국적 기독교와 영적 기독교를 주장하며 교단을 창립하였던 것이다. 한국적 교회에 대한 강조는 복음교단의 3대 표어인 "신앙은 복음적이요 생명적이어라", "신학은 충분히 학문적이어라", 그리고 "교회는 한국인 자신의 것이어라"라는 말 속에 잘 나타난다.

한편 한국 교계에 많이 알려져 있지는 않지만 한국적 교회 세우기 운동에 헌신한 신학자이자 목사로서 우리는 이신 박사를 기억할 필요가 있다. 그는 한국 신학계에서 최초의 예술 신학자로 평가받는 분인데, 사실은 그보다 소위 '한국적 환원 운동가'로 보는 것이 더 타당하다. 즉 그는 1974년 '한국그리스도의교회'가 운영 면에서나 신학적인 측면에서 모두 여전히 미국 선교사 중심으로 진행되는 것에 개탄하면서 7개의 조항으로 된 '한국그리스도의교회 선언'을 발표하였던 것이다. 그중 일부만 인용하면 다음과 같다; "1. 우리는 한국그리스도의교회가 한국인에게 들려주신 예수 그리스도의 복음에 대한 한국인의 자각 있는 신앙과 이해에 의해서 세워져야 할 것을 믿는다.(중략) 3.우리는 한국인의 자각으로 이해되는 기독교 신앙과 교회의 형태에 대해서 어떤 외국인의 독자적 신앙이나 교회 형태가 한국인의 신앙적 결단을 무시하고 간섭할 수 없음을 믿는다.(후략)" 이처럼 이신 박사는 "한국인의 자각"에 의해 한국그리스도의교회가 세워져야 함을 역설하였다.

한국적 교회 세우기는 지금부터 다시 시작

물론 위에서 언급한 한국감리교회와 복음교회 그리고 한국그리스도의교회가 그들의 초심에 따라 '한국적 교회 세우기'의 작업에서 얼마나 큰 성공을 거두었는지는 다시 비판적 성찰의 과정을 통해 분명히 재론될 필요가 있다. 그럼에도 불구하고 그들이 한국적 교회를 세우기 위해 크게 수고하고 열정을 불태운 것은 후배 신앙인들이 꼭 기억해야 할 것이다. 이제 한국 땅에 복음이 전해진 지 적지 않은 세월이 지났다. 특히 지금은 종교개혁 500주년을 보낸 시점에서 그 어느 때보다 한국교회의 위기를 공감하는 때이다. 이 상황에서 우리는 한국교회의 위기 극복을 위해 다시 스크랜튼과 언더우드, 그리고 한국감리교회가 천명했던 '한국적 교회'의 꿈을 다시 확인할 필요가 있다. 뿐만 아니라 최태용의 복음교회와 이신의 한국그리스도의교회가 열망했던 한국적 교회 세우기 운동을 다시 한 번 점검하면 좋을 것 같다.

이런 맥락에서 필자는 종교개혁 반 천년을 맞이하여 종교개혁의 참 의미를 성찰하면서 내가 꿈꾸는 교회로 '한국적 교회'의 이상을 제시하고 싶다. 그것은 "한국의 전통문화를 강조하는 무궁화공동체"요, "우리 가락 찬송으로 종종 예배를 드리는 아리랑공동체"요, "일제 때 애국자(독립운동가, 중국조선족, 러시아 까레스끼야, 재일동포 등)였던 이들을 특별히 사랑하는 애국공동체"요, 또 "상해임시정부(1919.4.11)에서 대한민국의 법통을 찾아 주보에 A.D.와 함께 연호를 '민국○○년'으로 표기하는 대한민국의 공동체"이다. 그리고 "6·25를 기억하며 통일을 염원하는 통일공동체"요 "교회력을 존중하되 한국의 명절(설, 3·1절, 광복절, 추석 등)을 함께 소중히 여기는 달력공동체" 등이다.

따라서 내가 꿈꾸는 교회는 끊임없이 진정한 한국적 교회를 찾아 그것을 추구하는 한국문화의 공동체이다.

24. 한국적 교회의 공동체

진짜 한국교회는 어떤 교회인가?

얼마 전까지만 해도 학술대회나 회의 등으로 한국을 방문한 외국 신학자들과 목회자들을 만날 때면, 그들은 종종 한국교회의 성장에 놀라면서 한국 교회의 현장을 둘러보고 싶어 했다. 그래서 교수들은 종종 호스트의 입장에서 한국교회를 대표하는 교회로서 교회 성장을 크게 이룬 여의도의 유명한 Y교회나 강남 서초동의 S교회, 혹은 새벽기도로 유명한 M교회 등을 구경시켜주곤 하였다. 그런데 그들은 한국교회를 방문한 뒤 소회에서 거의 예외 없이 이런 말을 하였다. "한국교회의 성장이 정말로 놀랍습니다. 그런데 한국교회는 우리들의 교회랑 예배도 비슷하고 외관의 모습도 너무나 똑같습니다. 혹시 한국적인 교회는 없습니까?"

흥미롭게도 이런 분위기가 최근 많이 바뀌고 있다. 최근에 한국을 방문하는 신학자들은 얼마 전까지 그렇게 열심히 방문하던 그 유명한 Y교회나 S교회 혹은 M교회 대신에, 한국종교의 명승지인 유교의 사원이나 불교의 사찰 등을 둘러보고 싶어 한다. 실제로 작년 서울에서 열린 한 국제학술대회를 마친 뒤, 외국 신학자들은 한국의 대형 교회 대신에 성균관과 안동의 여러 서원들을 방문하였다. 그리고 그들은 방문 소회에서 하나같이 한국인의 깊은 종교심과 종교 전통에 크게 감탄하였다. 이제 한국교회는 스스로 질문할 때가 되었다. 진짜 한국교회란 어떤 교회인가 하고 말이다. Y교회나 S교회 혹

은 M교회처럼 소위 대형 교회가 진짜 한국적인 교회인지, 아니면 한국인의 문화와 전통 그리고 한국인의 아픔을 신학적으로 담아내고 있는 교회가 진짜 한국적인 교회인지 말이다. 과연 한국적 교회란 어떤 교회일까?

오래전 일이지만 필자는 유영모 선생의 제자인 김홍호 목사(1919-2012)가 목회하던 이화여대 대학교회에 가끔 출석한 적이 있다. 필자가 출석하여 봉사하는 교회가 따로 있었기 때문에 예배나 친교에는 참석하지 못했지만, 주일 오전 이른 시간에 있었던 '연경반'으로 불리는 동양학 수업에는 꼭 참석하였다. 훤칠한 키에 깨끗하고 맑은 이미지로 강의하시던 선생의 모습이 오늘따라 눈에 선하다. 그런데 필자는 가끔 한국교회의 적폐가 청산된 후 가톨릭교회와 정교회의 형태를 넘어서 제3교회로서의 아시아적 교회, 특히 한국적 교회를 어떻게 만들어야 할지를 고민할 때마다, '김홍호 모델'을 생각한다. 그런 점에서 필자가 잠시 인연을 맺었던 김홍호 목사의 목회 모델은 분명히 새로운 시대의 한 대안이 되리라 확신한다.

그렇다면 김홍호 모델이란 무엇일까? 그것은 한마디로 복음을 이해하고 증언함에 있어서 동양과 서양의 정신문화를 잘 조화시키는 것이다. 그는 주지하듯이 동양학에 정통한 분으로서, 자신이 목회하던 이화여대 대학교회에 동양학과 복음의 연결을 하나의 교회 프로그램으로 잘 구조화하였다. 그렇다면 교회 프로그램으로 구조화된 동양학과 복음의 만남은 어떻게 이루어졌는가? 그것은 주일의 모임을 의도적으로 동양학과 복음의 만남 그리고 그것을 예배로 이어가는 형태로 구성하였다. 예배 전에 모든 신자들은 먼저 동양의 고전을 배운다. 다음으로 동양의 고전을 바탕으로 하여 기독교 복음인 성경을 공부하고, 그 후 하나님께 정성껏 예배를 드리는 것이다. 즉 주일모임의 순서는 ①동양고전(유불선 공부, 9시) ②성경연구(10시) ③예배(11시) ④공동식사(코이노니아, 12시)로 이어졌다. 필자는 최근 가나안 신자들을 위한 교회를 섬기면서 실험적으로 김홍호 모델을 차용하고 있다. 그래서 매주 셋째 주일 모임에서는 성만찬 예배를 드린 후 불교를 비롯한 이웃 종교를 공부하고 있다. 이와 같은 김홍호 모델이 한국교회에 더 깊이 뿌리내리기를 기대하는 바이다.

신자들 간에 철저하게 평등을 추구하는 신앙공동체

덧붙여 말하자면, 김홍호 모델은 철저하게 평등을 추구하는 신앙공동체이다. 이것은 이미 앞선 글에서 밝혔듯이, 모든 신자들을 서로 평등한 존재로 존경하고 사랑하는 것이다. 이것을 실현하기 위해 김흥호 목사는 유영모 선생의 가르침에 따라 신자들 간의 호칭을 '언[仁]님'으로 부를 것을 주장하면서, 언님의 의미를 다음과 같이 자세히 설명해 주었다.

"지붕 위에 감이 새빨갛다. 다 익은 것이다[盡性]. 동양 사람들은 다 익은 사람을 인[仁]이라고 한다. 자기 속알[德]을 가진 사람이요, 지붕 위에 높이 달려 있는 감처럼 하늘나라를 가진 사람이다. 사랑의 단물이 가득 차고 지혜의 햇빛이 반짝이는 높은 가지의 감알, 그것이 어진 사람이다. 완성되어 있는 사람, 성숙해 익은 사람, 된 사람, 다한 사람, 개성을 가진 사람, 있는 곳이 그대로 참인 사람[立處皆眞], 언제나 한가롭고[心無事] 어떤 일에도 정성을 쏟을 수 있는 사람[事無心], 동양에서는 이런 사람을 사람이라고 한다. 다 준비되어 있는 사람[平常心], 더 준비할 것이 없는 사람[無爲], 꼭지만 틀면 물이 쏟아져 나오듯[命] 말이 쏟아져 나오고[道] 사랑이 쏟아져 나오는 사람, 그런 사람을 인이라고 한다. 인은 된 사람이다" (김흥호, 『생각없는 생각』, 솔, 16)

이처럼 내가 꿈꾸는 교회는 한국적 교회이다. 그것은 동양과 서양의 지혜를 복음 안에서 하나로 통전화시키는 것이며, 하나님 안에서 모든 신자들은 평등한 존재로서 서로 언님으로 존중하고 사랑하는 것이다. 이것이 진정한 한국적 교회의 한 모습이 아닌가 싶다.

25. 한글 복음의 공동체

한국 최고의 세계문화유산은 무엇일까

한국인이 낳은 세계적인 문화유산은 수없이 많다. 그중에 유네스코 세계문화유산으로 등재된 것은 14개이다. 그것은 해인사, 종묘, 석굴암과 불국사, 창덕궁, 수원화성, 고인돌유적(고창, 화순, 강화), 경주 역사유적지구, 제주 화산섬과 용암동굴, 조선왕릉, 민속마을(하회, 양동), 남한산성, 백제역사유적지구, 산사(통도사, 부석사, 대흥사, 봉정사, 법주사, 마곡사, 선암사), 서원(소수서원, 도산서원, 병산서원, 옥산서원, 도동서원, 남계서원, 필암서원, 무성서원, 돈암서원)이다. 그리고 유네스코의 세계기록유산으로는 훈민정음(해례본), 조선왕조실록, 직지심체요절, 승정원일기, 해인사대장경판 및 제경판, 조선왕실 어보 및 어책, 조선왕조 의궤, 동의보감, 일성록, 5·18 민주화운동 기록물, 난중일기, 새마을운동기록물, KBS특별생방송 '이산가족을 찾습니다' 기록물, 유교책판, 조선통신사기록, 국채보상운동기록물 등 16개이다. 정말로 위대한 유산이 아닐 수 없다.

우문이긴 하지만, 이 중에서 가장 소중한 것 하나만 꼽는다면, 무엇일까? 필자는 주저하지 않고 '훈민정음'을 꼽고 싶다. 왜냐면 하이데거가 일찍이 "언어는 존재의 집"이라고 말했던 것처럼, 한 나라의 언어는 그 민족의 얼을 담고 있기 때문이다. 따라서 한글이야말로 한국인의 얼을 담고 있는 가장 소중한 문화유산이라 말할 수 있다. 주지하듯이, 한글은 세종대왕께서

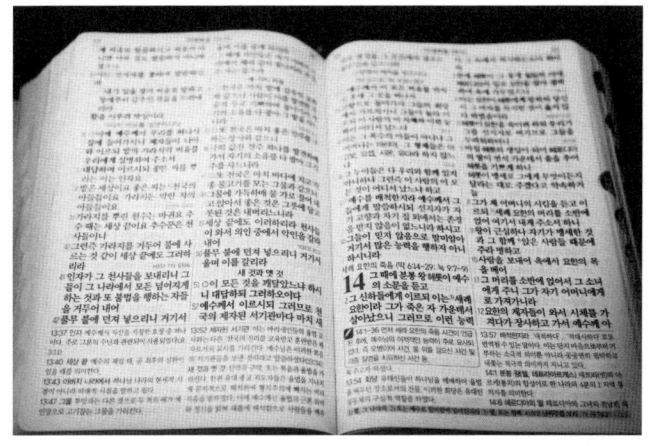

세종 25년(1443) 창제하여 세종 28년(1446)에 반포하였다. 그래서 한국의 역사는 1446년을 기점으로 하여 그 이전과 그 이후로 나눌 수 있을 만큼 한글은 중요한 위치를 차지한다. 한글을 중심으로 하여 한국의 정신문화가 새롭게 꽃을 피운 것이다. "백성을 가르치는 바른 소리"라는 뜻을 가진 훈민정음은 세종께서 일반 민중들의 의사소통을 위한 애민의 목적으로 창제되었다. 쉬운 우리말로 다듬어진 훈민정음 서문은 다음과 같이 시작된다. "나랏말이 중국 문자와 서로 통하지 않는 까닭으로, 어리석은 백성이 이르고자 하는 바가 있어도 마침내 제 뜻을 능히 펴지 못할 사람이 많으니라. 내 이를 위하여 가엾게 여겨 새로 스물여덟 자를 만드노니, 사람마다 하여금 쉽게 익혀 날로 씀에 편안하게 하고자 할 따름이니라." 정말로 가슴 뭉클한 선언이 아닐 수 없다.

세종께서 한글을 창제한 뒤에 한글을 통해 제일 먼저 한 일은 두 가지였다. 하나는 조선 건국의 시조들의 활약상을 찬양하는 '용비어천가'(龍飛御天歌)를 만든 것이었고, 또 하나는 '월인천강지곡'(月印千江之曲)을 지은 것이다. 특히 후자는 우리의 관심을 끌기에 충분하다. 왜냐면 후자는 석가모니 부처님의 일대기를 노래한 것으로서 불교 정토경전의 내용을 담고 있기 때문이다. 비록 조선이 유교의 국가로 출발은 하였으나 여전히 민중의 차원에서는 불교의 영향력이 큰 상황에서, 세종은 유교의 최고 가치인 효심(孝心)의 강조와 함께 불교의 이념을 통해서 백성들의 민심을 하나로 모으려고 하였다. 그래서 월인천강지곡을 지은 것이다.

세종이 자신의 부인인 소헌왕후를 추모하며 그의 아들인 수양대군(후에 세조)에게 명하여 '석보상절'(釋譜詳節)을 짓게 하였다. 수양이 어머니를 그리며 석보상절을 지어 바치자, 세종은 그것을 본 뒤 손수 한글 찬송시를 지어 월인천강지곡이라고 이름 붙였다. 여기서 월인천강지곡이란 마치 하늘의 달 하나가 천 개의 강에 비치듯이, 부처가 백억세계에 모습을 드러내 교화를 베푼다는 의미이다. 만약 조선 불교가 세종의 '한글불경화'의 정신을 본받아 모든 불경을 한글로 번역하는 일을 했었더라면 어떤 일이 벌어졌을까? 가정이지만, 한국불교는 아마도 지금의 불교와는 확연히 다른, 더욱 새로운 한국적인 새 불교가 탄생되었으리라.

세계문화의 흐름과 언어, 그리고 번역의 역사

사실 세계의 역사를 돌이켜 보면, 한 나라의 융성은 언제든지 그 나라의 언어와 종교의 창조적인 만남에서 출발하였다. 예를 들면, 로마제국은 기독교의 복음을 공인한 뒤(313), 성경을 희랍어 성경(칠십인역)에서 라틴어 성경으로 번역(405)하면서 더욱 자리를 굳게 잡게 되었다. 그 핵심 주역은 제롬(Jerome)으로 알려진 히에로니무스(Eusebius Sophronius Hieronymus, 347~420)이다. 그는 칠십인역 희랍어 성경을 라틴 불가타역(Latin Vulgata)으로 번역하였다. 이 성경은 지금까지 가톨릭교회의 공식적인 표준성경으로 인정되고 있다.(1965년 제2바티칸공의회 이후에는 불가타 성경을 개정하여 '새로운 불가타'가 표준성경으로 사용됨)

한편, 영국의 부흥은 자연스럽게 영어 성경의 탄생과 함께 시작되었다. 이 일을 앞장선 이는 위클리프(John Wycliff, 1320?~1384)였다. 그는 당시 불가타역을 절대화하던 시대에 영어로 성경을 번역함으로써(1382) 영국교회의 새로운 탄생을 알렸고, 그것은 자연스럽게 종교개혁의 서막이 되었다. 그리고 독일도 루터가 독일어로 성경을 완역하면서(1534) 명실상부한 독일교회의 탄생과 독일의 융성으로 인도하였다.

이런 점에서 보면, 한국도 역시 예외는 아니다. 현대 한국문화의 융성은 한글과 성경이 만난 데 있다. 조선 말 기독교 복음이 공식적으로 조선 땅에 들어오기 전 성경이 먼저 한글로 번역된 것(『예수셩교누가복음젼서』, 1882)은 정말로 놀라운 일이다. 말하자면 한자가 중심이던 조선에서 한국교회는 한자가 아닌 '한글'로 복음 선교를 시작한 것이다. 이런 점에서 한국교회의 복음은 '한글 복음'이다. 그 결과 한국교회의 눈부신 성장이 이어졌고, 또 한글 복음으로 근대 한국의 탄생이 비로소 가능했다면 과장일까?

따라서 내가 꿈꾸는 교회는 한글 사랑을 누구보다 실천하는 한글 복음의 공동체이다.

참고문헌

강선구. 『브레이크 예술론』. 대전: 한남대학교출판부, 2003.
권포근 & 고진하. 『잡초치유밥상』. 서울: 마음의숲, 2017.
길희성. 『지눌의 선사상』. 서울: 소나무, 2015(3판).
길희성. 『마이스터 엑카르트의 영성사상』. 왜관: 분도출판사, 2003.
김경재. 『김재준평전: 성육신신앙과 대승기독교』. 서울: 삼인, 2014.
김삼웅. 『안중근평전』. 서울: 시대의창, 2019.
김상일. 『동학과 신서학』. 서울: 지식산업사, 2000.
김소엽. "북," 『별을 찾아서: 김소엽시선집』, 인간과 문학사, 2013.
김용옥. 『도올의 도마복음 한글역주1,2,3』. 서울: 통나무, 2010.
김응교. 『처럼: 시로 만나는 윤동주』. 서울: 문학동네, 2016.
김지찬편. 『요세푸스』. 서울: 생명의 말씀사, 1987.
김찬호. 『유머니즘』. 서울: 문학과지성사, 2018.
김흡영. 『가온찍기: 다석 유영모의 글로벌한국신학서술』. 서울:동연, 2013.
김흥호. 『생각 없는 생각』. 서울: 솔, 1999.
다석학회편. 『다석강의』. 서울: 현암사, 2006.
레페스포럼편. 『종교 안에서 종교를 넘어: 불자와 그리스도인의 대화』. 서울:모시는사
    람들, 2017.
레페스포럼편. 『지속적 폭력과 간헐적 평화』. 서울: 모시는사람들, 2020.
리영희. 『대화: 한 지식인의 삶과 사상』. 서울: 한길사, 2006.
문익환. 『꿈을 비는 마음』. 서울: 실천문학사, 1992.
민경배. 『한국기독교회사』, 서울: 연세대학교출판부, 1982.
민영진. 『공중도시』. 서울: 창조세계사, 2018.
민영진. 『교회 밖에 핀 예수꽃』. 서울: 창조문예사, 2011.

박노해. 『그러니 그대 사라지지 말아라』. 서울: 느린걸음, 2010.
박맹수. 『생명의 눈으로 보는 동학』. 서울: 모시는 사람들, 2014.
박성훈. "우리가 꿈꾸는 세상." 『꿈에서』. 노래앨범 1집, 2019
박형철. 『구원의 드라마 in Film』. 서울: 예술과영성, 2018.
박흥순. 『포스트콜로니얼 성서 해석』. 서울: 예영비앤피, 2006,
법정. 『무소유』. 서울: 범우사, 1991.
보조국사 지눌. 『윤홍식의 수심결강의』. 서울: 봉황동래, 2019.
서광선. 『피스 메이커 서광선 이야기』. 2016.
손원영. 『기독교 문화교육과 주일교회학교』. 서울:대한기독교서회, 2004.
손원영. 『테오프락시스 교회론』. 서울: 동연, 2011.
손원영편. 『교회 밖 교회: 다섯 빛깔 가나안교회』. 서울: 예술과 영성, 2019.
송기득. 『기독교사상』, 2015년 9-10월호.
신영복. 『강의: 나의 동양고전독법』. 서울: 돌베개, 2004.
신용관. 『말씀으로 읽는 시』. 서울: 예술과영성, 2017.
오강남. 『또 다른 예수』. 서울: 예담, 2009.
옥성득. 『한국기독교형성사』. 서울: 새물결플러스, 2020.
유동식. 『한국문화와 기독교: 유동식신학수첩3』. 서울: 한들출판사, 2009.
윤동주. 『하늘과 바람과 별과 시: 윤동주유고시집』. 서울: 소와다리, 2016.
은준관. 『신학적 교회론』. 서울: 대한기독교서회, 1998.
은준관. 『실천적 교회론』. 서울: 대한기독교서회, 1999.
이 신. 『슐리어리즘과 영의 신학』. 서울: 동연, 2011.
이정배. 『내 인생을 가로지르는 영화』. 서울: 예술과영성, 2017.
이정배. 『빈탕한데 맞혀놀이』. 서울: 동연, 2011.
이정배. 『종교개혁 500년, '以後' 신학』. 서울: 모시는사람들, 2017.
전형택. 『조선 양반사회와 노비』. 서울: 문현, 2010.
최제우. "동경대전." 『천도교경전공부하기』. 라명재주해. 서울:모시는사람들, 2017. 증보2판.
최종태. 『나의 미술 아름다움을 향한 사색』. 서울: 열화당, 1998.

하승수.『배를 돌려라: 대한민국 대전환』. 서울: 한티재, 2019.

한국문화신학회편.『소수자의 신학』. 서울:동연, 2017.

한인철 & 손원영 편.『신학의 길 목회의 삶: 목사를 키운 목사 문화신학자 이계준 박사 팔순기념문집』. 서울: 동연, 2011.

허호익,『천지인신학 : 한국신학의 새로운 모색』. 서울: 동연 2020

허호익.『한국의 이단 기독교』. 서울: 동연, 2020. 개정증보판.

Arendt, Hannah.『예루살렘의 아이히만: 악의 평범성에 대한 보고서』. 서울: 한길사, 2006.

Bass, Dorthy. Ed. Practicing Our Faith: A Way of Life for Searching People. Minneapolis: Fortress Press, 2019.

Bellah, Robert. Religion in Human Evolution. Boston: Harvard University Press, 2017.

Benjamin, Walter.『기술 복제 시대의 예술작품, 사진의 작은 역사: 발터 벤야민선집2』. 최성만역. 서울: 도서출판 길, 2007. (1935)

Berger, Peter.『이단의 시대』. 서광선 역. 서울: 문학과지성사, 1981.

Cobb, Jr., John B.『지구를 구하는 열 가지 생각』. 한윤정역. 지구와사람, 2018.

Cox, Harvey.『종교의 미래: 예수의 시대에서 미래의 종교를 보다』. 김창락역. 서울: 문예출판사, 2010.

Dostoevsky, Fyodor.『카라마조프가의 형제들』. 김희숙역. 서울: 문학동네, 2018.

Eco, Umberto.『장미의 이름』. 이윤기역. 서울: 열린책들, 2009.

Evans Jr., James H.『놀이』. 홍병룡역. 서울:포이에마, 2013.

Evans, Rachel H.『교회를 찾아서: 사랑했던 교회를 떠나 다시 교회로』. 박천규역. 서울; 비아, 2019.

Fromm, Eric.『소유냐 존재냐』. 차경아역. 서울: 까치, 2020.

Gandhi, Mahatma.『간디명상록』. 이명권역. 열린서원, 2003.

Gardner, Howard.『진선미: 되살려야할 인간의 가치』. 김한영역. 서울: 북스넛, 2013.

Gheorghiu, Virgil.『25시에서 영원으로: 거룩한 사제인 나의 아버지에 대한 찬양시』. 그레고리오스역. 서울: 정교회출판사, 2015.

Glazener, Mary.『진노의 잔: 소설 본훼퍼』. 권영진역. 서울: 홍성사, 2006.

god, 〈길〉, 노래앨범

Gutierrez, Gustavo. A Theology of Liberation. New York: Orbis Books, 1973.

Harari, Yuval Noah. 『호모 데우스: 미래의 역사』. 김명주역. 서울: 김영사, 2017.

Harkness, Georgia E. The Church and Its Laity. New York: Abingdon Press, 1962

Heschel, Abrahan J. 『사람을 찾는 하느님』, 이현주역. 서울: 종로서적, 1987.

Hodgson, Peter. 『기독교 구성신학』. 손원영 외 역. 서울: 은성, 2000.

Huizinga, Hohan. 『호모 루덴스: 놀이하는 인간』. 이종인 역. 서울: 연암서가, 2018.

Huntington, Samuel. 『문명의 충돌』. 이희재역. 서울: 김영사, 2016.

Küng, Hans. 『교회』. 정지련역. 서울:한들출판사, 2007.

Moltmann, Jürgen. Theology of Play. New York: Harper & Row, 1972.

Nouwen, Henri. 『죽음, 가장 큰 선물』. 홍석현역. 서울: 홍성사, 1998.

Pagels, Elaine. 『성서 밖의 예수』. 방건웅역. 서울: 정신세계사, 1989.

Pagels, Elaine. 『숨겨진 복음서 영지주의』. 하연희역. 서울: 루비박스, 2006.

Peterson, Eugene H. 『현실, 하나님의 세계: 영성신학』. 이종태 & 양혜원역. 서울: IVP, 2005.

Rahner, Hugo. Man at Play. New York: Cluny Media Edition, 1964/2019.

Rieger, Joerg. 『여행, 관광인가 순례인가: 그리스도인을 위한 길 위의 신학』. 홍병룡역. 서울: 포이에마, 2015.

Rifkin, Jeremy. 『엔트로피』. 이창희역. 서울: 세종연구원, 2015.

Sagan, Carl. 『코스모스』. 홍승수역. 서울: 사이언스북, 2010.

Stevens, R. Paul. 『21세기를 위한 평신도신학』. 홍병룡역. 서울: IVP, 2015.

Tillich, Paul. Systematic Theology. Vol.1. Chicago: University of Chicago Press, 1973.

Volf, Miraslav. 『배제와 포용』. 박세혁역. 서울: IVP, 2012.

Von Balthasar, Hans Urs. The Glory of the Lord: A Theological Aesthetics. Vol. 1-7. San Francisco: Ignatius Press, 2009.

Wilson, Edward O. 『바이오필리아』. 안소연역. 서울: 사이언스북, 2010.

Wuthnow, Robert. After Heaven: Spirituality in America Since the 1950s. Berkeley & LA, CA: University of California Press, 1998.

부록

발문(跋文): 『내가 꿈꾸는 교회』에 대한 예술 신학적 성찰
　　　　　_ 심광섭

발문(跋文): 개벽하러 가는 마음
　　　　　_ 조성환

| 발문 |

『내가 꿈꾸는 교회』에 대한 예술 신학적 성찰

심광섭 _ 목사 · 예술목회연구원 원장

『내가 꿈꾸는 교회』, 책의 제목에 교회에 대한 손원영 교수의 고뇌와 근심이 담겨 있고, 애정과 사랑이 온통 다 모여 있다. 손 교수는 종교개혁 500주년 기념해인 2017년부터 이 글을 쓰기 시작했던바, 아마도 비텐베르크 성에 붙였던 루터의 95개조 신학논쟁을 연상했음에 틀림없다. 루터의 95개조의 내용도 중세 후기의 교회의 문제에 관한 것인데, 저자는 문제의식에서 루터의 영혼을 닮았고 그 열정에서 루터를 넘어선다. 100개의 제목을 담은 새로운 교회상을 꿈 꿨으니 말이다. 그러나 서술 방식에서 저자는 루터와 다르다. 루터가 문제를 중심으로 토론해보자는 논제를 내건 논쟁적 성격의 글이라면, 저자는 그가 꿈꾸는 새로운 교회의 모습을 제안하는 방법과 실천 가능한 풍요로운 지혜를 담고 있다.

종교개혁 이후 신학의 주제는 교회론과 성령론으로 이동한다. 고대 교회가 삼위일체론과 기독론, 중세 교회가 구원론의 수립에 온통 정신을 쏟았다면 종교개혁 이후 특히 계몽주의 근대이후, 합리주의, 세속화, 무신론의 도전과 함께 탈교회 현상이 심각하게 번지면서 신학자들은 새로운 교회론 정립에 몰입한다. 19세기에는 근대 개신교 신학의 교부인 슐라이어마허가 새로운 교회론을 궁구했고, 20세기에는 칼 바르트와 틸리히가 교회론의 중요성을 부각시켰다.

한국교회는 짧은 기독교 전파의 역사에 비해 모이기에 힘쓰고, 전도와 기도와 헌신에 힘입어 급격한 성장과 교세를 통계적 수치로 자랑했지만, 교회의 본질에서 이탈하는 현상이 빈번하게 보도되면서 심각한 탈교회 현상이 만연해지는 교회의 위기 국면을 보내고 있다. 많은 학자들과 목회자들이 교회의 개혁과 쇄신을 위해 노력했지만, 교회가 위치한 사회-문화적 환경을 고려하지 못한 채 교회의 사회적 현상이나 교회의 기능, 교회의 행정이나 관리 및 교회의 선교활동에 치중한 나머지 교회의 본래적 모습과 활동의 지평을 막상 소통할 대상인 한국 역사와 사회 및 문화와 관련하여 제시하지 못했다. 저자의 책은 이 문제의식에서 매우 새롭고 한국 교회론의 폭과 지평을 크게 만들고 있다. 통 큰 한국적 교회론이라 말하고 싶다.

저자는 한국적 교회상을 진선미애(眞善美愛)의 근원이신 삼위일체 하나님에 대한 고백에서 끌어내 4부로 전개한다. 각 부에서 25개의 교회상이 제시됨으로써 도합 100개의 교회상이 생산된다. 손 교수의 집필 의도 속에는 예술적 교회론이 꿈틀거리고 있기 때문에 진선미의 순서를 20세기 최고의 예술 신학자 한스 우르즈 폰 발타자르의 신학적 미학의 책의 구성을 따라 미-선-진에다가 애(愛)를 더한 순서로 전개한다. 아름다움의 공동체(제1부), 공의[善]의 공동체(제2부), 진리[眞]의 공동체(제3부), 사랑[愛]의 공동체(제4부)의 순서로 새로운 꿈의 교회의 집을 짓는다. 솔제니친은 진과 선에 대한 미의 탁월성에 대해 이런 말을 남겼다 "만약 세 그루의 나무들(진리, 선, 아름다움)의 꼭대기가 모여들 때… 진리와 선이 너무 분명하고 직접적이어서 꺾이고 잘려나가 올라갈 수 없다면, 아마 환상적이고 예측불가능하고 기대하지 않은 아름다움이라는 줄기가 바로 그 자리에 뚫고 올라갈 것이며, 그리함으로

써 셋 모두의 일을 완수해낼 것이다"(솔제니친)

저자의 질문의식은 프로테스탄트 철학자 칸트가 제기한 네 가지 질문에 담긴 철학의 전체 체계를 닮았다. 칸트의 질문은 순수과학의 세계, 인과론의 과학적 진리의 세계에서 "나는 무엇을 알 수 있는가?", 도덕, 법, 자유의지, 실천의 선의 세계에서 "나는 무엇을 해야만 하는가?" 상상력, 이성의 자유로운 유희, 곧 미의 세계에서 "나는 무엇을 희망해도 되는가?" 그리고 마지막으로 세계시민적 관점에서 "인간이란 무엇인가?"라는 질문이다.

제1부 아름다움의 공동체는 "꿈꿔도 되는 교회", 하나님의 은총으로 말미암아 꿈이 허락된 교회로서 칸트의 판단력비판의 관심사인 미적 유희의 세계에 해당하며, 제2부 "꿈꿔야 하는 교회"는 칸트의 실천이성비판, 곧 당위의 세계이며, 제3부 "꿈에 그리는 교회"는 칸트의 순수이성비판, 곧 진리의 공동체이며, 마지막 제4부 "꿈꿀 수밖에 없는 교회"는 하나님 나라 시민의 관점에서 "사랑의 공동체"가 아니면 무엇이란 말인가, 세계시민을 향해 그렇지 않느냐고 되묻는다. 이 네 가지는 저자의 꿈속에 있다. 그러나 그 꿈은 의식이 사라진 한밤의 꿈이 아니라 의식이 또렷하고 명석한 상태에서 너르고 드높은 마음으로 바라는 대낮의 꿈(Tagtraum)이다. 손 교수의 공동체에 대한 꿈은 "세계의 실험"(Experimentum mundi, 에른스트 블로흐)이며 "희망의 실험"(Experimentum spei, 위르겐 몰트만)의 한국판이다.

제1부에서 저자는 아름다움의 공동체는 상징을 이해하고 사용할 줄 아는 "상징의 공동체"(14)에서 비롯됨으로 종을 울린다. 종교의 생동력은 상징 존재의 여부에 달려 있다. 종교개혁 당시 교회의 이콘과 상징물들을 교회에서 깨끗이 청소한 프로테스탄트 교회의 신학적 정당성에도 불구하고, 종교개혁 이후의 역사에서 중요한 상징적 사고와 "상상력"(12), 상징과 은유와 시적 언어(18)까지 싹 쓸어버려 주지주의와 도덕적 종교 및 성서 문자주의로 전락

한 것이 아닌가 매우 염려가 된다. 저자는 상징이란 "영원한 하나님의 세계와 유일한 인간 세계를 서로 연결하는 것으로서 성과 속, 영원과 유한을 매개하는 신비한 힘을 지닌 '성례전적 존재'(sacramental being)"라고 말한다. 예배에서 성찬의 중요성은 가장 기본적인 물질인 떡과 포도주가 바로 주님의 살과 피임을 아는데 있다. 그래서 자자는 "리마예전에 따른 성례전 공동체"(9)를 강조한다. 성례전은 사물이 한갓 사물이 아니라 그리스도의 은총을 매개하는 투시체이며, 이때 세계는 단선적이고 일차원적이며 실증적인 세계가 아니라 영성과 예술의 세계임을 드러낸다. 예술은 상징작용 없이 존재할 수 없다.

'예술'을 파자(破字)로 풀면 '예수+己'로서 예수를 자기 안에 모셨을 때 생기는 삶의 아름다운 제반 행위를 일컫는다. 그러므로 저자에게 "예술가-되기의 공동체"(21)는 "예수살기 공동체"(20)이다. 예수살기 공동체는 윤리적 행위로만 나타나는 것이 아니라 우선 미학적으로 표현되어야 한다. 그 표현들은 지금까지 교회 공동체에서 잘 맛볼 수 없는 웃음과 유모(22,23), 무엇보다 춤과 놀이(7)이다. 웃음과 유모는 넘치는 은총을 입어 넉넉해진 인간 마음의 표현이며 춤과 놀이는 성령 안에서 자유로운 인간의 초월적 몸짓이다.

아우구스티누스는 아름다움이란 "우리를 끌어당기어 우리가 사랑하는 대상과 하나 되게 하는 것"이라고 말한다. 그렇다면 교회가 아름다움을 회복하고 "예수꽃"(4)이 만발한 아름다운 공동체가 될 때 교회는 다시 "가고 싶은 공동체"(1)가 될 것이다. 살아 있고 참된 교회 공동체를 통해서만 온갖 놀이와 춤, 유모와 시, 음악과 미술이 거룩한 초월의 실재를 맞이할 수 있기 때문이다.

제2부에서 저자는 공의[善]의 공동체를 피력한다. 선의 공동체는 우리가 마땅히 꿈꿔야 하는 공동체이다. 그러나 당위적 善은 도덕적 계율의 타율적

실천에서 시작되는 것이 아니라 부단한 메타노이아(1)의 극기(克己)를 통해 "하늘을 우러러 한 점 부끄러움이 없기를"(3) 바라며 염치(廉恥)를 아는 "양심의 공동체"(6) "착한 사람들의 공동체"(15)에서 시작된다. 양심의 회복과 배양 및 확충을 통해 나와 다른 타자에 대한 포용과 배려의 역량이 자란다. 이때 비로소 주변인과 소수자를 돌보고 포용하는 "용서의 공동체"(9)로 성장한다. 양심의 공동체는 경제적으로 교회 안에서 "자기신용지출제"(9)를 실행하며 교회 밖에서 "주문생산형 공동체"(14)로 확장된다. 이 공동체의 궁극적 목적은 善이 평화를 만들고 평화를 사는 공동체(18,19)가 되는 것이다. 평화는 정의를 통해 수립된다. 정의는 평화 수립의 능력이다. 저자는 이것을 "회복적 정의의 공동체"(25)라 말한다.

사실 구약에서 하나님은 "정의의 태양"(말 4:2)고 구원론의 핵심교리인 칭의론은 정의론이다. 칭의론은 죄를 범한 자(가해자)의 용서를 통해 사회로 받아들이고 피해자의 권리를 회복하고 세워 사회로 받아들인다. 하나님의 정의란 단순히 선과 악을 판단하는 정의, 선한 자에게 상주고 악한 자에게 "벌주는 정의"(justitia distributiva)가 아니라 공의를 바로 세우고, 굽은 길을 곧게 하는 정의 곧 "창조적인 정의"(위르겐 몰트만)이다. 그러므로 창조적 정의는 가해자와 피해자가 함께 사는 사회의 불의한 제도와 시스템을 정의롭게 세우는데까지 미쳐야 한다. 하나님의 정의는 해방하는 정의, 빼앗긴 권리를 찾아주는 정의, 구원하고 치유하는 정의이다. 이러한 하나님의 정의야말로 이스라엘의 근원적인 하나님 체험이기도 하다. 창조적 정의 속에서 교회는 온전한 "살림의 공동체"(4)가 될 것이다.

제3부에서 저자는 교회가 "진리[眞]의 공동체"가 되어야 함을 꿈에 그린다. 전통적으로 진리란 생각과 생각되어진 것, 곧 사물의 일치에서 찾았다. '일치론'으로서의 진리는 차가운 진리관이며 인식의 주체인 인간이 인식의

대상인 타자와 세계를 지배하는 쪽으로 나가는 위험이 항시 도사리고 있다. 그래서 손 교수는 진리를 공동체 구성원들의 독백이 아니라 대화와 소통, 지배가 아니라 사귐과 교제에서 찾는다. 이 진리관은 "삼위일체적 사귐"(10)에 매우 분명하게 나타나 있다. 기독교 신앙이 고백하는 하나님은 유일한 신성이 독재하는 전제군주의 하나님이 아니라 성부, 성자, 성령이라 불리는 삼위(三位) 사이의 막힘없는 순환과 사랑의 사귐을 통해 단일성을 이루는 하나님이다.

사귐과 소통을 진리에 대한 제일 신앙으로 고백하는 공동체는 설교도 설교자 한 사람의 독백이 아니라 말씀을 회중이 함께 나누는 "나눔설교의 공동체"(7)이다. 진리의 공동체는 근대 이후 진리를 독점적으로 기획했던 현대 과학(물리학, 생물학, 우주론, 인공지능 등)과 기꺼이 대화에 나선다(24). 종교에 대한 과학의 불신을 먼저 불식시킬 뿐 아니라 과학적 진리의 한계도 밝히기 위해서이다. 뿐만 아니라 손 교수는 이웃 종교와도 적극적으로 대화한다(14, 15, 21). 진리는 어느 한 종교가 독점할 수 없기 때문이다. 독점될 수 있는 진리는 더 이상 진리라고 말할 수 없다. 손 교수는 동학과 한국 불교와의 대화에 매우 적극적이다. '수행', '춘안거', '무소유', '호연지기', '깨달음', '포함삼교', '대승', '동학', '부자유친'의 제목에서 잘 드러난다. 손 교수의 대화의 의도는 한갓 지적 탐구를 만족시키기 위해서가 아니라 이웃 종교에 대한 한국 개신교의 배타적인 태도를 극복하고 종교간 평화를 이루는 데 있다. 종교의 평화는 곧 세계 평화의 튼튼한 기초이며, 이 평화는 평화의 왕으로 오신 예수님의 복음 선포와 일치하기 때문이다.

제4부는 사랑[愛]의 공동체이다. 사랑은 하나님의 존재요 본질이며, 예수께서 제자들에게 주신 계명이며, 은사 중 최고의 은사로 바울은 찬미하기도 한다. 예수는 사랑의 예술가이다. "예술가는 사람들이 아무리 쓸데없다고

생각한다 하더라도, 다른 누구도 해낼 수 있던 적이 없는 방식으로 삶을 생기 있게 만든다"(영국 화가 프란시스 베이컨). 미-선-진은 사랑을 통해 역사 속에서 구체화 되지 못한다면 달콤한 노래로 끝날 것이다. 그래서 손 교수는 "사랑 수행의 공동체"(12)를 말한다.

사랑은 우선 공동체 안에서 우정으로 싹트고 자라야 하며, 이 힘을 바탕으로 이 땅에서 고난받는 사람들과 연대하는 행위(4)로 확장되어야 하고 먹거리를 나누는 예수 밥상공동체(15)로 가시화되어야 한다. 무엇보다 손 교수는 이웃 종교를 사랑하고(7~9) 한국 문화 전통을 익혀(1,3,22~25) 복음이 더 이상 서양으로부터 건너온 이질적 종교나 영성이 아니라, 안으로 우리의 정신과 삶 속에 온전히 뿌리 내리고 체화되고, 밖으로 한국 문화와 예술을 통해 자연스럽고도 창의적으로 표현되는 기독교를 꿈꾼다. 교회 공동체는 이 땅 위에 세워진 아름답고 선하며 진실한 사랑의 주님의 화신(몸)이기 때문이다.

손원영 교수의 본 저술에는 한국의 사회적 현실과 문화-종교적 상황 속에서 최근 점점 기울어가는 한국교회를 애통해 하는 마음이 녹아 있으며, 그렇기 때문에 한 문장 한 문장을 읽을 때마다 한국교회에 대한 손 교수의 특심한 애정을 느낀다. 이 저술은 21세기 한국교회가 진취적으로 나아갈 방향을 구체적으로 제시하는 탁월한 실천적 교회론임을 확신한다.

[발문]

개벽하러 가는 마음

조성환 _ 『다시개벽』 편집위원, 원광대 연구원

가나안교회에 초대되다

2018년 9월 16일 오후, 나는 손원영 교수님(이하 '저자'로 약칭)의 초대로 난생처음 '가나안교회'에 가보았다.* 내가 지금까지 생각해온 교회와는 너무나도 다른 모습이어서 큰 충격을 받았던 기억이 생생하다. 당시의 감회를 페이스북에 이렇게 남겼다.

2018년 9월 16일 오후 3시. 경복궁역 근처에 있는 '마지'라는 식당에서 난생 처음 신기한 '예배'에 참가하였다. 신, 죄, 악과 같은 개념이 생소하고 찬송가, 성찬의식이 낯설었지만 비교종교사상에 관심있는 나로서는 귀중한 체험이었다. 자그마한 사랑방에 8명이 오손도손 모여 앉아 의식을 진행하는 모습이 마치 초대 교회를 재현하고 있는 듯한 분위기였다. 아마도 초기 동학의 모습도 저러했으리라. 서학과 동학이 결코 멀지않음을 피부로 느낄 수 있었다. 저 포도주의

---

* '가나안교회'에 대해서는 손원영 외, 『교회밖교회』, 예술과영성, 2019를 참고하기 바란다.

피가 최제우나 최시형의 피였을 것이고, 저 빵 한조각을 위해 농민들이 들고 일어났으리라-.

이날 의식에 참가한 한분 한분이 모두 따뜻한 감성과 건전한 이성, 그리고 성숙한 영성을 소유하고 계신 기독교 신자들이었다. 어떤 분은 예배가 시작되면서 식사가 끝날 때까지 3시간 반동안 한마디도 안 하시는 분도 계셨다. 공자가 말한 '무언(無言)'의 경지일까? 그에 못지않게 충격적이었던 것은 목사님은 계신데 설교(가르침)가 없다는 점이었다. 그 자리에서 성경 구절을 읽고 각자 느낀 바를 말하는, 그야말로 '고전강독' 같은 분위기였다. (손원영) 목사님은 그냥 의식을 집행하는 사제에 불과했다. 문득 유교도 대학이나 가문을 벗어나서 이런 ('유학'의) 형태로 다시 현대화되면 어떨까 라는 생각이 들었다. 주말마다 예배 보듯이 모여서 유교경전을 강독하는 학문공동체의 형태로…*

지금 생각해 보면 이런 교회야말로 저자가 꿈꾸는 교회의 모습이 아닐까 싶다. 그런 교회의 모습에서 내가 공부하고 있는 동학의 과거와 유학의 미래를 보았다.

사건의 발단은 '미안한 마음'

언론에도 여러 번 소개되었듯이, 저자는 "2016년에 사찰 내 불당을 훼손한 개신교 신자를 대신해 사과하고 복구 비용을 모금했다가 대학에서 파면됐다."** 그 이후로 지금까지 법정과 대학에서 복직을 위한 '1인시위'를 계속

---

* https://www.facebook.com/sunghwan.jo.921/posts/1938132959580684
** 양정우, 〈교회를 떠나는 사람들…가나안교회 '새로운 모델' 될까〉, 《연합뉴스》, 2019.10.14. https://www.yna.co.kr/view/AKR20191014164700005

하고 있다. 나는 이 시위가 하나의 '운동'이라고 생각한다. 단순히 대학교수라는 직책을 되찾기 위한 복직운동이 아니라 한국기독교 전체의 복권을 위한 사회운동인 것이다. 바로 이 점이 내가 저자를 "개벽의 일꾼"이라고 평하는 이유다. 그러나 역사가 증명하듯이 "개벽하러 가는 길"은 결코 순탄치는 않다.

저자는 최근에 연구실 앞의 1인시위에 더해서 교육부 앞 1인시위를 시작했다. 대학의 부조리를 교육부가 방치하고 있다는 취지였다. 그리고 페이스북에 다음과 같은 글을 남겼다.

> "사실 요 몇일 내 마음이 무겁고 미안함이 가득하다. 왜냐하면 좀 바보같은 '종교평화의 길'을 걷다 보니, 내 주변의 사람들에게 원치 않는 고통을 많이 주고 있기 때문이다."
>
> 2021년 2월 6일*

나는 지금 저자가 겪고 있는 모든 수난의 발단은 이 '미안한 마음'에서 비롯되었다고 생각한다. 그것은 자기와 같은 종교를 믿는 신자가 다른 종교에 대해 저지른 무례함에 대한 미안함이다. 이 미안한 마음이 저자로 하여금 대리사과와 모금운동에 나서게 만든 것이다. 그렇게라도 하지 않으면 교회의 목사로서, 한 사람의 기독교인으로서, 자기의 마음이 불편하기[未安] 때문이다. 그래서 미안함은 "타인의 불편함에 대한 공감에서 나오는 자신의 불편함"이라고 정의내릴 수 있다. 거기에는 상대를 편하게 하고자 하는 '안인(安人)'의 지향성이 동반되어 있다. 마치 세종이 한글을 창제한 목적이 "백성들

---

* https://www.facebook.com/sohnwo/posts/4398258356858194

이 편하게 사용하고도록[便民]"* 하는데 있었듯이 말이다. 그러나 이 편민의식의 바탕에도 미안한 마음은 깔려 있었을 것이다. 그것은 왕으로서 당연히 해야 할 '편민'이라는 업무를 못하고 있다는 데 대한 자책이다.

사단(四端)에서 오단(四端)으로

이처럼 남에게 폐를 끼치면 편하지 못한 마음**은 동양철학적으로 말하면 '미안지심(未安之心)'이라고 할 수 있다. 미안지심은 비록 맹자의 사단(四端)에는 빠져 있지만, 주위를 둘러보면 사회를 움직이는 근본 감정임을 알 수 있다. 우리는 남에게 뭔가를 받았을 때 되갚지 못하면 미안해한다. 그래서 뒤늦게라도 보은(報恩)을 하려고 한다. 남이 어려움에 처했을 때 도와주지 못해도 미안해한다. 그래서 무리를 해서라도 보탬이 되고자 한다. 지하철에서 노인에게 자리를 양보하는 것도 미안한 마음의 발로이다. 맹자식으로 말하면 미안지심이 사양지심의 바탕이 되는 것이다.

일제강점기의 독립운동을 다룬 영화 중에 - 아마 〈밀정〉 아니면 〈동주〉였을 것이다 - 독립운동을 하다 붙잡힌 한 젊은 여인이 고문에 못 이겨 동료들을 밀고한 뒤에 감옥에서 식음을 전폐하면서 죽어가는 장면이 있다. 나는 여기에도 미안한 마음이 작용하였다고 생각한다. 이처럼 미안지심은 극단적인 상황에서는 자신의 생명과도 바꿀 수 있는 초월적인 감정이다. 그래서 나는 사단(四端)에 '미안지심'을 더해서 오단(五端)이 되어야 한다고 생각한다. 아니면 맹자와는 다른 새로운 사단 같은 것을 다시 만들어도 좋을 것이다.

---

* "予爲此憫然, 新製二十八字, 欲使人人易習, 便於日用耳."(『훈민정음』)
** 참고로 일본어에서는 '미안하다'를 '스마나이' 또는 '스미마센'이라고 하는데, 그 어원은 일설에 의하면 (마음이) '개운하지 않다', '찜찜하다'에서 왔다고 한다.

부록 —— 443

지구야 미안하다

그런데 지구위기시대에 접어들어 미안지심의 대상은 인간을 넘어 지구와 만물의 차원으로까지 확장되고 있다. 코로나의 발발로 인해 생태계의 파괴가 다시 주목받고 있을 즈음, 내 마음을 사로잡는 네티즌의 문구가 하나 있었다. 그것은 "지구야 미안하다"라는 댓글이었다. 이제 인간들은 지구에게까지 미안하고 측은한 감정을 느끼기 시작한 것이다.

나는 이러한 지구윤리야말로 오늘날 종교가 앞장서야 할 "위대한 과업"(토마스 베리)이라고 생각한다. 래리 라스무쎈의 『지구를 공경하는 신앙』(생태문명연구소, 2017)이라는 책 제목이 말해주듯이, 이제 각자의 종교는 서로 다를지라도 지구에 대한 미안지심과 측은지심, 그리고 인간의 과오에 대한 수오지심을 모두가 느껴야 하는 시대가 된 것이다.

포함하는 마음

이러한 마음은 저자가 말하는 '바이오필리아(biophilia)'와 상통한다. 바이오필리아는 "인간을 포함한 지구상의 모든 생명에 대한 친밀감"(123쪽)을 말한다. 여기에서 친밀감의 대상은 인간을 넘어 지구와 만물의 차원으로까지 확장되고 있다. 달리 말하면 미안함의 영역에 지구와 만물이 '포함'되고 있다고도 할 수 있다. 내가 생각하기에 이 '포함'이야말로 한국어의 '하늘'에 담긴 가장 근원적인 의미이다.

'하늘'은 어원적으로 '한'과 관련이 있고, '한'은 '크다'는 뜻이다. 그래서 '하늘'에는 '가장 크다'는 의미가 담겨 있다. '가장 크다'는 것은 가능 많은 것을 포함한다는 뜻이다. 신라말기의 고운 최치원이 화랑의 풍류를 "포함삼교(包

숨三教)"라고 했듯이, 한국인은 역사적으로 외래적인 것, 이질적인 것, 나와 다른 것을 최대한 '포함'하면서 자신의 '하늘'을 끊임없이 확장시켜 왔다.

1860년에 동학을 창시한 수운 최제우는 동학과 서학을 같은 '천도(天道)'라고 하였다. 1919년에 천도교가 기획한 삼일독립운동이 기독교와의 종교연합운동이었던 것은 이러한 하늘철학에 기인하고 있다. 일제강점기에 최초의 담임목사를 역임한 탁사 최병헌(1858~1927)도* "서양의 하늘이 곧 동양의 하늘이다"고 하였다. 수운이 동학의 입장에서 서학의 하늘을 품으려고 했다면, 탁사는 서학의 입장에서 동양의 하늘을 아우르고자 한 것이다. 출발은 달라도 모두 포함지심(包含之心)의 발로에 다름 아니다. 이로 인해 새로운 하늘이 탄생하게 되는데, 이것이 바로 개벽이다.

그리는 마음

저자는 이러한 개벽을 추구하는 교회를 "포함삼교적 하나님신앙의 공동체"(310-304쪽)라고 말한다. 저자가 꿈꾸는 개벽교회는 탁사가 그랬듯이 동서의 하늘을 넘나드는 교회이다. 뿐만 아니라 여기에는 근대인들이 배제해 왔던 '지구'도 포함되어 있다. 그런 의미에서는 "포함지구적 신앙공동체"라고 할 수 있다. 저자의 표현대로 하면 "바이오필리아의 생태공동체"(123쪽)이다.

이처럼 저자는 많은 것을 포함하는 신앙공동체를 꿈꾸고 있다. 그 외에도

---

* "(최병헌은) 1902년 목사 안수를 받고 교회를 담임할 수 있고 등단설교(登壇說教)를 할 수 있는 최초의 목사가 되었다. 정동교회의 창설자인 아펜젤러(Appenzeller, H. G.)가 해난사고로 사망하자 곧 담임목사직을 이어받아, 1903년부터 1914년까지 목회활동을 하였다." 『한국민족문화대백과사전』(온라인), '최병헌(崔炳憲)' 항목(http://encykorea.aks.ac.kr/Contents/Index?contents_id=E0057322).

이 책에는 저자가 그리는 수많은 꿈들이 소개되어 있다. 나는 이런 '꿈들'이야말로 저자를 개벽으로 나아가게 하는 추동력이라고 생각한다. 그것은 맹자적으로 말하면 '그리는 마음'이라고 할 수 있다. 그 중에서도 특히 '하늘'에 대한 그리움[思天]이 저자가 말하는 예술 신학이 아닐까 생각한다. 그것은 가장 아름답고 진실한 것에 대한 동경이자 그리움이다.

그렇다면 오늘날 한국교회는 무엇을 꿈꾸는가? 우리는 어떤 미래를 그리고 있는가? 하루하루를 정신없이 살아가는 사이에 꿈을 잊어버린 것은 아닌가? 선악과 시비에 매몰되어 있는 사이에 상상력이 쇠퇴한 것은 아닌가? 나는 이러한 물음이야말로 저자가 우리에게 준 가장 큰 선물이라고 생각한다.

내가 꿈꾸는 교회

등록 1994.7.1 제1-1071
1쇄 발행 2021년 3월 20일

지은이 손원영
펴낸이 박길수
편집장 소경희
편 집 조영준
관 리 위현정
디자인 이주향
펴낸곳 도서출판 모시는사람들
       03147 서울시 종로구 삼일대로 457 (경운동 수운회관) 1207호
전 화 02-735-7173, 02-737-7173 / 팩스 02-730-7173
홈페이지 http://www.mosinsaram.com/

인 쇄 천일문화사(031-955-8100)
배 본 문화유통북스(031-937-6100)

값은 뒤표지에 있습니다.
ISBN 979-11-6629-026-8   03230

---

* 잘못된 책은 바꿔 드립니다.
* 이 책의 전부 또는 일부 내용을 재사용하려면 사전에 저작권자와 도서출판모시는사람들의 동의를 받아야 합니다.